La Dieta CETOGÉNICA *del* COCO

Si este libro le ha interesado y desea que lo mantengamos informado de nuestras publicaciones, puede escribirnos a comunicacion@editorialsirio.com,
o bien registrarse en nuestra página web:
www.editorialsirio.com

Hemos hecho todo lo posible para que la información que se ofrece en este libro sea completa y exacta. Sin embargo, ni la editorial ni el autor se proponen aconsejar ni prestar ningún tipo de servicio profesional al lector. El contenido de esta obra no pretende sustituir la consulta al médico. Todo lo relacionado con la salud requiere supervisión médica. Ni la editorial ni el autor se hacen responsables de ningún daño ni pérdida debidos supuestamente a cualquier información o sugerencia contenida en este libro.

Título original: The Coconut Ketogenic Diet: Supercharge Your Metabolism, Revitalize Thyroid Function and Lose Excess Weight
Traducido del inglés por Celia Quílez Díaz
Diseño de portada: Editorial Sirio, S.A.

EDITORIAL SIRIO, S.A.
C/ Rosa de los Vientos, 64
Pol. Ind. El Viso
29006-Málaga
España

NIRVANA LIBROS S.A. DE C.V.
Camino a Minas, 501
Bodega nº 8,
Col. Lomas de Becerra
Del.: Alvaro Obregón
México D.F., 01280

ED. SIRIO ARGENTINA
C/ Paracas 59
1275- Capital Federal
Buenos Aires
(Argentina)

www.editorialsirio.com
sirio@editorialsirio.com

I.S.B.N.: 978-84-16233-35-9
Depósito Legal: MA-17-2015

Impreso en los talleres gráficos de Romanya/Valls
Verdaguer 1, 08786-Capellades (Barcelona)

Impreso en España

Dr. Bruce Fife

La Dieta CETOGÉNICA *del* COCO

editorial Sirio

1

La dieta *no-dieta*

Consume grasas y pierde peso: ¿acaso es posible?

Leah, una mujer de cuarenta y dos años, vino a verme quejándose de varias dolencias: frecuentes migrañas, estreñimiento, cambios de humor, irritabilidad, depresión, menstruaciones irregulares, fatiga y recurrentes infecciones por hongos. Aunque no lo mencionó, Leah padecía sobrepeso. Medía 1,65 metros y pesaba 82 kilos –común en muchas mujeres de mediana edad en la actualidad.

Estaba tan frustrada con los médicos y los tratamientos que decidió pedir ayuda a alguien con experiencia en el campo de la medicina alternativa o natural. Como nutricionista y naturópata, mi objetivo es ayudar a la gente a superar sus problemas de salud a través de métodos naturales y seguros usando una dieta y una alimentación nutritivas.

Leah me comentó que comía muchos productos de harina blanca refinada (pan, bollos y panecillos, pasta, galletas, etc.), cereales para el desayuno, productos congelados y preparados, y algunos tentempiés como golosinas y patatas fritas. Ella estaba convencida de que se alimentaba de forma sana porque evitaba la grasa. Bebía leche desnatada y comía alimentos bajos en grasas; desmenuzaba los trozos de carne y les quitaba la grasa visible. Huía de la mantequilla como de la peste y, en su lugar, usaba margarina, además de preparar las comidas con lo que ella misma calificaba de aceites vegetales «sanos». Aunque los platos que preparaba acostumbraban a ir acompañados de pequeñas raciones de verduras, pocas veces incluían alimentos frescos. La dieta de Leah es un ejemplo de lo que come la mayoría de la gente en nuestra sociedad actual –una dieta carente de nutrientes y que conduce al sobrepeso.

Lo primero que hice fue cambiar su dieta. Le dije:

—No comas nada que lleve la etiqueta de bajo en grasas o bajo en calorías, y olvídate de los dulces y la comida basura. Come alimentos sanos con mantequilla y aceite de coco, y no tengas miedo de la grasa de la carne. Come el queso con todas sus grasas, nata y otros productos lácteos. Come frutas y hortalizas frescas. Come tanto como quieras, pero sin empacharte, y disfruta de tu nueva dieta.

Estaba sorprendida.

—¡Todos estos productos ricos en grasas me van a hacer engordar! –exclamó.

—No –le aseguré–. No tienes que preocuparte de tu peso.

—Bueno... Sí que me preocupo. Trato de contar las calorías y controlar las grasas que consumo.

—Lo que te estoy ofreciendo es una nueva manera de comer que te va a ayudar a mejorar tu salud. Va a proveer a tu cuerpo de todos los nutrientes que necesita para superar los problemas de salud que acabas de mencionar. Y a medida que te empieces a sentir más sana, también perderás esos kilos que te sobran.

—¿Así que lo que me estás diciendo es que puedo comer cosas deliciosas, mejorar mi salud y perder peso, todo al mismo tiempo?

—Sí – le contesté.

Durante los siguientes meses estuvo viniendo a varias visitas de seguimiento. Cada vez que nos veíamos me decía que se encontraba mejor y que estaba adelgazando. No se lo podía creer. Estaba comiendo más alimentos ricos en grasas que antes, y encima perdía peso. Con el tiempo, me contó que todos esos síntomas que padecía prácticamente habían desaparecido y, para su sorpresa, además había perdido veinte kilos, por lo que ahora tenía un aspecto mucho más delgado (61 kilos). En la actualidad, varios años después, Leah continúa poniendo en práctica mis recomendaciones dietéticas y sigue manteniendo una figura delgada.

Cuando la gente me viene a ver, a menudo está preocupada por problemas de salud crónicos como la enfermedad de Crohn, la diabetes o la artritis. Aunque el tratamiento varía para cada persona, la dieta que recomiendo seguir es básicamente la misma –baja en carbohidratos refinados, rica en productos frescos y llena de grasas saludables–. Puedo decir que he tenido mucho éxito, especialmente con pacientes que sufren diabetes. Son capaces de llevar una vida normal sin depender de fármacos ni de inyecciones diarias de insulina.

La gente a menudo comenta encantada que con mi programa ha conseguido perder peso. Mi principal objetivo es ayudarles a mejorar su salud; la pérdida de peso es una consecuencia natural de este proceso. Para muchas personas, sin embargo, su gordura es su principal preocupación. Así que he tenido que diseñar mi programa de salud dirigiéndolo específicamente a sus preocupaciones. Este libro es el resultado.

Las dietas bajas en grasas pueden matarte

«Odio las dietas. Nunca me han funcionado. Lo he intentado. He tratado de controlar lo que comía, eliminando todos esos alimentos que tanto me gustan y reduciendo las calorías. Me he privado de muchas cosas. Lo odiaba. Estaba hambrienta todo el tiempo y me sentía muy mal. Solo perdí unos cuantos kilos. No sirvieron de nada las calamidades por las que pasé. Y cuando dejé de hacer dieta, volví a ganar peso.»

¿Esto te resulta familiar? Debería. La mayoría de nosotros hemos probado a hacer dieta por lo menos una vez en la vida. ¿Por qué? Porque la mayoría de nosotros tenemos sobrepeso. El 60% de la población estadounidense tiene sobrepeso; el 30% son obesos. En la actualidad, un tercio de la población infantil tiene sobrepeso. Estas cifras están aumentando rápidamente. Hace cincuenta años, era un problema que solo afectaba a un porcentaje muy pequeño de la población. Ahora se ha convertido en una epidemia. Esto no es solo en Estados Unidos. Lo mismo ocurre en Canadá, en Europa y, de hecho, en todas partes.

¿Por qué estamos engordando tanto? No comemos mucho más de lo que comían nuestros antepasados. De hecho, nunca antes se han ingerido tan pocas grasas como ahora. Nuestros abuelos obtenían el 40% de sus calorías diarias de las grasas. En la actualidad, nuestro porcentaje está alrededor del 32% –es un descenso bastante notable–. Cuando vas a comprar al supermercado, por todas partes te bombardean etiquetas que anuncian «Bajo en grasas», «Sin grasas» y «Bajo en calorías». Cuando vas al restaurante, te pides un refresco que sea de dieta o bajo en calorías y un plato de comida bajo en grasas. Parece que hoy en día todo ha de ser bajo en grasas o sin grasas. Hemos sustituido las grasas saturadas por grasas poliinsaturadas o grasas falsas. El azúcar se ha reemplazado por edulcorantes artificiales. Hoy en día comemos más productos bajos en grasas y bajos en calorías que nunca y, sin embargo, padecemos más sobrepeso. ¿Por qué ocurre esto?

La respuesta es muy sencilla: ¡las dietas bajas en grasas no funcionan! No son naturales, ni tampoco saludables y, a largo plazo, hacen que se gane peso, en vez de que se pierda.

Las investigaciones corroboran este hecho. El mayor estudio que se ha realizado en la historia que relaciona la dieta con la salud de las personas es el estudio Framingham. Comenzó en 1948, con la intención de seguir la trayectoria de vida de los voluntarios que se sometieron al estudio. Incluye a casi toda la población de Framingham (Massachusetts), una población de 5.127 habitantes. Después de más de cuarenta años de investigación, el director del estudio, el doctor William Castelli, admitió que «en Framingham, cuantas más grasas saturadas, colesterol y calorías ingerían las personas, más bajo era su colesterol en sangre... Descubrimos que quienes ingerían más colesterol, grasas saturadas y calorías eran los que menos pesaban».[1] Lo que tú esperabas que sucediera es que las personas que ingerían menos grasas saturadas, colesterol y calorías, consecuentemente, serían las que menos iban a pesar, pero esto no fue así, como el estudio de Framingham revela.

Parece que para perder peso debemos evitar las dietas bajas en grasas. Tratar de adelgazar con una dieta baja en grasas puede ser una auténtica pesadilla de privación y hambre. Muchos de nosotros preferiríamos morir antes que padecer tantas calamidades. Existe una forma mucho mejor de conseguirlo.

La dieta cetogénica del coco

¿Cómo te alimentas normalmente? ¿Comes muy poquito, normal, bastante o mucho? ¿Eres un comedor quisquilloso, un comedor normal, un comedor de recreo o un comedor profesional? A juzgar por la medida de nuestras cinturas, la mayoría de nosotros estamos en la lista de los profesionales.

Hace años, cuando empecé a trabajar como dietista y nutricionista para ayudar a la gente a mejorar su salud, creía en la filosofía de las dietas bajas en grasas. Pensaba que reducir las calorías era la única forma de perder peso y que eliminar tantas grasas como se pudiera de la dieta era la mejor manera de conseguirlo. Esto es lo que se me enseñó en la facultad. La carne y las grasas era algo que se tenía que evitar a toda costa. Las grasas saturadas y el colesterol se consideraban villanos dietéticos capaces de causar un gran número de enfermedades, desde problemas de corazón y obesidad hasta el pie de atleta y los padrastros, o al menos eso parecía por la forma en que las grasas saturadas fueron criticadas. Se nos hizo creer que los aceites vegetales y la margarina eran mucho más saludables.

Yo seguía lo que creía que era una dieta saludable y eso mismo recomendaba a mis pacientes. Muchas de las personas a las que les aconsejé una dieta baja en grasas mejoraron y superaron sus problemas de salud, pero en muchas otras, la mejora fue lenta. En algunas ocasiones me sentí frustrado; algunas personas no mejoraban, o mejoraban durante un tiempo pero después empeoraban.

La primera pista que necesitaba para cambiar mi manera de pensar sobre las grasas me vino cuando atendí a una reunión de un grupo de nutricionistas. Durante la reunión, uno de los miembros del grupo declaró que el aceite de coco era saludable y que todos deberíamos usarlo. Nos quedamos boquiabiertos con su comentario. El aceite de coco es muy rico en grasas saturadas, y se creía que las grasas saturadas aumentaban el colesterol en sangre, que a su vez se creía que contribuía a las enfermedades cardiovasculares.

Todos nosotros respetábamos a ese miembro del grupo, así que escuchamos lo que tenía que decir. Respaldó su declaración citando varios estudios publicados en revistas médicas. Estos estudios mostraban que los animales de laboratorio a los que se les había suministrado aceite de coco vivían más y contraían menos enfermedades que aquellos a los que se les había dado aceite de soja, de maíz u otros aceites vegetales. También me enteré de que el aceite de coco, de un modo u otro, se había estado utilizando con éxito para tratar enfermedades graves en pacientes de hospitales y que habían tenido una recuperación bastante rápida. Además, el aceite de coco posee más propiedades nutritivas que otros aceites y, cuando se añade a las fórmulas para bebés, aumenta la tasa de supervivencia de los prematuros. Por todas estas razones, a menudo se utiliza en las soluciones de terapia intravenosa de los hospitales y en las fórmulas para bebés.

Me marché de esa reunión con curiosidad por saber más. De hecho, fue algo más que eso. Estaba decidido –decidido a encontrar la verdad–. Intuía que lo que pensaba sobre las grasas, en concreto sobre las grasas saturadas, era erróneo. En ese punto, me prometí a mí mismo que iba a encontrar la respuesta. Empecé a investigar todo lo que se había escrito sobre esta cuestión en el campo de la medicina, leyendo todo lo que encontraba sobre el aceite de coco, las grasas saturadas, el colesterol y los aceites vegetales. Lo que descubrí fue tan impactante que hizo que mi punto de vista sobre la grasa saturada y los aceites cambiara por completo.

Durante los años siguientes, comencé a incorporar más grasa saturada en mis programas dietéticos, especialmente aceite de coco, y cada vez menos aceites vegetales. Empecé a ver grandes cambios en pacientes que otros habían dado por casos perdidos. Una de las mayores mejoras fue la pérdida de peso. La gente añadía más grasa a sus dietas, en concreto grasa saturada procedente del coco, y perdía peso. Lo que observé, así como lo demuestra el estudio de Framingham, es que las dietas que contienen una cantidad adecuada de grasa, incluyendo grasa saturada, dan mejores resultados que las dietas bajas en grasas. Cuando digo «mejores resultados», me refiero a que todo mejoraba –no solo el peso corporal, sino también los niveles de colesterol, el azúcar en sangre, la presión arterial y los niveles de energía–. En general, toda su salud mejoró. Los problemas de salud que padecían se aliviaron.

La gente perdía peso sin siquiera proponérselo. Algunas personas lo único que hicieron fue sustituir los aceites que normalmente usaban por aceite de coco, y los kilos de más se desvanecieron. Básicamente siguieron comiendo lo mismo de siempre, pero introduciendo un pequeño cambio en cuanto al aceite que usaban. Esto es exactamente lo que me pasó a mí.

A lo largo de los años, como muchas otras personas, había ido ganando algunos kilos de más. Seguía lo que se consideraba una dieta sana y equilibrada. Usaba margarina y aceites vegetales poliinsaturados en lugar de mantequilla y grasas saturadas naturales.

Tenía un poco de sobrepeso. Intenté hacer dieta, pero me sentía frustrado. Llegó un punto en el que perdí toda esperanza y acepté el hecho de que tenía sobrepeso y de que así me iba a quedar. Ropa que ya no me ponía, pero que aún guardaba por si adelgazaba, al final tuve que tirarla. «Esta ropa nunca me volverá a caber», me decía a mí mismo.

Esto fue antes de que aprendiera lo beneficioso que es el aceite de coco. Cuando sustituí todos los aceites vegetales que solía utilizar por el de coco, empecé a adelgazar. Fui perdiendo peso poco a poco, pero con constancia, y después de seis meses, había perdido nueve kilos. No había cambiado mi dieta. Lo único que había hecho era cambiar el aceite que usaba. Mantuve ese peso. De eso hace bastantes años, y sigo en mi peso ideal para mi altura y mi estructura ósea. Y lo conseguí comiendo más grasas que nunca.

Enseñé a mis pacientes a comer carne y productos lácteos con todas sus grasas. También les dije que dejaran de comer trigo y cereales, ricos en carbohidratos, y que comieran más verduras. Cuando la gente comía sano usando los aceites adecuados, perdía peso. Empecé a centrarme en el diseño de una dieta especialmente creada para ayudar a la gente a perder peso, pero también para que mejorara toda su salud en general. Esto es justamente de lo que trata este libro.

Gracias a este descubrimiento creé un nuevo sistema para perder peso como nunca antes visto. Yo lo llamo «la dieta cetogénica del coco» o, simplemente, «la dieta del coco cetosis». Pero no me gusta llamarlo «dieta» porque es mucho más que eso. No se trata de una dieta temporal que puedes hacer para perder unos cuantos kilos. Es un auténtico cambio de estilo de vida.

De hecho, muchas personas no lo consideran una dieta, al menos no como las típicas dietas bajas en calorías y en grasas. Las directrices que se dan en este programa te permiten comer hasta que te sacies. Y no se trata de comer como un conejo. Vas a ingerir una gran variedad de alimentos deliciosos –filetes, gambas, huevos, nata, queso, salsas y mojes cremosos, y, por supuesto, coco. No te vas a morir de hambre. Esta es una de las ventajas de este programa dietético. Comes alimentos que te llenan y te sacian hasta la siguiente comida. Es casi como una «no-dieta». ¡Vas a disfrutar comiendo y encima perderás peso! Lo puedes llamar la dieta «no-dieta».

El programa se divide en tres fases: la introducción, la pérdida de peso y el mantenimiento. La primera fase te introduce en una alimentación baja en carbohidratos y te prepara a ti y a tu cuerpo para una serie de cambios inminentes. La segunda, también llamada fase de cetosis, es donde pierdes la mayoría de la grasa corporal indeseada y donde tu salud mejora a todos los niveles. La tercera fase te conduce a un estado de salud duradero, reduciendo los carbohidratos de tu plan alimenticio, lo que a su vez te permite que mantengas tu peso y hace que tu estado de salud sea el óptimo.

Existen muchos programas de pérdida de peso que no son saludables. Quizá te ayuden a adelgazar, pero son nutricionalmente desequilibrados, y eso a la larga puede crear nuevos problemas de salud. El riesgo es demasiado alto. Pero con este programa que presento, disfrutarás comiendo, perderás peso y mejorarás tu salud. He tenido mucho éxito con este programa ayudando a las personas a revertir sus problemas de diabetes, a deshacerse de varios desórdenes digestivos, a resolver la irritabilidad de la piel, a superar la fatiga crónica, a detener recurrentes infecciones de cándida, a estabilizar los niveles de azúcar en sangre y a liberarse de muchos otros problemas.

La dieta cetogénica del coco es un programa que ayuda tanto a perder peso como a restablecer la salud. Así que prepárate para experimentar cambios significativos en tu vida.

Si padeces alguno de los trastornos y enfermedades que aparecen en el siguiente listado, este programa puede ayudarte:

- Alergias
- Artritis
- Asma
- Cándida
- Desórdenes en la piel o dermatitis.
- Diabetes
- Enfermedades en las encías
- Estreñimiento
- Fatiga o falta de energía
- Gota
- Hipoglucemia
- Hipotiroidismo
- Infecciones frecuentes
- Inflamaciones crónicas
- Insomnio
- Irregularidades en la menstruación
- Migrañas y dolores de cabeza
- Neblina cerebral o pérdida de memoria
- Nerviosismo e irritabilidad
- Osteoporosis
- Presión arterial alta
- Problemas de corazón o circulatorios
- Problemas de fertilidad
- Problemas de riñón
- Problemas digestivos
- Sobrepeso u obesidad

¿Por qué el coco?

¿Por qué este programa incluye el consumo de coco? Porque el coco es uno de los alimentos más saludables del mundo –de hecho, lo podemos considerar como un superalimento–. Desde hace miles de años muchas regiones de Asia, África, Centroamérica y algunas islas del Pacífico usan el coco como una de sus principales fuentes de subsistencia. Esto es especialmente cierto en algunas islas del Pacífico, donde otros alimentos pueden ser escasos. En algunas de estas islas los únicos alimentos de los que disponen son cocos, raíces de taro y pescado. Cuando los primeros exploradores se asentaron en estas islas, observaron que los isleños tenían una estatura perfecta y una salud inmejorable –mucho mejor que ellos–. Pero con la colonización de los europeos y la introducción de nuevos alimentos empezaron a aparecer enfermedades como obesidad, cáncer, problemas de corazón, diabetes, artritis y otras dolencias.

El principal nutriente en el coco que lo distingue y que hace de él un maravilloso complemento para la comida sana es el aceite. Este aceite contiene el secreto para perder peso y mejorar la salud. El aceite de coco se ha descrito como «el aceite dietético más sano del mundo». Existen muchos hechos históricos e investigaciones médicas que lo corroboran. He tratado esta cuestión en profundidad en mi libro *El milagro del aceite de coco* (Editorial Sirio, 2014), donde se resumen las investigaciones históricas, epidemiológicas y médicas que se han llevado a cabo sobre los aspectos nutricionales y médicos del aceite de coco. También se pone en tela de juicio la publicidad tan negativa que han acabado perpetuando escritores mal informados.

Se han realizado estudios dietéticos modernos en poblaciones aisladas que mantienen una dieta tradicional a base de coco, que muestran que prácticamente no padecen enfermedades degenerativas. Algunas poblaciones isleñas consumen grandes cantidades de coco fresco y su aceite, y tienen muy buena salud. De hecho, muchas de estas culturas consideran el aceite de coco como una medicina y se refieren a la palma de coco como «El Árbol de la Vida».

En otro tiempo se consideró como algo perjudicial para el corazón por las grasas saturadas que contenía, pero ahora sabemos que cuenta con un tipo de grasas que se conocen como triglicéridos de cadena media (TCM), que de hecho ayudan a prevenir problemas de corazón. Así es, el aceite de coco puede ayudarte a prevenir problemas de corazón. Esto está bien documentado en mi libro *El coco cura* (Editorial Sirio, 2015), así que no voy a extenderme demasiado en eso aquí. Si no me crees, visita cualquiera de los países que consumen grandes cantidades de coco a diario, como por ejemplo Tailandia, las islas Fiji, las Filipinas o muchas islas del Pacífico. En estos lugares la gente usa a diario aceite de coco para cocinar, y curiosamente tiene muchos menos problemas de corazón que los estadounidenses.

En las regiones de cultivo de coco que hay en la India, casi ni se oye hablar de enfermedades cardiovasculares. Cuando se le dijo a los lugareños que el aceite de coco era perjudicial para su salud, lo empezaron a sustituir por aceite de soja y otros aceites vegetales. Como resultado, y pasados diez años, las tasas de enfermedades cardiovasculares se triplicaron. Asimismo, la obesidad y la diabetes también aumentaron. La gente que mantuvo una dieta tradicional a base de coco se protegió de muchas de las llamadas «enfermedades de la civilización moderna».

Hace años se realizó un importante estudio en dos islas remotas del Pacífico –Pukapuka y Tokelau.[2] En él se incluyó a toda la población de las islas. El coco era la principal fuente de alimento de la gente, que obtenía el 60% de su aporte calórico de las grasas, la mayoría del aceite de coco. La Asociación Americana del Corazón recomienda que las grasas totales y las grasas saturadas que se ingieren no superen un 30 y un 10%, respectivamente. Sin embargo, más del 50% de las calorías diarias de esta población procedía de las grasas saturadas del coco. A pesar de que consumían todas estas grasas, no había ninguna evidencia de problemas de corazón, diabetes, cáncer o cualquier otra enfermedad degenerativa propia de las sociedades occidentales. En el momento en que los isleños abandonaron su dieta tradicional a base de coco e implantaron los hábitos alimenticios de las sociedades occidentales, empezaron a padecer enfermedades propias de las sociedades modernas.

Si te detienes un momento y reflexionas sobre ello, te darás cuenta de lo absurdo que es pensar que el aceite de coco no es saludable. La gente lleva utilizando el aceite de coco como el principal aceite en su dieta desde hace miles de años. Si causara problemas de corazón o cualquier otra afección, se vería claramente reflejado en estas poblaciones, pero no es así. Por tanto, el sentido común nos dice que el aceite de coco no es perjudicial.

Lamentablemente, a causa de la mala publicidad que el aceite de coco ha tenido siempre, algunos escritores y profesionales de la salud mal informados siguen criticándolo y aseguran que es uno de los principales causantes de la obstrucción de las arterias. Mucha gente se siente confundida en la actualidad y repite como un loro lo que algunos escritores desinformados aseguran. Deberían leer lo que se está investigando en la actualidad, información que está disponible desde hace unos cuantos años. Si actualmente te encuentras con alguien que afirme que el aceite de coco no es saludable, y de hecho algunas personas lo siguen pensando, date cuenta de que aún sigue anclado en los años oscuros del conocimiento dietético. Dale a leer *El milagro del aceite de coco* o *El coco cura*. Estos libros están muy bien documentados, con referencias a la literatura médica que hacen que se elimine cualquier duda sobre los muchos y saludables beneficios de este extraordinario alimento.

Una de las características más significativas del aceite de coco es que, a diferencia de otras grasas, no se almacena como grasa en ninguna parte apreciable del cuerpo. Se metaboliza de forma completamente diferente a como lo hacen las grasas animales y el resto de los aceites vegetales. Cuando consumimos aceite de coco, en lugar de almacenarlo en el cuerpo como grasa, lo convertimos en energía. El aceite de coco incrementa tu energía y mejora tu metabolismo, lo que hace que tu cuerpo queme calorías de una manera más rápida. Así es, el aceite de coco puede ayudarte a perder peso porque hace que quemes más calorías. No solo quema las calorías que directamente se obtienen del aceite, sino también las de otros alimentos. Por esta razón, es apropiado considerarlo la única grasa del mundo baja en calorías.

A mucha gente con sobrepeso lo que le ocurre es que tiene la tiroides inactiva –la glándula que controla el metabolismo y la temperatura del cuerpo–. Cuando estas personas empiezan a consumir aceite de coco, su metabolismo y su función tiroidea comienzan a mejorar, así como también experimentan un aumento en la temperatura de su cuerpo, alcanzando valores más normales. La pérdida de peso se convierte en algo muy sencillo.

Las investigaciones actuales confirman que el aceite de coco, sin lugar a dudas, es uno de los alimentos más nutritivos y saludables que existen. Esta es la razón por la que animo a mis pacientes a que lo incorporen en sus dietas. He obtenido resultados increíbles, no solo en la pérdida de peso, sino también en la cura de muchos problemas de salud.

A continuación se pueden leer algunos comentarios de personas que han experimentado cambios increíbles en su salud simplemente añadiendo aceite de coco en su dieta:

> Durante los últimos veinte años he ido ganado peso de forma continua y gradual. No me podías llamar gorda, pero ahí estaba yo, demasiado torpe para moverme con ligereza. Este año decidí hacer algo al respecto –al fin–. Empecé con una dieta a base de frutas. No obtuve ningún resultado. Lo intenté con las sopas de col (sin carne). Tampoco, ningún resultado. Hice ayuno durante una semana. ¡NADA!
> Y de repente este libro cayó en mis manos –fue como una señal de Dios–. Dejé el ayuno y empecé a comer de nuevo, pero usando aceite de coco. Al cabo de unos días, me pesé: ¡había perdido dos kilos! Desde entonces he perdido un total de diez kilos, y aún sigo perdiendo de forma continuada medio kilo por semana, mientras disfruto comiendo.
>
> SHARON

> La primera semana perdí dos kilos y, luego, un kilo más la siguiente semana. Prepararme por las mañanas era toda una odisea –ahora me levanto de la cama de un salto–. ¡Este verano podré ponerme un

bikini!... Me siento genial y, de hecho, estoy comiendo mucho más –y no tengo miedo de engordar.

CARINE

He estado tomando entre una y dos cucharadas de aceite de coco virgen cada día durante los últimos cuatro meses. He notado un cambio notable en mi energía. Aún dura. Ya no he vuelto a sentir esas oleadas típicas de altibajos en mi energía, especialmente esa sensación de somnolencia después de las comidas. Evidentemente, mi azúcar en sangre se ha mantenido estable.

MARTY OHLSON

Estuve siguiendo una dieta baja en carbohidratos durante veinte meses y conseguí perder veinticuatro kilos. Me faltaba perder otros cuatro kilos. Un día leí en un libro que abogaba por un estilo de vida libre de azúcares que el coco podía ayudar a conseguir un estado de cetosis. Esta declaración me dejó intrigada, así que compré un poco de crema y de aceite de coco, y lo incorporé a mi dieta. Perdí un kilo en una semana (teniendo en cuenta que había perdido dos kilos en los últimos seis meses, como comprenderás, me quedé sorprendida). Compartí esta información en un foro sobre dietas bajas en carbohidratos del que formo parte, y muchos de sus miembros empezaron a usar este producto y también perdieron peso. Algunos han conseguido mantener su peso durante bastante tiempo... Otros han notado un incremento de la energía así como también una sensación de quemazón que indica que su metabolismo está funcionando de forma correcta. Personalmente tengo una sensación que solo puedo comparar con los chutes de cafeína, aunque no consumo café desde hace años.

GAIL BUTLER

Cuando empecé esta dieta, pesaba 144 kilos y tenía una talla 52 de pantalón. Cuando me volví a subir a la balanza, pesaba 114 kilos, así que me deshice de treinta kilos y ahora tengo una talla 44 de pantalón... Mis compañeros de trabajo comentan constantemente que ahora tengo mucha energía. Mi hijo de veinte años está haciendo esto conmigo y ha pasado de pesar 92 kilos a 80 en tres meses. No me preocupo por las calorías y, de hecho, creo que con una ingesta que no supere las 2.500 o 3.000 calorías, perderé peso. Cada dos semanas cuento las calorías que consumo a diario para asegurarme de que no estoy por debajo de las 2.000. Tengo tendencia a hacerlo porque nunca me siento hambriento. Si ingiero las grasas que mi cuerpo necesita, me siento saciado durante unas nueve horas más o menos y fácilmente me puedo saltar una comida si estoy atareado haciendo otras cosas.

CHUCK

Me diagnosticaron hipotiroidismo... Cuando leí en su e-mail que decía que tomara tres cucharadas todas de una vez, decidí que valía la pena intentarlo. Esto fue a las dos de la tarde. Al cabo de veinte minutos, me fui a andar una hora por un sendero empinado y empecé a notar que tenía mucha más energía, si lo comparo con la última vez (y de eso hace tres semanas). Aproximadamente a las siete y cuarto de la tarde (cinco horas después de haber tomado las tres cucharadas de aceite de coco), me tomé la temperatura y para mi sorpresa era de 37 °C. Esa era la primera vez en los últimos quince años que la temperatura de mi cuerpo era normal, a menos que tuviera un resfriado o estuviera enferma. Ni siquiera recuerdo cuándo fue la última vez que me sentí tan bien como ahora. Gracias. Ha renovado mis esperanzas y ahora creo que puedo perder los kilos que me sobran y que me impiden hacer muchas de las cosas que tanto me gustan.

RHEA LUST

Tan solo con tomar tres cucharadas todas de una vez la temperatura de mi cuerpo aumenta. Normalmente tengo una temperatura de 36,1 °C durante el día. Mi nueva receta de bolas de nueces parece que también está funcionando. Son deliciosas y me dan un montón de energía. (Me puedo comer cuatro bolas de nueces de diez centímetros de diámetro con el estómago vacío como tentempié.) Me preguntaba de dónde procedía toda esa energía que sentía, así que un día decidí tomarme la temperatura: ¡37 °C! Repetí el experimento unas cuantas veces más durante esa semana y funcionó cada vez que lo probé.

Marilyn Jarzembski

Soy diabético y decidí dejar los medicamentos que el médico quería que tomase porque intuía que no me iban a hacer ningún bien a largo plazo. Ayer noche me di el gusto de tomarme un vaso de leche de coco. Me lo bebí antes de irme a la cama. Los carbohidratos que había ingerido no eran realmente muchos, pero es cierto que fue un poco caprichoso por mi parte, así que esperaba que a la mañana siguiente mi nivel de azúcar en sangre fuese bastante alto. Pero, para mi sorpresa, era mucho más bajo que nunca. Intentaba que mi nivel de azúcar en sangre en ayunas fuera de 110-120, pero últimamente subía a alrededor de 140. Esta mañana era de 109. Estoy gratamente sorprendido.

Alobar

He tomado aceite de coco virgen durante los últimos dos meses (cuatro cucharadas diarias) y me siento mejor que en mucho tiempo. Mis niveles de energía son elevados y mi peso se mantiene bajo. Ya nunca me siento hambriento e, incorporando una rutina diaria de ejercicio, he perdido nueve kilos.

Paula Yfraimov

En poco tiempo he conseguido perder muchos peso (dieciséis kilos en cinco meses) tan solo usando aceite de coco y de oliva... Cambié mi dieta y empecé a seguir un programa bajo en carbohidratos (solo carne, huevos, marisco, verduras sin almidón, frutas, frutos secos y cualquier cosa derivada de ellos, incluidos los productos de coco). Creo firmemente que el aceite de coco explica gran parte de mi éxito porque hubo épocas en las que solamente usé aceite de oliva y, durante esas épocas, perdí poco peso o nada.

Ann

Hay muy pocas cosas que consumo que estimulen mi metabolismo y muchas que lo deprimen. El aceite de coco definitivamente lo estimula. Tomar una cucharada de aceite de coco es la manera más rápida que conozco para hacer que mi temperatura aumente un grado centígrado en cuarenta y cinco minutos. Es realmente increíble.

MARILYN

Te escribo para expresar lo feliz que me siento por usar el aceite de coco. Lo he estado utilizando para todas mis necesidades culinarias y también me lo he tomado a cucharadas. Además, me lo he puesto en el pelo y lo he usado como sustituto de cremas de manos y de cuerpo. Soy una mujer de cincuenta años que padece sobrepeso con problemas crónicos degenerativos de colágeno vascular. Mi nivel de energía está mejorando. Estoy perdiendo peso. Mi dolor crónico está disminuyendo. Mi piel y mi cabello tienen mejor aspecto y la gente me lo comenta. No sé cómo darle las gracias por contar la verdad acerca del aceite de coco. De nuevo le repito que estoy profundamente agradecida.

JANICE W.

Estoy adelgazando comiendo más grasas. He perdido catorce kilos y me siento fenomenal. Mi marido ha perdido nueve kilos y también le sienta muy bien. El hecho de no comer trigo es un factor clave para continuar perdiendo peso y mejorar la salud, pero también debo decir que he hecho dos cambios radicales en mi dieta en cuanto a las grasas. El primer cambio es que por lo menos consumo tres veces más grasas de las que acostumbraba a consumir. Así es, consumo más grasas en lugar de menos. El segundo cambio es que las grasas que consumo son saturadas, con el aceite de coco encabezando la lista, y seguido de cerca por la mantequilla y la manteca... No tomo menos de cuatro u ocho cucharadas al día.

TRACEY T.

> He intentado perder peso desde la histerectomía que me practicaron hace un año. Incluso hice que mi cuerpo pasara hambre, pero no conseguí ningún resultado. Entonces mi madre me mencionó que su jefe había perdido cuatro kilos tan solo usando aceite de coco. Pensé que no podía dañarme... En seis semanas, perdí once kilos, tripliqué mi energía y ya no tengo que tumbarme en la cama para hacer que me entren los pantalones.
>
> Abby

Estos son algunos de los muchos testimonios que demuestran los extraordinarios beneficios que tiene añadir coco en la dieta. Los resultados son aún más increíbles cuando se combinan con un plan dietético cetogénico, algo que vas a aprender en este libro. ¿Estás preparado para perder peso y mejorar tu salud y bienestar? Los capítulos que siguen a continuación te van a mostrar cómo hacerlo.

2

Mentiras muy gordas

LAS DIETAS BAJAS EN GRASAS ENGORDAN

Lo que falta en muchas dietas para perder peso es grasa. Eso es, grasa. Hay muchas dietas que tratan de eliminar todas las grasas posibles, y eso es un error. La grasa es clave para tener éxito en una dieta. Aunque parezca irónico, necesitas grasas para eliminar grasas.

Cuando la gente me oye decir que necesita comer más grasas para perder peso y mejorar su salud, me mira como si estuviera loco: «¡Cómo puede ser! Las grasas no son buenas –suelen decir–. Te hacen engordar». Y cuando especifico que las grasas que deben consumir son principalmente grasas saturadas, ponen cara de espanto: «Las grasas saturadas causan problemas de corazón». Les tengo que explicar que, a lo largo de los años, se han hecho avances en nutrición que van más allá de las simples recomendaciones relativas a grasas saturadas y grasas insaturadas que tan a menudo escuchamos en los medios de comunicación. Los libros tan populares que se escriben sobre dietas y las noticias que se divulgan se quedan muy por detrás de los avances de la ciencia. Muchos de los consejos nutricionales que se daban hace unos años hoy en día se ha demostrado que son erróneos. Uno de ellos es el concepto equivocado de que la grasa no es saludable y que debe evitarse.

Sabemos que la grasa es un nutriente vital y que debe estar presente en nuestra dieta con el objetivo de mantener una buena salud. Esta es la razón por la que algunas de las organizaciones de la salud más importantes, como por ejemplo el Instituto Nacional de la Salud, la Asociación Americana del Corazón y otras, recomiendan obtener de las grasas un 30% del aporte calórico que necesitamos, en lugar de entre un 20 y un 10% como aseguran algunos extremistas.

Las grasas saturadas, en concreto, han recibido muy mala prensa en el pasado. Lo que mucha gente no entiende, incluidos algunos profesionales de la salud, es que hay diferentes tipos de grasas y que no todas ellas actúan del mismo modo. Aunque no te lo creas, la mayoría de estas grasas no hacen que suba tu nivel de colesterol en sangre; de hecho, son buenas para tu salud. Necesitamos grasas saturadas en nuestra dieta para mantenernos sanos. Esta es la razón por la que las organizaciones de la salud no han eliminado completamente las grasas saturadas de nuestra dieta.

Se cree que consumir grasas, especialmente las saturadas, es uno de los diez pecados capitales. En gran parte la culpa la tiene la industria alimentaria, a la que le interesa comercializar productos bajos en grasas. Si un producto es bajo en grasas, significa que los consumidores pueden comer más sin sentirse culpables. Cuanto más comemos, más compramos. Cuanto más compramos, mayor es el beneficio de la industria alimentaria. Cuanto mayor es el beneficio, más feliz se siente esta. Es una cuestión de dinero, y no de salud. La moda de los alimentos bajos en grasas no ha logrado nada, excepto enriquecer a los productores de alimentos y hacernos engordar a nosotros. Así es, nos ha hecho engordar. Nunca antes en la historia de la humanidad se había visto tanta gente con sobrepeso.

En la actualidad, en Estados Unidos el 60% de la población tiene sobrepeso; además, uno de cada cuatro adultos no solamente tiene sobrepeso, sino que es obeso. Una persona se considera obesa cuando su peso excede un 20% o más del peso máximo deseable para su altura. De acuerdo con el Centro para el Control y la Prevención de las Enfermedades (CDC, según sus siglas en inglés), el número de personas obesas en Estados Unidos se ha disparado en las dos últimas décadas, pasando del 12 al 30% de la población. Incluso nuestros hijos empiezan a ser obesos: casi el 25% de los adolescentes tiene sobrepeso. El número de niños con sobrepeso se ha más que duplicado en los últimos treinta años.

En las últimas dos o tres décadas, con el auge de las dietas bajas en grasas, la obesidad ha aumentado un 70% en los jóvenes de entre diecinueve y veintinueve años. En los adultos de entre treinta y treinta y nueve años, ha aumentado en un 50%. Todos los otros grupos de edades también han experimentado un aumento drástico de peso.

Cada vez comemos más alimentos bajos en grasas, pero también engordamos más. Las dietas bajas en grasas no funcionan. Consumir grasas no es el problema.

LAS MENTIRAS DE LOS ALIMENTOS BAJOS EN GRASAS

Si eres uno de los muchos millones de personas que han intentado perder peso con una dieta baja en grasas, no te culpes, tan solo reconócelo. Las dietas bajas en grasas no funcionan. Su teoría no se sustenta por ningún lado. Las dietas bajas en grasas requieren cambios radicales y desagradables que son casi imposibles de poner en práctica y mantener durante un período de tiempo prolongado por parte de la mayoría de la gente. Durante los últimos treinta años hemos ido reduciendo las grasas en nuestra dieta. El porcentaje de grasas que ingerimos ha bajado de un 40 a un 32%, y pese a ello seguimos engordando. Si has intentado perder peso eliminando las grasas de tu dieta, te has convertido en una víctima de las mentiras de los alimentos bajos en grasas.

Al menos superficialmente, la teoría de la dieta baja en grasas parece lógica. De los tres nutrientes que producen energía –las grasas, las proteínas y los carbohidratos–, la grasa es la que tiene más calorías. Cada gramo de grasa contiene más del doble de calorías que las proteínas y los carbohidratos. Por lo tanto, si sustituyes las grasas por proteínas y carbohidratos en tus comidas, puedes reducir el número de calorías consumiendo básicamente la misma cantidad de comida. Esto es cierto.

Desafortunadamente, se te ha hecho creer que cuantas más grasas elimines de tu dieta, y menos calorías consumas y comas, mejores resultados obtendrás. Parece como si perder peso fuera una sencilla cuestión de consumo de calorías. Esta es la razón por la que tanta gente, incluidos muchos profesionales de la salud, ha sido engañada.

Pero la verdad es que esto no funciona así. Tu sentido común te dice que mires las cosas de una forma diferente. ¿Tal vez hayas visto a alguien gordo que pese a comer ensaladas sigue engordando? ¿O tal vez hayas visto a una persona delgada que come carnes grasas, golosinas y postres y, pese a ello, no engorda ni un gramo? Obviamente, es una cuestión que va mucho más allá de las calorías. Existen otros factores como el metabolismo, el contenido en nutrientes o la sensación de saciedad que se ven afectados por el tipo de alimentos que consumimos y, consecuentemente, influyen en nuestro peso corporal. Engordar o adelgazar no es una mera cuestión de consumo de calorías.

La industria alimentaria nos hace creer que el peso corporal depende sencillamente del consumo de calorías. De hecho, promueve esta filosofía con agresividad. Patrocina estudios, distribuye material educacional en las escuelas y a los profesionales de la salud, escribe y publica artículos, envía comunicados de prensa, todo con el objetivo de apoyar sus ideas e intereses. Hoy en día no puedes ojear una revista de salud sin encontrarte con un artículo sobre una dieta baja en grasas. Es un tema recurrente en la radio y la televisión. También abundan los libros sobre esta temática. La solución que se nos da a nuestro problema de peso, y que nos tenemos que creer, está convenientemente promovida por la industria alimentaria: consume menos grasas. Se nos anima a comprar y a consumir trozos de carne magra y productos bajos en grasas, sin grasas o dietéticos de todas las marcas y características. Su estrategia de comercialización funciona. Las tiendas de comestibles están repletas de estos productos. Es una industria de millones de euros de lo más lucrativa.

Los trozos de carne magra cuestan mucho más. Los productos bajos en grasas son mucho más caros que los naturales como las frutas y las hortalizas. El sentido común nos dice que los dulces –como galletas, pasteles, tartas, golosinas o helados– no son exactamente los productos más saludables o mejores para nuestra dieta, pero son demasiado tentadores. Si están disponibles bajos en grasas, dejamos de lado nuestro sentido común y nos damos el permiso de comer sin sentirnos culpables. La consecuencia de todo ello es un mayor beneficio para la industria alimentaria y una cintura más ancha para nosotros.

La gente no quiere comer alimentos que no le gustan. Las grasas dan sabor a los alimentos. Los productos bajos en grasas no tienen sabor, así que para hacerlos más apetecibles, se les añaden más azúcares, glutamato monosódico y aditivos para realzar su sabor. El resultado es un producto que tiene más calorías en total que la versión con todas sus grasas y que contiene numerosos aditivos químicos, con efectos adversos para la salud y el peso. Si bien se anuncia como la alternativa «sana» a los productos con todas sus grasas, en realidad es justamente lo opuesto.

Se nos ha repetido tantas veces que los productos bajos en grasas son buenos que al final hemos asociado «bajo en grasas» con «saludable». Se trata a la grasa como si fuera veneno. Compramos los trozos más magros de carne y le quitamos cada gramo de grasa. Nuestras preferencias a la hora de comprar cualquier producto son que sea bajo en grasas o que no contenga grasas. Nuestros platos están llenos de azúcar y almidón, pero Dios no lo quiera que nos encontremos con un trozo de grasa por minúsculo que sea.

Después de tantos años de ser acribillados con la propaganda de los productos bajos en grasas, se nos quiere hacer creer que una dieta baja en grasas es buena –cuanto más baja en grasas mejor, y si no tiene grasas, aún mucho mejor–. Muchos gurús de las dietas, como por ejemplo el doctor Dean Ornish, Nathan Pritikin y otros, han construido imperios con la histeria de los productos bajos en grasas. El mito de los productos bajos en grasas se ha extendido por todos los rincones de nuestra sociedad. Incluso se les ha lavado el cerebro a nuestros hijos. En una encuesta que se hizo a unos escolares, un increíble 81% pensaba que la dieta más saludable era aquella que eliminaba todas las grasas de la dieta. Sin embargo, por muy dieta que sea, en realidad es un desastre nutricional.

LA GRASA ES BUENA PARA TI

Componentes estructurales

Crees que si eliminas toda la grasa corporal tendrás un cuerpo delgado y hermoso, ¿verdad? Pensar esto es un error. Así solo quedarías reducido a una masa uniforme de proteína y agua derramada en el suelo formando un charco de agua. Te parecerías al personaje de Dorothy, de la novela *Wicked: memorias de una bruja mala*, cuando tienen que recogerla con un cubo de agua.

La grasa es un componente estructural importante para las células de tu cuerpo, ya que forma la membrana celular –la piel que recubre a las células–. Sin grasas, tus células se convertirían en un charco de agua mezclada con restos celulares diversos. Las células del corazón, de los pulmones, de los riñones y de todos los demás órganos dependen de las grasas para mantenerse juntas. Tu cerebro está compuesto en un 60% por grasa y colesterol. En resumidas cuentas, un cerebro sano e inteligente está lleno de grasa.

Las grasas dietéticas no solo se utilizan para fabricar los componentes estructurales de las células, sino también para producir hormonas y prostaglandinas que controlan y regulan las funciones corporales. Para fabricar algunas hormonas, como por ejemplo la vitamina D, el estrógeno, la progesterona, la testosterona, la DHEA y muchas otras, se necesita colesterol.

Las hormonas son los principales reguladores del metabolismo, el crecimiento y el desarrollo, la reproducción y muchos otros procesos. Son muy importantes a la hora de mantener cierto equilibrio químico en el cuerpo. La grasa y el colesterol se utilizan para fabricar muchas hormonas. Son como los cimientos de un edificio. Si no tenemos colesterol, no tenemos hormonas del sexo y, en consecuencia, no tenemos apetencia sexual. Es decir, al final no habría diferencia entre lo masculino y lo femenino, y la reproducción sería imposible. Del mismo modo, las prostaglandinas, que son hormonas parecidas a las sustancias que se obtienen de las grasas, influyen en la concentración de lípidos en sangre, en la formación de coágulos de sangre, en la presión arterial, en la respuesta inmunitaria y en la respuesta inflamatoria a lesiones e infecciones.

Una dieta carente de grasas puede reducir seriamente la eficiencia de tu sistema inmunitario y, a su vez, hacer que seas más susceptible a enfermar. El sistema inmunitario no solamente nos protege de posibles infecciones, sino también de enfermedades degenerativas. El cáncer, por ejemplo, está controlado por él. Todos tenemos células cancerosas en el cuerpo –así es, tú, yo y todo el mundo–. Tenemos que convivir con ellas. Sin embargo, no todos vamos a desarrollar un cáncer porque nuestro sistema inmunitario nos protege. Los glóbulos blancos que circulan por nuestro cuerpo atacan y destruyen las células cancerosas, al menos mientras el sistema inmunitario esté funcionando correctamente. Pero si no está fuerte por falta de grasas u otros nutrientes que son deficitarios, podemos desarrollar un cáncer.

El hecho de no tener grasa ni colesterol no solo haría de nosotros una masa uniforme inerte en el suelo, sin capacidad para reproducirse y vulnerable a contraer una enfermedad como un cáncer u otras posibles afecciones, sino que hay algo peor, y es que podríamos morir. La vida sería imposible sin las grasas.

Fuente de energía

La grasa es como un combustible. La gasolina da energía a los coches y la grasa da energía a nuestro cuerpo. De hecho, la grasa es uno de los tres nutrientes que producen energía. Los otros dos son las proteínas y los carbohidratos. Nuestro cuerpo usa la grasa como fuente de energía para ayudar a los procesos metabólicos y para mantener la vida. Por lo menos un 60% de la energía que necesita nuestro cuerpo debe proceder de las grasas.

Nuestras células deben tener un aporte energético continuo para funcionar adecuadamente y mantener en vida a todo el organismo. La primera elección de combustible son los carbohidratos. Cuando hay un aporte adecuado de carbohidratos en nuestra dieta que cubre nuestras necesidades energéticas, las grasas se mantienen en reserva dentro de las células. Un exceso de carbohidratos o proteínas se convierte en grasa y también se almacena en las células adiposas para su uso posterior. Entre comidas o durante los períodos de baja ingesta de alimentos, la grasa se extrae de los lugares donde se ha almacenado y se utiliza para abastecer las necesidades energéticas del organismo en ese momento.

La grasa tiene más calorías por gramo que los carbohidratos o las proteínas porque es una fuente de energía compacta que puede almacenarse y usarse más tarde. La energía se mide en términos de calorías. El cuerpo puede almacenar más calorías –es decir, energía– en forma de grasa que en forma de carbohidratos o proteínas. Si tu cuerpo almacenara proteínas en lugar de grasas, parecerías una salchicha de cerdo hinchada debido a que tus células de almacenamiento de energía duplicarían su tamaño. Agradece que almacenes grasas y no proteínas.

Si se da el caso de que entre las comidas o durante períodos prolongados de ayuno no tienes grasa o la cantidad de grasa almacenada en las células adiposas es insuficiente, tu organismo tendrá que recurrir a proteínas como el tejido muscular para conseguir energía. Tu cuerpo se consumirá literalmente para conseguir la energía que necesita para mantenerse con vida.

Es por eso por lo que cuando estás a dieta, es importante que incluyas grasas en tus comidas. Si no lo haces, tu cuerpo descompone sus propias proteínas para satisfacer sus necesidades energéticas. Al final acabarás perdiendo masa muscular. En un caso extremo, como en una situación de hambruna, los órganos se consumen unos a otros para abastecer sus necesidades energéticas, lo que puede causar daños irreversibles. La insuficiencia orgánica es lo que causa la muerte como resultado de una inanición.

Fuente nutricional

Es un error pensar que la grasa es un veneno. Más bien al contrario, es un nutriente esencial, tanto como lo es la proteína, la vitamina C o el calcio. Necesitamos grasa en nuestra dieta para mantener una buena salud. Sin grasas en nuestra dieta, enfermaríamos y moriríamos por un aporte nutricional deficiente.

Las grasas se componen de moléculas individuales llamadas ácidos grasos. Hay dos tipos de grasas que se consideran absolutamente necesarias para mantener una buena salud: los ácidos grasos omega 3 y los omega 6. Debido a esto, se denominan ácidos grasos esenciales. Deben estar presentes en nuestra dieta porque el cuerpo no puede obtenerlos de otros nutrientes. Estos ácidos grasos esenciales se encuentran en una gran variedad de alimentos –como la carne, el pescado, los cereales y las verduras, así como también los aceites vegetales y las grasas animales–. Si se evitan o se eliminan las grasas de los alimentos, disminuye la cantidad de ácidos esenciales en la dieta.

Sin estas grasas, el cuerpo padece una serie de síntomas debido a una insuficiencia nutricional, tales como lesiones en la piel, problemas neurológicos y visuales, retrasos de crecimiento, problemas de reproducción, anomalías en la piel, y trastornos en los riñones y el hígado.

La grasa también es necesaria para el proceso digestivo y la asimilación de otros muchos nutrientes esenciales. Por ejemplo, con la porción grasa de los alimentos obtenemos vitaminas liposolubles como las vitaminas A, D, E y K, así como otros nutrientes importantes como el beta-caroteno. Estos nutrientes no se pueden asimilar sin una cantidad adecuada de grasas en nuestra dieta.

Uno de los mayores problemas de los alimentos bajos en grasas y de las dietas que restringen el consumo de grasas es que pueden producir un déficit nutricional. Si quieres que tu cuerpo asimile las vitaminas liposolubles, necesitas que tus alimentos contengan grasas. Si no comes suficiente grasa, las vitaminas pasan a través del tracto digestivo sin que puedas aprovecharlas. Ya solo por esto, las dietas bajas en grasas son peligrosas.

Muchas de las vitaminas liposolubles funcionan como antioxidantes que te protegen del daño de los radicales libres. Los radicales libres, que son moléculas altamente reactivas que continuamente se están formando dentro de nuestro cuerpo, se cree que son la causa o por lo menos un factor que contribuye a la mayoría de las enfermedades degenerativas que se conocen, incluyendo los problemas cardíacos, el cáncer y el alzheimer.

Las reacciones químicas de los radicales libres dentro de nuestro cuerpo causan la destrucción de las células y su ADN. Muchos investigadores creen que estas reacciones son la principal causa del envejecimiento. Cuanto más daño causan los radicales libres en tu cuerpo, más rápido envejeces.

Al reducir la cantidad de grasas en tu dieta, limitas la cantidad de nutrientes antioxidantes de los que tu cuerpo dispone para protegerse de las reacciones de los radicales libres. Las dietas bajas en grasas aceleran el proceso de envejecimiento y deterioro del cuerpo. Esta puede ser una de las razones por las cuales las personas que siguen una dieta baja en grasas durante un tiempo a menudo tienen un aspecto pálido y enfermizo.

Los carotenoides son nutrientes liposolubles presentes en las frutas y las hortalizas. El más conocido es el beta-caroteno. Los carotenoides son conocidos por sus propiedades antioxidantes. Muchos estudios demuestran que estos y otros liposolubles antioxidantes como las vitaminas A y E protegen contra enfermedades degenerativas y ayudan en el funcionamiento del sistema inmunitario.

Hay vegetales como el brócoli y las zanahorias que tienen betacarotenos, pero si no los aderezas con ningún aceite, no dispondrás de todos los beneficios que podrías obtener de sus vitaminas liposolubles. Si comes una ensalada con aderezo bajo en grasas, pierdes una buena parte de las vitaminas presentes en las hortalizas. Suelo utilizar vinagre mezclado con un poco de agua como aderezo. No hay ninguna grasa en este aderezo, pero siempre incluyo nueces, aguacate, queso, huevos u otros alimentos que contengan grasas y que me permitan aprovechar todas las vitaminas liposolubles contenidas en la ensalada.

Otro nutriente que necesita grasa para una correcta asimilación es el calcio. ¿Cuántas personas tienen un déficit de calcio? Muchas. ¿Cuántas de ellas consumen alimentos bajos en grasas? Muchas. Puedes beber litros de leche desnatada, comer queso bajo en grasas y tomar cucharadas enteras de suplementos vitamínicos de calcio y, pese a ello, seguir teniendo osteoporosis. ¿Por qué ocurre esto? Porque el calcio necesita grasa para que el cuerpo lo asimile. Si bebes leche desnatada por el calcio, estás malgastando tu dinero. Si lo que quieres es asimilar el calcio necesitas leche entera y queso con todas sus grasas, y otros productos ricos en grasas. Es cierto que hay muchas verduras que son una buena fuente de calcio. Pero si quieres aprovechar todas las ventajas del calcio, necesitas comer dichas verduras con mantequilla, nata u otros alimentos que contengan grasas.

Incluso tu corazón necesita grasas. Esto es lo que demostró un estudio coordinado por la doctora Mary Flynn. A un grupo de individuos se les proporcionó una dieta en la que el 37% del aporte calórico se obtenía de las grasas, y se midió sus niveles de colesterol y triglicéridos. Más tarde, la doctora Flynn dio a este mismo grupo una dieta con menos grasas –el 25 % de grasas, pero mantuvo exactamente el mismo número de calorías, incrementando los carbohidratos–. Descubrió que la dieta baja en grasas redujo los niveles de colesterol bueno HDL y elevó los niveles de triglicéridos, y, básicamente, no produjo ningún cambio en los niveles de colesterol malo LDL. En conclusión, el resultado final fue negativo para el corazón. Si le sumas el hecho de que las vitaminas liposolubles, como la vitamina E y los beta-carotenos, protegen contra posibles problemas de corazón, puedes llegar a la conclusión de que las dietas bajas en grasas en realidad pueden favorecer los problemas de corazón –justo lo contrario de lo que los medios de comunicación nos han hecho creer–. Esta es la razón por la que muchas personas que siguen una dieta baja en grasas acaban enfermando o tienen fuertes antojos de comida. Necesitan grasas.

Nathan Pritikin aboga por una dieta muy baja en grasas. Pritikin ha sido un fanático de la reducción de las grasas en la dieta. Ha llegado a declarar que la lechuga y otros vegetales ya contienen las grasas que nuestro cuerpo necesita. Su dieta limita el consumo de grasas a tan solo un 10% del total de calorías. Esto está por debajo del 30% que la Asociación Americana del Corazón recomienda. La gente pierde peso, pero también padece problemas cardíacos como resultado de la baja ingesta de grasas en su dieta. Charles T. McGee, en su libro *Heart Frauds*, describe algunos casos de pacientes que siguieron la dieta baja en grasas de Pritikin: «Los pacientes del Programa Pritikin empiezan a tener déficits de ácidos grasos esenciales después de haber seguido la dieta durante un período de dos años. Estas personas entran en mi consulta totalmente demacradas, con una piel seca, marchita, pálida, grisácea y escamosa. Afortunadamente estas complicaciones son raras de ver porque a mucha gente le resulta difícil ingerir menos de un 10% de grasas sin hacer trampas».

Otros beneficios

La grasa tiene muchas funciones en el cuerpo. No las he mencionado todas –solo las necesarias para mostrarte lo importante que es en nuestra dieta–. Los investigadores están descubriendo cada vez más beneficios en el consumo de grasas. Por ejemplo, en un estudio que la Universidad de Búfalo (Nueva York) realizó en 1999, se descubrió que las jugadoras de fútbol femenino tenían más energía si seguían una dieta compuesta por un 35% de grasas que una con tan solo un 24 o un 27% de grasas. Este estudio demostró que una dieta rica en grasas actúa de estímulo para los deportistas en sus competiciones.

Las grasas también ayudan a regular el proceso digestivo y a asimilar el azúcar en sangre, así como a prevenir la diabetes y la resistencia a la insulina. Sin un aporte adecuado de grasa en nuestra dieta, los niveles de azúcar en sangre pueden dispararse después de consumir alimentos ricos en carbohidratos.

La grasa te ayuda a que te sientas saciado, lo que hace que no comas tan a menudo, lo que a su vez hace que ingieras menos calorías. Así que consumir grasas te ayuda a perder peso.

La grasa mantiene la piel suave y elástica. La que hay debajo de la piel y la que ayuda a las células de la piel a que trabajen proporcionan una buena complexión y un excelente tono de piel.

La grasa es necesaria para un crecimiento normal. Ayuda a conservar importantes proteínas, mientras que los carbohidratos tienden a robar las proteínas de tu cuerpo. También es necesaria para un crecimiento adecuado y para la calcificación de los huesos. La gente que no consume la suficiente grasa tiene un tamaño inferior.

La grasa ayuda a mantener el peso. Debes consumir grasas si quieres mantenerte delgado.

Como puedes observar, la grasa es un componente importante en tu dieta. Está implicada en infinidad de procesos que se llevan a cabo en el cuerpo, muchos de los cuales los científicos aún tienen que acabar de comprender del todo.

Sin embargo, no todas las grasas son iguales. Hay muchos tipos de grasas y cada una de ellas tiene un efecto distinto en nuestro organismo. Con el procesamiento moderno y los productos industriales se han creado algunas grasas que actúan negativamente en tu cuerpo y que contribuyen al sobrepeso y otros problemas de salud. Por eso es importante que escojas con tiento las grasas que consumes. En general, cuanto más procesada sea la grasa o el aceite que puedes encontrar en las estanterías de los supermercados, menos saludable será. La grasa sintética como la olestra* o la grasa parcialmente sintética como la margarina y otros aceites vegetales hidrogenados son los más procesados y los menos saludables. La grasas y los aceites naturales –aquellos que se pueden extraer fácilmente de su fuente incluso con métodos primitivos–, como el aceite de oliva, el aceite de coco, la mantequilla y las grasas animales, son los más beneficiosos.

Sé que esto va en contra de la opinión popular. Mucha gente cree que algo que considera falso no puede ser verdad. Las opiniones populares acostumbran a estar equivocadas. Echa un vistazo a las dietas bajas en grasas; aún sigue proclamándose a los cuatro vientos que es la única manera de perder peso, aunque los hechos demuestran desde hace tiempo que no funcionan.

* La olestra es una sustancia que se emplea como sustituto de las grasas que no aporta calorías ni colesterol (N. de la T.).

3

¿Necesitas un cambio de aceite?

Grasas, triglicéridos y ácidos grasos

La palabra «grasa» a menudo hace que nos imaginemos algo grotesco, como una especie de tejido grasoso colgando de un trozo de carne. Sin embargo, no solo encontramos grasa en la carne. Todos los organismos vivos tienen grasa. Los animales tienen grasa, las personas tienen grasa, las plantas tienen grasa, incluso organismos como los protozoos y las bacterias también la tienen. La grasa es un tejido esencial para la vida. Por esta razón se encuentra, de un modo u otro, en todos nuestros alimentos. Y a pesar de que la gente se empeña en eliminarla tanto como puede, continúa siendo una sustancia importante en nuestra dieta.

Los términos «grasa» y «aceite» a menudo se utilizan indistintamente. Hablando en términos generales, a temperatura ambiente, las grasas se mantienen en estado sólido y los aceites en estado líquido. A menudo habrás oído el vocablo «lípido» para hacer referencia a las grasas y a los aceites. Lípido es un término general que incluye varios compuestos similares a la grasa que hay en el cuerpo. Con diferencia, los lípidos más abundantes e importantes de nuestro organismo son los triglicéridos. Cuando hablamos de grasas y aceites, a menudo nos referimos a los triglicéridos. Hay otros dos lípidos –los fosfolípidos y los esteroles (donde se incluye el colesterol)– que técnicamente no son grasas porque no son triglicéridos. Pero tienen características similares y a menudo nos referimos a ellos como grasas.

Cuando cortas un filete, el tejido graso que ves está compuesto de triglicéridos. También contiene colesterol, pero se entremezcla con las fibras y es imperceptible al ojo humano. La grasa que tanto nos molesta, esa que cuelga de nuestros brazos, que parece una masa viscosa en nuestros muslos y que hace que nuestros estómagos parezcan neumáticos de coche, está compuesta por triglicéridos. Estos constituyen nuestra grasa corporal y la grasa que vemos y comemos de los alimentos de origen animal. Alrededor del 95% de los lípidos de origen animal y vegetal de nuestra dieta son triglicéridos.

Los triglicéridos están formados por moléculas de grasas individuales llamadas ácidos grasos, que se dividen en tres categorías: ácidos grasos saturados, monoinsaturados y poliinsaturados. Todos los aceites y las grasas animales consisten en una mezcla de estos tres tipos de ácidos grasos. Describir el aceite como una grasa saturada o monoinsaturada es simplificarlo demasiado. Ningún aceite es completamente saturado o poliinsaturado. El de oliva, por ejemplo, a menudo se llama «monoinsaturado» porque es predominantemente monoinsaturado, pero como todos los demás aceites vegetales, también contiene algunas grasas poliinsaturadas y saturadas. La manteca de cerdo también se compone de ácidos grasos saturados, monoinsaturados y poliinsaturados. De hecho, contiene un porcentaje mayor de grasas monoinsaturadas (un 47%) que de grasas saturadas (un 41%). Es más preciso referirse a la manteca de cerdo como una grasa monoinsaturada que saturada.

Las grasas animales se obtienen de la carne animal y de la leche y los huevos. La mayoría de nuestros aceites vegetales, proceden de semillas como las de algodón, de girasol, de cártamo, pero incluso los cereales (entre ellos el maíz), las legumbres (como la soja y los cacahuetes) y los frutos secos (como las almendras y las nueces) son semillas. El aceite de coco procede de la semilla de la palmera de coco, y otros proceden de frutas (como el de oliva, el de palma y el de aguacate).

Como ocurre con otros aceites, el de coco contiene una mezcla de ácidos grasos saturados, monoinsaturados y poliinsaturados. Sin embargo, es predominantemente una grasa saturada; de hecho, lo es en un 92%. La mayoría de esta grasa se encuentra en forma de triglicéridos de cadena media (TCM). Esto diferencia al aceite de coco del conjunto de grasas que utilizamos en nuestra dieta. La mayoría de las grasas consisten en triglicéridos de cadena larga (TCL). Aproximadamente el 95% de las grasas de nuestra dieta contienen TCL. El aceite de maíz, el de soja, el de oliva, el de canola, la manteca de cerdo y la mayoría de las grasas dietéticas más comunes se componen casi en un 100% de TCL. La mantequilla y la crema contienen unas cantidades muy pequeñas de TCM. El de coco y el de palmiste son los únicos aceites con un aporte significativo de TCM. Este hecho es importante porque la mayoría de las propiedades del aceite de coco que ayudan a mejorar la salud y a perder peso provienen de los TCM. No hay ningún otro aceite que tenga una cantidad suficientemente apreciable de TCM como para compararlo con el aceite de coco.

En general, las grasas y los aceites que se encuentran en los alimentos de forma natural ayudan a mantener una buena salud y proporcionan muchos nutrientes esenciales. Sin embargo, no todas las grasas son iguales en términos de control de peso o beneficios para nuestra salud. Una dieta para perder peso que sea saludable debe incluir una cantidad adecuada de la clase correcta de grasas. Si te preguntaran cuáles son los aceites más saludables, ¿qué responderías? Si tu respuesta es como la de la mayoría de la gente, probablemente dirás que los aceites vegetales poliinsaturados son los mejores y los saturados los peores. Si esta es tu respuesta, te puedo decir que te han engañado, como a la mayoría de la gente, incluyéndome a mí hace unos años. Al contrario de lo que nos ha hecho creer la industria de los aceites, el exceso de consumo de aceites poliinsaturados conlleva muchos más riesgos para la salud que las grasas monoinsaturadas, las grasas saturadas o el colesterol. Aunque es cierto que necesitamos algunas grasas poliinsaturadas, sin darnos cuenta podemos estar ingiriendo demasiadas. Si actualmente los aceites vegetales que utilizas en tu dieta son en su mayoría poliinsaturados, necesitas *un cambio de aceite*. En este capítulo te voy a explicar por qué.

Aceites refinados y sin refinar

En este siglo pasado tuvo lugar una revolución en nuestra dieta. Los alimentos que nuestros ancestros comían, muchos de los cuales prosperaron durante generaciones, hoy en día se han hecho a un lado para dar paso a alimentos nuevos y tecnológicamente muy avanzados. Uno de los cambios más importantes que han tenido lugar durante este tiempo es el tipo de aceites que consumimos. La mantequilla, la manteca de cerdo, el aceite de coco y otras grasas tradicionales han visto usurpado su terreno por aceites vegetales refinados, purificados e incluso químicamente modificados.

Si viajas hasta las montañas del norte de Pakistán para visitar el pueblo hunza, encontrarás que sus habitantes disfrutan de la mantequilla y de la grasa de cabra. Si visitas las zonas rurales de China, descubrirás que la manteca de cerdo es la grasa que más se consume. Entre los esquimales del norte de Canadá y Alaska, el aceite de foca es un alimento tradicional fundamental. En Tailandia, el aceite de coco se utiliza para casi todo. En la India, el *ghee* (mantequilla clarificada) y el aceite de coco han sido tradicionalmente las opciones preferidas. En Italia y Grecia, el aceite de oliva es el rey por excelencia. Dondequiera que se utilicen grasas y aceites tradicionales, encontrarás que lo que principalmente se está consumiendo son aceites saturados y monoinsaturados, ya sea de un tipo o de otro. Lo que no vas a encontrar son muchos aceites vegetales poliinsaturados.

Desde antaño los aceites forman parte de nuestra dieta. En el pasado, los que más se consumían eran los que eran más fáciles de obtener con métodos de extracción primarios. La grasa animal sencillamente se cortaba de la carne y, luego, se utilizaba para cocinar. La mantequilla se preparaba batiendo leche. El aceite de oliva se extraía de la aceituna prensándola o golpeándola utilizando un embudo de madera y un martillo. Los aceites vegetales de frutos secos y semillas se producían prensando y aplastando los frutos con una madera o un rodillo de piedra.

Con diferencia, los aceites que más se han utilizado a lo largo de la historia han sido los que se extraen de las grasas animales, como la mantequilla, y también el aceite de coco, el de palma y el de oliva. Algunas sociedades utilizaban más aceites de semillas que otras, pero debido a su dificultad de extracción, nunca contribuyeron significativamente en la dieta humana.[1]

Las grasas y los aceites han nutrido a la humanidad durante generaciones. Pero el tipo de aceites que consumimos hoy en día son totalmente diferentes de los que nutrieron a nuestros abuelos. Hemos sustituido los aceites sin refinar por otros poliinsaturados altamente refinados y purificados.

Con la invención de la prensa hidráulica de aceite y el uso de agentes químicos de extracción, los aceites de semillas se volvieron más económicos. A medida que las grasas saturadas empezaban a criticarse cada vez más porque se decía que elevaban los niveles de colesterol en sangre, los aceites vegetales poliinsaturados se volvieron más populares. Sin embargo, uno de los inconvenientes de los aceites vegetales es que se oxidan (se tornan rancios) rápidamente. Por consiguiente, necesitan ser altamente refinados y contener sustancias químicas que preserven y retrasen su deterioro. Todos los aceites vegetales que vemos en las estanterías de los supermercados son de este tipo.

Hay algunos aceites vegetales que se producen empleando métodos tradicionales antiguos, sin hacer uso de productos químicos ni hornos a altas temperaturas. El más conocido es el aceite de oliva virgen extra. Conserva todo su sabor, color y aroma, así como todas sus vitaminas naturales y minerales. El aceite de coco normalmente se produce usando métodos tradicionales o modernos métodos de procesado en frío sin utilizar productos químicos. A menudo se conoce como aceite de coco virgen para diferenciarlo de otros aceites más refinados. Conserva su aroma y sabor tan deliciosos. También puedes encontrar aceites de sésamo, palma, almendra y otros producidos de forma similar. La manera como puedes identificar los aceites sin refinar es a través de su gusto y aroma. Cuanto más procesado y refinado esté, menos gusto y aroma va a conservar. Los aceites ricos en grasas saturadas, como el de coco, son muy estables e incluso cuando están muy procesados siguen siendo una opción mejor que los aceites poliinsaturados.

Muchos aceites tienen un sabor desagradable, y deben ser desodorizados para que sean más agradables al gusto. El de soja, por ejemplo, es uno de ellos. El aceite de soja no procesado tiene un gusto horrible y debe someterse a un proceso de tratamiento químico muy fuerte para eliminar ese sabor tan desagradable; por consiguiente, siempre está altamente procesado.

Aceites vegetales hidrogenados

El proceso de hidrogenación fue desarrollado por la compañía Procter&Gamble en 1907. La hidrogenación era un proceso nuevo e innovador que podía transformar el aceite vegetal líquido en una grasa sólida de aspecto parecido a la manteca de cerdo. La primera vez que se utilizó fue para transformar aceite de algodón barato en una grasa sólida que podía reemplazar a la manteca de cerdo y el sebo en la fabricación de jabones y velas.

El éxito de este sustituto barato de la manteca de cerdo hizo que los beneficios de la compañía aumentaran considerablemente. No pasó mucho tiempo antes de que pensaran que el aceite de algodón hidrogenado que se parecía a la manteca de cerdo quizá también podía venderse como alimento. Así que en 1911 introdujeron en el mercado la manteca vegetal Crisco. El nombre de Crisco deriva de las palabras *CRYStalized Cottonseed Oil* (aceite de algodón cristalizado). Con la intención de alentar a las mujeres para que cambiaran el uso de la mantequilla y la manteca de cerdo por la manteca vegetal, distribuyeron un libro de cocina y empezaron a hacer anuncios donde se retrataba a Crisco como la alternativa más económica y saludable a las grasas animales. En ese momento es cuando empezó la transformación.

Paulatinamente se fueron eliminando las grasas animales y aumentando el uso de los aceites vegetales.

En poco tiempo, la margarina se puso a disposición del consumidor. La margarina era sencillamente aceite de algodón hidrogenado mezclado con aromas y colorantes para que pareciera mantequilla. Al principio las ventas fueron modestas pero durante la Gran Depresión de los años treinta, la gente sustituyó la manteca de cerdo y la mantequilla por sus alternativas más baratas, la manteca vegetal y la margarina. Las ventas volvieron a experimentar un repunte en las décadas de los cincuenta y los sesenta, cuando la gente empezó a ser más consciente de los supuestos peligros de las grasas animales. En 1957 había más gente que compraba margarina que mantequilla.

Es interesante que Procter&Gamble y otras empresas de aceites vegetales patrocinaran gran parte de las investigaciones que supuestamente vinculaban las grasas saturadas y el colesterol con las enfermedades cardiovasculares. De hecho, el papel del doctor Fred Mattson, uno de los científicos que trabajaron para la compañía, fue clave para convencer a la Asociación Americana del Corazón de que aceptara la teoría del colesterol sobre las enfermedades cardiovasculares y también fue muy importante para influir en las políticas gubernamentales relacionadas con las grasas dietéticas.

La hidrogenación empieza con el proceso de refinado del aceite vegetal. En la actualidad, la mayoría de los aceites hidrogenados están hechos con aceite de soja. El aceite se mezcla con pequeñas partículas de metal –normalmente se usa níquel oxidado, que es muy tóxico y casi imposible de eliminar– que actúan como catalizador químico. El gas hidrogenado se somete a alta presión y a altas temperaturas. Como resultado se comprime y se transforma en aceite, acoplándose químicamente a las moléculas de grasa. Luego se fuerza a los emulsionantes y al almidón a que se mezclen para dar más consistencia. La mezcla se somete de nuevo a altas temperaturas en un proceso de limpieza a vapor para eliminar su olor tan desagradable.

El proceso de hidrogenación se ha completado, pero el resultado es un aceite de color grisáceo bastante asqueroso, más parecido a lo que se puede esperar ver en una jarra llena de grasa que como aderezo en un plato. Por eso se blanquea para darle una apariencia blanquecina mucho más apetecible. El resultado final es un aceite vegetal hidrogenado, o como vemos en las estanterías de los supermercados, manteca vegetal. Para hacer margarina se añaden colorantes y aromas químicos. Esta mezcla se comprime y se envuelve en paquetes o tubos, lista para untar en una rebanada de pan. Tan solo con saber cómo se producen la margarina y la manteca vegetal, ya es más que suficiente para dejar de usarlas, al menos para mí.

En el proceso de hidrogenación, los aceites vegetales líquidos se convierten en grasas sólidas. Hemos de tener en cuenta que esto conlleva serias implicaciones para nuestra salud, puesto que se ha creado un nuevo ácido graso que no se encuentra en la naturaleza, y al que se le llama ácido transgraso. Este ácido graso tóxico es un extraño para nuestro cuerpo y puede crear una serie de problemas.

Probablemente se trata de las grasas más tóxicas que se conocen, según afirma el doctor Walter Willett, profesor de epidemiología y nutrición de la Facultad de Salud Pública de Harvard. Willett, quien ha investigado los efectos de los ácidos transgrasos en el cuerpo, no está de acuerdo con aquellos que aseguran que las grasas hidrogenadas que encontramos en la margarina y la manteca vegetal elevan mucho menos el colesterol que las grasas saturadas de la mantequilla.

Parece que los ácidos transgrasos son dos o incluso tres veces peores que las grasas saturadas en cuanto a su efecto en los lípidos en sangre.[2]

En la actualidad hay estudios que demuestran que los ácidos transgrasos pueden contribuir a la ateroesclerosis (el endurecimiento de las arterias) y a las enfermedades cardiovasculares. Por ejemplo, los cerdos alimentados con una dieta que contiene ácidos transgrasos parece que desarrollan con más facilidad problemas de ateroesclerosis que los alimentados con otros tipos de grasas.[3] En los humanos, los ácidos transgrasos elevan los niveles de LDL (colesterol malo) en sangre y disminuyen los niveles de HDL (colesterol bueno), ambos considerados como cambios indeseados.[4] Se ha demostrado que elevan los niveles de colesterol en sangre, incluso más que las grasas saturadas.[5]

Desde que se sabe que los ácidos transgrasos también disminuyen los niveles de HDL, algo que no ocurre con las grasas saturadas, los investigadores creen que tiene mucha mayor influencia en el riesgo de enfermedades cardiovasculares que otras grasas dietéticas.[6]

The New England Journal of Medicine publicó los resultados de un estudio realizado con 80.000 enfermeras a lo largo de catorce años (20 de noviembre de 1997). La investigación, coordinada por la Facultad de Salud Pública de Harvard y el hospital *Brigham and Women's* de Boston, documentó 939 ataques cardíacos entre las participantes. Las mujeres que consumían la mayor cantidad de ácidos transgrasos tenían una probabilidad un 53% superior de sufrir un ataque cardíaco que las que pertenecían al grupo de menor consumo.

Otro dato interesante revelado por este estudio fue que la ingesta total de grasa tenía escasa influencia sobre el índice de ataques cardíacos. Las mujeres que formaban parte del grupo con el mayor consumo de grasas totales (46% de calorías) no corrían un riesgo mayor de sufrir un ataque cardíaco que aquellas que se incluían en el grupo con el menor consumo de grasas totales (29% de calorías).

Los investigadores declararon que esta información sugiere que limitar el consumo de grasas trans podría ser más eficaz para evitar ataques al corazón que reducir la ingesta total de grasas. Desafortunadamente, alrededor del 10% de la grasa incluida en una dieta típica occidental es trans.

Los ácidos transgrasos no solamente afectan a nuestra salud cardiovascular. Según un estudio publicado por la doctora Mary Enig, al incluir margarina (que contiene grasa trans) en la dieta de un grupo de monos se observó que sus glóbulos rojos no se unían a la insulina tan eficazmente como cuando no consumían grasas trans.[7] Esta observación sugiere una relación con la diabetes. Los ácidos transgrasos se han vinculado con una gran variedad de efectos adversos para la salud, entre ellos cáncer, afecciones cardíacas, esclerosis múltiple, diverticulitis, diabetes y otras enfermedades degenerativas.[8]

El aceite hidrogenado es un producto de la tecnología y, actualmente, puede que sea el aditivo alimentario más destructivo de uso común. Si sueles utilizar margarina, manteca vegetal, o aceites vegetales parcial o totalmente hidrogenados (como son los aditivos alimentarios comunes), estás consumiendo ácidos transgrasos.

Muchos de los productos que compras en el supermercado y que consumes en restaurantes se preparan o se cocinan con aceite hidrogenado. Todos los alimentos fritos que se venden en los supermercados y que se sirven en restaurantes normalmente se cocinan con aceite hidrogenado, ya que hace que los alimentos sean más crujientes y es más resistente a la descomposición que los aceites vegetales ordinarios. Gran parte de los alimentos procesados y congelados se cocinan o se preparan con aceites hidrogenados. Estos se utilizan en la preparación de patatas fritas, bizcochos, galletas, bollos, *crackers*, empanadas, garbanzos congelados, pizzas, manteca de cacahuete, tartas congeladas y sustitutos de helados, como la mellorina. Los aceites vegetales líquidos que compras en el supermercado no son mucho mejores. El calor utilizado en el proceso de extracción y refinado también puede producir ácidos transgrasos. Así que esa botella de aceite de maíz o de cártamo que tienes en el armario de la cocina contiene ácidos transgrasos aunque no haya sido hidrogenado. A menos que el aceite vegetal sea de «presión en frío» o haya sido prensado por expulsor, es muy probable que contenga cierta cantidad de ácidos transgrasos. La mayoría de las marcas más comunes de aceites vegetales y aderezos para ensaladas contienen ácidos transgrasos.

Los aceites vegetales líquidos tienen un contenido promedio del 15% de ácidos transgrasos. En comparación, la margarina y la manteca vegetal contienen un promedio del 35%, pero algunas marcas pueden llegar a alcanzar hasta un 48%.

Cuando los aceites monoinsaturados y poliinsaturados se utilizan para cocinar, especialmente a altas temperaturas, se generan ácidos transgrasos. Así que a pesar de que uses un aceite prensado en frío comprado en una tienda de dietética, si lo usas para cocinar, estarás generando ácidos transgrasos no saludables.

Puede que te preguntes si la cantidad de ácidos transgrasos que se generan cuando se calienta el aceite en casa supone un peligro real.

Los estudios demuestran que las dietas que contienen aceite de maíz líquido tratado con calor producen más ateroesclerosis que las que incluyen aceite de maíz sin tratar.[9] Por lo tanto, podemos concluir que cualquier aceite vegetal poliinsaturado es tóxico cuando se calienta. Incluso una pequeña cantidad puede afectar a tu salud, en particular si su consumo es bastante frecuente.

Las grasas saturadas, independientemente de su origen, son mucho más tolerantes a las temperaturas que se utilizan en la cocina y no originan ácidos transgrasos; por lo tanto, son aceites mucho más adecuados para cocinar. Las grasas saturadas son las más seguras para uso culinario. En un intento por fabricar un aceite barato procedente de fuentes vegetales poliinsaturadas, la tecnología moderna ha acabado creando un problema para nuestra salud bastante grave. Bajo la presión de muchas organizaciones de la salud y grupos de consumidores, la Agencia de Alimentos y Medicamentos (FDA, según sus siglas en inglés) estableció un reglamento que exige que los alimentos manufacturados incluyan la cantidad de ácidos transgrasos que contienen en las etiquetas de los envases. Sin embargo, antes de dar este paso, el Instituto de Medicina esperó tres años para estudiar el caso.

Después de que se llevara a cabo el estudio, para la sorpresa de todos, el Instituto de Medicina no dio ninguna recomendación sobre el porcentaje de grasas trans que se pueden consumir, algo que generalmente ha hecho con los aditivos alimentarios. Sin embargo, esta vez no ha afirmado que hubiera un nivel seguro de grasas trans. Si ves un paquete que contiene aceite hidrogenado, margarina o manteca vegetal, no lo toques. Si comes fuera de casa, pregunta al camarero del restaurante qué tipo de aceite utilizan para cocinar los platos. Si responde «aceites vegetales», casi seguro que son hidrogenados. En este caso, evítalos. La razón por la que puedes estar seguro de que utilizan aceites vegetales hidrogenados es porque el aceite vegetal normal se descompone muy rápido y se torna rancio. A los restaurantes les gusta reutilizar sus aceites varias veces antes de tirarlos. Los aceites vegetales normales duran muy poco tiempo.

Radicales libres

Las investigaciones realizadas durante las últimas décadas han identificado un factor clave en la causa y el desarrollo de enfermedades degenerativas y el envejecimiento. Se trata de los radicales libres.

Para decirlo de una manera sencilla, un radical libre es una molécula renegada que ha perdido un electrón de su órbita externa; todo radical libre tiene al menos un electrón no pareado. Esto crea una entidad molecular altamente inestable y potente. Estos radicales atacarán con rapidez una molécula vecina para robarle un electrón. La segunda molécula, despojada de un electrón, se transforma en un radical libre altamente reactivo y extrae un electrón de otra molécula cercana. Este proceso continúa como una reacción destructiva en cadena que puede afectar a cientos, o incluso miles, de moléculas.

Una vez que una molécula se convierte en un radical, sus propiedades físicas y químicas se modifican. Su funcionamiento normal queda permanentemente interrumpido, afectando a toda la célula de la cual forma parte. Una célula viva que es atacada por radicales libres degenera y se vuelve disfuncional. Los radicales libres pueden desgarrar literalmente las membranas protectoras de las células.

Los componentes celulares más sensibles, como el núcleo y el ADN, que transporta la impronta genética de la célula, pueden resultar dañados y dar lugar a mutaciones celulares o a la muerte celular.

Cuanto mayor sea el número de radicales libres que ataquen a nuestras células, mayor será el daño y también el potencial para una destrucción grave. Si las células dañadas se encuentran en nuestro corazón o en las arterias, ¿qué es lo que sucede? ¿Y qué ocurre si son las células cerebrales? Y si están en nuestras articulaciones, en el páncreas, en los intestinos, en el hígado o en los riñones, ¿cuál es la consecuencia? Piensa en ello. Si las células están dañadas, son disfuncionales o están muertas, ¿pueden todos estos órganos desempeñar su función de un modo óptimo o se degeneran?

El daño producido por los radicales libres se ha asociado a problemas como la pérdida de integridad del tejido y la degeneración física. Cuando las células son bombardeadas por los radicales libres, los tejidos se deterioran progresivamente. Algunos investigadores creen que la acción destructiva de los radicales libres es la causa principal del envejecimiento.[10] A medida que el organismo envejece, mayor es el deterioro producido por la acumulación de ataques de radicales libres a lo largo de toda la vida.

Hoy en día, se han identificado alrededor de sesenta enfermedades degenerativas en las cuales están involucrados los radicales libres, ya sea en su causa o en su manifestación.[11] Otras afecciones se agregan con frecuencia a la lista. Las investigaciones que han asociado las enfermedades más letales (como el ataque cardíaco y el cáncer) a los radicales libres han ampliado su campo para incluir la ateroesclerosis, el derrame cerebral, las venas varicosas, las hemorroides, la hipertensión, la piel arrugada, la dermatitis, la artritis, los trastornos digestivos, los problemas reproductivos, las cataratas, la pérdida de energía, la diabetes, las alergias, los fallos de la memoria y muchas otras enfermedades degenerativas.

Cuanto más expuestos estamos a los radicales libres, más se deterioran nuestras células y tejidos y, en consecuencia, más aumenta la posibilidad de que desarrollemos algunas de las enfermedades mencionadas. Nuestra exposición a los radicales libres se debe a los contaminantes que hay en el aire que respiramos y a los aditivos químicos y toxinas que contienen los alimentos y bebidas que ingerimos. Algunas reacciones de los radicales libres se producen de forma natural como parte del proceso normal del metabolismo celular. Somos incapaces de evitar todos los radicales libres presentes en el medio ambiente, pero podemos limitarlos. El humo del tabaco, por ejemplo, produce reacciones de los radicales libres en los pulmones. Determinados alimentos y aditivos alimentarios causan reacciones destructivas de los radicales libres que afectan a todo el organismo. Reducir la exposición a estas sustancias que producen radicales libres limitará el riesgo de desarrollar algunas de las enfermedades degenerativas. En este sentido, los tipos de aceite que consumes tienen un efecto muy importante sobre tu salud.

Cuando los aceites insaturados se oxidan (se tornan rancios), generan radicales libres. Cuanto menos saturado sea un aceite, con más facilidad se oxidará.

Por lo tanto, los aceites poliinsaturados son mucho más vulnerables a la oxidación que los monoinsaturados, y los monoinsaturados mucho más que los saturados.

El calor, la luz y el oxígeno actúan como catalizadores que originan la oxidación; cuanto mayor sea el tiempo de exposición, mayor será el grado de oxidación. Cuando los aceites poliinsaturados se extraen de su fuente y se exponen al calor, la luz y el oxígeno, se oxidan con rapidez.

Cuando compras una botella de aceite de soja en el supermercado, este ya se ha empezado a oxidar. En el estante de la tienda está expuesto al calor y a la luz (incluso a temperatura ambiente). Esto ya es suficiente para originar la oxidación en un aceite volátil. Una vez que lo llevas a casa y abres la botella, la oxidación y la formación de radicales libres se aceleran. Si utilizas el aceite para cocinar cualquier plato, aún agravas más el problema porque se forman radicales libres dañinos.

Numerosos estudios, en algunos casos ya publicados en la década de los treinta, informan sobre los efectos tóxicos del consumo de aceites vegetales que se han calentado para cocinar.[12] Por esta razón, nunca se deben utilizar aceites vegetales poliinsaturados para cocinar u hornear. Es irónico ver como muchas personas compran aceites de «presión en frío» en el supermercado y, luego, en casa los utilizan para cocinar. Los aceites de presión en frío se oxidan tan rápido como los refinados.

Los aceites monoinsaturados y saturados no se oxidan tan fácilmente como los poliinsaturados. Son mucho más estables en la cocción. Los aceites monoinsaturados son seguros para cocinar a baja temperatura. Las grasas saturadas, que son las más resistentes a la oxidación, se pueden utilizar para cualquier uso culinario incluso a altas temperaturas sin producir ningún daño, siempre y cuando no se calienten por encima de su punto de humeo. Cada aceite tiene un punto de humeo diferente.

Los aceites vegetales refinados son engañosos. No puedes distinguir a un pícaro de un santo. Son todos muy parecidos. Han sido purificados, desodorizados y despojados de todo gusto y olor. Cuando el aceite se torna rancio, su sabor y aroma no se ven afectados.[13] Puedes consumir un aceite muy rancio y muy oxidado, y ni siquiera detectar la diferencia, sobre todo si se combina con otros alimentos, algo que acostumbramos a hacer.

Los aceites rancios únicamente huelen de forma desagradable y tienen mal gusto cuando contienen impurezas o pigmentos de plantas. Los radicales libres atacan a estas impurezas y las transforman en sustancias podridas malolientes. Un aceite que apenas ha sido procesado y que todavía contiene algunas sustancias naturales de plantas es más probable que desprenda un olor desagradable que un aceite altamente procesado y purificado. Puedes estar consumiendo aceite rancio sin saberlo.

El aceite insaturado que conserva sus aromas y sabores naturales probablemente se torne rancio con el tiempo. Si empieza a tener un sabor un poco extraño o está agrio, tíralo. Sin embargo, los aceites poliinsaturados que han sido desodorizados y purificados no tendrán ningún sabor u olor incluso cuando se tornen rancios. No los utilices. Los mejores aceites son aquellos que tienen un sabor bueno y natural.

4

Colesterol y grasa saturada

La hipótesis de los efectos del colesterol sobre las enfermedades cardiovasculares

Quiero que retrocedas en el tiempo. Incluso antes de que nacieras. No demasiado, pero lo suficiente como para encontrarte cara a cara con tus tatarabuelos. Estamos en el año 1878. ¿Por qué 1878? Ese fue el año en el que por primera vez se documentó una extraña enfermedad en la literatura médica. El doctor Adam Hammer, médico británico, describió una enfermedad totalmente desconocida hasta entonces y que hoy en día se conoce comúnmente como ataque cardíaco. Hasta esa fecha no se había documentado ningún caso de ataque cardíaco en la literatura médica. El doctor Hammer informó de que un paciente había experimentado un dolor opresivo en el pecho, seguido de un colapso y, finalmente, la muerte. La autopsia reveló que el tejido muscular del corazón del paciente había muerto, produciendo una insuficiencia cardíaca y el posterior fallecimiento. Hoy en día, todo el mundo sabe cuáles son los síntomas de un ataque al corazón. Millones de personas mueren cada día a causa de enfermedades cardiovasculares. Es la principal causa de muerte en el mundo. Según las estadísticas, tienen la probabilidad de morir de un ataque cardíaco aproximadamente una de cada tres personas.

¿Por qué en el pasado las enfermedades cardiovasculares eran poco corrientes y, en cambio, hoy en día son de lo más común? Muchas víctimas de ataques cardíacos tienen entre treinta y cuarenta años. Cien años atrás, la gente podía vivir hasta los sesenta, setenta u ochenta sin sufrir nunca un ataque cardíaco. Así que podemos descartar que sea una enfermedad causada por la edad. Si preguntas a la gente cuál cree que es la causa de esta afección, probablemente la mayoría te responderá que es comer demasiados alimentos que contienen colesterol y grasas saturadas. Pero ¿esta es la verdadera causa de las enfermedades cardiovasculares?

Volvamos al año 1878. ¿Qué tipos de grasas y aceites consumía la gente en su día a día? Lo que más se consumía era manteca (grasa de cerdo), sebo (grasa de vaca), mantequilla, aceite de coco y de palma, y en menor cantidad, aceite de oliva. No disponían de la tecnología necesaria para producir aceite de maíz, soja, cártamo ni la mayoría de los aceites poliinsaturados. Así que nuestros ancestros, los cuales nunca oyeron hablar de los problemas o las enfermedades del corazón, comían sobre todo grasas animales, con grandes cantidades de colesterol y grasas saturadas. Los efectos sobre su salud eran evidentes: no sabían lo que era tener problemas de corazón, cáncer, diabetes, obesidad y otras numerosas enfermedades propias de la civilización.

Si el colesterol y las grasas saturadas causan todos estos problemas de salud o contribuyen a ello –algo que muchos afirman–, ¿por qué después de tantos miles de años formando parte de nuestra dieta, de repente, se han convertido en algo tóxico y perjudicial para nuestra salud? Llevamos escuchando desde hace tanto tiempo que el colesterol y las grasas saturadas son los causantes de las enfermedades cardiovasculares que incluso se repite en nuestros sueños. Pero ¿acaso esta es realmente la causa? Tanto la ciencia médica como la historia demuestran que no es así.

La hipótesis de los efectos del colesterol sobre las enfermedades cardiovasculares fue propuesta por primera vez en el año 1950 por el investigador Ancel Keys. Utilizando datos de seis países (Estados Unidos, Canadá, Australia, Inglaterra, Italia y Japón), Keys mostró una correlación entre el consumo de grasas y la tasa de mortalidad por enfermedades cardiovasculares. Cuanto mayor era el consumo de grasas, mayor era la tasa de mortalidad por este tipo de enfermedades. Se identificaron las grasas saturadas como el principal culpable. La hipótesis del colesterol de Keys enseguida fue reconocida como la mejor explicación para entender el rápido aumento de las defunciones por enfermedades cardiovasculares.

Sin embargo, los datos que utilizó como referencia eran bastante defectuosos desde un punto de vista analítico. Seleccionó la información con cierto cuidado. Tenía a su disposición datos de veintidós países pero solo empleó aquellos que corroboraban su hipótesis. Los datos de los dieciséis países que no utilizó no solo no apoyaban su hipótesis, sino que incluso la contradecían. Por ejemplo, la tasa de mortalidad por enfermedades cardiovasculares en Finlandia era veinticuatro veces mayor que la de México, aunque el consumo de grasas saturadas en ambos países era muy parecido. Otro ejemplo: la tasa de mortalidad por enfermedades cardiovasculares de Estados Unidos era mucho más elevada que la de Francia pese a que los franceses consumían mayor cantidad de grasas saturadas y colesterol. Si analizas los datos de todos los países de los que se dispone información, vas a descubrir que no existe una correlación directa entre el consumo de grasas saturadas y las enfermedades cardiovasculares. Pero no se tuvo en cuenta este hecho. Los médicos estaban desesperados por encontrar una causa que explicara el fuerte aumento de las enfermedades cardiovasculares durante la primera mitad del siglo XX, y esta teoría les dio la respuesta que necesitaban. Dado que no había otra teoría que la rebatiera, la hipótesis de Keys ganó rápidamente aceptación y desde entonces es la creencia que prevalece.

El doctor Paul Dudley White es conocido como el padre de la cardiología –el estudio del corazón y sus enfermedades–. Se graduó en la facultad de medicina en 1910 y fue el médico del presidente Dwight D. Eisenhower durante los años que estuvo en la presidencia. Siendo joven, White escribió que sentía un especial interés por investigar una nueva enfermedad extraña y de la cual había leído algo en la literatura médica europea. En 1921, once años después de que empezara a ejercer la medicina, tuvo su primer paciente con un ataque cardíaco. En esa época, los ataques cardíacos eran muy poco comunes. En la década de los cincuenta, cuando fue el médico del presidente Eisenhower, las enfermedades cardiovasculares se habían convertido en una de las principales causas de muerte en Estados Unidos. Más tarde, siendo la máxima autoridad en el campo de la cardiología y, en consecuencia, en el de las enfermedades cardiovasculares, se le preguntó por su opinión sobre la teoría que afirmaba que el colesterol y las grasas saturadas causaban estas enfermedades. Declaró que no podía apoyar la teoría porque sabía que no se ajustaba a la historia de la enfermedad.[1]

El gráfico que se presenta en la siguiente página ilustra por qué las grasas saturadas y el colesterol no pueden ser la causa de las enfermedades cardiovasculares. En dicho gráfico se representa el número de defunciones por ataques cardíacos para un total de 100.000 personas a lo largo del tiempo y se compara con el consumo de colesterol y grasas saturadas de dicho grupo de población. Observa que los niveles de colesterol y grasas saturadas se han mantenido prácticamente constantes, pero los ataques al corazón se han disparado. Por lo tanto, se puede concluir que no existe una correlación directa entre las enfermedades cardiovasculares y el colesterol o las grasas saturadas.[2]

Entre 1910 y 1920, apenas hubo defunciones por enfermedades cardiovasculares: estas afectaron a alrededor de 10 de cada 100.000 personas por año. En 1930 la tasa de mortalidad ascendió a 46 de cada 100.000 personas y en 1970 era de 331 de cada 100.000. Es interesante darse cuenta de que el consumo de azúcar comenzó a ser más común a principios del siglo XX y que ha aumentado de manera constante junto con la tasa de enfermedades cardiovasculares. Parece que hay una correlación mucho mayor entre estas y el consumo de azúcar que el de grasas saturadas o colesterol.

Tanto la industria alimentaria como la farmacéutica han sido muy activas a la hora de difundir y promover la teoría de que el colesterol y las grasas saturadas causan las enfermedades cardiovasculares. Desde 1950 patrocinan y financian este campo de estudio. Incluso después de más de sesenta años de investigación, existen muy pocas evidencias de que las dietas bajas en colesterol y grasas saturadas realmente reduzcan las defunciones por ataques cardíacos o que puedan alargar la vida de las personas.

TASA DE MORTALIDAD POR ENFERMEDADES CORONARIAS EN COMPARACIÓN CON EL CONSUMO DE COLESTEROL Y GRASAS SATURADAS

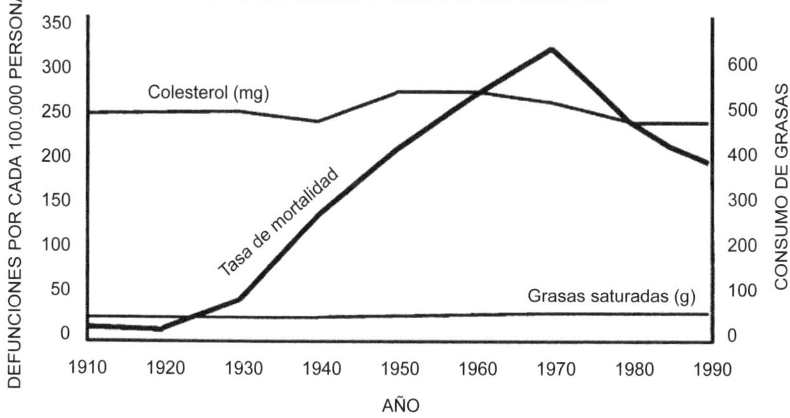

Fuente: C. T. McGee, *Heart Frauds*

De 1910 a 1970 las defunciones por enfermedades coronarias aumentaron un increíble 3.010%, y luego empezaron a descender. Durante este tiempo, la ingesta de colesterol y grasas saturadas se mantuvo bastante constante, lo que muestra poca correlación entre las enfermedades coronarias y el colesterol o las grasas saturadas.

Según la teoría o la hipótesis del colesterol, el consumo de grasas animales tendría que haberse incrementado significativamente a partir de 1920 para mantener cierta correlación con el aumento de las enfermedades cardiovasculares. Sin embargo, el consumo de mantequilla y grasas animales en Estados Unidos se ha reducido a lo largo de todo este período de tiempo, mientras que el de azúcar y grasas vegetales se ha incrementado drásticamente. Durante los sesenta años que transcurren entre 1910 y 1970, la proporción de grasas animales en la dieta de los estadounidenses disminuyó de un 83 a un 62%, y el consumo de mantequilla bajó de 7 kilos por persona a menos de 2 kilos. A lo largo de los últimos ochenta años, el consumo de colesterol en la dieta solo ha aumentado un 1%. Durante el mismo período, el porcentaje de grasas vegetales en la dieta en forma de margarina, manteca vegetal y aceites procesados se ha incrementado un 400%. Cuando miras objetivamente todos estos hechos, te das cuenta de que la hipótesis del colesterol no se sostiene por ningún lado.

En un intento por asustar a la población y promover un mayor consumo de aceites vegetales, se ha llegado a difundir que las grasas animales son las culpables de todas las enfermedades que nos podamos imaginar. Ahora parece que toca hacer lo políticamente correcto, a pesar de que hay muy pocas evidencias que demuestren que las grasas animales pueden causar algún daño. Cuando se habla de obesidad, diabetes, cáncer o enfermedades cardiovasculares, siempre hay alguien que asegura que las grasas saturadas y el colesterol son de algún modo la causa. Pero, repito, los hechos no encajan con la teoría.

Deficiencia de vitaminas y minerales

A pesar de décadas de investigación y de haberse reducido significativamente el consumo de grasas animales, las enfermedades cardiovasculares siguen siendo la principal causa de muerte. Pese a un continuo intento a lo largo del tiempo por parte de los investigadores de demostrar que existe una correlación entre el colesterol y las enfermedades cardiovasculares, nunca se ha demostrado nada. Los investigadores y los patrocinadores están consternados porque los estudios solo muestran una leve e incluso cuestionable relación entre ambos.

Si las grasas saturadas y el colesterol no causan las enfermedades cardiovasculares, ¿qué las causa? Se han hallado una serie de factores que se vinculan mucho más con ellas.

En la década de los cuarenta y los cincuenta, los investigadores Yudkin y López descubrieron una correlación entre el consumo de azúcar refinado y las enfermedades cardiovasculares. El azúcar debilita el sistema inmunitario, reduciendo la resistencia del cuerpo a las bacterias y a los virus, lo que puede causar una inflamación en el corazón y las arterias. La inflamación es uno de los factores que contribuyen al desarrollo de la placa arterial y el endurecimiento de las arterias, lo que a su vez conduce a una posible enfermedad cardiovascular.

A causa del consumo de alimentos procesados y envasados, nuestra ingesta de vitaminas y minerales ha disminuido en los últimos años. La vitamina C es uno de los nutrientes que más se pierden en los alimentos procesados. Esta vitamina es necesaria para mantener cohesionado el tejido conjuntivo, incluyendo las arterias. Uno de los signos de un déficit de esta vitamina es la ateroesclerosis (endurecimiento de las arterias). La vitamina B, que también se ha ido perdiendo en los alimentos, es necesaria para mantener las arterias fuertes y sanas. Las investigaciones demuestran que la deficiencia de vitamina B es una de las principales causas de la ateroesclerosis y las enfermedades cardiovasculares.[3]

Las enfermedades cardiovasculares también se han relacionado con la falta de minerales en el organismo. Las tasas de afecciones coronarias son más bajas en aquellas regiones donde de forma natural el agua potable es rica en minerales, sobre todo magnesio, que actúa como anticoagulante natural y ayuda a absorber el potasio, impidiendo de este modo frecuencias cardíacas irregulares. La vitamina D también es importante para proteger el corazón. Resulta esencial para la absorción de muchos minerales, en concreto calcio y magnesio. Nuestros cuerpos pueden producir vitamina D del colesterol mediante la incidencia de los rayos del sol en nuestra piel. Sin embargo, se nos advierte que reduzcamos el consumo de colesterol y nuestra exposición al sol por temor a desarrollar un cáncer de piel.

El exceso de consumo de azúcar también hace que disminuya la cantidad de vitamina B necesaria para mantener las arterias sanas. Una investigación que ha llevado a cabo el Departamento de Agricultura de Estados Unidos indica que la fructosa puede ser más peligrosa que la sacarosa (el azúcar de mesa). La fructosa, principalmente en forma de jarabe de maíz, se ha convertido en el edulcorante más utilizado para los refrescos, los tentempiés y muchos de los alimentos llamados saludables.

En 1968 la tasa de mortalidad por ataque cardíaco disminuyó por primera vez en cuarenta años y ha seguido bajando de forma constante desde entonces. En 1990, la tasa de mortalidad se había reducido a 194 defunciones por cada 100.000 personas. Los que apoyan la hipótesis del colesterol no han prestado mucha atención a este descenso, porque el consumo de grasas se ha mantenido relativamente constante durante todo este tiempo. La razón por la que la tasa de mortalidad decrece desde la década de los setenta probablemente sea el incremento en el uso de complementos vitamínicos y minerales. Las deficiencias nutricionales, quizá lo que más contribuye a las enfermedades cardiovasculares, han disminuido un poco debido al aumento en el uso de vitaminas y minerales.

Los aceites vegetales refinados contienen muy pocos nutrientes, con la excepción de ácidos grasos. Son básicamente calorías vacías. Estos aceites no solo no aportan vitaminas y minerales, sino que de hecho reducen la reserva de nutrientes del cuerpo y, en consecuencia, producen una deficiencia vitamínica. Los aceites poliinsaturados son muy inestables y se oxidan con más facilidad, tanto dentro como fuera del cuerpo. Esta oxidación libera radicales libres destructivos. Los principales nutrientes antioxidantes como la vitamina A, la vitamina E, la vitamina C, el beta-caroteno, el zinc, el selenio y otros se destruyen cuando el cuerpo lucha contra estos radicales libres. En este proceso el organismo experimenta una deficiencia de nutrientes esenciales. El resultado es una enfermedad llamada malnutrición subclínica, que puede conducir a una degeneración física e incluso promover la obesidad. No cabe duda alguna de que desde que las ventas de vitaminas han aumentado, las enfermedades cardiovasculares han disminuido.

Otro problema con los aceites vegetales poliinsaturados es el hecho de que el ácido graso primario que contienen, el ácido linoleico, es transformado por el cuerpo en sustancias parecidas a las hormonas llamadas prostaglandinas. En exceso, estas prostaglandinas pueden tener un efecto negativo en la salud. Por ejemplo, fomentan la coagulación de la sangre, la constricción de las arterias –estrechándolas– y la inflamación; todo ello contribuye a posibles enfermedades cardiovasculares. Además, los radicales libres que estos aceites liberan pueden dañar las arterias, lo que a su vez inicia los depósitos de placas. No nos debe sorprender el hecho de que las enfermedades cardiovasculares hayan aumentado junto con un mayor consumo de aceites vegetales.

El mito del colesterol

Cuando oímos la palabra «colesterol», lo primero que nos viene al pensamiento es una posible obstrucción de las arterias y enfermedades cardiovasculares. El colesterol se ha convertido prácticamente en un sinónimo de enfermedad cardiovascular. Todo el mundo «sabe» que causa problemas de corazón. Lo puedes leer en los periódicos. También lo vemos escrito en los libros y lo escuchamos en la televisión y en la radio. Todos estos medios proclaman a los cuatro vientos que «un alto contenido de colesterol en sangre causa enfermedades cardiovasculares». Lo hemos oído tantas veces que probablemente sea cierto. No puede haber tantos «expertos» equivocados.

También sabemos que las grasas saturadas causan problemas de corazón. Al menos esto es lo que leemos y lo que todo el mundo asegura. A las grasas saturadas se las considera unos auténticos villanos porque supuestamente elevan los niveles de colesterol en sangre. Dado que las grasas saturadas son más abundantes en nuestros alimentos que el colesterol, se las ha empezado a considerar como una gran amenaza.

Durante años se nos ha dicho que el colesterol y las grasas saturadas elevan los niveles de colesterol en sangre y que, debido a ello, pueden causar enfermedades cardiovasculares. Oímos esto tan a menudo que creemos que hay una gran cantidad de evidencias que respaldan la hipótesis del colesterol. Pero, en realidad, nunca se ha realizado un estudio que haya demostrado que niveles elevados de colesterol causen enfermedades cardiovasculares. ¡No hay ni uno que lo demuestre! De hecho, es justo lo contrario. Numerosos estudios demuestran que el colesterol no causa ni una obstrucción de las arterias ni enfermedades cardiovasculares. Hay gente que muere por problemas de corazón sin tener niveles elevados de colesterol. Y hay otras personas que tienen niveles elevados de colesterol que no muestran ninguna señal de problemas de corazón –no presentan ninguna placa en las arterias ni una coagulación anormal y la presión arterial está dentro de los parámetros normales–. Si unos niveles elevados de colesterol en sangre fueran los causantes de las enfermedades cardiovasculares, deberían estar presentes en todos aquellos que mueren a causa de dichas enfermedades. Pero no es así. Este hecho está claramente reconocido.

Muchos investigadores reconocen que unos niveles elevados de colesterol en sangre no causan enfermedades cardiovasculares. La industria farmacéutica ha tenido mucho que ver a la hora de crear este bulo porque gana miles de millones con la venta de medicamentos para reducir los niveles de colesterol. Ha insistido tanto en hacernos creer que unos niveles elevados de colesterol en sangre causan enfermedades cardiovasculares que, al final, nos ha lavado el cerebro. A lo largo de la historia, algunos líderes políticos de dudosa reputación han mantenido la filosofía de que si se cuenta una mentira muchas veces y se anuncia lo suficientemente alto, con el tiempo todo el mundo la acepta como verdad, sin importar lo absurda que sea. Esto es lo que ocurre con el colesterol.

«La teoría del colesterol no es compatible con la historia de las enfermedades arteriales coronarias», afirma Charles T. McGee en su libro *Heart Frauds.*

El consumo de grasas y colesterol en la dieta no afecta a los niveles de colesterol en sangre en la mayoría de las personas. Mucha gente con niveles elevados nunca experimenta una enfermedad de la arteria coronaria. Por el contrario, personas con bajos niveles pueden y, de hecho lo hacen, desarrollar enfermedades coronarias. Alrededor de una tercera parte de quienes sufren un ataque cardíaco tienen unos niveles de colesterol en sangre que están dentro de los parámetros normales. Los intentos por reducir la tasa de mortalidad por enfermedades coronarias con la dieta que propone la Asociación Americana del Corazón ha fallado en repetidas ocasiones. Además, cuando se han tratado de suministrar medicamentos para reducir el colesterol en sangre, la tasa de mortalidad se ha incrementado en lugar de reducirse, como se anticipaba.[4]

En un intento por probar la teoría del colesterol, se ha investigado durante más de sesenta años para tratar de demostrar que el colesterol y las grasas saturadas causan enfermedades cardiovasculares. Pero ningún estudio ha sido capaz de probarlo. El estudio de Framingham sobre problemas cardíacos, en el que se hizo un seguimiento del estado de salud de más de 5.000 personas a lo largo de varias décadas, demostró que la gente que consumía grasas saturadas no padecía más del corazón que la gente que no las consumía.[5]

El cirujano cardiovascular Michael DeBakey realizó un estudio utilizando como muestra un gran número de pacientes en la Universidad de Baylor (Texas). Su hallazgo fue que de un total de 1.700 pacientes que tenían ateroesclerosis (endurecimiento de las arterias), lo suficientemente grave como para ser hospitalizados, solo 1 de cada 5 tenía unos niveles elevados de colesterol en sangre.[6] El doctor Harlan M. Krumholz publicó un estudio en el *Journal of the American Medical Association* en el que afirmaba que las personas con unos niveles elevados de colesterol no son necesariamente las que más problemas de corazón padecen o las que más mueren a causa de una enfermedad cardiovascular. En el estudio que publicó, utilizó como muestra 997 personas de sesenta y cinco años y más mayores. Aquellos con niveles elevados de colesterol presentaban los mismos índices de ataques cardíacos y defunciones que los que tenían niveles normales.

Quizá creas que a medida que uno envejece, mayor es la cantidad de colesterol que recubre las arterias, aumentando el riesgo de padecer una enfermedad cardiovascular. Es cierto que con la edad el riesgo de padecer un ataque cardíaco es mayor. Sin embargo, ninguna investigación ha demostrado que exista alguna relación entre la edad y el colesterol. Por ejemplo, en un estudio donde la mayoría de las edades de los sujetos de estudio era de setenta y nueve años, los autores informaron de que no habían encontrado «ninguna evidencia que demostrara que unos niveles elevados de colesterol en sangre aumentaran el riesgo de muerte o de enfermedad cardiovascular en el grupo de estudio».[7] Paul Addis y Gregory Warner, profesores del Departamento de Nutrición y Dietética de la Universidad de Minnesota, declararon que «la opinión que prevalece, es decir, que la ateroesclerosis es sencillamente una acumulación de colesterol en las arterias, se ha demostrado claramente que es errónea. No obstante, parece que "la hipótesis del lípido" no ha sido tan aceptada por parte de investigadores serios y, de hecho, ha sido reemplazada por otras hipótesis complementarias, como "la hipótesis de la respuesta al daño"».[8] A causa de lo inconsistente y lo poco fiable que ha sido la hipótesis del colesterol, se ha acabado hablando del mito del colesterol.

En 1950, las enfermedades coronarias comenzaron a ser una de las principales causas de muerte, y aún siguen siéndolo. A pesar de que evitamos en la medida de lo posible el colesterol y las grasas saturadas, de que tenemos a nuestra disposición pastillas para reducir el colesterol, y de que comemos alimentos bajos en colesterol y grasas saturadas, no ha habido manera de detener la epidemia de las enfermedades cardiovasculares. Es obvio que hay algo que normalmente se pasa por alto y que es la raíz del problema.

Controlar el colesterol

Se supone que una dieta rica en colesterol y grasas saturadas provoca un aumento de los niveles de colesterol en sangre. Las grasas saturadas se incluyen porque pueden transformarse en colesterol en el hígado. Según la hipótesis del colesterol, la grasa que comemos es la responsable directa del incremento de los niveles de colesterol en sangre. El problema de este argumento es que el consumo de grasas en la dieta tiene un efecto muy leve en nuestros niveles de colesterol. ¿Por qué es así? Porque la mayoría del colesterol que hay en nuestra sangre no procede de nuestra dieta, sino de nuestro hígado. Más del 80% del colesterol que circula por nuestra sangre lo producimos en nuestro cuerpo.

Para dar cuenta de este hecho, aquellos que creen en la hipótesis del colesterol afirman que las grasas saturadas que comemos se convierten automáticamente en colesterol, y que cuantas más grasas saturadas ingiramos, más colesterol circulará por nuestro torrente sanguíneo. Se piensa que el hígado es una máquina que gira sin parar y que produce tanto colesterol como puede. Cuantas más grasas saturadas comemos, más colesterol se crea.

Esto es incompatible con la fisiología humana. El hígado produce y regula cuidadosamente cientos de compuestos esenciales que se deben mantener en equilibrio para el crecimiento, la digestión y la protección del organismo. El colesterol en sangre no es ningún hecho accidental que se vea influenciado por nuestra dieta. El hígado no juega con elementos químicos, como el colesterol, para su propio disfrute y diversión. Lo hace por una razón específica. La cantidad de elementos químicos es controlada y regulada para conseguir y mantener un estado de homeostasis o equilibrio químico. El hígado regula cuidadosamente la cantidad de colesterol en nuestro organismo, así que no importa demasiado cuántas grasas consumimos. El hígado solo produce la cantidad de colesterol que necesita para mantener la homeostasis. El cuerpo de cada persona es diferente, por lo que todo el mundo tiene un nivel de colesterol distinto según las necesidades de su organismo. Este nivel es constante (con un margen de diferencia de un 5-10%), independientemente de nuestra dieta y estilo de vida. El hígado no necesita grasas saturadas para producir colesterol. Utiliza otras grasas, e incluso azúcar y carbohidratos.[9] Por lo tanto, la afirmación de que las grasas saturadas aumentan el colesterol en sangre, mientras se ignoran las demás grasas y el azúcar, es ilógica e incorrecta. Si el consumo de colesterol es insuficiente, el hígado utilizará otras fuentes de alimento para conseguirlo. Por este motivo una disminución incluso drástica de la ingesta de colesterol en nuestra dieta tiene un efecto mínimo en los niveles de colesterol en sangre.[10]

El patólogo e investigador médico Kilmer S. McCully ha investigado durante los últimos treinta años la conexión entre la dieta y las enfermedades cardiovasculares y el cáncer. Afirma que «la cantidad de colesterol que se forma en el hígado está cuidadosamente controlada y se ajusta a las necesidades de los diferentes órganos del cuerpo. Si se aumenta la cantidad de colesterol en la dieta, un hígado que funcione bien producirá menos cantidad de colesterol. De esta manera, el cuerpo regula con mucha precisión la cantidad de colesterol que necesita producir».[11]

Cada día, el cuerpo produce aproximadamente 1.000 mg de colesterol. La ingesta diaria de colesterol de un hombre es de un promedio de 327 mg y, en comparación, la de una mujer es de 221 mg. De todo el colesterol que ingerimos con los alimentos que comemos, tan solo un tercio se absorbe a través de los intestinos. El resto se excreta.

En teoría, el colesterol que se ingiere con los alimentos que se consumen debería hacer que los niveles de colesterol en sangre de un hombre promedio aumentaran alrededor de 163 mg/dl. Sin embargo, esto no es lo que sucede. La razón es la siguiente: en vez de responder de manera conjunta a una comida rica en grasas, el cuerpo tiene varias opciones. Por un lado, los intestinos pueden absorber tanto pequeñas como grandes cantidades de colesterol. Por otro lado, el hígado puede reducir el colesterol que produce, o bien convertir este colesterol sobrante en ácidos en la bilis listos para su excreción. El grado en que se producen estas respuestas depende tanto del contenido de colesterol en la comida como de la genética de la persona. Algunos absorben más colesterol que otros, así como algunos excretan más.[12]

Para muchas personas el nivel de colesterol en sangre está más determinado por cuestiones de tipo hereditario que por la dieta que siguen. Sin embargo, las dietas drásticas, las toxinas, las infecciones o los medicamentos pueden alterar el equilibrio normal del colesterol. Reducir un poco el colesterol tiene escaso o ningún efecto sobre nuestra salud. Pero reducirlo demasiado puede ser incluso perjudicial.

Grasas saturadas y enfermedades cardiovasculares

A lo largo de los años, se han invertido miles de millones de euros en investigaciones que pudieran probar la hipótesis del colesterol. Sin embargo, hasta la fecha ningún estudio ha podido corroborar esta hipótesis. Algunas investigaciones apoyan la teoría de que las grasas saturadas aumentan el riesgo de padecer alguna enfermedad cardiovascular mientras que otras la refutan.

Cuando los resultados de los estudios son dispares, la gente puede seleccionar aquellos que mejor se adaptan a sus creencias. Quienes promueven la idea de que las grasas saturadas causan las enfermedades cardiovasculares pueden encontrar estudios que respalden dicha idea. Por otro lado, aquellos que no creen que las grasas saturadas sean perjudiciales también pueden encontrar estudios que apoyen su punto de vista. ¿Quién tiene razón?

Aunque el público lego solo conoce la verdad a medias, esta controversia se desató en la comunidad médica desde que Ancel Claves propusiera la hipótesis del colesterol en la década de los años cincuenta. Aunque hay muchos estudios, no todos tienen el mismo valor. Algunos de ellos utilizan muestras relativamente pequeñas, mientras que otros todo lo contrario. La exactitud y la fiabilidad de cualquier estudio es mayor cuanto más grande sea la muestra. Es obvio que el resultado de un estudio que incluye a 50.000 sujetos tiene más peso que uno en el que tan solo intervienen 1.000. Un estudio con 50.000 participantes producirá resultados mucho más fiables que diez años de estudio con un total de 10.000 participantes. Así que no se trata del número total de estudios que se realizan, sino del número de personas que participan en ellos. Esto es lo que le da valor a un estudio. Si se combinaran todos los sujetos de las diferentes investigaciones que se han realizado y, luego, se analizaran como un solo estudio, ¿cuál sería el resultado final?

Con el objetivo de obtener una conclusión definitiva, investigadores de la Facultad de Medicina de Harvard decidieron combinar los datos de todos los estudios previos sobre grasas saturadas y enfermedades cardiovasculares como si se tratara de un estudio gigantesco. Un estudio de tal magnitud iba a dar un resultado muy preciso, y en cuanto se combinaran todos los datos, no habría otro estudio más pequeño que pudiera refutar dicho resultado. Los investigadores recopilaron los datos de los estudios mejor diseñados de los últimos decenios y enumeraron las evidencias. Este estudio metaanalítico incluyó datos de aproximadamente 350.000 sujetos. El resultado de sus análisis mostró que las grasas saturadas no aumentan los riesgos de padecer enfermedades cardiovasculares. Los participantes en estos estudios que consumían la mayor cantidad de grasas saturadas no tenían más incidencias de enfermedades cardiovasculares que los que consumían las menores cantidades.[13] Las personas que se daban un festín a diario de tocino y huevos para el desayuno y carne para la cena no presentaban una mayor incidencia de enfermedades cardiovasculares que los vegetarianos que evitaban comer grasas saturadas. Este estudio demostró más allá de toda duda razonable que las grasas saturadas no causan ni promueven las enfermedades cardiovasculares.

Desde la publicación de este estudio sin precedentes en 2010, varias investigaciones que han comparado el consumo de grasas saturadas con otras grasas han confirmado los resultados: las grasas saturadas no promueven las enfermedades cardiovasculares.[14-15] En el año 2014, investigadores de la Universidad de Cambridge han publicado otro estudio, incluso más extenso en metadatos. Incluye datos de setenta y dos estudios anteriores, con más de 600.000 participantes de dieciocho naciones. Sus resultados corroboran los del estudio de Harvard: las personas que consumen más cantidad de grasas saturadas no tienen un mayor riesgo de padecer enfermedades cardiovasculares que las que consumen menor cantidad. De hecho, el estudio descubrió que algunos tipos de grasas saturadas en realidad protegen contra posibles enfermedades cardiovasculares.[16] La evidencia es muy clara: las grasas saturadas no causan ni promueven las enfermedades cardiovasculares, sino que, de hecho, en algunos casos puede ayudar a prevenirlas.

Por qué necesitas grasas saturadas

Aunque normalmente no pensamos en las grasas saturadas como nutrientes esenciales, son tan importantes para la salud como cualquier otro nutriente. De hecho, la grasa saturada es un componente esencial en todas las células de nuestro cuerpo. La membrana celular está compuesta al menos en un 50% de grasa saturada. Esto es necesario para darles a nuestras células la fuerza y la consistencia que necesitan a fin de funcionar correctamente. Si las células no obtienen los ácidos grasos que necesitan para mantener la integridad estructural, se tornan blandas y defectuosas. Esto puede conducir a la degeneración del tejido y a un mal funcionamiento. Cada órgano del cuerpo se compone de células especializadas diseñadas para llevar a cabo una tarea determinada. Si las células de un órgano no pueden llevar a cabo la función para la que han sido diseñadas, el órgano en su conjunto empieza a funcionar mal. Se produce una insuficiencia renal porque las células mueren o dejan de funcionar correctamente. La gente sufre dolencias hepáticas porque las células empiezan a funcionar mal. Todas las enfermedades son enfermedades celulares.

Por lo tanto, un cuerpo sano necesita órganos sanos, que a su vez necesitan células sanas. Tus células precisan grasas saturadas para estar sanas. Todas las células de todos tus órganos de tu cuerpo requieren grasas saturadas –el cerebro, el hígado, los riñones, los pulmones, el corazón, etc.–. Tu cerebro es especialmente importante porque se compone de alrededor de un 70% de grasas, en su mayoría saturadas.

Las grasas saturadas son necesarias para el desarrollo apropiado de los huesos y para prevenir la osteoporosis. Mucha gente sigue una dieta baja en grasas, especialmente en grasas saturadas, y consume grandes cantidades de calcio como suplemento. Sin embargo, sigue sufriendo osteoporosis. Para que el calcio se incorpore de forma efectiva en los huesos, al menos un 50% de las grasas de nuestra dieta deben ser saturadas.[17] Los vegetarianos generalmente consumen cantidades más pequeñas de grasas saturadas que los que no lo son. La consecuencia es que los vegetarianos tienen mayor riesgo de padecer osteoporosis. En un estudio que se llevó a cabo con los Adventistas del Séptimo Día, que en general son vegetarianos, se demostró que eran más propensos a sufrir fracturas de cadera que los no vegetarianos.[18] Si quieres prevenir la osteoporosis, necesitas consumir grasas saturadas.

Las grasas saturadas apoyan el sistema inmunitario y nos ayudan a mantenernos sanos.[19] El sistema inmunitario es el que lucha contra las infecciones y te mantiene a salvo del cáncer. El hecho de tener una cantidad adecuada de grasas saturadas en tu dieta te ayudará a protegerte de estos problemas.[20] Las grasas saturadas protegen al hígado de los efectos tóxicos del alcohol, las drogas y otras toxinas.[21-22]

En las décadas de los años cincuenta y sesenta, cuando las grasas saturadas se empezaron a asociar con el aumento del colesterol, los investigadores comenzaron a buscar otros posibles efectos perjudiciales de este tipo de grasas. Pensaron que si el consumo excesivo de grasas saturadas hacía aumentar el colesterol en sangre, también podía estar asociado a otras enfermedades indeseadas. Los investigadores comenzaron a estudiar la relación entre las grasas saturadas y el cáncer. Lo que encontraron les sorprendió. Parecía que la grasa saturada tenía un efecto protector contra el cáncer en lugar de ser uno de los causantes de dicha enfermedad como sucedía con otros aceites.[23] Otras investigaciones posteriores llegaron a conclusiones parecidas en cuanto a enfermedades como el asma, las alergias, la pérdida de memoria y la senilidad.[24]

Dos de las principales consecuencias de las enfermedades cardiovasculares son los ataques al corazón y los derrames cerebrales. Ambos están causados por la obstrucción de las arterias. En el caso de un ataque al corazón, la arteria coronaria que irriga a este órgano se bloquea. Sin oxígeno, el corazón se sofoca y muere. Cuando la arteria carótida –que alimenta al cerebro– se bloquea, se produce un derrame cerebral. Los estudios realizados en humanos y en animales demuestran que el consumo de grasas saturadas en realidad protege contra posibles derrames cerebrales (y, en general, contra enfermedades cardiovasculares).

Las investigaciones han demostrado una y otra vez que las dietas ricas en grasas *disminuyen* el riesgo de derrames cerebrales. Esto es particularmente cierto cuando la dieta es rica en grasas saturadas y colesterol.[25-29] Un estudio importante de larga duración realizado por la Universidad de Harvard analizó el estado de salud de 832 hombres de entre los cuarenta y cinco y los sesenta y cinco años, hombres que inicialmente no padecían ninguna enfermedad cardiovascular. Se estudió en concreto la relación de incidencia de derrames cerebrales con la ingesta de grasas y el tipo de grasas que consumían. De acuerdo con otros estudios, se presuponía que consumir grasas poliinsaturadas era mucho mejor que consumir grasas saturadas, dado que reducía el riesgo de sufrir un derrame cerebral isquémico.[30]

Numerosos estudios muestran que cuando la gente sigue una dieta baja en carbohidratos y rica en grasas, la salud de su organismo mejora. Pierden la grasa que les sobra, reducen sus niveles de colesterol, aumenta el colesterol bueno, decrece el índice de colesterol malo, disminuyen las proteínas c-reactivas (un indicador de la inflamación), se normalizan los niveles de azúcar en sangre y mejora la presión sanguínea, todo lo cual conlleva una disminución del riesgo de padecer una enfermedad cardiovascular así como también diabetes, demencia, cáncer y otras enfermedades degenerativas. Consumir grasas saturadas no contribuye a padecer problemas cardíacos, sino todo lo contrario, pues nos protege de padecerlas, particularmente cuando se reduce el consumo de carbohidratos.

La conclusión a la que llegamos es que es beneficioso consumir alimentos ricos en grasas saturadas y colesterol. Esto no va a hacer que aumente el riesgo de sufrir un ataque cardíaco o un derrame cerebral. Al contrario, más bien va a reducir el riesgo, y también va a ayudarte a que pierdas esos kilos de más que tu cuerpo no necesita y que mejores toda tu salud en general.

5

Carbohidratos buenos, carbohidratos malos

Carbohidratos simples y complejos

Cuando miras una hamburguesa, ¿qué ves? ¿Qué hace que una hamburguesa sea una hamburguesa? La mayoría de nosotros vemos un pedazo de carne atrapado dentro de un bollo de pan con un poco de salsa y, si tenemos suerte, incluso con un pepinillo, cebolla picada y una rodaja de tomate. Si fueras dietista, verías la comida de manera diferente. Lo podrías describir en términos de su contenido nutricional, es decir, cuántas grasas, proteínas y carbohidratos contiene. La hamburguesa contiene mayoritariamente proteínas y grasas. La salsa que le pones como condimento también contiene grasas, puesto que hoy en día estas salsas casi siempre se preparan con mayonesa hecha a base de huevo. El bollo de pan y las verduras serían los carbohidratos.

La mayoría de la grasa y la proteína de nuestra dieta procede de fuentes animales. Por otro lado, los carbohidratos provienen de los vegetales. La única fuente animal significativa por sus carbohidratos es la lactosa de la leche. Después del agua, los carbohidratos son la sustancia más abundante que se halla en los vegetales. La pared que recubre la célula del vegetal y que también le da estructura y vigor está compuesta de carbohidratos. Los vegetales también almacenan carbohidratos, principalmente en forma de almidón, como fuente de energía. Las semillas los usan para tener energía durante el proceso de germinación. Es cierto que los vegetales contienen algo de proteínas, grasas y otras sustancias, pero los carbohidratos, ya sea de una manera o de otra, son lo que más abunda. Las zanahorias son principalmente carbohidratos. También lo son las cebollas, las patatas, los pepinos, así como el garranchuelo, los robles y las petunias.

Los vegetales con más carbohidratos son los cereales, las legumbres y los tubérculos (como la patata). Estos alimentos contienen un alto porcentaje de almidón. Hemos de prestar atención a los cereales dado que de una forma u otra constituyen gran parte de nuestra dieta. Los cereales que más se suelen consumir también son los más refinados –se les ha extraído casi toda su fibra, grasa, proteína, vitaminas y minerales, dejando en su lugar almidón casi puro–. A estos cereales solemos referirnos como carbohidratos refinados.

Cuando comes verduras, lo que realmente estás comiendo es azúcar. ¿Por qué esto es así? Porque los carbohidratos son poco más que azúcar. Todos los carbohidratos, tanto si proceden de un grano de trigo como de una alcachofa o una sandía, se componen de azúcares simples.

El nombre técnico para el azúcar es sacárido. Los sacáridos son los componentes estructurales de los carbohidratos. Estos tienen diferentes tamaños: aquellos que consisten en una sola molécula de azúcar se llaman monosacáridos, aquellos con dos moléculas de azúcar se denominan disacáridos, y los que forman cadenas largas de moléculas de azúcar son los polisacáridos.

A los monosacáridos y a los polisacáridos se les da el nombre de azúcares o carbohidratos simples. Cuando los consumes, poseen un sabor dulce. Ejemplos de ello son la glucosa, la fructosa, la sacarosa y la lactosa. Cuando comes fruta, su sabor dulce procede de los carbohidratos simples. Los polisacáridos son denominados carbohidratos complejos porque contienen centenares e incluso miles de moléculas de azúcar unidas entre sí. Los almidones, por ejemplo, se componen de cadenas largas de moléculas de glucosa. El calabacín y las judías no tienen un sabor dulce porque la mayor parte de sus azúcares están en forma de carbohidratos complejos. Durante el proceso de la digestión, los carbohidratos complejos se descomponen en azúcares simples.

La fibra, que es otro carbohidrato complejo, también está hecha de azúcar. Sin embargo, no se descompone en azúcares individuales y proporciona poca o ninguna energía o caloría. Las moléculas de azúcar están dispuestas de tal manera que forman uniones estrechas. El cuerpo humano no posee las enzimas necesarias para romper dichas uniones. En consecuencia, la fibra es un carbohidrato que está libre de calorías y que no tiene ninguno de los efectos perjudiciales asociados con el azúcar.

La fibra permanece intacta a medida que recorre el estómago y el intestino delgado. Cuando finalmente alcanza el intestino grueso (el colon), las bacterias la digieren parcialmente y la emplean para su propio alimento. Durante este proceso las bacterias producen algunas vitaminas y otros nutrientes que son absorbidos y utilizados por el organismo. De esta manera, formamos una relación simbiótica con las bacterias en la que convivimos de una manera que beneficia a ambos. Nosotros proveemos de casa y comida a las bacterias, y ellas producen vitaminas para que hagamos uso de ellas.

Los alimentos con un gran contenido en fibra, lo que incluye a la mayoría de hortalizas frescas, también pueden ser beneficiosos para perder peso. Nos proporcionan volumen para llenar el estómago y nos sacian, pero no contienen calorías. Los alimentos ricos en fibra también suelen ser ricos en vitaminas, minerales y otros nutrientes importantes que nos ayudan a mantener un buen estado de salud.

Nuestros cuerpos normalmente funcionan con azúcar. El azúcar es el combustible primario que alimenta a nuestras células. Pero, antes de que te emociones demasiado y de que empieces a imaginar que la dieta ideal es una repleta de alimentos azucarados como helados y pasteles, déjame que te explique una cosa. Los carbohidratos en sí mismos no son un problema. Obtenemos muchos nutrientes de las hortalizas, los frutos secos y otros alimentos ricos en carbohidratos. El problema es su consumo excesivo, particularmente carbohidratos simples y refinados. Los alimentos ricos en fibra y en carbohidratos complejos son considerados como beneficiosos. Los alimentos ricos en azúcares y carbohidratos refinados son los que pueden ser potencialmente perjudiciales, en especial cuando se consumen en exceso.

Come verduras

El azúcar y los carbohidratos refinados son los principales responsables de hacernos engordar y padecer sobrepeso. Por el contrario, las hortalizas y las frutas frescas son carbohidratos saludables. Un estudio tras otro demuestran que una dieta rica en hortalizas y frutas evita que enfermemos y promueve una buena salud. Presta atención al hecho de que las hortalizas se mencionan antes que las frutas, ya que son mucho más importantes para tu salud. Comer muchas verduras puede ayudarnos a perder peso y protegernos contra la diabetes, las enfermedades cardiovasculares y los derrames cerebrales, así como controlar la presión arterial, prevenir algunos tipos de cáncer, luchar contra enfermedades digestivas dolorosas, evitar las cataratas o una degeneración muscular y proteger al cerebro contra la neurodegeneración.

Las hortalizas y las frutas están compuestas en su mayoría por agua y son generalmente una fuente excelente de fibra. Ambas pueden llenar nuestro estómago y saciar nuestro apetito sin añadir calorías indeseadas. Por esta razón, los alimentos con un bajo contenido en carbohidratos y azúcares pueden ayudarnos en nuestro esfuerzo por perder peso. Los productos frescos también son una fuente rica de vitaminas y minerales que promueven un buen estado de salud.

Los estudios demuestran que las dietas ricas en verduras y otros alimentos sanos y naturales (frutas, cereales integrales, frutos secos y semillas) nos protegen contra posibles enfermedades degenerativas. Reducir el consumo de carbohidratos sustituyéndolo por verduras, así como también grasas y proteínas, mejora nuestra salud y nos protege contra posibles enfermedades.[1]

¿Por qué las verduras y otros alimentos naturales son tan buenos para la salud? Porque contienen vitaminas y minerales esenciales, además de una gran cantidad de fitonutrientes que nutren nuestro cuerpo, nos protegen de posibles enfermedades y nos mantienen sanos. Los fitonutrientes son unas sustancias químicas que producen los vegetales que tienen características similares a las vitaminas. Uno de ellos es el beta-caroteno. El beta-caroteno actúa como antioxidante y ayuda a protegernos del cáncer y de enfermedades cardiovasculares. También se puede transformar en vitamina A si el cuerpo lo necesita. Encontramos beta-caroteno en las zanahorias, el calabacín y otros vegetales con esos colores amarillentos y anaranjados tan característicos. El licopeno es otro fitonutriente que últimamente ha ganado fama por su capacidad para reducir el cáncer de próstata. Es lo que produce el pigmento rojo de los tomates, la sandía y las uvas rojas. Se han llegado a identificar más de veinte mil fitonutrientes en los vegetales.

Antaño se pensaba que las vitaminas y los minerales individuales eran adecuados para curar enfermedades. Ahora sabemos que, si bien un solo nutriente puede ser beneficioso, una gran variedad de nutrientes trabajando juntos proporciona muchos más beneficios. Los nutrientes trabajan orquestados en conjunto, así como lo hacen los diferentes instrumentos en una orquesta filarmónica para crear música. Todos los instrumentos son necesarios para producir un buen sonido. Asimismo, se necesita una gran variedad de nutrientes en una proporción adecuada, algo que encontramos en los alimentos naturales, para proporcionar esos beneficios tan saludables de los que hablan los científicos en los estudios nutricionales.

Esta es la razón por la que es mucho mejor comer un alimento que contenga un centenar de fitonutrientes que tomar una tableta de suplementos vitamínicos con tan solo una docena. También es la razón por la que es mucho mejor comer pan hecho con harina de trigo integral que con harina blanca, la cual pierde alrededor de veinte nutrientes en el proceso de refinado. Y es la razón por la que las hortalizas y las frutas frescas son mucho mejores que los alimentos procesados y envasados que contienen carbohidratos refinados.

Mucha gente admite que debería añadir más verduras a su dieta. Pero hay personas que no se preocupan en absoluto. Fueron criadas con pan blanco y pasta, y otros alimentos envasados, y eso hizo que nunca desarrollaran un gusto por las verduras. Con demasiada frecuencia, las verduras se sirven más o menos tal cual, tal vez con unas gotas de limón y una pizca de sal, pero sin mantequilla ni ningún tipo de salsa con el fin de evitar la adición de grasas en la dieta. Si se añaden grasas, tales como mantequilla, queso, crema, frutos secos, semillas, grasa procedente de la carne, tocino desmenuzado, trozos de jamón y salsas ricas y cremosas, aumenta en gran medida el valor nutricional de los vegetales, y también mejora su sabor. Cuando se sirve de esta manera, incluso aquella persona que tanto odia comer verduras acabará amándolas. Al comenzar a añadir más verduras en tu dieta, desarrollarás un mayor gusto por ellas, especialmente si las preparas de esta manera.

Azúcar por todas partes

Durante gran parte de la historia de la humanidad, el consumo de azúcar ha sido relativamente bajo. Por ejemplo, hace doscientos años la gente consumía un promedio de 6,8 kilos de azúcar al año. Durante la segunda mitad del siglo XVIII la tecnología necesaria para refinar el azúcar mejoró y eso hizo que su consumo aumentara drásticamente. En 1900 el consumo anual de azúcar en Estados Unidos había aumentado hasta los 38 kilos por año. Hoy en día consumimos un promedio de 72 kilos de azúcar anuales.

En la actualidad se recomienda que el consumo diario de azúcar no exceda las ocho cucharaditas. Aquí se incluye tanto el azúcar de mesa como el jarabe de maíz, el jarabe de alta fructosa, la miel y otros. Pero no se incluye el azúcar que encontramos de forma natural en la leche, la fruta o la verdura. Una lata de refresco de 350 ml puede contener alrededor de diez cucharaditas de azúcar. Esto significa que vas a estar por encima de tu límite diario incluso antes de que te comas una galleta, un yogur con sabor a frutas o incluso una sopa de tomate preparada o un aderezo para ensaladas.

Según las estadísticas, consumimos alrededor de cincuenta cucharaditas (200 gr) de azúcar a diario. Esto está muy por encima del límite que recomienda una cantidad de ocho cucharaditas. El total de carbohidratos que consume un adulto promedio y que obtiene de distintos alimentos (como frutas, verduras, cereales, bebidas, etc.), contando que ingiere 2.400 calorías/día, es de alrededor de 350 gr. Si 200 gr son en forma de azúcar, esto quiere decir que unos dos tercios de nuestro consumo diario de carbohidratos procede de calorías vacías que no tienen ningún aporte nutricional. De hecho, son calorías que drenan los nutrientes del cuerpo sin sustituirlos, que hacen que nuestro metabolismo se paralice, lo que nos lleva a depender de la insulina y a engordar.

El hecho de que no añadas azúcar a tu comida y que no ingieras dulces no significa que no estés consumiendo grandes cantidades de este veneno dulce. El azúcar está presente en una gran cantidad de productos que «no son dulces». Está en las carnes procesadas, en los productos horneados, en los cereales, en las salsas de tomate y las salsas barbacoa, en la manteca de cacahuete, en la salsa de espagueti, en los productos enlatados y congelados. También se añade a las frutas congeladas. Es difícil encontrar un alimento preparado y envasado que no contenga azúcar o algún otro tipo de edulcorantes. Incluso productos como la pasta de dientes, el enjuague bucal, la goma de mascar y las vitaminas contienen edulcorantes.

Hoy en día, el azúcar está presente en una gran variedad de formas. En las etiquetas de los productos que consumimos aparece un listado con los ingredientes de dichos productos, normalmente empezando por aquellos predominantes hasta los de menor importancia. El azúcar, en una u otra de sus formas, siempre aparece varias veces. En muchos productos envasados, aunque el azúcar no se encuentre el primero de la lista, si combinaras todas sus variantes y les pusieras la etiqueta de «azúcar», probablemente sería el primer ingrediente.

No hemos de olvidar que el azúcar también se encuentra de forma natural en muchos alimentos. Las frutas y especialmente los zumos de frutas contienen mucho azúcar. Si tienes en cuenta estas fuentes que podríamos denominar ocultas, a tu consumo total diario le estás añadiendo alrededor de 200 gr de azúcar.

A lo largo de los años, hemos ido incrementando el consumo de azúcar en la dieta y, a su vez, hemos dejado de consumir muchos alimentos con un alto contenido en nutrientes, y esto ha creado graves déficits nutricionales en nuestra dieta.

Los efectos del azúcar en la salud

Los estudios demuestran que consumir un exceso de alimentos dulces, sobre todo bebidas endulzadas con azúcar, afecta a nuestra salud, como el caso de la epidemia de obesidad y diabetes que estamos viviendo en la actualidad.[2] La diabetes se asocia con un mayor riesgo de padecer alzheimer, y los estudios sugieren que también puede ser un factor que contribuye al parkinson y otras enfermedades neurodegenerativas. Los hallazgos actuales demuestran que existe una relación entre un alto consumo de azúcar y posibles dificultades en el aprendizaje, el deterioro mental y la pérdida de memoria.[3]

Los investigadores de la Universidad de Alabama, en Birmingham, han demostrado que los ratones de laboratorio que consumen una dieta rica en azúcares desarrollan los mismos depósitos de placa amiloidea en sus cerebros y defectos de memoria que tanto caracterizan al alzheimer. Durante veinticinco semanas, a un grupo de ratones se le suministró una dieta que consistía en pienso para ratón y agua mineral. A otro grupo se le alimentó con el mismo pienso pero se le dio para beber agua con una solución de azúcar. Los ratones que fueron alimentados con azúcar ganaron alrededor de un 17% más de peso en el transcurso del estudio. También fueron más propensos a desarrollar una resistencia a la insulina, algo característico de la diabetes. Además, estos ratones tuvieron más dificultades en los exámenes diseñados para medir el aprendizaje y la retención de la memoria. Los cerebros de los ratones alimentados con azúcar también tenían considerablemente más depósitos de placas, un rasgo común en el alzheimer.[4]

La cantidad de azúcar consumida por los ratones equivaldría al consumo por parte de un humano de alrededor de cinco latas de refresco de 350 ml al día. Cinco latas de refresco contienen 210 gr de azúcar. Si bien no hay mucha gente que beba cinco latas de refresco cada día, sí que consume esa cantidad de azúcar procedente de otras fuentes –por ejemplo, los zumos de frutas, los dulces, la bollería, las tortitas, el café, los pasteles, los helados e incluso otros productos tan cotidianos como los espaguetis, la sala de tomate, la salsa barbacoa, el pan y la fruta– que pueden hacer que fácilmente se superen los 210 gr. En promedio, cada hombre, mujer y niño consume una cantidad diaria de azúcares mucho mayor.

Por supuesto, un bebé o un niño van a consumir mucho menos, y hay adultos que casi no ingieren azúcar en su dieta. Pero, en general, un adulto que consume azúcar puede estar tomando perfectamente una cantidad que exceda los 210 gr diarios. Es interesante darse cuenta de que los ratones de laboratorio empezaron a tener problemas de pérdida de memoria y depósitos de placas al cabo de tan solo veinticinco semanas. ¿Qué puede ocurrir en nuestro cerebro tras años siguiendo una dieta rica en azúcares?

Consumir azúcar y almidón eleva los niveles de azúcar en sangre. Un nivel elevado de azúcar en sangre promueve la formación de unas sustancias que destruyen el organismo y que se conocen con el nombre de productos de glicación avanzada (PGA). El azúcar en la sangre tiende a glucarse o «adherirse» a las proteínas y a las grasas, causando daños permanentes en los tejidos y generando radicales libres destructivos. La acumulación de PGA en el cuerpo tiene mucho que ver con el proceso de envejecimiento. Cuanto más acumulas, más rápido envejeces. Esta acumulación se asocia con la inflamación crónica y la resistencia a la insulina, ambas características de la diabetes. Los PGA se forman en el organismo tanto con el consumo de azúcar como de almidón, independientemente de si la cantidad es baja. Cuanta más cantidad de azúcar y de almidón consumas, mayor cantidad de PGA se va a formar.

Una ingesta excesiva de azúcar te conduce a unos niveles de azúcar en sangre crónicamente altos y a una resistencia a la insulina. No tienes que ser diabético para tener resistencia a la insulina. Cualquier persona que presente en ayunas unos niveles de azúcar en sangre que excedan los 90 mg/dl (5 mmol/l) padece en algún grado resistencia a la insulina. Esto incluye a la mayoría de las personas con una dieta típica occidental rica en azúcares y cereales refinados.

Algunas de las proteínas y las grasas glucosiladas dañadas pueden quedarse en el organismo de por vida, contribuyendo a la flacidez de la piel, las cataratas y el endurecimiento de los vasos sanguíneos. Pero no estamos totalmente desprotegidos contra los PGA. Los glóbulos blancos de nuestro sistema inmunitario pueden ayudarnos a eliminar estas sustancias tan nocivas a través de un proceso llamado fagocitosis. Los glóbulos blancos engullen y digieren los PGA, haciéndolos inofensivos. Con la invasión de bacterias se lleva a cabo un proceso similar.

El azúcar paraliza la capacidad de los glóbulos blancos para fagocitar estas sustancias nocivas. Los estudios demuestran que tras una sola dosis de azúcar, la fagocitosis desciende alrededor de un 50% y permanece así al menos durante cinco horas.[5] Si tomas una comida que contiene muchos azúcares, tu sistema inmunitario probablemente se va a paralizar y se va a mantener así al menos hasta la siguiente comida. Si comes tortitas o cereales ricos en azúcares para el desayuno, bebes una lata de refresco para el almuerzo y para cenar te comes una tarrina de helado, tu sistema inmunitario probablemente habrá estado paralizado durante todo el día. Tendrás menos capacidad para eliminar los PGA y serás más susceptible de padecer una infección o un cáncer. Las células cancerosas se alimentan de azúcar. Cuanto más azúcar les des, más van a crecer.[6]

Los estudios demuestran que un consumo excesivo de azúcar puede hacer aumentar los niveles de proteína c-reactiva, que es un indicador de la inflamación. La inflamación se asocia con un gran número de padecimientos, desde las enfermedades cardiovasculares hasta la diabetes. La lista de problemas que el azúcar puede causar es prácticamente interminable. Se ha observado que agrava el asma, las enfermedades mentales, los cambios de humor, los trastornos de personalidad, los trastornos nerviosos, las enfermedades cardiovasculares, la diabetes, los cálculos biliares, la hipertensión, la sensibilidad, el cáncer y la artritis. El azúcar tiene un efecto muy perjudicial en el sistema endocrino, que incluye las glándulas suprarrenales, el páncreas y el hígado, causando una gran fluctuación en los niveles de azúcar en sangre. Además, es la principal causa de la caries dental, las enfermedades de las encías, la pérdida de dientes y la obesidad.

Aparte de las calorías que suministra, el azúcar no proporciona ningún valor nutricional. No contiene vitaminas, ni minerales, ni otro tipo de nutrientes. Es una fuente de calorías vacías. De hecho, lo podemos considerar como un antinutriente. Le roba al cuerpo los nutrientes vitales que necesita para mantener una buena salud. El consumo de azúcar hace que el organismo tenga que utilizar sus suministros de calcio, potasio, tiamina y cromo. El azúcar compite con la vitamina C en su suministro a las células. Un consumo excesivo de azúcar puede causar un déficit de vitamina C, que conduce al escorbuto subclínico. Cuando hablo de enfermedad subclínica me estoy refiriendo a una afección que está presente, pero aún no lo suficientemente avanzada como para ser detectada con métodos de diagnóstico convencionales. El escorbuto subclínico aumenta en gran medida el riesgo de un ataque cardíaco, un derrame cerebral, enfermedades de las encías, infecciones, cáncer, diabetes y otros problemas de salud, incluyendo el envejecimiento prematuro y la muerte.

Azúcares y edulcorantes

La sacarosa

El edulcorante con el que todos estamos más familiarizados, y con el que se compara al resto, es el azúcar blanco de mesa. El azúcar de mesa contiene un 100% de sacarosa. Es el único edulcorante ampliamente utilizado. Con independencia de la procedencia, la mayoría de los edulcorantes naturales refinados contienen principalmente sacarosa. El azúcar moreno, el jarabe de maíz, la miel y el sirope de arce contienen sobre todo sacarosa.

Es probable que a menudo oigas que los edulcorantes naturales son mejores que los refinados. Sin embargo, la única ventaja que tienen es que están menos procesados y, por tanto, retienen parte de su valor nutricional, pero no es mucho. Los edulcorantes naturales más comúnmente utilizados son la miel, el sirope de arce no refinado, el sucanat (caña de azúcar deshidratada), dátiles secos picados, fruta concentrada en un zumo, malta de cebada, sirope de arroz y melaza. Como la mayoría de los edulcorantes, estos están hechos principalmente de sacarosa. El néctar o sirope de agave, otro producto que se comercializa como un edulcorante natural, contiene sacarosa, aunque principalmente fructosa.

Además de los azúcares mencionados, en la etiqueta de los ingredientes de los productos que compras puedes encontrar otros como la dextrina, la dextrosa, la fructosa, la glucosa y la maltodextrina. Algunos de estos azúcares difieren ligeramente de la sacarosa, pero todos son azúcares y calorías vacías que promueven afecciones como las descritas en la sección anterior. Existe muy poca diferencia entre usar azúcar de mesa, miel o melaza. No importa el nombre que le pongas, porque el azúcar siempre es azúcar.

La fructosa

Si sueles leer las etiquetas de los ingredientes que contienen los productos, probablemente con frecuencia te encuentres con la palabra «fructosa». La fructosa se halla en todo tipo de alimentos, desde los alimentos «sanos» y los suplementos dietéticos hasta la comida basura y los dulces. Ha ganado la reputación de ser un azúcar «sano» principalmente porque no aumenta el nivel de azúcar en sangre ni los niveles de insulina, a diferencia del azúcar de mesa. Por este motivo es el azúcar que suelen consumir los diabéticos. Otro hecho que explica la popularidad de la fructosa es que se percibe como más natural y saludable. A menudo se le llama azúcar «de frutas», dando a entender que se obtiene a base de fruta en lugar de caña de azúcar o de remolacha azucarera y, por lo tanto, es un edulcorante menos procesado y más natural.

Por desgracia, la mayoría de esta información es incorrecta. La fructosa no es un azúcar «natural», por mucho que nos queramos convencer de ello, puesto que no se extrae de la fruta, y debería ser la última elección para los diabéticos. Esta desinformación y popularidad se deben a las tácticas de comercialización inteligentes de la industria azucarera. Se prefiere la fructosa a la sacarosa para los productos alimentarios por la sencilla razón de que es más barata. Aquí la cuestión no es la salud, sino la economía. La fructosa es mucho más dulce que la sacarosa y, por lo tanto, puede endulzar los alimentos con menos cantidad.

El gran mito de la fructosa es creer que procede de la fruta. La fructosa no se prepara a base de frutas. Procede del jarabe de maíz, de la caña de azúcar y de la remolacha azucarera, al igual que cualquier otro azúcar. La similitud entre los términos «fructosa» y «fruta» ayuda a perpetuar este mito. He oído a muchos vendedores de alimentos dietéticos y suplementos vitamínicos afirmar que su producto era superior a los demás porque había sido elaborado con azúcar de fruta, es decir, con fructosa.

La fructosa es uno de los azúcares más refinados que existen. Una molécula de sacarosa está compuesta por una molécula de fructosa y otra de glucosa. Cuando ambas moléculas se unen, forman la sacarosa. Para obtener fructosa, es necesario refinar el azúcar de caña o de maíz, produciendo primero sacarosa. Después se tiene que procesar y refinar aún más, para separar la fructosa de la glucosa. La fructosa es un azúcar tan refinado que no se puede reducir sencillamente a azúcar. De base, ya es un azúcar refinado. Es técnicamente correcto decir que la fruta contiene fructosa. El azúcar natural de la fruta es principalmente sacarosa, y la sacarosa, ya sea que proceda de la fruta o del jarabe de maíz, contiene un 50% de fructosa.

Otro problema con la fructosa es que, si bien no afecta al azúcar en sangre ni a los niveles de insulina como lo hace la sacarosa, tiene un efecto más perjudicial en la resistencia a la insulina, aumentando el riesgo de padecer más problemas de salud como enfermedades cardiovasculares, hipertensión arterial y diabetes. Estudios que se han realizado con animales y humanos han demostrado que el consumo de grandes cantidades de fructosa afecta a la capacidad del cuerpo para controlar adecuadamente la glucosa (el azúcar en sangre), lo que conduce finalmente a una hiperinsulinemia (niveles elevados de insulina), lo que produce a su vez una resistencia a la insulina. Este hecho es bien conocido, ya que los investigadores hoy en día utilizan la fructosa para inducir una resistencia a la insulina intencionadamente, produciendo hipertensión y diabetes en los animales de laboratorio. Algunos médicos afirman que el uso actual de tanta fructosa en los alimentos que consumimos es en gran medida el responsable del aumento en la incidencia de la diabetes que hemos experimentado en los últimos años.

También se ha demostrado que la fructosa incrementa la velocidad a la que las grasas de nuestro cuerpo se someten a la peroxidación, un proceso que libera radicales libres. La fructosa afecta negativamente a los lípidos en sangre y a la presión arterial, lo que aumenta el riesgo de enfermedades cardiovasculares e interfiere en la absorción de nutrientes.[7]

Desde hace bastante tiempo los nutricionistas son conscientes de los problemas de salud que van asociados a la sacarosa. Hasta hace poco, la fructosa se consideraba una alternativa más saludable. Cuando empezaron a aparecer dudas acerca de los beneficios de la fructosa, los investigadores se cuestionaron si lo que estaba causando los problemas era la fructosa o la glucosa. Un equipo de investigación del Departamento de Agricultura de Estados Unidos liderado por la doctora Meira Field realizó un experimento que muestra lo perjudicial que es la fructosa para nuestra salud. Para el experimento se utilizaron dos grupos de ratas sanas. A un grupo se le suministró una comida con un alto contenido en glucosa y al otro grupo una comida con un alto contenido en fructosa. Los investigadores no hallaron ningún cambio significativo en los animales del grupo de la glucosa. Sin embargo, en el grupo de la fructosa los resultados fueron desastrosos. Los machos jóvenes fueron incapaces de sobrevivir hasta la edad adulta. Sufrieron de anemia, colesterol alto e hipertrofia cardíaca (sus corazones se agrandaron hasta reventar). También padecieron retrasos en el desarrollo testicular. La doctora Field explica que la fructosa en combinación con la deficiencia de cobre en los animales en crecimiento interfirió en la producción de colágeno. El colágeno proporciona la matriz de proteína con la que todos los órganos y tejidos se forman. En los humanos, la deficiencia de cobre es común en las personas que consumen una gran cantidad de alimentos procesados, algo que la mayoría de la gente tiende a hacer. Casi todas las ratas padecieron las consecuencias en sus cuerpos. Si bien las hembras no se vieron tan gravemente afectadas, no fueron capaces de producir crías vivas. «La profesión médica cree que la fructosa es mejor para los diabéticos que el azúcar –afirma la doctora Field–, pero las células del cuerpo pueden metabolizar la glucosa. En cambio, la fructosa solo la puede metabolizar el hígado. Los hígados de las ratas a las que se les suministró una dieta rica en fructosa parecían los hígados de los alcohólicos, taponados con grasa y cirróticos.»[8]

Cuando se consume sacarosa, las moléculas de glucosa y fructosa se separan. La glucosa entra directamente en el torrente sanguíneo, donde es absorbida por las células y se utiliza como combustible. La fructosa, sin embargo, debe convertirse en glucosa antes de poder ser utilizada por las células. No circula por el torrente sanguíneo pero va directamente al hígado. Allí se convierte en glucosa y ácidos grasos. De hecho, la fructosa es más probable que se transforme en grasa que en glucosa. Gran parte de la fructosa de los alimentos que ingieres se convierte directamente en grasa y se almacena en tu cuerpo. Esta es la razón por la que la fructosa no aumenta los niveles de azúcar en sangre como lo hace la sacarosa y otros azúcares. Pero incrementa los niveles de triglicéridos en sangre (grasas), mucho más que si se consumieran grasas directamente. La cantidad tan elevada de grasa producida por el metabolismo de la fructosa obstruye el hígado, lo que conduce a padecer la enfermedad del hígado graso, que se asemeja a los daños causados por el abuso de alcohol. Los médicos la llaman «la enfermedad del hígado graso no alcohólico» para distinguirla de la enfermedad causada por el consumo excesivo de alcohol. Además del exceso de grasa, la fructosa provoca cirrosis hepática (inflamación) y fibrosis (cicatrización).[9-10]

La fructosa, especialmente en forma de jarabe de maíz, se encuentra en una amplia variedad de alimentos y bebidas, incluyendo el zumo de frutas, los refrescos, las mermeladas, la repostería, los cereales, el pan, el yogur, los aderezos para ensaladas, la salsa de tomate y la mayonesa. En promedio, los estadounidenses consumen 27 kilos de jarabe de maíz de alta fructosa por persona cada año. En los últimos cuarenta años, desde la introducción del jarabe de maíz de alta fructosa como edulcorante de bajo coste, las tasas de obesidad se han disparado. Según el CDC, en 1970 alrededor del 15% de la población estadounidense padecía obesidad. Hoy en día, aproximadamente un tercio de los adultos son obesos. Algunos investigadores creen que el aumento tan drástico del uso de la fructosa en los alimentos manufacturados tiene parte de culpa.

Todos los edulcorantes no son iguales cuando se trata de aumentar de peso. Investigadores de la Universidad de Princeton han demostrado que las ratas que se alimentaron con jarabe de maíz de alta fructosa tendieron a engordar más que las que lo hicieron con sacarosa, incluso cuando su ingesta total fue la misma.[11] Además de hacer aumentar el peso notablemente, el consumo prolongado de jarabe de maíz de alta fructosa también dio lugar a un incremento anómalo de la grasa corporal, especialmente alrededor de la zona abdominal. Esto tiene sentido porque el hígado tiende a preferir convertir la fructosa en grasa.

El doctor Bart Hoebel, especialista en neurociencia del apetito, el peso y la adicción al azúcar de Princeton, indica:

> Algunas personas han afirmado que el jarabe de maíz de alta fructosa no difiere mucho de otros edulcorantes cuando se trata del aumento de peso y la obesidad. Pero nuestros hallazgos demuestran que esto sencillamente no es verdad. Cuando las ratas beben jarabe de maíz de alta fructosa en niveles muy inferiores a los de los refrescos, se vuelven obesas –todas y cada una de ellas, sin excepción alguna–. Incluso cuando se alimentan con una dieta rica en grasas, no puedes ver que no estén ganando más peso.

En el estudio de Princeton la concentración de azúcar en la solución de sacarosa era la misma que la que se encuentra en la mayoría de los refrescos. Sin embargo, la solución de fructosa era solo la mitad de concentrada que la mayoría de los refrescos, pero pese a ello, en comparación, se produjo un mayor aumento de peso y acumulación de grasas.

En estudios prolongados que duraron más de seis meses, los animales que se alimentaron con fructosa mostraron signos de una afección muy peligrosa conocida en los humanos como síndrome metabólico, que comporta un aumento de peso anormal, un incremento de los triglicéridos circulantes y la acumulación de grasa, especialmente grasa visceral alrededor del abdomen. En las ratas machos este aumento de tamaño fue exagerado. Los animales a los que se les dio fructosa engordaron un 48% más en comparación con aquellos a los que se alimentó con una dieta normal. Poniendo esto en términos humanos, una persona de 90 kilos añadiría a su peso 43 kilos adicionales. Las ratas no estaban un poco gordas, sino que se estaban volviendo obesas.

La próxima vez que leas la etiqueta de un producto y veas escrita la palabra «fructosa», ten en cuenta que si consumes ese producto, la fructosa va a terminar convirtiéndose en grasa alrededor de tu abdomen.

Edulcorantes artificiales

Incluso después de todo el proceso de refinado por el que pasa el azúcar, sigue conteniendo calorías. Así que los científicos han creado edulcorantes con menos calorías. Si el azúcar real no fuera suficiente, ahora podemos «disfrutar» de azúcar artificial –aspartamo, sacarina y similares–. Como el azúcar, estos polvos cristalinos no solo son adictivos, sino además mucho más perjudiciales para nuestra salud. Es cierto que contienen menos calorías que el azúcar, pero como cualquier droga, presentan efectos secundarios adversos que van desde los dolores de cabeza hasta la muerte.

Los edulcorantes artificiales tienen el mismo aspecto que el azúcar, saben igual que el azúcar y se pueden utilizar para endulzar los alimentos igual que el azúcar, pero sin las calorías que contiene el azúcar.

De hecho, si los comparamos con el azúcar, los edulcorantes artificiales casi no contienen calorías. Parece un sueño para nuestra dieta, pero en realidad es una pesadilla. Los edulcorantes artificiales tienen un lado oscuro mucho más siniestro que el azúcar.

El azúcar, incluso refinado como está, sigue siendo un producto que el cuerpo reconoce y puede procesar, pese a que para ello padezca estrés y drene los nutrientes. Por el contrario, los edulcorantes artificiales son unas sustancias extrañas que el cuerpo humano nunca ha visto antes.No está programado para manejarlas con seguridad y eficiencia. Esto crea problemas. Aunque las sustancias que los científicos utilizan para crear los edulcorantes artificiales proceden de fuentes «naturales», estas se combinan con elementos químicos únicos que no son naturales y que causan todo tipo de travesuras.

El edulcorante artificial más ampliamente utilizado es el aspartamo. El aspartamo se comercializa bajo el nombre de marcas como NutraSweet, Equal, Spoonful, Equal-Measure y AminoSweet. Descubierto en 1965, fue aprobado para su uso como aditivo alimentario en Estados Unidos a principios de los ochenta. La FDA autorizó su uso a pesar de las duras críticas por parte de varios científicos que advertían de sus peligros. A pesar de las objeciones, se aprobó su uso sobre la base de una investigación financiada por el fabricante de aspartamo (Monsanto y su filial, la compañía NutraSweet).

Desde su aprobación, el aspartamo ha sido el responsable de más del 75% de las reacciones adversas a los aditivos alimentarios de las que ha informado la FDA. Muchas de estas reacciones han sido lo suficientemente graves como para provocar convulsiones y la muerte. Se han hallado por lo menos noventa síntomas diferentes causados por el aspartamo. Entre ellos están dolores de cabeza y migrañas, mareos, convulsiones, náuseas, entumecimiento, espasmos musculares, erupciones cutáneas, depresión, fatiga, irritabilidad, taquicardia, insomnio, problemas de visión, pérdida de oído, palpitaciones, dificultades para respirar, ataques de ansiedad, trastornos del habla, pérdida del gusto, acúfenos, vértigo, pérdida de memoria, dolor en las articulaciones y, créelo o no, aumento de peso.[12] Además, el aspartamo ha provocado o empeorado casos de tumores cerebrales, esclerosis múltiple, epilepsia, síndrome de fatiga crónica, parkinson, alzheimer, defectos de nacimiento, fibromialgia y diabetes.

¿Acaso alguien en su sano juicio se atrevería a consumir una sustancia que ha causado todos estos tipos de enfermedades o contribuido a ellas? El uso de aspartamo se justifica diciendo que es un pequeño precio que se debe pagar para perder peso. El riesgo es menor comparado con el beneficio potencial que podría tener ayudando a las personas a perder unos cuantos kilos, o eso es lo que aseguran los fabricantes y los médicos e investigadores financiados por ellos. Seguro que el riesgo vale la pena para aquellos que se benefician económicamente, pero no para quienes pierden su salud en el proceso. Es interesante observar que uno de los efectos secundarios del aspartamo que se han documentado es el aumento de peso. Entonces, ¿por qué lo seguimos utilizando?

El aspartamo es bastante reciente si lo comparamos con la sacarina. Descubierta en 1879, la sacarina fue el primer edulcorante artificial que se fabricó. En 1937, el ciclamato llegó a escena. Este fue seguido por el aspartamo en la década de los sesenta, y recientemente han aparecido el acesulfamo K y la sucralosa. La sacarina es trescientas veces más dulce que el azúcar de mesa, el ciclamato aproximadamente treinta veces más y el aspartamo doscientas veces más. Cada gramo de estos edulcorantes contiene aproximadamente el mismo número de calorías que el azúcar, pero como son mucho más dulces, solo se necesita una pequeña cantidad para conseguir el mismo efecto. Esta característica hace que los edulcorantes artificiales sean atractivos para las personas que hacen dieta.

El consumo de sacarina y ciclamato ha disminuido desde finales de los años sesenta, cuando se descubrió que causaban crecimientos tumorales en animales de laboratorio. El ciclamato fue prohibido en Estados Unidos en 1970, aunque se ha mantenido un uso limitado en el Reino Unido y Canadá. En Canadá solo se permite como edulcorante de mesa bajo la supervisión de un médico y como aditivo en medicamentos.

En 1977 también se propuso la prohibición de la sacarina. Pero como era el único edulcorante artificial que se utilizaba por aquel entonces, mucha gente se opuso a la prohibición, alegando que era injusto para los diabéticos y los obesos. En respuesta a la protesta pública, no se siguió adelante con la propuesta. En su lugar, los productos que contienen sacarina están obligados a llevar una advertencia que indica: «El uso de este producto puede ser peligroso para la salud. Este producto contiene sacarina, sustancia que se ha demostrado que produce cáncer en animales de laboratorio». Por su parte, la sacarina está completamente prohibida en Canadá.

El acesulfamo K pertenece a la misma familia química que la sacarina. Tiene los mismos inconvenientes potenciales por lo que respecta al cáncer. Como la sacarina, también estimula la secreción de insulina, lo que hace que sea menos deseable para los diabéticos.

El último en añadirse a la lista ha sido la sucralosa, conocida por el nombre comercial de Splenda®. Es seiscientas veces más dulce que el azúcar. Este edulcorante artificial es tan ajeno a nuestro cuerpo que el sistema digestivo no sabe qué hacer con él. Se desplaza por el tracto abdominal sin ser absorbido. No aporta calorías ni afecta a los niveles de insulina o azúcar en sangre, y por eso se considera seguro para los diabéticos. ¿Demasiado bueno para ser verdad? A juzgar por lo que se ha descubierto de los otros edulcorantes artificiales, ciertamente es demasiado bueno para ser verdad.

Parece que la Splenda® tiene un efecto muy perjudicial en la microflora del intestino y puede contribuir a padecer una posible enfermedad del intestino irritable.[13]

Las bacterias buenas de tu intestino te ayudan a tener una buena salud. Producen vitaminas importantes, mantienen el equilibrio del pH y hacen que funcione correctamente tu sistema inmunitario, entre otras cosas. Se ha demostrado que la Splenda® puede reducir la cantidad de estas bacterias buenas hasta en un 50%. Cuando no quedan bacterias buenas, ¿quién toma el relevo? Las bacterias malas, los virus y los hongos, incluyendo la cándida, que puede dar lugar a una gran variedad de problemas digestivos.

La principal razón por la que la gente utiliza edulcorantes artificiales es para reducir el consumo de calorías totales en un intento por controlar su peso. Algunas personas están tan desesperadas por reducir las calorías que ignoran por completo las advertencias sanitarias y siguen consumiendo edulcorantes artificiales. Se arriesgan a contraer un cáncer o a padecer cualquier síntoma inquietante solo para poder disfrutar de alimentos dulces. Los antojos por los dulces pueden ser muy fuertes. Tan fuertes que, de hecho, hacen que abandonemos todo juicio y que nos arriesguemos con nuestra salud.

Los edulcorantes artificiales no son la solución para los problemas de peso ni tampoco aportan ningún beneficio apreciable. Todos los dulces, incluidos los edulcorantes artificiales, hacen que sigamos sintiendo antojo. El antojo por el dulce nos impulsa a buscar y consumir alimentos dulces tanto si tenemos hambre como si no.

Los edulcorantes artificiales también nos dan un cierto sentido de seguridad. Bebemos refrescos de dieta y, luego, nos sentimos bien cuando comemos alimentos que no deberíamos comer. La Red de Seguridad del Consumidor de Aspartamo ha informado que la gente que usa edulcorantes artificiales en realidad aumenta más de peso que la gente que los evita.[14] Si estás intentando adelgazar o mantener tu peso, los edulcorantes artificiales no son la mejor forma de conseguirlo. No son efectivos y pueden causar serios problemas.

Si no estás del todo convencido de lo perjudiciales que son los edulcorantes artificiales y los estás usando para controlar tu peso, te recomiendo que leas *Excitoxinas: el sabor que mata*, del doctor Russell L. Blaylock, profesor de neurocirugía de la Universidad Médica de Mississippi. Este libro proporciona información sobre las investigaciones médicas que documentan los peligros del aspartamo y otros aditivos.

Alcoholes de azúcar

Los alcoholes de azúcar son un grupo de carbohidratos que tienen una estructura química similar al azúcar y al alcohol, pero técnicamente no son ni una cosa ni la otra. No son edulcorantes artificiales, y se habla de ellos como «azúcares sustitutivos» porque se originan de forma natural y los encontramos en pequeñas cantidades en varias frutas, verduras, y otras plantas.

Hay una gran variedad de alcoholes de azúcar. Los que se emplean más comúnmente en los alimentos son el xilitol, el eritritol, el glicerol, el manitol y el sorbitol. El xilitol es el más ampliamente utilizado. Los alcoholes de azúcar más simples, el glicol de etileno y el metanol, no se usan en los alimentos. Pese a su sabor dulce son muy tóxicos. Constituyen el principal ingrediente en los anticongelantes que hacen que sean venenosos. Los otros alcoholes de azúcar se consideran seguros.

Los alcoholes de azúcar se utilizan en pasteles, galletas, dulces, helados y otros tentempiés. A estos alimentos a menudo se les pone una etiqueta que dice «sin azúcar» o «sin azúcar añadido». Los alcoholes de azúcar se suelen agregar a los alimentos que contienen edulcorantes artificiales porque su dulzura puede ayudar a enmascarar el regusto amargo de estos otros productos.

El xilitol es el alcohol de azúcar más utilizado porque tiene una dulzura comparable en intensidad a la sacarosa, con solo la mitad de calorías y con un aspecto similar, y se puede utilizar como el azúcar. Los otros alcoholes de azúcar son ligeramente menos dulces pero contienen aproximadamente la misma cantidad de calorías que el xilitol.

A diferencia del azúcar, el xilitol no se metaboliza a través de las bacterias orales y, por lo tanto, no contribuye a las caries dentales. Por esta razón, se añade comúnmente a la pasta de dientes y a la goma de mascar sin azúcar. Ninguno de los alcoholes de azúcar se descompone completamente en el tracto digestivo, por lo que solo se absorben parcialmente. Esta es la razón por la que aportan menos calorías que el azúcar. Al igual que otros carbohidratos, aumentan los niveles de azúcar en sangre, aunque en menor medida que el azúcar.

En comparación con el aspartamo, la sucralosa y otros edulcorantes artificiales, los alcoholes de azúcar son relativamente seguros. Sin embargo, no son completamente benignos. Los efectos secundarios más comunes incluyen hinchazón, dolores abdominales y cólicos, diarrea y flatulencia. Estos síntomas normalmente se sienten cuando se consumen en exceso, pero para algunas personas una sola dosis puede ser excesiva para su organismo, con lo que ya empiezan a sufrir calambres abdominales y diarrea. Además, puede hacer que se intensifiquen algunos síntomas asociados con problemas digestivos preexistentes tales como el síndrome del intestino irritable y la celiaquía.

Los alcoholes de azúcar se han difundido como azúcares «naturales» y seguros, siempre que se usen con moderación. El hecho de que se encuentren de manera natural en algunas frutas y verduras, así como en la corteza del árbol de abedul, a menudo nos lleva a pensar que sencillamente se extraen de estas fuentes, pero esto no es verdad. La cantidad de alcoholes de azúcar que se encuentra en ellas es tan minúscula que no es económicamente factible proceder a su extracción. En su lugar, los fabricantes los sintetizan a partir de las porciones fibrosas y leñosas de las plantas. El xilitol, por ejemplo, se produce con hemicelulosa de mazorca de maíz y pasta de madera. Este material se tritura y se procesa utilizando ácido sulfúrico, óxido de calcio, ácido fosfórico y otros productos químicos. El resultado es un producto cristalino tan procesado y refinado como el azúcar blanco. Por lo tanto, no tiene nada de natural.

El principal problema con los alcoholes de azúcar es que proporcionan un sabor dulce que hace que se siga teniendo adicción al dulce. Si utilizas alcohol de azúcar para endulzar los alimentos, nunca te desharás de esta adicción y siempre ansiarás dulces y otros carbohidratos. Te será mucho más fácil hacer trampas, sentirte desanimado y abandonar.

Aunque los alcoholes de azúcar no afectan tanto a los niveles de azúcar en sangre como el azúcar, todavía siguen afectando, y pueden bloquear la liberación de grasa de las células adiposas, dificultando la pérdida de peso. En las personas sensibles a los carbohidratos pueden hacer que se detenga la producción de cetona e impedir que se pierda peso.

Stevia

Justo cuando estabas empezando a pensar que probablemente todos los edulcorantes son perjudiciales, aparece la stevia. La stevia es un tipo de edulcorante diferente. En realidad es una hierba autóctona de América del Sur. Es similar a los edulcorantes artificiales en cuanto a que es mucho más dulce que el azúcar y en cuanto a que no contiene calorías. Pero a diferencia de ellos, parece no tener efectos adversos para la salud y no es adictiva. Muchos la consideran un sustituto natural del azúcar.

La stevia procede de un pequeño arbusto que crece en Paraguay y Brasil, donde se la conoce como la «hierba dulce». Sus hojas tienen una dulzura aproximadamente treinta veces superior al azúcar. Los indios guaraníes que viven en la región llevan siglos utilizando esta hierba. Está muy bien valorada porque hace la doble función de edulcorante y medicina. Se utiliza para endulzar bebidas, para desinfectar heridas y como tónico para mejorar la digestión.

Tanto la planta entera de stevia como sus hojas son un buen edulcorante para las infusiones y las bebidas fuertes. Usar la hoja no es práctico en la mayoría de los casos porque sabe demasiado a hierba. Una forma más sencilla de utilizarla es como extracto de stevia. El extracto es un concentrado de los fitoquímicos (esteviósidos) que le dan a planta su dulzura. El extracto de stevia es doscientas o trescientas veces más dulce que el azúcar y no sabe a hierba. Está disponible en polvo o líquido. Debido a su dulzor, solo se necesita una pequeña cantidad para endulzar los alimentos. Un cuarto de cucharadita –o media– de extracto de stevia sustituye a una taza de azúcar.

Desde hace años el extracto de stevia se emplea como edulcorante en Japón, Taiwán, Corea, Paraguay, Brasil e Israel. Japón lo lleva utilizando desde mediados de los años setenta. En lugar de aspartamo, usan la stevia para endulzar los alimentos bajos en calorías. Se añade a productos como la goma de mascar, los caramelos, los refrescos, los zumos, los postres congelados y la repostería. La stevia representa el 50% del total de edulcorantes que se utilizan en Japón.

¿Su uso es seguro? Eso parece. Sabemos que no tiene los efectos tan indeseados del azúcar ni tampoco los peligros para la salud de los edulcorantes artificiales. La stevia se ha utilizado durante siglos en América del Sur y durante los últimos veinticinco años en Japón y otros países sin ningún efecto negativo apreciable. Los japoneses consumen la mayor cantidad de edulcorante del mundo y no han informado de ningún efecto adverso. Se han realizado extensas investigaciones y pruebas de seguridad para comprobar los posibles efectos de la stevia. Ninguna de estas pruebas ha demostrado que tuviera efectos perjudiciales, incluso cuando a los animales de laboratorio se les ha suministrado grandes dosis. Con pocas sustancias se puede hacer esta afirmación.

Las pruebas realizadas demuestran que ni la hierba ni el extracto son tóxicos y son beneficiosos como un medio para ayudar a reducir el consumo de calorías. No afectan a los niveles de azúcar en sangre ni a los niveles de insulina, por lo que son seguros para los diabéticos. No alimentan la levadura como el azúcar, por lo que constituyen un edulcorante perfecto para los que sufren candidiasis. En muchos sentidos, la stevia es mucho mejor que el azúcar y los edulcorantes artificiales.

Es difícil excederse en el consumo de stevia. Si se utiliza demasiada, produce un sabor amargo, parecido al de las hierbas. Así que solo se debe emplear la cantidad necesaria para endulzar los alimentos sin obtener ese fuerte regusto amargo. Esto requiere un poco de práctica. Te sugiero que aprendas a utilizar la stevia con la ayuda de alguno de los muchos libros de cocina sobre este edulcorante que están disponibles.

Sin embargo, ten en cuenta que un poco de stevia de vez en cuando está bien, pero hay que tener cuidado. Para los adictos al azúcar, la stevia puede hacer que se sigan teniendo antojos de azúcar. He visto a personas que han abusado de ella, llegando a desarrollar cierta tolerancia al regusto amargo. Una de esas personas me dio a probar un vaso de agua endulzada con stevia y casi me caigo para atrás por la intensidad de su sabor dulce-amargo. He consumido muchos alimentos y bebidas endulzados con stevia, pero eso ya era demasiado. No podía imaginar a nadie disfrutando con aquello, pero esa persona bebía agua endulzada con stevia durante todo el día. Cabe añadir que tuvo muchas dificultades para perder peso.

6

Los carbohidratos te hacen engordar

¿Por qué los carbohidratos te hacen engordar?

¿Alguna vez has intentado perder peso con un método convencional de restricción de calorías y una dieta baja en grasas? Probablemente empezaste a comer los trozos más magros de carne evitando hasta los hilitos más minúsculos de grasa, a quitarle la piel al pollo, a comer solo carne blanca, a abandonar los huevos enteros por las claras de huevos, a utilizar leche descremada y yogur bajo en grasas, y a comer las patatas al horno y la pasta sin mantequilla, la ensalada sin aceite, para desayunar avena y granola, algo que fuera bajo en grasas y, para rematar, dulces con edulcorantes artificiales para el postre. Para asegurarte de no comer en exceso, contabas cada caloría que entraba por tu boca. Hiciste todo lo que tenías que hacer. Creíste que esa era la mejor forma de perder peso, o al menos eso es lo que te habían dicho.

A pesar de que todo el mundo se sentía feliz por los esfuerzos que estabas haciendo por comer más sano y mejorar tu salud, tú te sentías peor. Te faltaba energía, te cansabas con facilidad, tenías hambre constantemente y, encima, al final, apenas perdiste peso. En el peor de los casos, no se produjo ningún cambio en tu peso en absoluto. A pesar de tus esfuerzos, te parecía una auténtica lucha. Al cabo de poco ya estabas comiendo como comías antes de que empezaras a hacer dieta y antes de que te dieras cuenta, ya habías recuperado los kilos que habías perdido. Pese a todos tus esfuerzos, no habías conseguido nada excepto sentirte mal y tal vez más gordo que antes.

No fracasaste porque te faltara fuerza de voluntad o porque no estuvieras siguiendo correctamente la dieta; el problema era la propia dieta. Cualquier dieta que restrinja las grasas sin limitar los carbohidratos aboca al fracaso seguro. Lo que pocos sabemos es que el consumo de carbohidratos es lo que nos hace engordar, y no el hecho de comer grasas. Nunca vas a poder adelgazar ni mantenerte en tu peso ideal siguiendo una dieta que no restrinja los carbohidratos. La propia naturaleza de los carbohidratos lo hace imposible. Veamos las principales razones por las cuales los carbohidratos hacen que engordemos.

La secreción de insulina y el almacenamiento de grasa

Cuando se consumen más carbohidratos de los que nuestro cuerpo necesita, estos *siempre* se convierten en grasa. Pero no puede decirse lo mismo de las grasas y las proteínas. El cuerpo puede utilizar las grasas y las proteínas para producir energía, aunque normalmente prefiere usarlas como componentes estructurales para las células, los tejidos, las enzimas, las hormonas, las prostaglandinas y otros elementos importantes para nuestra salud. De hecho, no necesitas carbohidratos en tu dieta, pero sí que necesitas grasas y proteínas si no quieres morir.

El único propósito de los carbohidratos es producir energía. Lo que no se emplea para satisfacer las necesidades inmediatas se convierte en glucógeno o grasa, y se almacena para su uso posterior. Tanto el glucógeno como la grasa son fuentes de energía que se almacenan de forma compacta y que se utilizan cada vez que se necesita energía adicional.

Los carbohidratos no son nutrientes esenciales. Existen ácidos grasos esenciales (grasas) y aminoácidos esenciales (proteínas), pero no hay carbohidratos esenciales. Si no incluyeras los carbohidratos en tu dieta, tu cuerpo podría utilizar perfectamente las grasas y las proteínas para satisfacer todas sus necesidades energéticas. Ha habido muchas poblaciones que han prosperado con una dieta libre de carbohidratos. El ejemplo más notable es el de los esquimales, cuya dieta tradicional consistía enteramente en carne y grasas.

Por mucho que evites las grasas, si comes carbohidratos puedes acabar engordando. La flacidez de tu pecho y tus brazos no viene por comer carne y huevos, sino por comer pan, bollería y pasteles, y por beber refrescos. De hecho, los nutrientes de la carne y los huevos te han ayudado a fortalecer tus músculos y huesos, y no a producir grasas.

Puedes comer muchas más grasas y proteínas sin que se almacenen en tu cuerpo, porque pueden ser utilizadas para muchos otros fines. Nuestros cuerpos están diseñados para quemar o almacenar carbohidratos (glucosa). La glucosa es el principal combustible que alimenta nuestras células. Sin embargo, las células no pueden absorber la glucosa directamente del torrente sanguíneo. Se necesita la hormona insulina para desbloquear la puerta de la membrana celular que permite que entre la glucosa. Después de una comida, los carbohidratos se convierten en glucosa y se liberan en el torrente sanguíneo. Como los niveles de glucosa en sangre aumentan, se envía una señal al páncreas para secretar insulina. La insulina permite que las células absorban la glucosa que hay en la sangre y así se consigue que los niveles de glucosa en sangre se reduzcan. Cuando el azúcar en sangre cae, la secreción de insulina disminuye poco a poco.

Nuestros niveles de glucosa en sangre suben y bajan en función de la frecuencia con la que comemos y según lo que comemos. El intervalo en el que se mueve la glucosa está cuidadosamente regulado por la secreción de insulina y otras hormonas. Cuando los niveles de glucosa en sangre son bajos, los ácidos grasos son liberados de las células adiposas. Al igual que la glucosa, los ácidos grasos pueden quemarse para producir energía.

Cuando una persona sigue una dieta baja en calorías o ayuna, los niveles de glucosa en sangre son bajos, por lo que el cuerpo utiliza la grasa almacenada para producir la mayor parte de la energía que necesita para seguir adelante. Como los ácidos grasos son liberados y se queman, se pierde peso. Es por eso por lo que adelgazamos y reducimos la grasa corporal cuando estamos a dieta. Sin embargo, la cantidad de peso que perdemos está muy condicionada por los tipos de alimentos que consumimos en una dieta.

La insulina no solo transporta la glucosa a las células, sino que también hace que la glucosa se convierta en ácidos grasos y los lanza a las células adiposas.

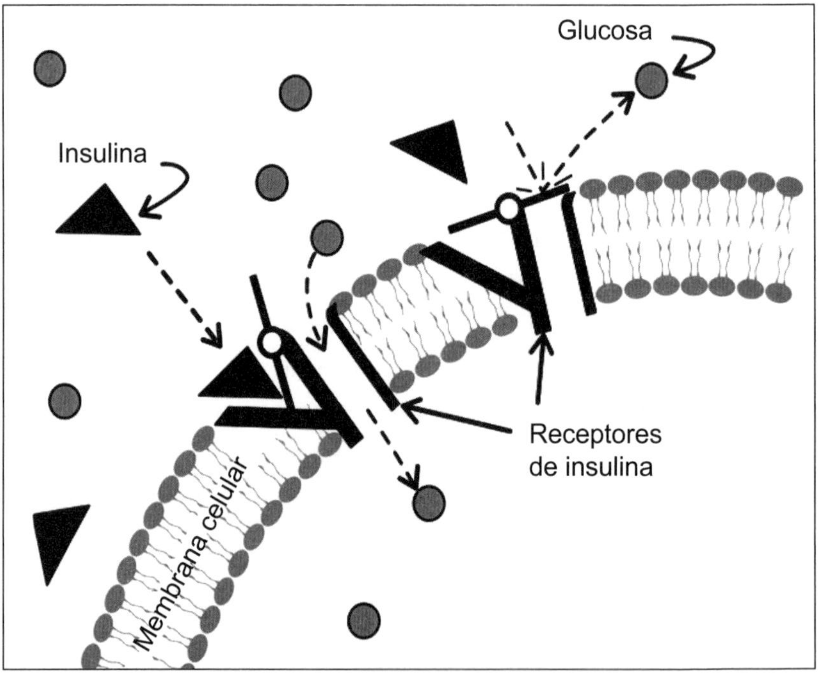

La insulina es necesaria para que la glucosa entre en las células.

La insulina es una hormona de almacenamiento de grasas. Cuanta más insulina recorre el torrente sanguíneo, más grasa se deposita en las células adiposas. Cuando los niveles de insulina en sangre son altos, el cuerpo almacena la grasa y aumenta de peso. Cada vez que comes carbohidratos, tus niveles de azúcar en sangre se elevan, lo que provoca la liberación de insulina y el almacenamiento de grasas. El consumo de grasas y proteínas tiene muy poco efecto en los niveles de glucosa en sangre y, por tanto, no hace que la insulina reaccione ni fomenta el almacenamiento de grasa.

Unos niveles de insulina altos estimulan la producción de grasa, pero impiden o limitan la liberación de la grasa que se ha almacenado alrededor del cuerpo. Cuando comes carbohidratos, debes reducir las calorías que consumes a niveles excepcionalmente bajos si quieres que las grasas almacenadas se liberen.

Cada vez que tomas alimentos que contienen carbohidratos, incluyendo zanahorias, tomates, manzanas y otras frutas y verduras, los niveles de glucosa e insulina en sangre aumentan. Es por eso por lo que algunas personas que siguen una dieta baja en grasas pero rica en carbohidratos aumentan de peso aunque coman como los conejos. Incluso si se limitan las calorías, el consumo de carbohidratos elevará los niveles de insulina en sangre, fomentando el almacenamiento de grasas. Esta es la razón por la que una persona puede limitar su ingesta a 1.000 calorías o menos a base de ensaladas y cereales, y aun así engordar.

Los alimentos ricos en azúcar y almidón provocan la respuesta de la insulina y, por tanto, tienen un mayor efecto en el almacenamiento de grasas. Por este motivo el pan, la pasta, las patatas, la bollería, las tortitas, los dulces, los refrescos, los zumos de frutas, las pizzas y otros alimentos que contienen carbohidratos nos hacen engordar. De hecho, mucho más que otros alimentos ricos en grasas y proteínas.

Técnicamente hablando, el cuerpo puede tomar una pequeña cantidad de glicerol de las grasas y convertirla en glucosa. Sin embargo, la cantidad de glucosa que procede del glicerol es tan pequeña que se considera insignificante. Igualmente, alrededor del 50% de las proteínas que consumes también pueden convertirse en glucosa. Sin embargo, esto solo ocurre si consumes grandes cantidades de proteína, puesto que el exceso sobrante es lo que se convierte en glucosa. Esta es una de las razones por las cuales la gente que sigue una dieta baja en carbohidratos y rica en proteínas, a veces, puede ganar peso. A pesar de que restringen el consumo de carbohidratos, comen mucha carne y huevos para saciar su apetito. Comer demasiada carne aumenta la glucosa en sangre y, en consecuencia, los niveles de insulina en sangre.

Ahora ya sabes por qué cuando en el pasado seguiste una dieta baja en carbohidratos y rica en proteínas, acabaste engordando en vez de adelgazar, o te costó tanto perder esos kilos de más.

Dado que la grasa no se convierte en glucosa en ninguna cantidad apreciable, no causa ni desencadena la liberación de insulina. Si consumieras una dieta rica en carbohidratos, pero baja en grasas, pese a no ingerir más de 500 calorías diarias, tu cuerpo respondería bombeando una gran cantidad de insulina, lo que haría que sintetizaras y almacenaras la grasa. Sin embargo, si consumieras una dieta baja en carbohidratos, pero rica en grasas, con el mismo número de calorías diarias, tu cuerpo solo liberaría una pequeña cantidad de insulina y, por tanto, no sintetizaría ni almacenaría la grasa. Cada vez que consumes carbohidratos, promueves el almacenamiento de grasas. Pero cuando consumes grasas, no promueves dicho almacenamiento.

Ahora parece que tiene sentido comer alimentos ricos en grasas, y limitar el consumo de carbohidratos y proteínas. La dieta más efectiva para perder peso es aquella que promueve el consumo de grasas, y que controla la ingesta de proteínas y, sobre todo, de carbohidratos. El consumo total de calorías también debe limitarse para fomentar la movilización de las grasas de las células adiposas.

Resistencia a la insulina

Nos quieren hacer creer que la mayoría de las personas aumentan de peso porque ingieren demasiada comida. En otras palabras, son glotones que no pueden controlar su apetito. Esto, sin embargo, no siempre es cierto. Mucha, si no la mayoría, de las personas que tienen sobrepeso comen más o menos lo mismo que las de peso normal. El metabolismo de aquellos con sobrepeso tiende a almacenar más grasas en el cuerpo. Su problema no es su gula, sino su metabolismo. Casi todas las personas con sobrepeso son sensibles a los carbohidratos, es decir, convierten los carbohidratos que consumen en grasa corporal fácilmente.

Una persona con un peso normal puede comer 200 o 300 gr de carbohidratos al día, y casi no sentir un efecto en su peso corporal.

Sin embargo, una persona sensible a los carbohidratos que consume la misma cantidad de calorías con tan solo ingerir 100 gr de carbohidratos puede engordar. El organismo de los individuos sensibles a los carbohidratos está programado para almacenarlos en forma de grasa corporal.

Una dieta que limita la ingesta de calorías pero en la que se consume una gran cantidad de carbohidratos no va a tener mucho éxito a largo plazo. En dicha dieta, las calorías se restringen hasta niveles tan insosteniblemente bajos que las personas comienzan a sentirse hambrientas y desnutridas. Ocasionalmente se vuelven más permisivas y recuperan el peso que habían perdido.

La sensibilidad a los carbohidratos es causada, en parte, por un defecto en la regulación del azúcar en sangre. Las células se vuelven insensibles o resistentes a la acción de la insulina y eso dificulta la entrada de glucosa en las células. A esto se le llama resistencia a la insulina, que es lo que caracteriza a la diabetes de tipo 2, la forma más común de diabetes. Debido a la resistencia a la insulina, los niveles de azúcar en sangre en los diabéticos son siempre superiores a lo normal.

Los niveles de azúcar en sangre se pueden medir con el análisis de una muestra de sangre. Desde que se sabe que los alimentos pueden influir drásticamente en los niveles de glucosa, las muestras de sangre se toman en ayunas o al menos ocho horas después de que la persona haya comido. Si eres como la media, una persona que no sufre de diabetes, cuando te despiertas por la mañana tu sangre contiene entre 75 y 100 mg/dl (de 3,6 a 5,5 mmol/L) de glucosa. Esto se conoce como la concentración de glucosa en sangre en ayunas. La cantidad ideal de azúcar en sangre en ayunas es de 75-90 mg/dl (4,2 -5,5 mmol/L).

Cuando dejas de comer, las células siguen atrayendo la glucosa de la sangre. Eso hace que el nivel de glucosa en sangre disminuya gradualmente. La mayoría de las personas experimentan una sensación de hambre cuando la glucosa en sangre desciende por debajo de los valores normales. La respuesta natural es la necesidad de comer, lo que hará que se eleve el nivel de azúcar en sangre. Normalmente, el nivel de azúcar en sangre no debería aumentar más de 139 mg/dl (7,7 mmol/L) después de comer. Esto se conoce como el nivel de glucosa posprandial. Si en ayunas el nivel de azúcar en sangre es más elevado y el nivel de glucosa posprandial también es más elevado de lo normal, esto indica que se sufre resistencia a la insulina.

La diabetes se diagnostica oficialmente cuando el nivel de azúcar en sangre en ayunas es de 126 mg/dl (7,0 mmol/L) o superior. Esto ocurre cuando la resistencia a la insulina es importante. La gente que tiene un nivel de azúcar en sangre en ayunas de entre 101 y 125 mg/dl (5,6- 6,9 mmol/L) se considera que está en los primeros estadios de la diabetes; a menudo se hace referencia a ello como «prediabetes». Si los niveles de azúcar en sangre en ayunas son de 90 mg/dl (5,0 mmol/L), indica que se está en los primeros estadios de resistencia a la insulina. A medida que aumenta la resistencia a la insulina, también lo hacen los niveles de azúcar en sangre. Cuanto mayor es la resistencia a la insulina, más elevados serán los niveles de azúcar en sangre.

La resistencia a la insulina está presente en cualquier persona que en una muestra de sangre en ayunas presente un nivel de azúcar en sangre de más de 90 mg/dl (5,0 mmol/L). Aunque en general se considera normal que los niveles de azúcar en sangre en ayunas asciendan hasta los 100 mg/dl (5,5 mmol/L), esto es así porque muchas personas entran en esta categoría. Pero estos no son valores «normales» para un individuo sano. La resistencia a la insulina, incluso si es relativamente leve, hace que uno sea más sensible a los carbohidratos. Cuando los niveles de glucosa en sangre son elevados, la insulina también es elevada, a menos que el páncreas haya perdido su capacidad de producir cantidades normales de insulina. Recuerda que la insulina es una hormona de almacenamiento de grasas y si la cantidad es demasiado alta, produce y almacena más grasas. En aquellos con resistencia a la insulina (como ya he indicado, con niveles de glucosa en sangre en ayunas superiores a 90 mg/dl o 5,0 mmol/L), los niveles de insulina son muy altos las veinticuatro horas del día, lo que hace que se almacene grasa a la mínima oportunidad. Una persona diabética con sobrepeso normalmente produce de dos a tres veces más cantidad de insulina que una persona delgada que no sufre de diabetes. Cada vez que consuma carbohidratos, su cuerpo tratará de almacenar las grasas por pequeña que sea la cantidad de comida que ingiera. Para ella, una dieta que restringe la ingesta de calorías pero a base de carbohidratos y con un contenido bajo en grasas, no funciona.

El síndrome del estómago vacío

Una de las consecuencias de ingerir comidas ricas en carbohidratos, sobre todo aquellas que están cargadas de carbohidratos simples y refinados, es que se acaba padeciendo lo que yo llamo *el síndrome del estómago vacío* (los carbohidratos inducen al hambre). El síndrome del estómago vacío se caracteriza por períodos frecuentes o prolongados de hambre causados por el consumo de alimentos ricos en carbohidratos.

El hambre es lo que nos impulsa a comer y, también, a comer en exceso. Cuando tienes el estómago vacío, te sientes mal y lo único que quieres es comer. Si no hay nada que controle tu apetito, al final acabas picoteando cualquier cosa justo antes de tus comidas regulares. Los alimentos ricos en carbohidratos no nos sacian, sino más bien al contrario, puesto que causan que sintamos más hambre. Puede que te sientas lleno temporalmente, pero volverás a tener hambre al cabo de poco tiempo. El hambre no dejará de darte la lata. Cuando consumes carbohidratos sin una cantidad adecuada de grasas y proteínas, siempre acabas sintiéndote hambriento.

Cuando consumes carbohidratos, las enzimas digestivas rompen los lazos que mantienen unidas las moléculas de azúcar. Esto hace que los azúcares individuales se liberen y que el torrente sanguíneo los absorba. Nuestras células absorben la glucosa y nuestro organismo la utiliza como combustible. Hay otros azúcares, como la fructosa y la lactosa, que son absorbidos por el hígado para luego convertirlos en glucosa. Todas las moléculas de azúcar se convierten finalmente en glucosa o ácidos grasos (grasas).

Los carbohidratos simples consisten en una o dos moléculas de azúcar. El torrente sanguíneo los absorbe directamente. En el caso de los almidones y los carbohidratos complejos, lleva un poco más de tiempo romperlos en azúcares individuales. Los almidones más simples no suelen contener más de cien moléculas de azúcar, y por eso se digieren mucho más rápido que los complejos, que pueden contener mil moléculas o más. Cuanto más «complejo» es el carbohidrato, más tiempo tarda el cuerpo en convertirlo en azúcar. Los alimentos en su estado natural, como el trigo integral, están compuestos por un elevado porcentaje de carbohidratos complejos. Los alimentos procesados, como el pan blanco, son menos complejos y más rápidos de digerir.

Cuando comes alimentos ricos en carbohidratos, se digieren muy rápido y circulan por el estómago durante un período de tiempo muy corto. Cuando el estómago se empieza a sentir vacío, vuelves a tener hambre. Esta es la razón por la que a menudo te sientes hambriento al cabo de una o dos horas de haber ingerido una comida rica en carbohidratos y baja en grasas y proteínas.

El hecho de que los alimentos ricos en carbohidratos afecten a los niveles de azúcar en sangre hace que todo empeore. Cuando tomas una comida rica en carbohidratos, sobre todo una que contiene grandes cantidades de trigo y azúcar, los niveles de azúcar en sangre se disparan. Un nivel elevado de azúcar en sangre puede ser peligroso, por eso el páncreas se apresura a responder bombeando tanta insulina como puede. Los niveles de insulina en la sangre aumentan con mucha rapidez. Como esta hormona está siendo bombeada hacia el torrente sanguíneo, la glucosa en sangre pasa rápidamente a las células.

En poco tiempo, los niveles de insulina en sangre empiezan a ser muy elevados y los de glucosa anormalmente bajos. Cuando el nivel de glucosa en sangre es bajo, se envía una señal al cerebro de que se necesita más glucosa, y eso hace que empecemos a sentir hambre, lo que nos impulsa a comer para elevar los niveles de glucosa. La combinación de un estómago vacío con unos niveles de glucosa en sangre bajos hace que se tenga una sensación de hambre casi insoportable. Ante esto, normalmente respondemos de tres maneras diferentes. La primera es aguantar hasta la siguiente comida. Pero cuando comemos estamos tan hambrientos que comemos demasiado. La segunda es reponerse tomando un tentempié. Y la tercera es aguantar todo lo posible hasta que no se puede más. Acabamos comiendo un tentempié y, encima, comemos más de la cuenta en la siguiente comida. Cualquiera de estas opciones sabotea tus esfuerzos por perder peso.

La grasa y la proteína se digieren de una forma más lenta, con lo que se consigue que el estómago se sienta lleno durante un período de tiempo más prolongado. Tampoco provocan una rápida respuesta de la insulina ni los altibajos tan drásticos causados por los carbohidratos. Como resultado, no sentimos hambre; esto evita que picoteemos entre horas y hace que podamos aguantar hasta la próxima comida. Al final del día terminas consumiendo menos calorías que si hubieras ingerido carbohidratos. Cuando consumes grasas en lugar de carbohidratos, te sientes más saciado e ingieres menos calorías. Como nos han condicionado para tener miedo a comer grasas, vale la pena que se insista una y otra vez en que las grasas no engordan, pero los carbohidratos sí.

Nuestro romance con los carbohidratos

Los carbohidratos, sobre todo los que son dulces, tienen muy buen sabor. Esto es un problema. Si su sabor no fuera bueno, la gente no los consumiría y no tendríamos una epidemia de obesidad.

Nos encanta el sabor del azúcar. Eso parece, ya que consumimos en promedio más de cincuenta cucharaditas de azúcar al día. Algunos de nuestros alimentos favoritos contienen grandes cantidades de carbohidratos simples y refinados, como por ejemplo los dulces, la bollería, los pasteles, las galletas, las patatas, la repostería, los helados, el chocolate, el pan dulce, y la lista continúa. Estos alimentos son muy tentadores y una vez que has probado un poquito, deseas más, y sin darte cuenta ya te has zampado la caja entera, tanto si tenías hambre como si no. Especialmente, los dulces tienen este efecto. Sabes perfectamente de lo que te hablo. Cuando comes una pastilla de chocolate, inmediatamente quieres otra. Es como un poder que te envuelve y toma el control por ti, y no desaparece hasta que has devorado por lo menos mil calorías de ese dulce. El sabor tan bueno de los carbohidratos nos impulsa a comer en exceso y, por lo tanto, a aumentar de peso.

Por el contrario, los alimentos ricos en proteínas y grasas no tienen este poder hipnotizador. Aunque su sabor sea excelente, no sientes la necesidad de seguir comiendo cuando tu sentido común te dice que pares. Puedes controlar la cantidad que ingieres.

Para satisfacer las necesidades y las preocupaciones de los consumidores inquietados por su peso, los fabricantes han elaborado una gran variedad de alimentos que contienen muy pocas calorías o ninguna, y que son sustitutivos del azúcar. Los consumidores pueden sentir la misma satisfacción con menos calorías. A pesar de la gran cantidad de alimentos bajos en calorías que existen hoy en día, nuestras cinturas no se han reducido ni un centímetro, sino que, por el contrario, se han ensanchado. Tampoco se ha reducido el consumo de calorías. De hecho, hoy en día consumimos seiscientas calorías más al día que en 1970.

Los alimentos que contienen pocas calorías son tan dulces y sabrosos como los otros, y eso hace que se coman grandes cantidades. Para empeorar las cosas, ya que estos alimentos contienen menos calorías, la gente tiende a tomar más cantidad, pensando que no les hará ningún daño. Al final, terminan ingiriendo más calorías que si consumieran la versión con todas sus calorías.

Evitar el azúcar mediante el uso de sustitutivos no soluciona el problema. De hecho, parece empeorarlo. Un gran número de estudios demuestran que los edulcorantes con cero calorías que normalmente se utilizan en las dietas para ayudar a perder peso en realidad engordan.

En un estudio que el Centro de Ciencias de la Salud de la Universidad de Texas realizó en 2005, se descubrió que las personas que beben refrescos de dieta ganan más peso que las que beben las versiones con las cantidades normales de azúcar. En este estudio, por cada lata de refresco de dieta que consumía una persona al día, el riesgo de padecer sobrepeso aumentaba un 41%.

En una serie de experimentos llevados a cabo por la Universidad Purdue, en Indiana, los investigadores compararon los efectos de los alimentos que contienen sacarina (cero calorías) con los que contienen azúcar normal. Los animales que fueron alimentados con yogures que incluían edulcorantes artificiales en dos semanas consumieron más calorías y ganaron más peso que los que habían sido alimentados con yogures con azúcares normales.[1] Estos experimentos fueron una continuación del estudio que un grupo de investigación de Purdue comenzó cuatro años atrás, cuando se descubrió que los animales que consumían refrescos y alimentos endulzados con sacarina tendían a comer más que los alimentados con productos con un alto contenido calórico y endulzados con azúcar normal.

Los investigadores dedujeron que como el sabor dulce de los edulcorantes artificiales no se correspondía con el número total de calorías esperadas, esto hacía que la respuesta fisiológica de las ratas se viera alterada. Al igual que los perros de Pavlov, entrenados para salivar cuando la campana sonaba, los animales y los humanos respondemos de manera parecida cuando comemos algo dulce, creyendo que vamos a ingerir una gran cantidad de calorías. Los alimentos dulces en su estado natural normalmente contienen grandes cantidades de calorías. Como resultado, las ratas de laboratorio se vieron obligadas a comer más cantidad de comida para compensar las calorías fantasma. Esto quizá explique por qué la gente que sigue una dieta, después de comer un alimento que no contiene azúcar, no puede resistirse a comer otros alimentos con un gran contenido calórico.

Los edulcorantes artificiales no solo hacen que nuestro cerebro reciba la señal de que necesita consumir más calorías y carbohidratos, induciendo a la gente a comer más, sino que también tienen efectos fisiológicos. Si el consumo total de calorías se mantuviera constante sin añadir ningún alimento adicional, esas personas que comen alimentos que contienen sustitutos del azúcar aún seguirían engordando.

Los estudios han hallado que los alimentos que contienen sustitutos del azúcar bajos en calorías pueden interferir en el proceso homeostático del cuerpo. Por ejemplo, cuando nos sentamos a la mesa y empezamos a comer, nuestro organismo se anticipa a la ingesta de calorías activando el sistema digestivo para que sea capaz de digerir la sobrecarga metabólica. El metabolismo se mantendrá activo durante un par de horas después de comer ya que la comida tiene que digerirse del todo. Esta activación del metabolismo se puede medir por el aumento de la temperatura corporal.

En los animales ocurre lo mismo. Los investigadores de la Universidad Purdue registraron en las ratas alimentadas con azúcar un repunte en el cuerpo central de la temperatura durante la hora de la comida, que corresponde a una activación del metabolismo en anticipación a una ingesta de calorías. Por otro lado, los animales a los que se les dieron alimentos endulzados artificialmente no experimentaron ningún aumento de la temperatura.[2-3] Aquellos que recibieron edulcorantes artificiales tuvieron una respuesta distinta. Su cuerpo no esperaba recibir una gran ingesta de calorías. El resultado neto fue un metabolismo más lento con tendencia a almacenar, en lugar de quemar, el exceso de calorías entrantes. Muchas personas con sobrepeso ya tienen problemas de metabolismo lento, e ingiriendo edulcorantes artificiales no hacen más que empeorar las cosas. No importa qué tipo de edulcorante sin calorías se consuma –sacarina, aspartamo, xilitol–, puesto que el efecto será el mismo.

Estos estudios ayudan a explicar por qué, a pesar de la enorme popularidad de los alimentos y las bebidas bajos en calorías, padecemos más sobrepeso que nunca.

La adicción al azúcar

El azúcar blanco refinado no es un alimento real, sino que más bien actúa como una droga. Es una sustancia química pura que se extrae de fuentes vegetales y en muchos aspectos se parece a la cocaína. La cocaína se extrae de las hojas de la planta de coca, y luego se refina y purifica. De forma parecida, el azúcar se extrae de la remolacha azucarera o de la caña de azúcar, y luego se refina y purifica. Como la cocaína, al final se obtiene un polvo cristalino purificado (la sacarosa) que es altamente adictivo.

La adicción implica algo más que la simple preferencia de algo porque te gusta como sabe. Se puede definir como la necesidad compulsiva de consumir una sustancia que cuando se deja de consumir provoca ansiedad, tanto a nivel psicológico como físico. El azúcar entra dentro de esta definición. De hecho, puede ser muy adictivo, incluso mucho más que la cocaína. Esto puede sonar exagerado, porque una persona supuestamente puede dejar de consumir azúcar sin sufrir los síntomas físicos del síndrome de abstinencia comúnmente asociados con la adicción a la cocaína. No obstante, el consumo de azúcar causa dependencia, ansiedad grave e incluso los síntomas físicos del síndrome de abstinencia.

Un estudio publicado por investigadores franceses demostró lo adictivo que puede ser el azúcar. Se dio a elegir entre el azúcar y la cocaína. El resultado fue que el 94% de las ratas eligió el azúcar. Cuando se expuso a las ratas a ambas sustancias, su deseo de azúcar fue más fuerte que su deseo de cocaína. Incluso las que ya eran adictas a la cocaína rápidamente cambiaron su preferencia al azúcar tan pronto como se les ofreció la opción. Las ratas también estaban más dispuestas a trabajar para conseguir azúcar que cocaína.[4]

Además, los investigadores hallaron que la tolerancia y la dependencia de las ratas al azúcar habían hecho que experimentaran una mayor tolerancia y dependencia hacia ciertas drogas adictivas. Como ejemplo, los animales con un largo historial de consumo de azúcar empezaron a ser más tolerantes (perdieron sensibilidad) a los efectos analgésicos de la morfina.

Un estudio de la Universidad de Yale, en Connecticut, descubrió que las adicciones al azúcar y a las drogas actúan de manera similar en el cerebro. Los sujetos del estudio respondieron un cuestionario que los investigadores habían diseñado sobre la base de los criterios establecidos para determinar el grado de drogadicción de la persona, para medir su adicción a ciertos alimentos. El cuestionario incluía frases como «Me he dado cuenta de que cuando empiezo a comer ciertos alimentos, acabo comiendo más cantidad de la cuenta», y los encuestados tenían que responder indicando en qué medida estas declaraciones coincidían con sus experiencias.

Con el uso de imágenes de resonancia magnética, un procedimiento basado en imágenes cerebrales, los investigadores examinaron la actividad cerebral que experimentaban los sujetos al ver un batido de chocolate y, luego, cuando se lo bebían. Lo que descubrieron fue que el cerebro de los sujetos que obtuvieron una puntuación más alta en cuanto a la adicción a ciertos alimentos exhibían una actividad cerebral parecida a la de los adictos a las drogas, con una mayor actividad en las regiones cerebrales que son responsables de crear ansiedad y una menor en las regiones que reducen dicha ansiedad.[5]

Al igual que con la drogadicción, la reducción del consumo de azúcar y carbohidratos puede causar síntomas de abstinencia. Los síntomas incluyen ansiedad por consumir carbohidratos, dolor de cabeza, mareos, irritabilidad, comportamientos irracionales, dificultad para pensar, y una sensación general de tensión y estrés.

Casi todas las personas que padecen obesidad o sobrepeso son adictas a los carbohidratos. El consumo excesivo de carbohidratos es el principal factor que contribuye a su sobrepeso. Comer alimentos bajos en calorías no ayuda a resolver el problema.

Los edulcorantes que contienen muy pocas o ninguna caloría no ayudan a perder peso o a superar los problemas de adicción al azúcar. Si estás intentando adelgazar, *los sustitutos del azúcar son tus enemigos.* Evitan que te sientas culpable, pero sin darte cuenta están haciendo que tu adicción al azúcar sea cada vez más fuerte. Los estudios que han demostrado que la adicción al azúcar es más fuerte que la adicción a la cocaína también aseguran que los edulcorantes que casi no contienen calorías son igual de adictivos.[6] Con el uso de sustitutos del azúcar, los malos hábitos, los antojos y la adicción al azúcar persisten.

Esta es la razón por la que los edulcorantes artificiales y los alcoholes de azúcar no son recomendables. Incluso el uso de stevia debe limitarse. Esta es también la razón por la que muchas personas fracasan cuando se someten a una dieta baja en carbohidratos. En los programas de dietas que restringen el consumo de carbohidratos se suelen incluir bastantes edulcorantes bajos en calorías. Atkins y otros fabricantes de productos bajos en carbohidratos venden toneladas de caramelos, batidos, bollería y dulces bajos en carbohidratos, que lo único que hacen es sabotear tus esfuerzos por perder peso. Las empresas que comercializan estos alimentos tratan de hacer que su sabor sea parecido al de los productos normales para que tu adicción al azúcar y a los carbohidratos siga activa. Tarde o temprano, vuelves a sentir un deseo muy fuerte de azúcar y de carbohidratos. No puedes más y, al final, caes en su trampa. Para tener éxito debes superar tu adicción al azúcar. Es posible conseguirlo.

Cuando superes tu adicción al azúcar, habrás ganado mucho, y eso se verá reflejado en el control que tendrás sobre ti mismo y tu vida. Ya no serás un esclavo de la comida. Puede que los dulces te sigan atrayendo de vez en cuando, pero lo harán sin que pierdas el control como había ocurrido antes. Uno de los principales objetivos del programa dietético que ofrece este libro es conseguir superar la adicción al azúcar y a los carbohidratos. Por suerte, una dieta rica en grasas ayuda a que el antojo de azúcar y carbohidratos desaparezca, haciendo posible superar su adicción.

Resistencia a la leptina

Ciertas hormonas pueden afectar al hambre y a la composición del cuerpo. Una de ellas es la leptina, que juega un papel muy importante a la hora de regular la energía que se consume, y trabaja en conjunto con la insulina. La resistencia a la insulina y a la leptina se asocia con la obesidad. Si un exceso de insulina puede causar un aumento de peso, demasiada poca leptina hará lo mismo.

La leptina regula nuestro apetito y reduce la sensación de hambre. Las células adiposas producen leptina. La cantidad que hay en la sangre es proporcional a la cantidad de grasa que hay en el cuerpo. La leptina actúa sobre los receptores del cerebro. De esta manera, las células adiposas se comunican con el cerebro para hacerle saber cuánta energía (grasa) almacenada está disponible y qué hacer al respecto. Cuando las señales que transmite la leptina funcionan correctamente, si estás demasiado delgado y necesitas almacenar más grasa, tus niveles de leptina en sangre serán bajos. Cuando los niveles de leptina son bajos, sentimos hambre y comemos más comida y, en consecuencia, almacenamos grasa en el cuerpo. Como las células adiposas se agrandan, nuestro organismo produce más leptina, lo que le indica al cerebro que debe reducir el consumo de alimentos. En otras palabras, los niveles bajos de leptina no solo causan el hambre, sino que también hacen que aumente el almacenamiento de grasas. Por el contrario, cuando los niveles de leptina son altos, disminuye el apetito y la acumulación de grasas. De esta manera, se mantiene un peso corporal adecuado.

Hacer dieta reduce los niveles de leptina, lo que a su vez hace que aumente la sensación de hambre. Esta es la razón por la que hacer dieta a veces es tan duro. Para empeorar las cosas, en algunas personas la señal de aviso que debería transmitir la leptina no funciona correctamente. A esto se le llama resistencia a la leptina. Pese a que una persona padezca sobrepeso y esté produciendo una gran cantidad de leptina, puede que los receptores de leptina de su cerebro no sepan recoger la señal de aviso. El cerebro lo interpreta como un déficit de leptina causado supuestamente por una falta de grasa en el cuerpo y responde despertando la sensación de hambre, sensación que nunca desaparece del todo. Cuando se está a dieta, la cantidad de leptina producida se reduce, lo que hace que se incremente la sensación de hambre. Estar a dieta se puede convertir en una auténtica tortura. Incluso si una persona que está a dieta tiene la suficiente disciplina para seguirla hasta perder bastante peso, como la resistencia a la leptina persiste, esto hará que a la larga ingiera gradualmente más comida y, tarde o temprano, recuperará el peso que perdió.

¿Qué causa la resistencia a la leptina? Lo causa comer demasiados carbohidratos, sobre todo azúcar y trigo refinado. Después de tomar una comida rica en carbohidratos, los niveles de azúcar en sangre aumentan, y también la insulina, lo que hace que el azúcar se transforme en grasa y se acabe almacenando. El exceso de grasa produce una oleada de leptina. Con el tiempo, la exposición constante a niveles excesivos de leptina desestabiliza los receptores de leptina, lo que conduce a una resistencia a la leptina. Es muy parecida a la resistencia a la insulina, que se desarrolla como consecuencia de la exposición a unos niveles elevados de insulina. Si eres diabético o tienes resistencia a la insulina, probablemente también tienes resistencia a la leptina.

La manera de restablecer los niveles de leptina (así como también los de insulina) es previniendo estas oleadas. Esto se consigue mediante la reducción de la ingesta de carbohidratos, sobre todo carbohidratos refinados, ya que alteran mucho más los niveles de azúcar en sangre. El mejor tratamiento para la resistencia a la leptina es una dieta cetogénica baja en carbohidratos y que usa aceite de coco.

El almidón también es azúcar

El azúcar refinado no es el único problema. El almidón, un carbohidrato que se encuentra en los cereales, tubérculos, legumbres y otros vegetales almidonados, puede ser tan perjudicial como el azúcar. De hecho, el almidón es azúcar. Se compone de glucosa pura. La única diferencia es que en el almidón las moléculas de glucosa que están unidas entre sí forman una larga cadena. Sin embargo, una vez que ingerimos almidón, las enzimas digestivas rompen la cadena en moléculas de azúcar individuales. Como ocurre con otros tipos de azúcar, el almidón hace que los niveles de azúcar en sangre aumenten, que la secreción de insulina y el almacenamiento de grasa sean mucho mayores y que la función inmunitaria se debilite, además de todos los otros efectos perjudiciales asociados con el azúcar. Comer una rebanada de pan blanco equivale a comer tres cucharaditas de azúcar. El pan blanco se convierte en azúcar desde el momento que entra por la boca y comenzamos a masticarlo. La saliva contiene enzimas digestivas que empiezan a trabajar de inmediato para transformar el almidón en azúcar.

Las personas que no comen muchos dulces o que no consumen azúcar pueden pensar que son inmunes a los efectos perjudiciales del azúcar. Sin embargo, si comen pan blanco, arroz blanco, patatas y productos que contienen harina refinada, están consumiendo tanto azúcar como cualquier otra persona y tal vez aún más. El pan blanco puede causar un aumento de peso, resistencia a la insulina y diabetes, además de reducir la resistencia contra el cáncer y sentar las bases para el desarrollo de enfermedades como el alzheimer y el parkinson.

La harina blanca está hecha de harina de trigo integral refinada. Durante el proceso de refinado se eliminan muchos nutrientes, junto con gran parte de la fibra que contiene. Los fabricantes le añaden de nuevo algunos nutrientes pero no la fibra, que juega un papel esencial en la digestión del almidón. La fibra retrasa la liberación de la glucosa en el torrente sanguíneo. Esto es muy importante, porque ralentiza la absorción del azúcar, moderando la secreción de la insulina, por lo que es más manejable.

El almidón, en sí, no es necesariamente malo. Después de todo, nuestras células utilizan la glucosa que contiene como combustible. El problema es el consumo excesivo o desproporcionado de almidón en nuestra dieta en comparación con la cantidad de grasa, proteína y fibra. Un consumo moderado de almidón e incluso de azúcar se puede controlar si se combina con una cantidad adecuada de grasa, proteína y fibra.

Una dieta típica que consiste en unas 2.400 calorías diarias incluye alrededor de 350 gr de carbohidratos de promedio. Esto equivale a 1.400 calorías de azúcar y almidón, es decir, casi el 60% de las calorías totales diarias consumidas. No nos debería extrañar que la obesidad, la diabetes, el alzheimer y otras enfermedades degenerativas vayan en aumento.

Con todo lo dicho hasta ahora en este capítulo, podemos llegar a la conclusión de que consumir carbohidratos engorda más que consumir grasas o proteínas. Una vez más, la grasa no engorda, pero los carbohidratos sí.

Supera la adicción al azúcar

Nuestro romance con los dulces ha creado una sociedad de adictos al azúcar. El azúcar y los edulcorantes artificiales son sustancias mucho más adictivas y peligrosas que los narcóticos. Como la cocaína y otras drogas, estas sustancias también estimulan los centros de placer del cerebro. El deseo de la sensación de placer puede ser tan intenso que llegue a controlar nuestros pensamientos y nuestras acciones, al igual que la cocaína controla al adicto. Puede que nos sintamos bien y, de repente, aparezca el deseo de comer algo dulce. Tal vez sea una pastilla de chocolate, goma de mascar, un refresco o cualquier cosa con tal de satisfacer ese intenso deseo. Como el azúcar estimula las sensaciones de placer, incluso cuando nos sentimos llenos, a menudo continuamos comiendo alimentos dulces. ¿Cuántas veces estabas saciado y, aun así, te has comido un postre? O puede que no te sintieras hambriento, pero no pudiste resistir la tentación de comer ese dulce que te pusieron enfrente. O quizá empezaste a comer algo dulce, como una galleta, pensando que solo ibas a comer una o dos a lo sumo, pero terminaste devorando nueve o diez. No fuiste capaz de comer solo una. El sabor del dulce a menudo nubla nuestra mente y hace que perdamos toda fuerza de voluntad. Si puedes identificarte con cualquiera de estas situaciones, sin saberlo te has convertido en un esclavo del azúcar.

El azúcar nunca ha sido una fuente de alimento importante en la dieta del hombre. En el pasado, el dulce que se consumía procedía principalmente de la fruta. Dado que la fruta solo estaba disponible durante el verano, solo se ingería durante unos pocos meses al año. La falta de refrigeración impedía que se pudiera almacenar durante períodos largos de tiempo. Si bien el azúcar refinado existe desde hace dos siglos, nunca ha sido una parte importante de nuestra dieta.

Uno de los principales problemas con el azúcar y los edulcorantes artificiales es que, como estimulan los centros de placer de nuestro cerebro, tendemos a consumirlos en exceso. La mayoría de los alimentos dulces contienen muchas calorías y un aporte nutricional muy deficiente. Por tanto, tendemos a llenarnos con alimentos que tienen pocos nutrientes, muchas calorías y un sabor artificial, y dejamos muy poco espacio para los que sí nos aportan nutrientes, fibra y son sanos. Cuando los niños crecen consumiendo alimentos que contienen pocos nutrientes, a la larga, estos van a ser los alimentos que más les van a gustar. Cuando se hacen mayores y se convierten en adultos, continúan ingiriéndolos y, como resultado, sufren las consecuencias de una mala salud, padeciendo obesidad en algunos casos. A medida que pasa el tiempo, cada generación come más alimentos procesados y menos alimentos naturales. Los niños de hoy en día, así como los adultos, son más gordos que nunca.

Otro problema causado por el consumo de una gran cantidad de alimentos dulces es que desensibilizan nuestros receptores del gusto. Como consecuencia, los dulces tienen un sabor cada vez menos dulce. Los alimentos no saben tan bien. Podrías preguntarte por qué los receptores del gusto se vuelven menos sensibles a los dulces. Me gustaría explicar esto usando una analogía con otro de nuestros sentidos, en concreto el sentido del olfato. Imagina que entras en una habitación cerrada que huele mal. En un principio, el mal olor puede ser tan desagradable que casi sea insoportable. Pero si permaneces en la habitación el tiempo suficiente, los receptores de tu nariz perderán la sensibilidad y, al final, no notarás el mal olor. Este no ha desaparecido ni ha perdido su intensidad. Lo que ha ocurrido es que tu capacidad para detectarlo ha disminuido. Mientras estés expuesto a ese mal olor, tu nariz no tendrá la sensibilidad necesaria como para detectarlo de nuevo. Pero si abandonas la habitación y le das un respiro a tu nariz, esta recuperará su sensibilidad. Así que cuando vuelvas a entrar en esa habitación que huele tan mal, de nuevo notarás el mal olor. De la misma manera, los receptores del gusto en nuestra boca pierden la sensibilidad cuando están constantemente recibiendo alimentos dulces. La sobreestimulación hace que seamos menos sensibles a los dulces. En respuesta a ello, a menudo necesitamos aumentar la intensidad de la dulzura de nuestros alimentos. Esto hace que todavía tengamos menos sensibilidad.

Al igual que un drogadicto que necesita una dosis cada vez mayor para lograr el mismo efecto, nosotros también necesitamos más azúcar en los alimentos que ingerimos para poder detectar el mismo nivel de dulzor o conseguir la misma sensación de placer. Pasado un tiempo, los alimentos naturales son cada vez menos atractivos. Esta es una de las razones por las que a menudo se añade azúcar a las frutas congeladas y en conserva que se envasan en almíbar. La fruta fresca no es lo suficientemente dulce.

La pérdida de sensibilidad por parte de los receptores del gusto también hace que cada vez sea menos apetecible comer verduras y otros alimentos naturales. A los niños de hoy en día no les gustan las verduras. Cuando nuestros bisabuelos eran niños, se comían todas las verduras; no fruncían el ceño como los niños de ahora ante un plato de guisantes o de brócoli. Tampoco bebían gaseosa ni comían cereales endulzados con azúcar para el desayuno todos los días. A los niños no les gustan las verduras porque sus papilas gustativas han perdido la sensibilidad después de comer tantos alimentos endulzados con azúcar y edulcorantes artificiales. A muchos adultos tampoco les gusta demasiado comer verduras por la misma razón. Si las frutas y las verduras frescas no son atractivas para ti, no vas a comértelas. En su lugar, acabarás optando por alimentos menos saludables que mantendrán tu deseo de dulce bien activo.

Una de las claves para tener éxito en un programa dietético para perder peso es tener más control sobre el deseo de dulces. Si puedes controlarlo, automáticamente ingerirás menos comida. La única forma de superar el antojo de dulces es cortar el problema de raíz. Y ¿dónde está el problema? En las papilas gustativas. Si eliminas el antojo de dulce, este pierde el poder y el control sobre ti. Esto se puede conseguir. La clave es la abstinencia, al igual que con cualquier otra drogadicción. Abstente de utilizar edulcorantes o comer alimentos dulces durante un tiempo. Recomiendo un período de por lo menos seis semanas. Seis meses es mejor. Cuanto más tiempo aguantes sin comer alimentos con azúcares añadidos, mejor se recuperarán tus receptores del gusto y más sensibilidad tendrán. La abstinencia de dulces es como marcharse de una habitación que huele mal y recuperar el sentido del olfato tras respirar un poco de aire fresco. Cuando te abstienes de comer dulces, tus receptores del gusto se pueden recuperar.

En el momento en que vuelvas a añadir un poco de azúcar en tu dieta, te darás cuenta de que no necesitas tanta cantidad como antes. No solo vas a notar que los dulces tienen un sabor dulce, sino que la comida también te sabrá mejor. Empezarás a apreciar el dulzor natural de los guisantes, la calabaza y la fruta fresca. No será necesario que uses tantos edulcorantes como antes para poder disfrutar de ciertos alimentos. De hecho, los alimentos endulzados que se comercializan te parecerán demasiado dulces. Hace un tiempo, yo mismo lo experimenté. Después de una temporada de abstenerme de comer alimentos endulzados (excepto frutas ocasionalmente), mi esposa y yo decidimos premiar nuestros esfuerzos comprando una tarrina de helado Haagen-Dazs para compartir. Elegimos una de vainilla con almendras porque pensamos que su sabor sería menos dulce que otros. Cuando empezamos a comer, ambos notamos que su sabor era exageradamente dulce. En el pasado habíamos comido infinidad de veces ese helado, pero ahora su sabor había perdido todo su atractivo. Ninguno de los dos pudimos acabarnos nuestra ración. Terminamos tirándolo a la basura. ¡Puedes creerlo, tirar a la basura un helado Haagen-Dazs! Ahora lo que comemos de vez en cuando es helado casero hecho con crema de verdad, endulzado con un poco de stevia y recubierto de fruta fresca. No es demasiado dulce y, de hecho, sabe muy bien.

Noto lo mismo cada vez que como pan blanco, que no es muy a menudo. Al pan blanco que se comercializa, casi siempre se le ha añadido azúcar, y para mi gusto sabe demasiado dulce. Su sabor me recuerda más a las chucherías y al pan dulce que al pan de verdad. Todos los alimentos tan deliciosos que se comercializan ahora me parecen demasiado dulces. Esto también te puede ocurrir a ti, una vez que rompas con el hábito de comer dulce.

Los edulcorantes artificiales siempre se deben evitar. Los naturales, como la miel y la melaza, son preferibles a los que están muy refinados. A medida que tus receptores del gusto vuelvan a recuperar su sensibilidad, desaparecerá el deseo de algo dulce. Ya no tendrás antojos. Cuando te encuentres cara a cara con un dulce en tu día a día, no sentirás el deseo irresistible de comértelo. Tendrás la suficiente fuerza de voluntad para resistir y no sentirás que te estás privando de ello porque podrás controlar perfectamente tus acciones.

El azúcar es una de las principales causas del aumento de peso porque, al igual que una droga, crea adicción. Si quieres perder peso y perderlo de forma permanente, tienes que vencer a los dulces. La única manera de conseguirlo es mediante la abstinencia. Si consumes los llamados edulcorantes naturales como sustituto del azúcar refinado, no lo vas a conseguir. Los edulcorantes artificiales tampoco funcionan. Debes abstenerte del todo de consumir azúcares.

Una vez que hayas superado tu necesidad constante de azúcar, recuerda que la adicción al azúcar es como el alcoholismo. Un alcohólico puede recaer con tan solo un par de copas. De la misma manera, un adicto al azúcar puede recaer con tan solo un poco de azúcar.

Incluso cuando se rompe el hábito de consumirlo, siempre se puede seguir manteniendo cierta fascinación por los dulces, pero ya no te controlará como antes. Serás capaz de resistirte a comer dulces y no caerás presa de sus tentaciones.

¿Esto significa que nunca más vas a poder comer dulces? Para muchas personas, tal vez sí. Otras son capaces de consumir un poco de azúcar o una golosina solo de vez en cuando, pero es tan fácil volver a caer en el hábito de comer alimentos endulzados que es mejor que uno se mantenga alejado de ellos tanto como le sea posible. Está bien comer frutas o alimentos endulzados con un poco de fruta fresca, pero evita los zumos de frutas. El zumo de frutas es demasiado dulce y no se diferencia mucho de los polvos para preparar zumo o los refrescos, por lo que puede poner fácilmente en marcha la adicción al azúcar. Los edulcorantes «naturales» no son mucho mejores que los artificiales. Con ellos, la adicción al azúcar se puede mantener viva e incluso hacer que sea mucho más fuerte que con cualquier otro edulcorante. Para mantener la adicción al azúcar bajo control, lo que debes hacer es abstenerte de todo tipo de edulcorante, con la excepción de un poco de fruta fresca y, de vez en cuando, un poco de stevia.

Una dieta baja en azúcar

Una de las principales razones por las que la mayoría de las dietas bajas en calorías, bajas en grasas y otras dietas reductoras no funcionan es porque siguen permitiendo el consumo de azúcar y otros edulcorantes. Un gran problema de la mayoría de las dietas para perder peso es que se centran demasiado en la reducción de calorías en lugar de la reducción de uno de los mayores culpables del sobrepeso, los carbohidratos refinados. La reducción de calorías no debería ser un asunto tortuoso lleno de dificultades y calamidades. Cuando únicamente te centras en la reducción de calorías, sin darte cuenta te estás preparando para la decepción y el fracaso.

Una manera más efectiva de perder peso es buscar la *causa* del consumo excesivo de calorías. Si eliminas el deseo de comer en exceso, automáticamente vas a consumir menos calorías y te sentirás saciado, sin la necesidad de privarte de nada. Te sentirás a gusto con tu dieta, y perderás peso con menos esfuerzo y sufrimiento.

La mayoría de las dietas permiten, en mayor o menor medida, que se consuman alimentos dulces porque nos hemos vuelto tan adictos a ellos que mucha gente no sería capaz de seguir una dieta que no los permitiera. Pero ¿qué es lo que quieres? ¿Quieres perder peso y perderlo de forma permanente, o prefieres seguir ingiriendo dulces y padecer sobrepeso? Tú eliges. Si superas tu adicción al azúcar, vas a poder adelgazar con mucha más rapidez y facilidad porque estarás consumiendo alimentos que te llenan y sacian, así que no vas a tener la necesidad de comer en exceso. Terminarás comiendo mucho menos. Pero será porque tú lo eliges y no porque te lo prohíbas.

Si quieres tener éxito en tu dieta a largo plazo, debes controlar tu antojo de dulces. Me encuentro con mucha gente que es esclava del azúcar. No quieren serlo, pero no pueden abstenerse de consumirlo. El azúcar controla sus vidas. Prueban una dieta tras otra, pero mantienen su gusto por el dulce y su adicción al azúcar. Nunca tienen la suficiente fuerza de voluntad como para abstenerse de consumir azúcar.

La clave del éxito de un programa de pérdida de peso es consumir poca cantidad de azúcar. Cuando hablo de azúcar, también estoy incluyendo los edulcorantes artificiales. No puedes superar tu adicción al azúcar sustituyendo una droga por otra. Para tener éxito en una dieta también se debe limitar el consumo de trigo, sobre todo harina blanca y arroz blanco. Todos los carbohidratos refinados son adictivos.

Un buen programa dietético de pérdida de peso, que sea saludable y que se pueda mantener de por vida, incluirá alimentos que contengan una mezcla de carbohidratos complejos, proteínas y grasas a partir de una gran variedad de fuentes saludables y naturales. Estos alimentos serán muy parecidos a los que comían nuestros abuelos y bisabuelos –leche entera, nata y mantequilla ricas en grasas, carne con todas sus grasas, y todo tipo de frutas y hortalizas frescas–. Estos eran los alimentos que nutrieron a nuestros antepasados durante miles de años. Estos son los alimentos que la naturaleza nos proporciona, y no los que algún químico o fabricante nos proveen para nutrirnos.

7

No todas las calorías son iguales

CALORÍAS QUE SE CONSUMEN Y CALORÍAS QUE SE QUEMAN

La causa del sobrepeso y la obesidad es un tema de debate. Algunos aseguran que es la falta de ejercicio, otros afirman que la genética y el metabolismo son los culpables, aunque la mayoría de la gente sencillamente asegura que es porque comemos demasiado. En todas estas declaraciones hay algo de verdad. Existen muchos factores implícitos. Sin embargo, el factor que se repite con más frecuencia es el de las calorías que se consumen frente a las calorías que se queman. Si consumes más calorías de las que tu cuerpo puede quemar, el exceso se almacena en forma de grasa, independientemente de cualquier otro factor.

Los alimentos que comemos se convierten en energía para que el cuerpo pueda llevar a cabo sus funciones metabólicas y su actividad física. Cualquier exceso de energía se convierte en grasa y se almacena en nuestras células adiposas, produciendo celulitis en las piernas, esa especie de flotador alrededor de nuestros estómagos y esa masa de grasa compacta de gran tamaño en nuestros traseros. Así que cuanto más comemos, más grasa almacenamos.

Si así es como funciona, la solución al problema del sobrepeso parece obvia: lo que deberíamos hacer es comer menos. Pero esta no siempre es una propuesta que se recibe con agrado, y ni mucho menos fácil de implementar. ¿Cuántas personas han tratado de perder peso consumiendo menos calorías? Probablemente todos los que estáis leyendo este libro lo habéis intentado alguna vez. Si funcionara, tú no estarías leyendo este libro, ni yo habría sentido la necesidad de escribirlo. En este capítulo aprenderás por qué una dieta baja en calorías a la larga hace que engordes. ¿Por qué las personas con sobrepeso parece que engordan con más facilidad que las delgadas? Y ¿por qué se necesita algo más que una dieta baja en calorías para perder definitivamente esos kilos de más?

La energía que obtenemos de los alimentos se mide en calorías. Todo el mundo necesita una cantidad determinada de energía (calorías) para mantener sus procesos metabólicos básicos en funcionamiento –el latido del corazón, la expansión y la contracción de los pulmones, la digestión de los alimentos en el estómago y cualquier otro proceso celular que ayuda a mantener el cuerpo con vida.

La velocidad a la que el organismo usa o gasta las calorías para mantener sus funciones básicas se conoce como tasa metabólica basal (TMB). La TMB equivale a la cantidad de calorías que una persona gastaría mientras está tumbada, inactiva pero despierta. Cualquier actividad física, independientemente de lo simple que sea, requiere calorías adicionales.

Cada uno de nosotros tiene una TMB diferente. Existen muchos factores que determinan nuestra TMB y la cantidad de calorías que nuestro cuerpo requiere y utiliza. Los jóvenes y las personas muy activas físicamente necesitan más calorías. Quienes ayunan, pasan hambre o están a dieta porque quieren adelgazar, emplean menos calorías de lo normal. Los que tienen sobrepeso queman menos calorías que los que son muy musculosos o delgados. Esto es una mala noticia para aquellos que siguen una dieta para perder peso, pues significa que deben comer aún menos para obtener los resultados deseados.

Una persona, como promedio, necesita alrededor de 2.400 calorías diarias para mantener su peso actual, tanto si padece sobrepeso como si está por debajo de su peso. Esta es la cantidad necesaria para mantener el peso. Del total de esta cantidad, requiere dos tercios o 1.600 calorías para mantener sus funciones metabólicas básicas, y las 800 restantes son para poder desempeñar sus actividades físicas diarias.

La teoría que hay detrás de todas las dietas bajas en calorías es la idea de que el exceso de peso lo causa consumir más calorías de las que el cuerpo puede quemar. Por ejemplo, si tu TMB y tu nivel de actividad física requieren que consumas 2.400 calorías para mantener tu peso, cualquier exceso calórico mayor a esa cantidad se convertirá en grasa y se almacenará en tu cuerpo. Si una persona quiere perder peso, lo que tiene que hacer es consumir menos calorías. En este caso, menos de 2.400, porque de esta manera el cuerpo va a empezar a gastar y a quemar las grasas almacenadas para cubrir sus necesidades energéticas. Cuantas menos calorías consumas, más grasas almacenadas gastarás y, en consecuencia, más adelgazarás. Este proceso se puede resumir como «las calorías que se consumen frente a las calorías que se queman». Nuestro peso corporal está determinado por la cantidad de calorías que consumimos frente a las que quemamos.

Calorías que se consumen > Calorías que se queman = se aumenta de peso

Calorías que se consumen < Calorías que se queman = se pierde peso

Calorías que se consumen = Calorías que se queman = se mantiene el peso

Es cierto que es importante controlar el consumo de calorías, pero si se quiere tener éxito a la hora de adelgazar, uno no se puede limitar a contar las calorías que consume. Incluso en el hipotético caso de que se redujera el consumo a 1.000 calorías al día, se podría seguir engordando. En teoría esto no puede suceder. Si crees que la pérdida de peso se rige por la fórmula de «las calorías que se consumen frente a las calorías que se queman», una persona promedio debería quemar alrededor de 1.600 calorías al día tan solo para poder desempeñar sus funciones metabólicas básicas. Cualquiera ingesta menor a esta cantidad tendría como resultado una pérdida de peso. Pero conozco personas que han engordado consumiendo tan solo 800 calorías diarias –la mitad de las que necesita nuestro cuerpo para desempeñar sus funciones metabólicas básicas.

Puede ser muy frustrante para alguien con sobrepeso ver que pese a solo comer lechuga y zanahorias sigue engordando. Sus amigos, sus familiares e incluso sus médicos a menudo acusan a la persona de hacer trampas. Creen que come a escondidas alimentos que no debería o que no lleva muy bien la cuenta de lo que come. Esto es un problema común. Hay muchas personas con sobrepeso que siguen engordando mientras hacen dietas con las que pasan verdadera hambre. Es obvio que hay algo que no cuadra en la fórmula de las calorías que se consumen frente a las calorías que se queman. Para tener éxito a la hora de perder peso, uno debe hacer algo más que simplemente contar las calorías que ingiere.

Hacer dieta engorda

En una ocasión alguien dijo: «En los últimos años he perdido cien kilos. Si me los hubiera quitado todos de encima definitivamente, ahora pesaría diez kilos». Muchos se identifican con esta afirmación.

Pongamos como ejemplo el caso de Susan. Susan, como muchas otras personas, padecía sobrepeso. Quería adelgazar y se esforzaba para conseguirlo. Lo intentó con una dieta y, luego, con otra. Y así sucesivamente. Muchas dietas parecían funcionar, pero solo al principio. Con una de ellas llegó a perder unos cuatro o cinco kilos, pero en poco tiempo volvió a recuperar su peso. Lo intentó con otra dieta y perdió nueve kilos, pero volvió a engordar otra vez. Por mucho que probara nuevas dietas, siempre obtenía el mismo resultado. Después de varios años haciendo dieta, no solo padecía sobrepeso, sino que además pesaba más que nunca. Ninguna de esas dietas le había ayudado a perder ni un solo kilo. De hecho, parecía que había engordado. La verdad es que hacer dieta era parte del problema.

De acuerdo con la clínica Mayo, en Rochester (Minnesota), el 95% de las personas que hacen dieta para adelgazar vuelven a recuperar su peso de antes en un período de cinco años. A esto se le suma el hecho de que muchas acaban pesando más que antes. Las típicas dietas para perder peso no solo no funcionan, sino que a menudo empeoran las cosas. Así es, hacer dieta engorda.

El problema de muchas dietas para perder peso es que solo se centran en la restricción de calorías. Aunque es importante prestar atención a las calorías que se consumen, este no es el único factor que influye a la hora de perder peso. Lo triste es que las dietas que restringen el consumo de calorías y la ingesta de grasas están condenadas al fracaso desde el principio. No importa el tipo de alimentos que comas, porque si la dieta se basa únicamente en la restricción de calorías, tarde o temprano, acabarás fracasando.

Deberías tener en cuenta otros factores además del consumo de calorías. Uno de ellos es el metabolismo. No se puede ignorar el metabolismo y esperar tener éxito. Te voy a explicar por qué.

Tu tasa metabólica está condicionada por muchos factores. Uno de ellos es la cantidad de alimentos que consumes. Nuestros cuerpos llevan incorporado un mecanismo que se esfuerza por mantener un equilibrio entre nuestro metabolismo y el medio ambiente. Este mecanismo era vital para nuestros antepasados, los cuales dependían de la disponibilidad estacional de los alimentos para su supervivencia. Cuando la comida era abundante, su metabolismo se aceleraba para ser más eficiente. Un metabolismo elevado aumenta los niveles de energía, mantiene el cerebro alerta, mejora el funcionamiento del sistema inmunitario, y acelera el proceso de crecimiento, curación y reparación de los tejidos corporales. Durante el invierno o los períodos de hambruna, cuando la comida era más escasa, el metabolismo se ralentizaba. La ventaja es que se necesitaba menos energía (es decir, comida) para poner en marcha los procesos metabólicos. Las personas eran capaces de sobrevivir con menos calorías durante los períodos de escasez.

Hoy en día con los métodos modernos de conservación y entrega de alimentos, conseguir suficiente comida ya no es un problema para la mayoría de las personas. La disponibilidad de comida es abundante durante todo el año. Sin embargo, nuestros cuerpos todavía conservan la capacidad de adaptarse rápidamente a las hambrunas. Si de repente empiezas a comer menos alimentos, tu organismo lo interpreta como una señal y se prepara para un período de posible escasez de alimentos; como un medio de autoconservación, tu TMB se ralentiza para conservar energía. El problema de esto es que cuando estás a dieta, reduces el consumo de calorías y tu cuerpo piensa que realmente te estás muriendo de hambre, por lo que tu tasa metabólica se ralentiza. Un metabolismo más lento también significa que el cuerpo tiene menos energía y siente fatiga con más facilidad.

Cuando sigues una dieta baja en calorías, tu cuerpo reacciona como si estuviera experimentando un período de hambruna. Durante los primeros días, mientras tu metabolismo sigue funcionando normalmente, la restricción de calorías funciona y pierdes peso. Siempre es fácil adelgazar durante las primeras semanas. Pero al cabo de un tiempo, tu cuerpo se adapta a ese consumo tan bajo de calorías, y el metabolismo se ajusta progresivamente. Ahora las calorías que consumes se equilibran con las que quemas. Dejas de adelgazar y te estancas.

Si quieres perder más peso, deberás reducir aún más tu ingesta de calorías. Si lo haces, perderás unos cuantos kilos más hasta que tu cuerpo se adapte de nuevo y tu metabolismo se ralentice. Por mucho que reduzcas la ingesta de calorías, tu metabolismo se acabará ajustando, puesto que constantemente busca el equilibrio entre las calorías que consume y las que quema. Hacer dieta se convierte en algo incómodo y restrictivo (algunos dirán que incluso doloroso). Esta es la razón por la que algunas personas que reducen su ingesta de calorías totales diarias a menos de 1.000 no adelgazan ni un gramo.

Cuando decides poner fin a la dieta, incluso si consumes menos alimentos de los que consumías cuando te pusiste a dieta, las calorías adicionales harán que engordes porque tu metabolismo se habrá ralentizado. Tu cuerpo sigue pensando que está sufriendo un período de hambruna. Por eso cuando aumentas tu consumo de calorías, el exceso se almacena en forma de grasa, incluso si ingieres menos calorías que cuando comenzaste la dieta. Para cuando tu metabolismo se dé cuenta de que ha terminado el período de hambruna, tú ya habrás recuperado esos kilos que perdiste. Además, tu cuerpo tiende a almacenar más grasa para poder sobrevivir en caso de padecer otra hambruna. Así que después de una dieta, poco a poco recuperas esos kilos que perdiste y, encima, engordas unos cuantos más. Al final acabas pesando más que cuando empezaste la dieta. Todo este ciclo puede durar tan solo unos meses o arrastrarse durante varios años. El resultado final es el mismo.

La siguiente dieta que pruebes para perder peso va a tener el mismo resultado, al igual que la siguiente y la siguiente. Cada vez que terminas con una dieta, acabas pesando más que antes. Este proceso se conoce como «la obesidad inducida por la dieta» o «el efecto yoyó».

La mayoría de las dietas para perder peso restringen temporalmente el consumo de calorías y, por consiguiente, tan pronto como se pierde peso, los viejos hábitos alimentarios se reactivan. Estos hábitos fueron los que causaron que la persona padeciera problemas de peso. Como resultado, siempre se vuelve a engordar. Nunca vas a estar delgado comiendo de la manera que solías hacerlo. Para perder peso y no volver a recuperarlo, debes hacer un cambio permanente. Esto, sin embargo, no gusta a la gente. ¿Quién en su sano juicio querría estar a dieta de por vida? Estas dietas son muy restrictivas y, en muchos casos, poco saludables. Para que una dieta funcione, tiene que ser algo que te haga sentir bien y que puedas continuar para siempre. Tienes que integrarla en tu vida. Así que dicha dieta tiene que saciarte, llenarte y ser saludable. Si una dieta no te sacia, no vas a poder aguantar durante mucho tiempo.

Presta atención a lo que acabo de decir. Para que una dieta tenga éxito, también tiene que ser saludable. Una dieta que no es nutritiva, como la mayoría de las que restringen el consumo de calorías y la ingesta de grasas, tiene un efecto negativo en el metabolismo y hace que se acabe comiendo más de la cuenta para evitar sufrir hambre y desnutrición. En el capítulo 13 se trata con más detalle las cuestiones relacionadas con el metabolismo.

No todas las calorías son iguales

Las calorías son unidades de medición de la energía. Técnicamente, una caloría es la cantidad de energía que se necesita para elevar la temperatura de un mililitro de agua un grado centígrado. En nuestro cuerpo, los carbohidratos, las proteínas y las grasas se metabolizan para producir energía, que se mide en calorías.

Los científicos han determinado que un gramo de carbohidratos suministra cuatro calorías y que un gramo de proteína también, pero que un gramo de grasa suministra nueve calorías –es decir, más del doble.

Una persona puede consumir el doble de carbohidratos o de proteínas para igualar la cantidad de calorías que obtiene de las grasas. Si quieres reducir tu consumo de calorías para perder peso, pero seguir comiendo lo suficiente como para no sentirte hambriento, parece lógico que lo hagas eliminando las grasas en la medida de lo posible y sustituyéndolas por carbohidratos o proteínas. Este es el razonamiento básico que hay detrás de todas las dietas bajas en calorías y en grasas.

De acuerdo con este programa dietético de pérdida de peso, todas las calorías son iguales, independientemente de su origen. Esto ha dado lugar a pensar que «una caloría es igual a una caloría», sin importar si procede de las grasas, las proteínas o los carbohidratos. Sin embargo, esta suposición es incorrecta, y esta es la razón por la que las dietas bajas en calorías y en grasas no funcionan. Como la caloría es una unidad de medición como lo es un centímetro o un grado, parece lógico que decir que una caloría es igual a una caloría sea lo mismo que decir que un centímetro es igual a un centímetro, indistintamente de lo que se mida. Los centímetros y los grados son medidas directas. Podemos determinar la altura exacta de una persona usando una cinta métrica o su temperatura en grados con un termómetro. Pero las calorías no son medidas directas. No existe ningún dispositivo que pueda medir las calorías dentro de nuestro organismo, así que es imposible medir realmente la energía liberada en el cuerpo por los alimentos que consumimos. Solo podemos hacer un cálculo aproximado.

Las calorías se calculan utilizando un instrumento conocido como bomba calorimétrica. Los alimentos se colocan en un recipiente sellado perfectamente aislado con agua y se deja quemar. A continuación, se mide el aumento de temperatura que experimenta el agua. Con este proceso se determina el número de calorías de carbohidratos, proteínas y grasas. Sabiendo esto, se puede calcular cuántas calorías tiene un alimento, entendiendo que es una mezcla de los tres nutrientes. Si nuestros cuerpos *siempre* funcionaran *exactamente* como una bomba calorimétrica independientemente de los alimentos ingeridos, tal vez una caloría correspondería a una caloría. Sin embargo, hay muchos otros factores biológicos que influyen en el efecto que las calorías que ingerimos tienen en nuestro organismo. Por ejemplo, algunas hormonas y enzimas hacen que nuestro cuerpo queme más grasas que carbohidratos, y ciertas grasas aceleran nuestro metabolismo. En las mediciones que se hacen con la bomba calorimétrica no se tienen en cuenta estas variables. Los resultados que se obtienen a partir de las mediciones que se hacen con este instrumento no tienen que ser necesariamente iguales que los que se obtienen cuando el cuerpo humano quema calorías. La fuente primaria de las calorías es muy importante. Por eso, una persona puede comer como un caballo y mantenerse delgada, y otra que come como un pajarillo, engordar.

Se han publicado una gran cantidad de libros sobre dietas bajas en calorías y en grasas que afirman que «una caloría equivale a una caloría». Se ha montado toda una industria alrededor de esta idea. Millones de personas han leído estos libros y han empezado a eliminar las grasas de sus dietas y a contar las calorías que consumen y, sin embargo, cada vez hay más gente con sobrepeso. En cierto modo, podemos decir que la teoría de las calorías es cruel. Si aumentas de peso pese a limitar tu consumo de calorías, hay algo que no funciona. La culpa no la puede tener la teoría, o al menos eso es lo que cree la mayoría de la gente. Entonces, ¿quién tiene la culpa? Quizá el problema lo tienes tú. Debes de estar engañando a los demás, comiendo a escondidas cuando nadie te mira y mintiendo al respecto. Nadie puede engordar comiendo ensaladas sin aderezos y verduras al vapor, ¿verdad?

Cuando les dices a los demás que no estás haciendo trampas, ellos te guiñan el ojo o te sonríen, indicando con ese gesto que van a guardar tu pequeño secreto.

La mayoría de las grasas de nuestro cuerpo no proceden de las grasas que comemos, sino de los carbohidratos. Todos los carbohidratos que consumimos, y que no se gastan inmediatamente para producir energía, se convierten en grasa y se almacenan en nuestras células adiposas. Esa especie de neumático de repuesto que rodea tu estómago son las tortitas que te comiste para el desayuno, el *donut* que engulliste como tentempié o la ración de patatas fritas que pediste en el restaurante a la hora del almuerzo. La mayoría de los alimentos que comemos contienen carbohidratos. En promedio, un 60% de las calorías que consumimos a diario son carbohidratos, y solo un 40% son proteínas o grasas. La mayoría de las proteínas y grasas que consumimos se utiliza como componente estructural para formar y fortalecer los músculos, los huesos y otros tejidos. Solo una pequeña cantidad de las proteínas y las grasas que consumimos se utilizan para producir energía o se almacenan como grasa en el cuerpo. Este no necesita proteínas ni grasas para producir energía porque ya dispone de suficientes carbohidratos para ello, incluso podríamos decir que en exceso. De hecho, este exceso de carbohidratos es lo que termina convirtiéndose en grasa corporal.

Los estudios han demostrado que una dieta rica en carbohidratos, como la que normalmente consumimos, aumenta la cantidad de grasa y colesterol en el cuerpo. Cuando algunos de los carbohidratos que se consumen se sustituyen por grasas, la producción de grasas y colesterol en el cuerpo disminuye.[1-2]

Estos estudios refutan la teoría de que todas las calorías son iguales. Por lo tanto, si se sustituyen la mayoría de los carbohidratos por grasas en la dieta, esto conducirá a una reducción de la producción de grasa y a una pérdida de peso (los niveles de colesterol también mejorarán). Es así de sencillo.

No solo las calorías de los carbohidratos son diferentes de las de las grasas, sino que incluso según el tipo de carbohidratos, el efecto puede ser distinto. Por ejemplo, no todos los azúcares se comportan de la misma manera cuando se transforman en calorías. Los estudios han demostrado que los azúcares pueden tener diferentes efectos sobre el peso corporal, incluso aunque su contenido calórico sea prácticamente el mismo.

Vas a engordar más comiendo alimentos endulzados con fructosa que con sacarosa o glucosa. Los investigadores pueden inducir a las ratas a la obesidad suministrándoles jarabe de maíz y, en cambio, no se vuelven obesas cuando consumen la misma cantidad de calorías en forma de sacarosa.[3]

Aunque la fructosa tiene la misma cantidad de calorías que la sacarosa, los efectos en el metabolismo son diferentes. Los estudios han hallado que la fructosa aumenta la cantidad de ácidos grasos libres de plasma que se almacenan en forma de grasa en el cuerpo, que también aumenta los efectos de la hormona grelina –la responsable de enviar al cerebro una señal cuando el cuerpo siente hambre–, y que interfiere en el transporte normal y las señales de aviso que debe emitir la hormona leptina –la responsable de producir la sensación de saciedad–.[4-6] Todo esto conduce a un aumento de peso y a una mayor acumulación de grasa en el cuerpo. En resumen, la fructosa se metaboliza en forma de grasa, mientras que la glucosa se procesa para luego generar energía y se almacena en forma de glucógeno en el hígado y los músculos.

Haz los cálculos

Los científicos han calculado que el consumo de 3.500 calorías más de las que quemamos provoca un aumento de peso de medio kilo de grasa. Algunas personas consumen más de las 2.400 calorías que se recomiendan diariamente –de 1.000 a 3.000 más, sin tener en cuenta la actividad física que se realiza para quemar dichas calorías–. De acuerdo con la teoría de «todas las calorías son iguales», estas personas tienen que estar consumiendo mucho más de lo normal para aumentar tanto de peso. Una tarrina pequeña (236 ml) o dos bolas de helado de vainilla contienen 500 calorías, que es lo mismo que se obtiene comiendo 85 gr de patatas fritas o un par de barras de caramelo. Si ingieres 500 calorías adicionales, supuestamente engordarás 0,65 kilos. No parece mucho, pero si cada día te comes un tentempié que supone 500 calorías adicionales para tu cuerpo durante todo un año, al final acabarás engordando 23 kilos. En diez años, serás una bola de 235 kilos, sin contar los kilos que ya pesabas antes. ¿Qué sucedería si estuvieses consumiendo 1.000 calorías adicionales cada día? Añadir 1.000 calorías a tu dieta es más fácil de lo que parece, comiendo comida basura, tentempiés golosos y bebiendo refrescos entre horas. El primer año engordarías 47 kilos. ¡En diez años llegarías a engordar 427 kilos! Y si al empezar pesaras 68 kilos, en diez años llegarías a pesar cerca de 544 kilos.

Aquí está el problema. ¿Cuántas personas durante el día comen un par de tentempiés que contienen 1.000 calorías o incluso más? Pero ¿acaso estas personas engordan los 544 kilos que supuestamente deberían engordar? Si todas las calorías fueran iguales, habría un montón de personas de 544 kilos caminando por la calle, o tal vez ni siquiera se podrían mover por falta de agilidad, pero allí estarían. Según la lista que aparece en Wikipedia sobre las personas más obesas del mundo, solo ha habido tres en toda la historia de la humanidad que han llegado a pesar 544 kilos. Estoy convencido de que no llegaron a pesar tanto comiendo como tentempiés barras de caramelos y patatas fritas entre las horas de las comidas. Con esto ya intuimos que en la teoría de las calorías hay algún error.

Un ejemplo de ello es Walter Hudson (1944-1991), quien posee el récord Guinness de la cintura más ancha del mundo (300 cm). Hudson es la cuarta persona más gorda del mundo. Llegó a pesar 542 kilos. Su dieta diaria consistía en dos cajas de salchichas, medio kilo de tocino, doce huevos, una hogaza de pan, cuatro hamburguesas normales y cuatro hamburguesas dobles con queso, ocho bolsas de patatas fritas, tres filetes de cerdo y dos de pollo, cuatro patatas al horno, cuatro boniatos, cuatro cabezas de brócoli y un pastel, que engullía con diecisiete litros de refrescos.[7] Su ingesta total de calorías ascendía a 30.000 al día. Esto solo incluye las comidas. Se le debe añadir lo que comía como aperitivos y tentempiés. De acuerdo con la teoría de las calorías consumidas frente a las calorías quemadas, su exceso de peso lo había causado los tentempiés que comía entre horas. Echa un vistazo a la fórmula y calcula lo que hubiese llegado a pesar ingiriendo 30.000 calorías al día. No vamos a tener en cuenta los tentempiés para este cálculo. Según la teoría, Hudson debería haber engordado un promedio de 3,9 kilos diarios. En un año habría engordado 1.424 kilos, alcanzando un total de 1.996. ¡En diez años habría llegado a pesar más de 19.660 kilos! ¿Ahora ves por qué la teoría de las calorías no se sustenta por ningún lado?

Lo contrario también es cierto. Si eliminaras 1.000 calorías de tu dieta (digamos que pasas de 3.500 a 2.500 calorías al día), supuestamente deberías perder 47 kilos en un año. Si eliminaras 2.000 calorías de tu dieta, quedando en tan solo 1.500 diarias, una cantidad normal en muchas dietas bajas en calorías, deberías perder más de 90 kilos en un año, suponiendo que pudieras perder tantos kilos. Muy pocas personas pueden perder con éxito esa cantidad de peso en un año. Una vez más, en esta teoría hay algo que falla. Los hechos demuestran que la idea de que «una caloría equivale a una caloría» está anticuada y ya no tiene ningún sentido seguir afirmando que es cierta. La fuente primaria de las calorías es muy importante –mucho más de lo que hasta ahora se creía–. En el siguiente capítulo vas a aprender más sobre las diferencias entre las calorías de las grasas y las de los carbohidratos, y cómo el hecho de añadir grasa a tu dieta puede ayudarte a perder peso.

8

Consume grasas y pierde peso

La grasa no es el problema, sino la solución

El doctor Herman Taller había sido *gordito* toda su vida. Medía 1,79 m de altura y llegó a pesar 120 kilos. Parecía que no había modo alguno de solucionar su problema de sobrepeso.

Cuando ingresó en la Facultad de Medicina de la Universidad de Pavia, en Italia, se puso a revisar todos los documentos médicos sobre nutrición y pidió a los médicos de la facultad que le dieran información sobre dietas para perder peso. Había teorías y dietas a montones. Probó con todas, pero ninguna funcionó. Una de las dietas consistía en no comer nada excepto fruta fresca. Con ella adelgazó unos cuantos kilos, pero cuando dejó de hacer dieta, recuperó los kilos que había perdido y unos cuantos más. No pudo seguir esta dieta durante mucho tiempo porque se sentía débil y nervioso. La fruta sola no era suficiente como para sostenerlo.

Trató de seguir una dieta a base de leche y verduras. Eso fue lo único que comió durante todo un mes. Al final de ese mes, había engordado un kilo. Lo intentó con una dieta a base de proteínas, que consistía en comer carne y pescado. Esto resultó ser solo una forma más de aumentar de peso. Los años que pasó en la facultad de medicina, probó una dieta tras otra, y lo único para lo que sirvieron esas dietas fue para pasar hambre. Cuando se graduó, pesaba dieciséis kilos más que cuando empezó.

Se graduó poco antes de que estallara la Segunda Guerra Mundial. Por temor a lo que pudiera pasar en Europa, aceptó una plaza de médico en Chile y partió para América del Sur. Con el tiempo, se trasladó a Estados Unidos y comenzó a trabajar como obstetra y ginecólogo en Nueva York.

Siendo un joven doctor, siguió aumentando de peso. Trató de comentar sobre las cuestiones relativas al peso con otros médicos. Les contó su fracaso con las distintas dietas que había probado. Algunos le dieron a entender que el problema había sido que estaba «haciendo trampas», comiendo a escondidas, sin reconocer ante nadie, ni siquiera ante sí mismo, lo que estaba haciendo. Otros médicos que también tenían problemas de sobrepeso sencillamente se encogían de hombros.

Taller le propuso a uno de los médicos, uno que estaba particularmente convencido de que estaba haciendo trampas, que llevaran a cabo un experimento. Se irían de vacaciones juntos durante diez días, no se separarían uno del otro para nada, comerían y beberían los mismos alimentos y bebidas, y luego evaluarían los resultados. Su colega aceptó y se fueron juntos de vacaciones. Taller siguió a rajatabla una dieta que consistía en una ingesta muy baja de calorías y de grasas para perder peso. Solo comía ensaladas y evitaba las grasas y los alimentos grasientos, y puesto que se trataba de unas vacaciones, se bebía un cóctel cada noche antes de cenar. Su amigo el médico, que era delgado, hizo lo mismo. Al final de las vacaciones, su amigo había perdido casi un kilo, pero Taller había engordado nueve. Su amigo no podía entender cómo había ocurrido algo así. Creyó que era una anomalía.

No es que las dietas de semiinanición (recetas hipocalóricas) no ayuden a perder peso, al menos inicialmente. Cada vez que Taller probó una nueva dieta, perdió algo de peso, pero después invariablemente recuperaba más de lo que había perdido. Además, estas dietas de choque tenían varios efectos secundarios bastante indeseados, como fatiga, irritabilidad y una sensación constante y persistente de hambre.

En 1955 los médicos se empezaron a interesar por el colesterol y su relación con las enfermedades coronarias. En esa época, se creía que había algún tipo de conexión entre la obesidad y el colesterol, así que como Taller padecía sobrepeso, se le midió el nivel de colesterol. El resultado fue de 350 mg/L, muy por encima de 225 mg/L, que era lo que se consideraba normal por aquel entonces. Así que ahora tenía algo más de lo que preocuparse.

El médico que le hizo el análisis de sangre le dijo a Taller que deseaba que probara algo que creía que le iba a ayudar a reducir su colesterol en sangre. Taller sentía curiosidad, pero el médico no quería decirle qué era, solo le pidió que confiara en él. Para demostrarle que era algo seguro, el médico bebió un poco de esa sustancia oleosa. Le dijo a Taller que se la tomara todos los días.

Como Taller tenía el colesterol alto, de hecho mucho más alto de lo recomendable, no dudó ni un segundo en probar esa misteriosa sustancia, y comenzó a tomar 100 ml a diario.

Como el médico había predicho, el nivel de colesterol de Taller empezó a disminuir. Para su sorpresa, también adelgazó. Aunque no cambió nada de su dieta, empezó a perder peso. Al cabo de dos o tres semanas, se dio cuenta de que podía abrocharse mejor el cinturón. Esa sustancia misteriosa no solo había hecho que bajara su nivel de colesterol, sino que además le había ayudado a adelgazar. ¿Qué era esa sustancia milagrosa? No era más que aceite vegetal, básicamente el mismo tipo de aceite que uno puede comprar en el supermercado. Taller se quedó estupefacto. Además de hacer sus comidas regulares, estaba consumiendo 100 ml de aceite, que era como añadir seis cucharadas (89 ml) de grasa a su dieta diaria. Estaba consumiendo alrededor de 5.000 calorías diarias y... ¡Estaba adelgazando! El promedio diario de calorías que un adulto de tamaño normal consume es de entre 2.000 y 3.000. Él estaba consumiendo casi el doble de esa cantidad.

La pérdida de peso fue drástica y constante. Se sentía mucho mejor. Por fin se pudo deshacer de una molesta congestión nasal crónica que le había molestado durante varios años. Su tez había mejorado. Después de ocho meses había perdido un total de 29 kilos... ¡Sin hacer dieta! Con 91 kilos, todavía no era un hombre delgado, pero se veía mucho más esbelto y se sentía mucho más feliz de lo que se había sentido en años.

Durante todos esos años Taller había tratado de eliminar la grasa de su dieta, porque creía que era la culpable de su aumento de peso. Pero ahora que estaba consumiendo más grasas, y por tanto más calorías, estaba perdiendo peso. Durante décadas había leído que para perder peso tenía que reducir el consumo de calorías. Lo había considerado una regla inquebrantable. Sin embargo, cuando aumentó su consumo de calorías añadiendo más grasas a su dieta, adelgazó. Empezó a pensar que tal vez no todas las calorías son iguales cuando se trata de controlar el peso.

Taller comenzó a pasar todo su tiempo libre en la biblioteca de medicina en busca de algún libro que hablara sobre la obesidad y el metabolismo del cuerpo. En su búsqueda, se encontró con un libro del doctor Alfred W. Pennington. Pennington había escrito un artículo que se había publicado en abril de 1951 en la *Revista de la Sociedad Médica de Delaware* que llevaba por título «The Use of Fat in A Weight Reducing Diet» (El uso de la grasa en una dieta para la pérdida de peso).

En el artículo, el doctor Pennington declaraba:

> Contrariamente a lo que afirma la corriente de pensamiento que aboga por las dietas bajas en calorías, dichas dietas no han conseguido que se adelgazara ni bajo las condiciones experimentales más severas. Las dietas bajas en calorías, basadas en el principio de la necesidad de reducir la cantidad de calorías que se consumen, se aplicaron con crudeza por el hecho de querer simplificar las cosas. Hay algunas personas con sobrepeso, de hecho muchas, que literalmente se mueren de hambre.

A continuación leyó una frase clave que le hizo entender por qué: «La capacidad de los tejidos para oxidar la grasa es, en comparación con los carbohidratos, ilimitada». La palabra «oxidación» en este caso significa quemar o transformar en energía. Es lo mismo que ocurre con un coche, que quema gasolina para producir energía y alimentar el motor. Tu cuerpo quema comida para producir la energía que necesita para moverse y funcionar. El doctor Pennington se había dado cuenta de algo importante. Él mantenía la idea de que el cuerpo puede quemar una cantidad ilimitada de grasas, en otras palabras, que puede transformar una cantidad ilimitada de grasas en energía. Si quemas toda la grasa que comes, no vas a acumular nada en el cuerpo. Por lo tanto, la grasa no va a hacer que engordes, siempre y cuando hagas suficiente ejercicio.

¿Qué pasa con los carbohidratos? En cuanto a esto, el doctor Pennington creía que la química del cuerpo era limitada. Solo puede quemar una cantidad determinada de carbohidratos, cantidad que varía según cada individuo. ¿Qué ocurre con los carbohidratos que no se queman? El cuerpo los almacena en forma de grasa. En los hombres, el exceso de grasa se concentra en la zona del estómago, especialmente a partir de los cuarenta años, y en la parte posterior del cuello. En las mujeres, en las nalgas, los brazos, los muslos y los senos, así como también en el abdomen.

El doctor Pennington halló que no todas las calorías tienen el mismo efecto en el cuerpo. Con su hallazgo, se hizo evidente que lo que importaba no era tanto la cantidad de alimentos, sino el tipo de alimentos que se consumían. Declarar que si ingieres cierta cantidad de calorías acabarás engordando es tan absurdo como decir que un cierto número de microbios hará que enfermes. ¿Qué tipo de calorías? ¿Qué tipo de microbios?

Después del final de la Segunda Guerra Mundial, la incidencia de enfermedades cardiovasculares aumentó rápidamente, y en 1950 se había convertido en la principal causa de muerte en Estados Unidos. La obesidad también fue en aumento. En aquel tiempo, las multinacionales y las empresas más grandes a menudo tenían su propio personal médico para cuidar a sus empleados. En 1948 los directivos de la empresa E. I. DuPont* en Wilmington (Delaware), empezaron a preocuparse cada vez más por el aumento de las tasas de obesidad y problemas de corazón entre sus empleados. Las dietas bajas en calorías no habían servido de mucho para detener el problema. El doctor Alfred Pennington, quien fue médico de DuPont, decidió tomar un enfoque distinto. Estaba convencido de que la causa de la obesidad no era una sobrealimentación del organismo, sino la incapacidad de dicho organismo para metabolizar los carbohidratos completamente. El exceso de carbohidratos estaba convirtiendo a los empleados en obesos, además de padecer más problemas de corazón.

Para probar su teoría, hizo que veinte ejecutivos de DuPont con sobrepeso siguieran una dieta rica en grasas y baja en carbohidratos, y sin ninguna restricción de calorías. En poco tiempo empezaron a perder peso, un promedio de un kilo por semana. «Fue notable que no sintieran hambre entre las comidas –escribió Pennington–, y de hecho aumentó su energía y su sensación de bienestar». En tres meses y medio, los ejecutivos perdieron un promedio de diez kilos cada uno de ellos. Adelgazaron con una dieta que no restringía el número de calorías. Consumían 510 gr de carne con 170 gr de grasa (principalmente grasa saturada), dividido en tres comidas, que sumaban un promedio de más de 3.000 calorías diarias. Los carbohidratos se limitaron a menos de 80 calorías (20 gr) por comida. «En algunos casos –informó Pennington– incluso esta cantidad de carbohidratos impidió que se adelgazara, a pesar de que la ingesta *adlibitum* (sin restricciones) de proteínas y grasas se realizara correctamente».

Pennington consideraba que las dietas hipocalóricas solo hacían que la gente pasara hambre, y como tales eran nutricionalmente deficientes y poco saludables –como lo siguen siendo hoy en día–. Creía que el método más eficaz y seguro para perder peso era eliminar los carbohidratos de la dieta por completo y permitir la ingesta de proteínas y grasas sin restricciones. Recomendaba el consumo de carne fresca con todas sus grasas. Pennington aseguraba que la mayoría de

* E. I. DuPont es una empresa química estadounidense (N. de la T.).

la carne que se vendía en los supermercados no contenía la suficiente grasa, por lo que aconsejaba añadir más carne o grasa de riñonada. Las proporciones que prescribía eran de 225 gr de carne magra por cada 85 gr de grasa (peso cocido), repartido en tres comidas al día, con la libertad por parte del paciente de comer más cantidad, siempre que se respetaran las proporciones –tres porciones de carne magra por cada porción de grasa–. La cantidad total de alimentos consumidos no era importante, pero debía mantenerse la proporción de tres a uno, ya que cualquier disminución en el consumo de grasa reduciría el índice de pérdida de peso. «El éxito de esta dieta depende de si se consume la suficiente cantidad de grasa –afirmaba Pennington–. De lo contrario, el paciente estará siguiendo una dieta típica baja en calorías, con todas las desventajas que implica». Aseguraba que con este tipo de régimen se adelgazaba una media de cinco kilos por mes. Cuando se alcanzaba un peso normal, se dejaba de perder peso.

Una de las principales ventajas de esta dieta es que se sigue produciendo energía. Nunca se engaña al cuerpo haciéndole creer que está experimentando un período de hambruna y escasez, por lo que el metabolismo se mantiene estable. Las calorías se queman a un ritmo normal. Esto elimina la necesidad constante de reducir el consumo de calorías para no afectar al ritmo del metabolismo, algo que sí se debe hacer con las dietas que restringen el consumo de calorías.

El enfoque de Pennington sobre la reducción del consumo de carbohidratos y el aumento de grasas se empezó a divulgar, y a principios de los años cincuenta, la dieta se popularizó con el nombre de dieta DuPont. Sin embargo, a finales de esa década, se empezó a acusar a las grasas, especialmente a las saturadas, de ser las responsables de elevar los niveles de colesterol en sangre y contribuir a ciertas enfermedades cardiovasculares. Por miedo, la gente comenzó a eliminar la grasa de su dieta. La dieta DuPont, que era rica en grasas saturadas, con el tiempo se desvaneció y pasó al olvido.

Utilizando lo que había aprendido de la obra de Pennington, el doctor Taller empezó a recomendar a sus pacientes con sobrepeso una dieta baja en carbohidratos y rica en grasas. No obstante, temeroso de las grasas saturadas, las sustituyó por aceites vegetales, sobre todo de cártamo, porque contenía grasas poliinsaturadas. Aconsejó a sus pacientes que consumieran 90 ml de aceite y 60 ml de margarina al día. Debían tomar dos cucharadas (30 ml) de aceite vegetal antes de cada comida y cuatro cucharadas de margarina para cocinar los alimentos. Su régimen funcionó. Sus pacientes con sobrepeso empezaron a adelgazar, sin reducir el consumo de calorías. En 1961 escribió un libro titulado *Calories Don't Count* (Las calorías no cuentan). Aunque el uso de aceite de cártamo y margarina en lugar de grasas saturadas fue efectivo para perder peso, la cantidad de ácido linoleico que contiene el aceite de cártamo y los ácidos transgrasos de la margarina pueden acabar causando más daños que beneficios a largo plazo, como hemos aprendido en el capítulo 3. Al principio, la dieta de Taller ganó mucha popularidad, por el temor general a las grasas, pero con el tiempo se empezaron a ver los daños que causaba y, al final, cayó en el olvido.

Consume grasas para perder peso

Taller y Pennington no fueron los únicos investigadores que descubrieron que las grasas eran necesarias para tener éxito si se quería adelgazar. Ya en 1928, los investigadores del Instituto Russell Sage en Troy (Nueva York), descubrieron lo mismo. En una prueba colorimétrica, un sujeto masculino perdió el exceso de peso consumiendo una dieta rica en grasas que contenía entre 2.000 y 3.000 calorías diarias. Dado que el 80% de las calorías de su dieta procedían de las grasas, se hizo evidente que su cuerpo podía quemar más alimentos con esa dieta que con una normal baja en calorías.[1]

Uno de los primeros investigadores que vislumbraron la conexión entre el consumo de grasas y carbohidratos y el peso corporal fue el famoso doctor experto en tiroides Broda Barnes. En 1938, recién licenciado de la facultad de medicina, comenzó a trabajar con el doctor Robert W. Keeton, de la Universidad de Illinois. Dada la trayectoria de Barnes (tenía un doctorado en endocrinología, es decir, el estudio de la tiroides y otras glándulas), el doctor Keeton le asignó estudiar la relación entre el sistema endocrino y la obesidad.

Reunió a un grupo de voluntarios que padecían sobrepeso y durante tres meses registró cuidadosamente cada bocado de comida que ingerían. Cuando analizó los tipos de alimentos, descubrió algo totalmente inesperado. Aunque las dietas de los voluntarios eran variadas, lo que compartían todos ellos era el alto consumo de carbohidratos. Su ingesta de proteínas era moderada, pero huían de las grasas como de la peste. Evitaban la mantequilla y los alimentos grasientos, y le quitaban a la carne toda la grasa que normalmente contiene. Se hizo evidente para el doctor Barnes que la causa de su obesidad era la dieta rica en carbohidratos y baja en grasas que estaban siguiendo. Por aquel entonces, uno de los colegas de Barnes estaba investigando los efectos de las dietas ricas en grasas en las ratas. Descubrió que las ratas con sobrepeso perdían el exceso de peso cuando se les suministraba una dieta rica en grasas. Le sugirió a Barnes que intentara una dieta similar con voluntarios humanos.

El doctor Barnes diseñó una dieta baja en carbohidratos, moderada en proteínas y rica en grasas. Consistía en 50 gr de carbohidratos, 70 gr de proteínas y 90 gr de grasas, que en total sumaban cerca de 1.300 calorías diarias. El promedio de calorías que normalmente consumían los sujetos oscilaba entre las 2.000 y las 2.800 diarias, por lo que también fue una dieta baja en calorías. Las grasas suministraban el 63% del total de calorías consumidas.

Para el desayuno normalmente comían dos huevos con tocino, jamón o salchichas, 50 ml de zumo de frutas, y una bebida con leche si se deseaba, pero sin azúcar ni pan tostado. El almuerzo y la cena consistían en carne grasa, algún vegetal con mantequilla, una ensalada con abundante cantidad de aceite como aderezo, un vaso de leche entera y una pequeña porción de fruta fresca para el postre. Las frutas y verduras que consumían por lo general contenían pocos carbohidratos. En algunas ocasiones, se servía una pequeña cantidad de verduras rica en carbohidratos. El pan y los cereales se eliminaron por completo.

Se mantuvo a los voluntarios bajo observación médica en el hospital. Durante todo ese tiempo, perdieron peso de manera continuada, con un promedio de cuatro kilos y medio por mes. Algo incluso más sorprendente fue el hecho de que pese a seguir una dieta con un aporte calórico más bajo de lo normal, disfrutaban de la comida y no pasaban hambre. Todos los voluntarios se sentían bien y no sufrieron ningún ataque de hambre. Incluso había veces en las que no podían terminarse la comida.

Al comienzo del estudio, todos los voluntarios, a excepción de uno, sobrepasaban los 136 kilos. El más delgado de ellos pesaba 133 kilos, pero se incluyó en el estudio porque era una joven de tan solo dieciocho años. Esta joven había sido obesa durante toda su vida y se sentía muy avergonzada por ello. Cada vez que alguien iba a visitarla, ella se escondía debajo de la cama y se quedaba allí hasta que la persona se marchaba. Se la trasladó al departamento de pacientes externos, porque había engordado tanto que ya no podía escurrirse debajo de la cama.

Permaneció en el hospital durante trece meses. Durante esos meses adelgazó cincuenta kilos. Su vientre y sus caderas experimentaron la pérdida de volumen más notable. El doctor Barnes observó que su rostro no estaba demacrado ni ojeroso como tan a menudo ocurre con las personas que pierden peso.

Ahora sabía lo que podía comer. Al regresar a casa continuó con la dieta y adelgazó veintiún kilos más. Once meses más tarde, pesaba 62 kilos. ¡En tan solo dos años había perdido setenta y un kilos!

A lo largo de los siguientes treinta y cinco años, el doctor Barnes estuvo prescribiendo esta dieta rica en grasas a sus pacientes con sobrepeso. Durante todo ese tiempo, todos los pacientes que siguieron esta dieta obtuvieron muy buenos resultados.

En la década de los cincuenta, dos científicos británicos, Alan Kekwick y Gaston L. S. Pawan, hallaron que no todas las calorías son iguales y que su fuente primaria juega un papel importante a la hora de perder peso. Se propusieron estudiar el efecto que tenían las grasas, las proteínas y los carbohidratos en una dieta especial para perder peso baja en calorías. Hicieron que catorce pacientes con sobrepeso siguieran cuatro dietas diferentes en sucesión durante un tiempo. Cada una de las dietas suministraba 1.000 calorías diarias, pero diferían en la cantidad de grasas, proteínas y carbohidratos. Una de ellas contenía un 90% de grasas, otra un 90% de proteínas, otra un 90% de carbohidratos y la última era una dieta mixta normal. Los pacientes pasaron de una dieta a otra. Permanecieron en el hospital durante todo el tiempo que duró el experimento para poder tenerlos bajo observación médica, a fin de asegurarse el estricto cumplimiento de las dietas.

Si todas las calorías fueran iguales, algo que creían los científicos de esa época, esas distintas dietas de 1.000 calorías cada una deberían haber tenido el mismo efecto sobre los sujetos. Pero eso no fue lo que sucedió. La dieta que contenía un 90% de grasas (rica en grasas, baja en carbohidratos) produjo la mayor pérdida de peso, seguida de cerca por la que contenía un 90% de proteínas. La siguiente era la dieta mixta. La última de todas fue la dieta compuesta en un 90% de carbohidratos y que era baja en grasas.[2] En resumen, cuanto mayor es el contenido en carbohidratos, menos se adelgaza. Por el contrario, cuanto mayor es el contenido en grasas, más peso se pierde.

En un estudio de seguimiento, Kekwick y Pawan compararon la pérdida de peso de los sujetos obesos suministrándoles primero una dieta rica en carbohidratos y, luego, una dieta rica en grasas, pero con el doble de calorías que las dietas del estudio anterior. Cuando los sujetos siguieron una dieta de 2.000 calorías diarias rica en carbohidratos, no pudieron perder peso. Pero cuando los mismos sujetos siguieron una dieta de 2.000 calorías diarias rica en grasas, perdieron peso. ¡Incluso cuando el consumo de calorías ascendió a 2.600 calorías![3] Un ejemplo de ello es el caso de B. J. Después de ocho días siguiendo una dieta rica en carbohidratos, con un consumo de 2.000 calorías diarias, B. J. no había perdido ni un gramo de grasa. Pero con una dieta rica en grasas, y consumiendo 2.600 calorías diarias, en tres semanas perdió casi cinco kilos.

Kekwick y Pawan hallaron una sustancia hormonal en la orina denominada «sustancia movilizadora de grasas» (FMS, según sus siglas en inglés). Esta sustancia aparentemente estimula la descomposición y la quema de grasa corporal, lo que da como resultado una mayor pérdida de peso. La cantidad de FMS aumenta con el consumo de grasas en la dieta. Por lo tanto, añadir grasa a la dieta estimula la quema de grasa corporal. El hecho de que se consuman grasas incrementa la utilización de la grasa almacenada en el cuerpo, lo que conduce a la pérdida de peso. Esta es la razón por la que consumir grasa ayuda mucho más a la hora de perder peso que consumir carbohidratos o proteínas. El experimento demostró por qué no todas las calorías son iguales.

Consumir una dieta rica en grasas es aún más eficaz que no comer nada en absoluto. En 1960, el doctor Frederick Benoit y sus colegas del Instituto Naval de Investigación Médica de Estados Unidos compararon a dos grupos de sujetos con sobrepeso. Un grupo siguió una dieta rica en grasas, mientras que el otro no consumió ningún alimento. Se midió la pérdida de peso de los sujetos durante el tiempo que duró el experimento. El grupo que estaba siguiendo una dieta rica en grasas consumía alrededor de 1.000 calorías diarias, de las cuales un 90% eran grasas. Las calorías restantes se repartían aproximadamente en 15 gr de proteínas y 10 gr de carbohidratos. El otro grupo no consumió nada en absoluto, solo agua. Después de diez días, el grupo que ayunó perdió un promedio de nueve kilos, pero la mayoría era tejido muscular y agua; solo tres kilos eran de grasa corporal. En comparación, el grupo de la dieta rica en grasas perdió un promedio de seis kilos y medio, seis de los cuales eran grasa corporal.[4] El grupo que consumió 1.000 calorías, en su mayoría grasas, perdió el doble de grasa que el grupo que no comió nada. Además, perdieron muy poca agua y masa muscular. Una dieta baja en calorías en la que se consumen muchas más grasas que carbohidratos conseguirá que se pierda mucho más peso que con cualquier dieta baja en grasas, independientemente del número de calorías que se consuman, ¡incluso si este es CERO! Por lo tanto, incluir una cantidad importante de grasas en la dieta es esencial para adelgazar. Esto es algo que debe recordar cualquier persona que quiera perder peso. Necesitas consumir grasas para eliminar grasas. Los descubrimientos de Kekwick, Pawan y Benoit desmienten la creencia de que una caloría equivale a una caloría. La fuente primaria de las calorías es importante.

Basándose en el trabajo de estos y otros investigadores, el doctor Robert Atkins propuso un método muy acertado para perder peso que describió en *La revolución dietética del doctor Atkins* (editorial Grijalbo), libro que se publicó por primera vez en 1970. Esta fue la primera obra que realmente introdujo el concepto de dietas bajas en carbohidratos a la opinión pública. El doctor Atkins publicó una edición revisada en 1992 con el título *La nueva revolución dietética del doctor Atkins* (Ediciones B). El libro se convirtió en un bestseller internacional.

Uno de los aspectos que más se critican de las dietas bajas en carbohidratos es el porcentaje tan alto de grasas que contienen. Pero es un ingrediente clave, y lo que hace que dichas dietas sean realmente efectivas. Con una reducción de carbohidratos, el consumo de proteínas y grasas aumenta. Por miedo a estar consumiendo demasiadas grasas, los críticos afirmaban que las dietas bajas en carbohidratos elevaban los niveles de colesterol en sangre y aumentaban el riesgo de padecer problemas de corazón. Sin embargo, después de trabajar con más de veinticinco mil pacientes, el doctor Atkins descubrió justo lo contrario. Los niveles de colesterol en sangre mejoraban con una dieta baja en carbohidratos y rica en grasas. Lo que más alarmaba a los críticos era que no había ninguna restricción en cuanto a las grasas saturadas. Se podían consumir todas las grasas animales que se quisiera sin mostrar ningún efecto perjudicial. De hecho, el alto contenido en grasas saturadas de las dietas bajas en carbohidratos produce efectos beneficiosos en los niveles de colesterol en sangre y también mejora los niveles de azúcar en sangre en los diabéticos. La gente no solo pierde peso, sino que además mejora su salud en general.

El doctor Kevin Vigilante, coautor del libro *Low-Fat Lies*, asegura que «las dietas bajas en grasas, como normalmente se conciben, no funcionan. De hecho, pueden ser médicamente perjudiciales y no aportan ningún beneficio a la persona, sobre todo si lo que se quiere es adelgazar y mantenerse en forma».

El doctor Vigilante confiesa que en general los médicos saben muy poco sobre nutrición. «Como muchos estadounidenses, fui un fanático de las dietas bajas en grasas durante años –señala–. Era lo que prescribía a mis pacientes con sobrepeso, y también trataba de ponerlo en práctica conmigo. Pero algunas épocas fueron especialmente duras. O bien odiaba la comida o bien me sentía hambriento todo el tiempo». Sin embargo, siguió exhortando a sus pacientes para que eliminaran la grasa de su dieta.

Entonces tuvo una experiencia que cambió por completo su forma de entender las dietas. Se fue de vacaciones a Italia. Allí se saltó la dieta que estaba haciendo y empezó a comer más alimentos ricos en grasas. Disfrutaba comiendo sin tener en cuenta las grasas que ingería. «Todo lo que comía estaba aderezado con aceite de oliva –explica–. Todas las comidas contenían grasa –queso, nata, salsa–, nada estaba preparado con ingredientes bajos en grasas. A juzgar por los alimentos que estaba comiendo, esperaba que mi cintura se ensanchara, pero cuando regresé a casa, para mi sorpresa, la ropa me quedaba holgada. Me pesé en la balanza y... ¡resulta que había perdido más de dos kilos!».

Cuando le contó lo que había sucedido a su amiga nutricionista, la doctora Mary Flynn, esta no se sorprendió. «Claro, un poco de grasa ayuda a perder peso», comentó la doctora.

El doctor Vigilante se extrañó: «Me parecía demasiado bueno para ser verdad. Simplemente no podía aceptar la idea de que uno puede perder peso sin sufrimiento».

«Yo no creo en las dietas bajas en grasas –dijo la doctora Flynn–. Sencillamente no funcionan. La grasa hace que la comida tenga buen sabor y te llena. Sin un poco de grasa siempre vas a tener hambre».

La clave, según ella, era comer la cantidad correcta de grasa. El doctor Vigilante se quedó tan impresionado con esta información que desde 1999 empezó a trabajar con la doctora Flynn, y juntos escribieron un libro que criticaba el mito de las dietas bajas en grasas, titulado *Low-Fat Lies*.[5]

Saciar el apetito

El problema de la mayoría de las dietas bajas en grasas es que no sacian. ¿Qué es la saciedad? Es la sensación de sentirse lleno o satisfecho al terminar una comida. En otras palabras, es la sensación de no tener más hambre. Cuanto más tiempo puedas mantener esta sensación, más podrás aguantar hasta la siguiente comida y sin comer en exceso. Algunos alimentos proporcionan una sensación de saciedad mucho mayor y más duradera que otros. Una chuleta da una mayor sensación de saciedad que una rodaja de sandía. Una tortilla de queso y jamón proporciona una mayor sensación de saciedad que un plato de lechuga y tomates. La sensación de saciedad es clave para perder peso con éxito.

Cuando la cantidad de alimentos que comemos no es la suficiente como para sentirnos saciados, o si la comida se digiere demasiado rápido, enseguida volvemos a sentir hambre, mucho antes de que sea la hora de la siguiente comida. Esta sensación de hambre constante y esta necesidad de comer algún tentempié convierte la dieta en todo un reto.

Es cierto que ingerir demasiadas calorías puede engordar. Por desgracia, la mayoría de las dietas para perder peso solo se centran en las calorías que se consumen. Los alimentos muy calóricos (como, por ejemplo, aquellos que contienen más grasas) se restringen para que puedas comer más alimentos bajos en calorías. En teoría, si eliminas todos esos alimentos que son tan calóricos, vas a poder comer una mayor cantidad de alimentos bajos en calorías y, supuestamente, sentirte saciado con menos calorías. El problema de este enfoque es que la mayoría de los alimentos bajos en calorías no sacian mucho. Por ejemplo, después de comer una ensalada de lechuga y tomate, ¿cuánto tiempo puedes aguantar sin sentirte hambriento de nuevo? Si eres como la mayoría de las personas, volverás a tener hambre al cabo de un par de horas. Los alimentos bajos en calorías se digieren muy rápido, dejando el estómago vacío y quejumbroso. Tienes que comer de nuevo para satisfacer tu apetito o, de lo contrario, vas a sufrir hasta la siguiente comida. La mayoría de nosotros no puede aguantar esto durante mucho tiempo, y al final acabamos abandonando la dieta y volvemos a comer como antes.

Una dieta que te permita comer hasta saciarte y que evite que te sientas hambriento, aguantando bien hasta la siguiente comida, es la mejor manera de controlar la ingesta total de calorías. Cuando tu estómago está lleno, no piensas en comer, ni te pasas el tiempo soñando con comida, ni sufres, ni sientes la necesidad de hacer trampas para satisfacer tu sensación de hambre.

Si la comida que tomas hace que la sensación de saciedad dure lo suficiente, controlar las calorías que ingieres va a ser mucho más fácil. Lo que necesitas es una dieta que te permita comer la suficiente cantidad de comida para que te sientas saciado y que, a la vez, mantenga un equilibrio entre el consumo de calorías y las necesidades energéticas. Sin embargo, los alimentos que más sacian generalmente también son los que más calorías contienen.

Afortunadamente, no comemos los alimentos basándonos en las calorías, sino en la sensación de saciedad, que se determina por la cantidad, y no por el contenido calórico. Cuando el estómago está lleno, nos sentimos saciados. Es muy sencillo. Cuanto más aguante así el estómago, más tiempo va a pasar entre una comida y otra, sin sentir hambre ni la necesidad urgente de comer algo. Así que a pesar de que los alimentos que comes pueden contener muchas calorías, si te sacian y evitan que comas en exceso, el total de calorías que ingieres es mucho menor y, al final, acabas adelgazando.

Existen ciertos alimentos que sacian mucho y que evitan que sintamos hambre entre horas. En cambio, hay otros que se digieren muy rápido y hacen que volvamos a sentir hambre enseguida. A continuación vamos a hablar sobre estos dos tipos de alimentos.

La fibra dietética

Si pudieras elegir entre dos trozos de pastel y supieras que uno de ellos contiene la mitad de calorías, ¿cuál elegirías? Si estuvieras preocupado por tu peso, probablemente te decantarías por el que contiene menos calorías.

Si los alimentos que consumes contienen menos calorías, vas a poder comer como lo haces normalmente y, aun así, perder peso sin pasar hambre. Una manera de reducir la ingesta de calorías, sin reducir el volumen, es comiendo alimentos ricos en fibra. La fibra no contiene calorías, pero añade volumen a la dieta y tiene un efecto saciante. Los alimentos ricos en fibra también son una fuente importante de nutrientes, que hacen que te sientas lleno, en lugar de vacío. Por ejemplo, una rebanada de pan integral te hace sentir cinco veces más lleno que una rebanada de pan blanco. Además, el pan integral contiene menos calorías que el blanco. La misma cantidad de pan integral proporciona menos almidón (carbohidratos calóricos) y más fibra (carbohidratos no calóricos) que el blanco. Un gramo de pan integral aporta menos calorías porque contiene más fibra (y también vitaminas y minerales).

La fibra no solo añade volumen a la dieta sin sumar calorías, sino que además tiene un efecto saciante. Tiende a quedarse en el estómago, lo que retrasa el vacío gástrico. También retrasa la absorción de carbohidratos y grasas en el intestino delgado. Esto proporciona una sensación de saciedad y satisfacción. Incrementar la ingesta de fibra ayuda a tu estómago y a tu cerebro a que piensen que estás lleno, incluso cuando la ingesta de calorías es menor.

En una comida tardamos alrededor de veinte minutos en sentir la sensación de saciedad que nos incita a dejar de comer. No importa lo rápido o lento que comamos, porque la sensación va a aparecer más o menos en el mismo tiempo. Hoy en día que vivimos en un mundo acelerado, mucha gente no se toma el tiempo suficiente para comer. Engullen la comida y luego se marchan. Los estudios demuestran que cuando la gente come demasiado rápido, vuelve a sentir hambre mucho antes que si comiera la misma cantidad de comida pero a un ritmo más lento.[6] Esto significa que el ritmo al que come una persona no solo influye en la cantidad de comida que ingiere, sino también en el tiempo que aguanta sin comer entre horas. Por lo tanto, quienes comen muy rápido tienden a comer más que quienes comen despacio. Varios estudios demuestran que las personas con sobrepeso suelen comer más rápido que las delgadas. Aquí, la fibra puede ayudarnos. La fibra se tiene que masticar mucho. Eso quiere decir que normalmente se tarda más tiempo en comer alimentos ricos en fibra. Con lo cual, comemos más despacio y, al final, consumimos menos cantidad de alimentos.

Si se quiere tener éxito en cualquier programa dietético de pérdida de peso, es imprescindible introducir alimentos ricos en fibra. En resumen, las comidas ricas en fibra añaden volumen a la dieta sin sumar calorías, hacen que el estómago se sienta lleno durante más tiempo, ralentizan la digestión de otros carbohidratos y retrasan el tiempo de la comida, así que se ingieren menos alimentos. Incluso un pequeño aumento en el consumo de fibra puede marcar la diferencia. Un estudio en Inglaterra halló que los adultos delgados consumían un promedio de 19 gr de fibra al día, mientras que los obesos solo consumían 13 gr. Es una diferencia de tan solo 6 gr diarios. Las frutas y las hortalizas frescas y los frutos secos son una fuente de fibra muy importante.

La proteína

Una cantidad adecuada de proteína en tu dieta puede ayudarte a perder peso porque la proteína sacia más que el carbohidrato. El estómago necesita más tiempo para digerir la proteína que el carbohidrato. En consecuencia, los alimentos permanecen en el estómago durante más tiempo, haciendo que dure mucho más la sensación de saciedad.

Si para desayunar comes huevos con jamón (alimentos ricos en proteína), te será mucho más fácil aguantar hasta la hora del almuerzo. Un desayuno bajo en proteínas, como por ejemplo una tostada, un vaso de zumo y medio pomelo, no hará que aguantes mucho. Para cuando sea la hora del almuerzo, tendrás tanta hambre que comerás en exceso (si no has picoteado ya algo antes, como un dulce o un bollo). Las calorías que no has consumido en el desayuno, las añadirás en la hora del almuerzo. Comerás más rápido y no te sentirás saciado hasta que hayas ingerido muchas más calorías de las que en teoría tendrías que haber ingerido. Si además lo que comes es una comida baja en proteínas, vuelve a suceder lo mismo en la hora de la cena. O terminas consumiendo más calorías o bien te sientes decaído durante todo el día. Varios estudios han demostrado que tomar una comida rica en proteínas ayuda a tener menos hambre después, lo que en última instancia hace que se consuman menos calorías a lo largo del día. Los voluntarios de estos estudios fueron capaces de aguantar más tiempo entre comidas antes de volver a comer e ingirieron menos durante las comidas. En un estudio realizado en Canadá, a un grupo de hombres se les suministró una comida rica en proteínas y otra con un aporte moderado de proteínas, durante seis días, y se les dijo que podían comer tanto como quisieran. Los que estaban consumiendo más proteínas cada día ingerían menos calorías. Observaciones como esta apoyan la idea de que una dieta rica en proteínas puede reducir el consumo total de calorías. Esto ha aumentado la popularidad de las dietas ricas en proteínas para la pérdida de peso.

La grasa

Desde hace años la grasa se ha etiquetado como la principal causa o, al menos, una causa que contribuye a padecer problemas de obesidad y sobrepeso. La grasa está condenada al ostracismo. En las dietas para perder peso se huye de ella como de la peste. Incluso muchas dietas ricas en proteínas limitan su consumo. De hecho, una dieta para perder peso que se atreva a recomendar el consumo de grasas está condenada al fracaso. Bueno, esto era así hasta hace poco.

Ahora se sabe que la grasa, como la proteína, ralentiza la digestión de los alimentos, permitiendo que el estómago se sienta lleno más tiempo y evita los ataques de hambre. La grasa estimula la liberación de las hormonas que ralentizan la velocidad a la que los alimentos salen del estómago, lo que permite que nos sintamos llenos durante un período más prolongado. El intestino delgado también tiene receptores de grasa que actúan de la misma forma. Cuando comes alimentos grasos, te sientes saciado más tiempo y no necesitas picar entre horas ni comer en exceso en la siguiente comida. Por este motivo, añadir grasa a tu dieta te va a ayudar a perder peso.

Después de años de exclusión, ahora podemos recibir de nuevo con los brazos abiertos a la grasa en nuestra dieta. Ya no tienes que comprar los trozos más magros de carne ni recortar cada porción de grasa por minúscula que sea. Ya no estás obligado a consumir leche desnatada sin apenas sabor ni queso bajo en grasas. Ahora puedes añadir un poco de mantequilla a las verduras y cocinar con aceite sin miedo. La adición de grasas a tus alimentos y el consumo de alimentos ricos en grasas te ayudarán a comer menos y a perder peso.

En un estudio, a los voluntarios se les dio a escoger entre un desayuno rico en grasas y otro bajo en grasas, pero que contenían el mismo número de calorías. Los que comieron el desayuno rico en grasas se sintieron saciados durante más tiempo y eso retrasó la hora de su siguiente comida. Por lo tanto, evitó que tomaran un tentempié entre horas.[5]

La investigación demostró que cuando las personas tienen hambre poco después de una comida, tienden a excederse en la siguiente. Por lo tanto, un desayuno rico en grasas evita que se picotee entre horas y que se coma en exceso. El resultado final es un consumo más bajo de calorías totales. Cuando se usa correctamente, la grasa puede ser una ayuda importante a la hora de perder peso y evitar que se vuelva a recuperar.

Sin grasa, la comida llena menos, y eso hace que uno tienda a comer más hasta sentirse realmente saciado. Además, los alimentos bajos en grasas no son necesariamente alimentos que contienen pocas calorías. La grasa le da sabor a la comida. Si la eliminas, tus platos serán sosos y poco apetecibles, así que la industria alimentaria añade más azúcar a los alimentos para darles sabor. Al final, acabas comiendo una comida baja en grasas que contiene la misma cantidad de calorías que la versión normal con todas sus grasas. Sin embargo, sin la grasa, la comida llena mucho menos y se digiere más rápido, y eso hace que vuelvas a sentir hambre al cabo de poco rato. Por esta razón, muchos de los alimentos así llamados bajos en grasas o sin grasas en realidad promueven que picotees entre horas, que comas en exceso y, en última instancia, que engordes.

En otro estudio, a un grupo de mujeres se les dio un yogur a media mañana como tentempié, y más tarde se les sirvió el almuerzo y luego la cena. Había dos opciones de yogur. Uno contenía la cantidad normal de grasas y el otro era bajo en grasas. A ambos se les puso una etiqueta, pero no se hizo ninguna mención al contenido total de calorías. De hecho, contenían la misma cantidad de calorías. La única diferencia era el contenido de grasa. A las participantes se les permitió elegir el que ellas quisieran. Cuando se les sirvió el almuerzo, las mujeres que se habían tomado un yogur rico en grasas como tentempié comieron menos que las que habían elegido el yogur bajo en grasas. La cantidad extra de grasa del yogur que se les había dado como tentempié hizo que se sintieran saciadas durante más tiempo y que comieran menos en el almuerzo.

Los investigadores también querían saber si las que habían comido menos en el almuerzo lo iban a compensar en la cena. Pero en la cena, las que se habían tomado el yogur rico en grasas y menos cantidad de comida en el almuerzo no comieron más que las demás. No se sintieron con más hambre pese a haber comido menos en el almuerzo. Así que al final del día las mujeres que se habían comido un yogur rico en grasas terminaron consumiendo menos calorías totales que las que se habían comido un tentempié bajo en grasas.[7]

Algunas grasas tienen un efecto mucho más saciante que otras. El aceite de coco encabeza la lista de estos alimentos. Esto se ha demostrado en investigaciones con animales y humanos. Por ejemplo, en un estudio realizado en Japón, a unas ratas se les suministró una dieta que podía contener aceite de coco MCT (aceite compuesto por triglicéridos de cadena media) o aceite vegetal. La cantidad de comida que debían ingerir se les iba administrando cada hora. Al cabo de una hora, coincidiendo con la siguiente comida, las ratas que habían consumido aceite MCT consumieron mucha menos comida. A continuación se dio a elegir a las ratas entre dos alimentos para confirmar que la palatabilidad* de las dietas no tenía ninguna influencia. No hubo diferencia en la ingesta de alimentos entre las dos dietas.[8] Este estudio demostró que el aceite de coco MCT saciaba más que otros aceites, por lo menos en las ratas.

El efecto en los seres humanos es el mismo. En un estudio, a un grupo de mujeres se les dio a elegir entre una bebida que contenía aceite de coco MCT y otra que contenía aceite vegetal. Treinta

* Palatabilidad: cualidad de ser grato un alimento al paladar (N. de la T.).

minutos después se les ofreció un almuerzo a la carta donde podían comer tanto como quisieran. Las que se habían tomado la bebida que contenía aceite MCT comieron menos cantidad y, como los investigadores del estudio declararon, «eso redujo significativamente la ingesta total de calorías a la hora del almuerzo».[9]

Se realizó otro estudio que se dividió en tres fases. En cada fase, que consistió en un período de catorce días, los sujetos pudieron comer toda la cantidad de alimentos ricos en grasas que quisieran. Las fases diferían en la cantidad de TCM* (en forma de aceite de coco de triglicéridos de cadena media) y de TCL que contenían los alimentos. En la primera fase la dieta contenía un 20% de TCM y un 40% de TCL del total de aporte energético. La segunda contenía la misma cantidad de ambos. La tercera, un 40% de TCM y un 20% de TCL. Los investigadores anotaron la cantidad total de alimentos que consumía cada individuo. Como resultado se halló que cuanto mayor era la cantidad de TCM consumida, menor era la ingesta de alimentos.[10]

En otro estudio, a unos sujetos masculinos de peso corporal normal se les suministró diferentes tipos de desayunos en función del tipo de grasas utilizadas. Se midió la ingesta de comida en el almuerzo y en la cena. Los sujetos que habían consumido alimentos que contenían TCM en el desayuno comieron menos en el almuerzo. En la cena no hubo diferencia. Este estudio demuestra que cuando se añade TCM en los alimentos de una comida, la persona se siente saciada durante más tiempo e ingiere menos en la siguiente comida. También fue importante descubrir que los sujetos que comieron menos en el almuerzo no lo compensaron comiendo más en la cena. La cantidad total diaria de alimentos y calorías ingeridos disminuyó.[11] Los estudios demuestran que los sujetos ingieren de promedio 62,5 calorías menos al día en sus comidas si estas contienen TCM en lugar de TCL.[12]

Estos y otros estudios sugieren que el consumo de aceite de coco en lugar de otros aceites produce mayor sensación de saciedad y

* En la presente traducción, las siglas TCM y MCT se usan indistintamente para referirse a los triglicéridos de cadena media, dado que el aceite compuesto por estos triglicéridos (aceite MCT) se comercializa con las siglas en inglés (N. de la T.).

mantiene el hambre a raya durante más tiempo, lo que da como resultado que el consumo de calorías totales sea más bajo. Por esta y otras razones, el aceite de coco se considera una grasa con poco contenido calórico. Esta idea –el hecho de que la grasa se pueda considerar un alimento hipocalórico– es realmente extraña, pero en el fondo es una descripción muy precisa.

Otra razón por la que el aceite de coco se considera una grasa baja en calorías es porque en realidad contiene menos calorías que otras grasas. La grasa en general aporta 9 calorías por gramo consumido. El aceite de coco, debido a su tamaño molecular más pequeño, proporciona 8,6 calorías por gramo consumido. Son 0,4 calorías menos por gramo. Puede parecer poco, pero si tenemos en cuenta la cantidad total de grasa en la dieta, esto suma. Por ejemplo, pongamos por caso un consumo típico de 2.400 calorías diarias con una ingesta de un 30% de grasa. Podemos suponer que la mitad de las grasas proceden de fuentes adicionales, tales como el aceite de cocina o aderezos para ensaladas, entre otras. Si toda la grasa que se añade a las comidas se reemplazara por aceite de coco, cada día estaríamos reduciendo 16 calorías del número total que se consumen. A estas 16 calorías se les tienen que sumar otras 62,5 debido a ese aumento en la sensación de saciedad (como acabamos de ver), obteniendo así una reducción total de 78,5 calorías diarias. En un mes, equivaldría a consumir 2.355 calorías menos. ¡Esto sí que es una diferencia!

Las dietas bajas en grasas promueven la producción de grasa

Nuestro organismo necesita grasa. Si no se le suministra en la dieta, el propio cuerpo la acaba produciendo (a excepción de los ácidos grasos esenciales). Si no consumes suficiente grasa, tu cuerpo, que detecta la carencia, aumenta la producción de enzimas grasas. Las personas que siguen una dieta muy baja en grasas producen grasas en su cuerpo a un ritmo mucho más rápido de lo normal. Así que consumir menos grasa en realidad puede hacer que el cuerpo produzca y almacene más grasa.

Investigadores de la Universidad de Colorado han descubierto que cuando la gente sigue una dieta baja en grasas, una enzima de almacenamiento de la grasa llamada lipoproteína lipasa se activa mucho más, haciendo que la cantidad de grasa que se consume se almacene con más facilidad; por lo tanto, aumenta el almacenamiento de grasa en el cuerpo.[5] Es irónico que evitemos comer grasa para perder peso y que terminemos generando más grasa corporal en el proceso.

Cuanta menos grasa comes, más grasa produce y almacena tu cuerpo. ¡No es de extrañar que las dietas bajas en grasas no funcionen! Un estudio reciente muestra claramente este hecho. Los investigadores de la Facultad de Salud Pública de Harvard y el hospital *Brigham and Women's* de Boston hallaron que los sujetos con una dieta moderada en grasas perdían peso con mayor facilidad que los que seguían una dieta baja en grasas, a pesar de estar consumiendo el mismo número de calorías. Los de la dieta baja en grasas no consumían más de un 20% de sus calorías diarias en forma de grasa. Los de la dieta moderada consumían un 35% de grasa. Recuerda que la Asociación Americana del Corazón y otros organismos recomiendan que el consumo de grasas no exceda el 30% de las calorías totales diarias, e incluso el 20%, por lo que la dieta de este estudio que contenía un 35% de grasas podría considerarse, en comparación, una dieta rica en grasas. Los sujetos que siguieron una dieta rica en grasas perdieron un promedio de cuatro kilos, mientras que los de la dieta baja en grasas engordaron un promedio de dos kilos y medio.[13] Ambos grupos consumieron la misma cantidad de calorías; sin embargo, el de la dieta con un alto contenido en grasas perdió peso, mientras que el de la dieta baja en grasas terminó engordando. Lo que siempre se nos ha dicho es que si queremos deshacernos de esos kilos que nos sobran, lo que tenemos que hacer es reducir la cantidad de grasa que ingerimos. No es de extrañar que en las últimas décadas haya aumentado el número de personas con sobrepeso. Vivimos en una sociedad que tiene fobia a la grasa.

En los últimos años se han realizado varios estudios que confirman que una dieta baja en carbohidratos y rica en grasas produce una pérdida mayor de peso y cambios más favorables en el colesterol en sangre y en el control de la glucosa que cualquier otra dieta baja en grasas. Por ejemplo, la prestigiosa revista de la Asociación Americana de Medicina publicó un estudio en el que comparaba la eficacia de la dieta Atkins con las dietas Zone, Ornish y LEARN a lo largo de todo un año. La dieta LEARN (sus siglas en inglés se refieren a *estilo de vida*, *ejercicio físico*, *actitudes*, *relaciones* y *nutrición*) sigue las recomendaciones del gobierno de Estados Unidos para una dieta baja en grasas y rica en carbohidratos. La dieta Ornish también implica varios cambios en el estilo de vida, así como la restricción de calorías y una ingesta muy baja de grasas. Al final de un año de estudio, la dieta Atkins fue la que mejores resultados dio, tanto en la pérdida de peso como en una mejora en general de los parámetros de salud medibles, tales como los niveles de colesterol y de glucosa en sangre. Los sujetos que siguieron la dieta Atkins perdieron dos veces más peso que los que siguieron otras dietas, y sin mostrar signos de efectos secundarios adversos. Además lograron una mayor reducción de grasa corporal, de triglicéridos y de presión arterial, y un mayor aumento en los niveles de HDL (colesterol bueno) –todo ello signos de una mejora en el sistema cardiovascular y la salud en general.[14]

No cabe ninguna duda de que la dieta Atkins es mucho mejor que todas esas otras dietas tan populares. «Este es el mejor estudio que se ha realizado hasta la fecha que compara las dietas más populares», afirmó el doctor Walter Willett, presidente del Departamento de Nutrición de la Facultad de Salud Pública de Harvard. Según el doctor Willett, los resultados demuestran que la reducción de carbohidratos, «especialmente aquellos que contienen almidón y azúcares refinados, algo común en la dieta norteamericana, tiene efectos positivos en el metabolismo». También demuestran que la sustitución de carbohidratos por grasas «puede mejorar los niveles de colesterol en sangre y la presión arterial».

Muchos otros estudios confirman que una dieta baja en carbohidratos y rica en grasas produce una pérdida mayor de peso, una mejora más significativa en los niveles de triglicéridos y de colesterol en sangre y unos índices de inflamación más bajos que las dietas bajas en grasas.[15-17] La comunidad científica en general ahora reconoce que las dietas bajas en carbohidratos son mejores que las dietas bajas en grasas. Sin embargo, y a pesar de las evidencias, muchos profesionales de la medicina, organizaciones y empresas siguen apoyando y promoviendo las dietas bajas en grasas, por cuestiones éticas (por ejemplo, el vegetarianismo) o económicas.

De hecho, puedes perder peso con una dieta baja en grasas, pero es una auténtica lucha. Te sientes mal todo el tiempo. Es como si te estuvieran privando de algo. Pero si sustituyes los carbohidratos por grasas, notarás un cambio. Vas a disfrutar mucho más comiendo, te sentirás más saciado y, encima, perderás peso. Con una dieta baja en carbohidratos y un consumo adecuado de grasas se puede perder peso ingiriendo el mismo número de calorías que normalmente te harían engordar. La conclusión a la que llegamos es que caloría a caloría, puedes perder más peso con una dieta baja en carbohidratos que permita el consumo de grasas que con cualquier otro tipo de dieta. Además de perder peso, también experimentarás una mejora en la composición química de tu sangre y en tu salud en general.

9

Cetosis dietética

Pierde peso sin sufrir

Si hubieras vivido en Europa durante la Edad Media y te hubieran llevado ante las autoridades y acusado de un delito, probablemente hubieses acabado en la cámara de tortura. Allí te habrían encadenado con unos grilletes y torturado estirando tus extremidades hasta casi romperlas o tu piel se habría enrojecido tanto que habría acabado pareciendo hierro al rojo vivo. Hoy en día somos más civilizados. No enviamos a la gente a la cámara de tortura por haber cometido un error de juicio. Sencillamente, los ponemos a dieta. El sufrimiento puede ser casi igual de intenso.

La mayoría de las dietas para perder peso son básicamente lo mismo. Para reducir el consumo de calorías, debes limitarte a comer pequeñas raciones de comida eliminando todas las trazas de grasa. La grasa da sabor y mejora el gusto de los alimentos. Si la eliminas, al final lo que acabas comiendo es una pequeña ración de una especie de puré insípido. Tal vez el motivo es que si su sabor es lo suficientemente desagradable, no te lo quieras comer y, al final, acabes consumiendo menos calorías. Mi idea de una comida deliciosa no es un plato con una empanada de tofu y unos brotes de soja cruda por encima. Si tuviera que comer esto, preferiría estar gordo.

La mayoría de las dietas para perder peso acaban siendo un fracaso porque hacen que te sientas hambriento todo el tiempo. Los alimentos bajos en calorías que puedes comer no te sacian. Responde con sinceridad: ¿cuánto tiempo puedes aguantar realmente sin sentir hambre de nuevo después de haber comido un plato de lechuga con unas rodajas de pepino? Las dietas bajas en grasas están inherentemente condenadas al fracaso debido a la suposición errónea de que para reducir las calorías se debe eliminar el consumo de grasas en la medida de lo posible. Pero tú me aseguras que has adelgazado más de veinte kilos con una dieta baja en grasas o que conoces a alguien que lo ha conseguido. Déjame preguntarte algo: ¿te has podido mantener delgado? Si has recuperado esos kilos que perdiste, la dieta no te sirvió de mucho. De hecho, no funcionó. Si una dieta para adelgazar no te puede ayudar a controlar el peso, es inútil. De hecho, puede ser peor que inútil, porque las dietas yoyó hacen que al final uno acabe aumentando de peso. Las estadísticas muestran que el 95% de las personas que siguen una dieta para adelgazar con el paso del tiempo recuperan todo su peso. Este porcentaje es una tasa de fracaso muy elevada.

¿Por qué fallan las dietas bajas en grasas? Porque son una auténtica tortura. Seguir una de estas dietas es como morir de hambre poco a poco –literalmente es así–. Tienes hambre todo el tiempo. Te sientes infeliz. Pocas veces te sientes saciado. Constantemente estás pensando en comida. Cuando tratas de dejar de comer, tu estómago sigue haciendo ruido, recordándote que aún está hambriento.

La dieta ideal es aquella que te sacia y que hace que puedas aguantar sin comer nada hasta la siguiente comida. ¿Crees que es imposible? Te va a parecer imposible si caes en el error de creer que solo puedes adelgazar siguiendo una dieta baja en grasas. Pero si añades grasa a tu dieta, evitando los verdaderos causantes de problemas, vas a poder comer hasta que te sientas lleno y satisfecho, y aun así perder peso. Si puedes comer platos que te sacian y que no hacen que te sientas constantemente hambriento (o, en otras palabras, infeliz o desdichado), vas a poder mantenerte a dieta indefinidamente y, en consecuencia, evitar recuperar esos kilos que has perdido.

Energía metabólica

La glucosa es la principal fuente de energía utilizada por todas las células del cuerpo. Por lo general, la obtenemos a partir de los carbohidratos que contienen los alimentos que comemos. Cuando permanecemos bastante tiempo sin comer, como por ejemplo entre las comidas, durante las horas de sueño o cuando ayunamos, los niveles de glucosa en sangre disminuyen, lo que limita la cantidad de la que dispone el cuerpo para producir energía. Sin embargo, nuestras células exigen un suministro de energía las veinticuatro horas del día. Para mantener los niveles de energía, la grasa corporal se moviliza y las células adiposas liberan ácidos grasos. De esta manera, el cuerpo siempre tiene acceso a glucosa o a ácidos grasos como combustible para su constante necesidad de energía.

Aunque este proceso funciona para el cuerpo, no lo hace para el cerebro. El cerebro no puede utilizar los ácidos grasos para satisfacer sus necesidades energéticas, por lo que requiere de una fuente de energía alternativa. Esta fuente de combustible alternativa se conoce como cuerpos cetónicos o cetonas. Las cetonas son un combustible energético muy potente que el hígado produce a partir de ácidos grasos. Todas las células corporales, a excepción de los glóbulos rojos, pueden quemar cetonas para producir energía, pero se producen sobre todo para alimentar al cerebro y al sistema nervioso. Entre comidas, cuando los niveles de glucosa en sangre descienden, el hígado empieza a transformar los ácidos grasos en cetonas y, en consecuencia, los niveles de cetona en sangre aumentan. Después de tomar una comida que contiene carbohidratos, los niveles de glucosa en sangre suben, lo que indica al hígado que puede dejar de producir cetonas, y es entonces cuando los niveles de cetona empiezan a descender gradualmente. De esta manera, el cerebro tiene un suministro constante de energía que procede de la glucosa y de la cetona con el que puede contar.

El cerebro humano adulto utiliza aproximadamente de 100 a 150 gr de glucosa al día. Si solo dependiera de la glucosa, en un estado de completa inanición en el que solo se ingiriera agua, tendría que obtener la glucosa «canibalizando» las proteínas del cuerpo. Para que el cerebro pudiera disponer de 100 a 150 gr de glucosa al día necesitaría descomponer de 172 a 259 gr de proteína corporal a diario. A este ritmo insostenible de descomposición de la proteína, acabarías muriendo al cabo de dos semanas. Pero hay gente que hace ayunos, sin ingerir nada excepto agua, y aguanta más de dos meses. ¿Cómo puede ser? La razón por la que pueden hacer ayunos tan largos es que los ácidos grasos liberados que estaban almacenados se transforman en cetonas, lo cual satisface las necesidades energéticas del cerebro y, con ello, repone los tejidos corporales magros.[1]

Si la dieta carece de grasas, los tejidos magros se descomponen porque la cetona la produce la grasa. Mucha gente experimenta una pérdida de peso cuando se somete a una dieta baja en grasas debido a la descomposición de los músculos. Con una dieta baja en carbohidratos y rica en grasas, el tejido muscular se conserva. Se pierde peso porque se reduce grasa corporal.

Podemos clasificar los cuerpos cetónicos que se derivan de los ácidos grasos en tres tipos: el ácido betahidroxibutírico (BHB), el ácido acetoacético (AcAc) y la acetona. Al igual que la glucosa, las cetonas están presentes en la sangre en todo momento.

Un hígado adulto sano puede producir como mucho 185 gr de cuerpos cetónicos diariamente. Las cetonas suministran de un 2 a un 6% de la energía que el organismo necesita después de un ayuno nocturno y de un 30 a un 40% después de un ayuno de tres días. Se dice que una persona está en cetosis cuando su cuerpo pasa de quemar glucosa a quemar ácidos grasos y cetonas.

La producción de cetonas comienza a aumentar al cabo de pocas horas de habernos saltado una comida. El nivel de cetonas que normalmente presenta la sangre después de una noche de ayuno es generalmente de alrededor de 0,1 a 0,2 mM/L pero puede ascender hasta 0,5 mM/L. Como el ayuno (o la restricción de carbohidratos) continúa, aumenta la producción de cetonas. Después de dos días de ayuno, el nivel de cetonas en sangre se eleva de 1,0 a 2,5 mM/L. La cetosis asociada con un ayuno solo a base de agua no se convierte en sustancial hasta que han transcurrido entre tres y cinco días. Después de una semana o más de ayuno, los niveles de cetona en los individuos no diabéticos ascienden aproximadamente a 5 o 7 mM/L. Una vez que se llega a estos niveles en ayuno, los niveles de cetona se mantienen bastante constantes. Ya no ascienden más, independientemente de la duración del ayuno.

No se puede entrar en cetosis a menos que se consuma muy poca cantidad de carbohidratos. Para la mayoría de la gente esto significa por debajo de los 40 gr diarios. Ten en cuenta que la mayoría de las personas consumen alrededor de 300 gr de carbohidratos al día y algunas incluso más. Cuando ayunas, no consumes nada de carbohidratos, por lo que se produce un cambio en tu organismo. Este deja de quemar principalmente glucosa y empieza a quemar más grasas. En estas condiciones, normalmente se entra en un estado de cetosis al cabo de dos o tres días. Una dieta baja en carbohidratos lleva un poco más de tiempo, generalmente de cinco a siete días, dependiendo de la cantidad de carbohidratos y de comida que estés ingiriendo.

La cantidad máxima de carbohidratos que se pueden consumir, y aún así mantener un estado de cetosis, varía de una persona a otra. Algunas son más sensibles a los carbohidratos que otras, y tienen que reducir su ingesta de carbohidratos más de lo normal para entrar en cetosis. La mayoría de la gente podría entrar en un estado suave de cetosis si limitara su ingesta de carbohidratos entre 40 y 50 gr al día. Las personas sensibles a los carbohidratos, entre ellas la mayoría de las que padecen problemas de sobrepeso, tendrían que reducir su ingesta de carbohidratos entre 20 y 30 gr para conseguir el mismo efecto.

La dieta cetogénica

La cetosis inducida por medio de una dieta se conoce como cetosis dietética o cetosis nutricional. El doctor Robert Atkins la llamó cetosis dietética benigna. Añadió la palabra «benigna» para distinguirla de la cetoacidosis diabética, que es una complicación grave asociada con la diabetes de tipo 1. Cuando estás en cetosis dietética, eso significa que tu cuerpo moviliza la grasa que tiene almacenada y la utiliza para satisfacer sus necesidades energéticas. En otras palabras, tu cuerpo está quemando grasas y tú estás perdiendo peso.

Una dieta cetogénica es aquella que hace que la persona entre en cetosis, es decir, un estado en el que se queman grasas. Para poder hablar de una dieta cetogénica, esta debe ser muy baja en carbohidratos, rica en grasas y moderada (no demasiado alta) en proteínas.

Las dietas cetogénicas no son ninguna novedad, sino que, de hecho, hace más de noventa años que se utilizan para usos terapéuticos. La primera dieta cetogénica formulada científicamente se desarrolló en la década de los años veinte para tratar la epilepsia. En aquel entonces los médicos solían utilizar el ayuno como terapia para tratar problemas de salud difíciles como el cáncer, la artritis, la gastritis y problemas neuronales. Una de las afecciones que mejor respondían a esta terapia de ayuno era la epilepsia. El ayuno durante un período de veinte a treinta días, sin ingerir nada excepto agua, había ayudado a reducir significativamente las convulsiones epilépticas con resultados duraderos. Se observó que un nivel elevado de cetona continuado tenía un efecto terapéutico muy importante, sobre todo para el cerebro y el sistema nervioso.

Los médicos hallaron que cuanto más tiempo podían aguantar los pacientes en ayuno, mejores resultados obtenían. Es obvio que hay un límite en cuanto al tiempo que una persona puede permanecer en ayuno, por eso los médicos idearon una dieta que imitaba los efectos del ayuno en el metabolismo y que, a la vez, proporcionaba todos los nutrientes necesarios para mantener una buena salud. El resultado fue la dieta cetogénica. La dieta cetogénica resultó ser muy efectiva, incluso mucho más que algunos de los medicamentos más fuertes que existían para tratar la epilepsia.

Dado que se descubrió que la dieta cetogénica era muy adecuada para corregir los defectos cerebrales asociados con la epilepsia, los investigadores comenzaron a probarla con otros trastornos del cerebro y el sistema nervioso. Se empezaron a hacer estudios con trastornos neurodegenerativos tales como el alzheimer, el parkinson, la esclerosis lateral amiotrófica, la enfermedad de Huntington, las lesiones cerebrales traumáticas y los derrames cerebrales. Todos ellos respondieron muy favorablemente a la dieta cetogénica.[2-5]

No solo mejoran los trastornos cerebrales y nerviosos, sino que también lo hacen muchos de los parámetros con los que se mide el estado general de salud de una persona, tales como los lípidos en sangre (colesterol, triglicéridos), la presión arterial, los niveles de insulina y de azúcar en sangre, los niveles de proteína c-reactiva (que sirve para medir la inflamación del cuerpo) y la grasa corporal.[6-9] La dieta cetogénica ha demostrado tener un efecto terapéutico global.

Con la clásica dieta cetogénica, la ingesta de carbohidratos se mantiene en alrededor del 2% del total de calorías. Esto se hace con la intención de producir niveles terapéuticos de cetonas. Los carbohidratos normalmente representan el 60% de nuestra dieta diaria. Cuando se reducen a tan solo un 2%, el vacío debe llenarse con nutrientes que puedan producir energía. En la dieta cetogénica, se utiliza la grasa como sustituto del carbohidrato. La grasa proporciona la materia prima necesaria para la producción de cetona, llegando a un valor porcentual que en algunas ocasiones sobrepasa el 90% del total de calorías. La proteína proporciona el 8% restante.

Este tipo de dieta se usa para tratar trastornos graves como la epilepsia. Sin embargo, se puede perder peso con una dieta mucho menos estricta que permita más proteínas y carbohidratos, y menos grasas. Si el consumo de carbohidratos totales se limita a 40 gr o menos al día, se puede seguir induciendo un estado de cetosis.

En un tratamiento de epilepsia y otros trastornos, el paciente, normalmente un niño, ingiere las suficientes calorías para crecer y desarrollarse con normalidad. Sin embargo, en una dieta para perder peso, se modifica un poco la dieta cetogénica, de modo que se restringe la ingesta total de calorías. Pero realmente esta modificación no supone un problema, ya que en la dieta se incluye carne, huevos, queso y nata, por lo que sacia mucho más que cualquier otro tipo de dieta. Te puedes sentir lleno con menos comida y, por tanto, consumir menos calorías.

¿Una dieta rica en proteínas es cetogénica?

Hoy en día hay muchas dietas bajas en carbohidratos, pero no todas ellas son cetogénicas. Un ejemplo son las que se basan en comer carne y otros alimentos ricos en proteínas sin restricción alguna. Si regresamos a finales de la década de los años veinte, en esa época los investigadores descubrieron que los esquimales de Canadá que subsistían con una dieta tradicional a base de carne y grasa, y prácticamente sin carbohidratos, tenían unos niveles de cetona bajos similares a aquellas personas que se alimentan con una dieta típica a base de carbohidratos. Cuando la caza era abundante, los esquimales comían mucha carne. La glucosa derivada de la descomposición de la proteína ingerida con la carne era suficiente para impedir la cetosis.[10]

Se obtuvieron resultados muy parecidos en un estudio clínico en el que los sujetos debían consumir una dieta sin carbohidratos pero con mucha carne (parecida a la dieta de los esquimales) durante un período prolongado de tiempo mientras estaban en observación en la sala metabólica de un hospital.[11] Los resultados permitieron a los investigadores concluir que en el caso de las personas que subsisten con una dieta baja en carbohidratos, la cetosis varía en orden invertido según la cantidad de proteínas que consumen. Esto ocurre debido a que aproximadamente entre un 48 y un 58% de los aminoácidos que hay en la mayoría de las proteínas que se consumen pueden convertirse potencialmente en glucosa. Por cada 2 gr de proteína que se consumen en una dieta sin carbohidratos, entre 1 y 1,2 gr son potencialmente susceptibles de convertirse en glucosa. Por lo tanto, si se quiere tener éxito a la hora de perder peso con una dieta baja en carbohidratos, en el caso de la dieta cetogénica se deberá controlar la ingesta de alimentos ricos en proteínas. Esto es importante ya que nos permite entender por qué una dieta baja en carbohidratos pero en la que no se controla el consumo de carne y alimentos ricos en proteínas tiene poco o ningún efecto sobre la capacidad para perder peso. Estas personas se atiborran de alimentos ricos en proteínas y se preguntan por qué no están perdiendo peso como esperaban o por qué incluso pueden estar ganando peso. Luego se quejan de que una dieta baja en carbohidratos no les funciona.

Una dieta a base de carne puede ser una dieta baja en carbohidratos, pero no es una dieta cetogénica. Esta última se define como aquella que es muy baja en carbohidratos y rica en grasas, y con un consumo adecuado, pero no excesivo, de proteínas. Las grasas comprenden alrededor del 60% o incluso más del total de calorías consumidas.

El problema de la proteína magra

Adondequiera que vayas siempre te encuentras con alguien que te dice que debes comer proteína magra, eliminar la grasa, desechar la piel, comer solo la carne magra blanca, escoger pollo y pescado en lugar de carne roja porque contienen menos grasa, comer queso bajo en grasas y beber leche desnatada, etc., etc., *ad nauseam*. ¿Por qué se pone tanto énfasis en la proteína magra? Al parecer es un vestigio de la histeria antigrasa que hemos experimentado en los últimos decenios. Incluso muchos seguidores de las dietas bajas en carbohidratos y de las paleodietas* repiten el mantra «come carne magra». Muchos autores de libros de dietas bajas en carbohidratos, incluso aquellos que alaban las virtudes de comer grasas, instruyen a sus lectores para que elijan los cortes de carne más magros. Esto no tiene ningún sentido. ¡La grasa no es tu enemigo! La grasa –el tipo correcto de grasa– se puede convertir en tu aliado. Las grasas naturales que contienen los productos lácteos y las carnes, incluidas las carnes rojas, son buenas para ti. No debes desechar la grasa ni desmenuzar los trozos de carne hasta quitarles toda la grasa visible. La grasa le da más buen sabor a la carne. No deberías sentirte culpable por comerla.

La dieta cetogénica, incluida la del coco, no es una dieta hiperproteica. Es una dieta rica en grasas que contiene una cantidad adecuada, pero no excesiva, de proteínas. La grasa, y no la proteína, es el

* Las *paleodietas* son dietas que proponen recuperar los hábitos alimenticios del hombre de las cavernas (N. de la T.).

secreto del éxito de esta dieta. De hecho, debe limitarse el consumo de proteínas para tener éxito y no solo para perder peso, sino también para mejorar la salud en general.

Comer carne magra sin el aporte adecuado de grasa puede ser realmente perjudicial para tu salud. Un claro ejemplo de ello es lo que ocurrió en la década de los años setenta con la locura de la proteína líquida conocida como «ayuno modificado economizador de proteínas». La idea que había detrás de esta dieta era que se creía que reducir el consumo de calorías no solo ayudaba a eliminar grasa sino también tejido magro. Si una persona a dieta consumiera la cantidad adecuada de proteína con una dieta baja en carbohidratos y en calorías, evitaría que la proteína muscular se descompusiera. En teoría, la persona a dieta solo reduciría grasa corporal sin perder tejido magro. Se creía que la mejor manera de consumir la proteína era en bebida. Esto despertó la locura y las tiendas empezaron a abastecerse de surtidos enteros de bebidas dietéticas de proteína líquida.

La fuente de proteína de estos batidos procedía de la gelatina, un producto de proteína purificada hecha de tendones, cartílagos y piel de ganado. Aunque la gelatina es una buena fuente de proteína, su mezcla de aminoácidos es de menor calidad, es decir, no tan equilibrada como los aminoácidos que obtienes de comida auténtica como huevos, leche, carne y pescado. Pero este no era el principal problema de la dieta. Un problema mucho más grave era la ausencia de grasa. Sin grasa, la proteína (aminoácidos) no puede metabolizarse correctamente –con independencia de su calidad–. La grasa es esencial para que se dé una metabolización de la proteína completa. Como consecuencia, las personas que siguieron esta dieta durante un tiempo determinado acabaron enfermando, presentaron signos de desnutrición y muchas de ellas murieron a causa de una insuficiencia cardíaca a pesar de que no había indicios de que padecieran problemas de corazón. Tampoco ayudó el hecho de tomar suplementos vitamínicos ni complementar la dieta con una pequeña porción de carne magra. La gente seguía muriendo –al menos se registraron sesenta casos– y miles de personas enfermaron. La popularidad de la dieta se desvaneció rápidamente, aunque los batidos y las comidas de proteína líquida todavía están disponibles en el mercado.

La enfermedad que se desarrolla por un consumo de proteína magra sin una fuente adecuada de grasa se llama «envenenamiento proteico», o también se conoce como «hambre del conejo». Los síntomas incluyen diarrea, dolor de cabeza, fatiga, presión arterial baja, frecuencia cardíaca lenta o irregular y una sensación de malestar general. Sin la grasa adecuada, la proteína puede llegar a ser tóxica. Este hecho se conoce y se registra desde hace siglos. En épocas pasadas, nuestros antepasados cazadores no comían carne magra –al menos lo intentaban evitar en la medida de lo posible–. Trataban de comer tanta carne grasa como podían y disfrutaban de las vísceras grasas y de la médula ósea. No comían carne magra porque sabían que carecer de una fuente adecuada de grasa, podía ser perjudicial, e incluso letal.

Los esquimales del norte de Canadá y Alaska conocían el envenenamiento proteico. Tradicionalmente, su alimentación consistía casi en su totalidad en una dieta a base de carne. Sin embargo, sabían lo importante que era consumir una cantidad adecuada de grasa. Siempre llevaban consigo aceite de foca y otras grasas para complementarlo con las comidas. Sumergían la carne en un recipiente lleno de aceite de foca, como salsa de acompañamiento, antes de empezar a comer. Además de pescado y focas, cazaban caribús, morsas, zorros, osos, gansos, perdices nivales y otros animales, pero por lo general evitaban el conejo. La carne del conejo ártico es muy magra, y por eso la evitaban a menos que tuvieran un montón de grasa disponible para mojar. Habían aprendido que comer demasiado conejo podía hacer que enfermaran. Incluso si ingerían la parte más grasa del animal, como las vísceras, que son una buena fuente de proteínas, sabían que si no añadían grasa podían acabar enfermando. De hecho, podrías vivir mucho más solo con agua sin ninguna otra fuente de alimento que con una dieta a base de agua y toda la carne de conejo que quisieras comer. Los esquimales y los indios canadienses sabían que comer conejo podía causar la muerte por una «inanición» más rápida que una abstinencia total de comida, de ahí el término «hambre del conejo». Sucedía lo mismo si comían demasiada carne magra de cualquier otro animal, como por ejemplo el caribú, que normalmente perdía su depósito de grasa en verano y era extremadamente delgado.

El explorador del Ártico y antropólogo Vilhjalmur Stefansson (1879-1962) escribió extensamente acerca de los años que vivió en la región ártica canadiense, al igual que lo hicieron los esquimales primitivos. Stefansson describe cómo en un momento él y su compañero se vieron obligados a cazar y comer carne magra de caribú debido a la falta de otros alimentos. Era consciente de las reticencias de los esquimales a comer carne magra, pero la falta de alimentos los obligó a hacerlo. Transcurridas dos semanas, él y su compañero enfermaron gravemente. Solo cuando consiguieron ingerir grasa se recuperaron. Hubo otras ocasiones en las que la comida era escasa pero disponían de suficiente aceite de foca, lo que les permitió sobrevivir. A diferencia de lo que sucedió con la carne magra, tomar solo aceite de foca no les causó ningún daño.

Cuando Stefansson escribió acerca de la posibilidad de sobrevivir a base de carne y de grasa sin ningún alimento vegetal, y mantener un buen estado de salud, fue criticado por los médicos de su época. Afirmaban que era imposible, y que probablemente acabaría contrayendo una enfermedad como el escorbuto o cualquier otra enfermedad deficitaria. Para demostrar que estaban equivocados, Stefansson y su compañero en el Ártico, Karsen Anderson, aceptaron el reto de alimentarse a base de carne y grasa durante todo un año bajo la observación de un equipo médico del hospital de Bellevue, de la ciudad de Nueva York. Este experimento se llevó a cabo en 1928. Ambos pasaron el año sin experimentar ninguna enfermedad deficitaria y para cuando acabó el experimento su estado de salud era inmejorable. Aunque a menudo esta historia se utiliza para ilustrar lo saludable que es el consumo de carne, lo que realmente demuestra es lo saludable que es el consumo de grasa. Aunque comían diferentes cortes y tipos de carne, evitaban la carne magra, y el 79% de sus calorías eran grasas –principalmente saturadas.[12]

El doctor Eugene Dubois, quien dirigió el experimento, sentía verdadera curiosidad por lo que había escrito Stefansson respecto al hecho de comer carne magra, y quería ver el efecto que podía tener una dieta a base de este tipo de carne. De mala gana, Stefansson aceptó limitar temporalmente su dieta ingiriendo solo cortes magros de carne, mientras que Anderson iba a poder comer la mezcla de carnes y grasas que quisiera. Este subexperimento se llevó a cabo desde el principio del estudio, pero no duró mucho. Al cabo de dos días empezaron a aparecer los primeros síntomas que el envenenamiento proteico produce. Stefansson explica:

> Los síntomas que aparecieron en Bellevue por seguir una dieta de carne incompleta (carne magra sin grasas) fueron exactamente los mismos que en el Ártico, con la excepción de que se desarrollaron mucho más rápido, como por ejemplo diarrea y una sensación de malestar general bastante desagradable. En el Ártico, tanto los esquimales como yo nos curamos inmediatamente cuando volvimos a ingerir grasa. Así que el doctor Dubois me curó de la misma manera, dándome filetes grasos de solomillo, cerebros fritos con grasa de tocino y cosas por el estilo. En dos o tres días ya me sentía bien, pero había perdido mucho peso.

Anderson, por el contrario, con una dieta en la que podía mezclar carne con grasa, no experimentó ningún síntoma. En el hospital de Bellevue, los primeros síntomas del envenenamiento proteico aparecieron al cabo de un par de días. En el Ártico, al cabo de, más o menos, dos o tres semanas. Stefansson especula que la diferencia probablemente se deba a que en el Ártico, cuando comían carne magra de caribú, podían obtener algo de grasa de detrás de los glóbulos oculares y de la médula ósea del animal, lo cual debió de retrasar los primeros síntomas de la enfermedad. En el hospital, no tenía ninguna fuente de grasa, por lo que los síntomas aparecieron mucho más rápido.

Cuando los primeros hombres primitivos iban de caza, evitaban cazar los animales más delgados y trataban de hacerse con las presas que podían contener más grasa corporal. Los primitivos conocían los peligros del consumo de carnes magras. Las paleodietas y las dietas bajas en carbohidratos que abogan por el consumo de carnes magras y la eliminación de las grasas, además del consumo de productos lácteos desnatados y otros alimentos bajos en grasas, son perjudiciales. Las dietas hiperproteicas no son la solución para perder peso con éxito y de forma saludable. La solución, de hecho, es la grasa.

EL SECRETO PARA PERDER PESO CON ÉXITO

Reduce el hambre

Consumir demasiadas calorías, independientemente de su fuente, puede contribuir al aumento de peso. Es indistinto si proceden de carbohidratos, proteínas o grasas, porque las calorías que se consumen de más y que el cuerpo no necesita se convierten en grasa corporal. Aunque la grasa tiene una ventaja metabólica, si se consume junto a una gran cantidad de carbohidratos, se pierde toda posible ventaja. Incluso consumir demasiada grasa excediendo nuestras necesidades calóricas diarias puede sabotear nuestros esfuerzos por perder peso. Lo único que tienen en común todas las dietas para adelgazar es la reducción del consumo de calorías. Incluso la dieta cetogénica para perder peso es más eficaz cuando el consumo de calorías totales se limita.

¿Cuál es el mayor obstáculo para perder peso con éxito? ¿Qué hace que seguir una dieta sea una experiencia dolorosa y contribuya al fracaso de la dieta más que cualquier otra cosa? La respuesta es el *hambre*. Si constantemente sentimos hambre, hacer dieta se convierte en una tortura y está condenado al fracaso. Si pudiéramos eliminar esa sensación constante de hambre, hacer dieta sería mucho más fácil y eficaz.

La dieta cetogénica ofrece la solución. La cetosis tiene un efecto supresor del apetito.[13] Si pudieras acabar con esta sensación de hambre constante que acompaña a la mayoría de las dietas, no te sentirías tentado a picotear entre horas ni a excederte en las comidas, y puede que incluso te saltaras alguna comida sin echarla en falta. El efecto supresor del apetito que tiene la dieta cetogénica es el secreto para perder peso con éxito. Cuando uno entra en cetosis, el hambre disminuye en gran medida, aun cuando se consumen menos calorías.

Puedes reducir el consumo de calorías totales y perder el exceso de peso sin pasar hambre ni sentir que te falta energía, ni tampoco sentirte nervioso o irritado, ni sufrir cualquiera de los síntomas comúnmente asociados con las dietas bajas en calorías y que, en última instancia, sabotean la mayoría de las dietas. Al mismo tiempo, puedes disfrutar comiendo carne, huevos, queso, nata, salsas y otros alimentos ricos en grasas, sin remordimientos. La comida sabe tan bien y te sacia tanto que podrías seguir con esta dieta el resto de tu vida.

El efecto supresor del apetito de la dieta cetogénica quedó claramente demostrado en un estudio realizado por los investigadores de Kraft Foods y publicado en *The American Journal of Clinical Nutrition.*[14] En este estudio se dividió a los sujetos en dos grupos. A un grupo se le suministró la dieta típica baja en grasas y en calorías. El consumo de calorías totales se redujo unas 500-800 calorías diarias. Al segundo grupo se le suministró una dieta baja en carbohidratos y rica en grasas, sin ningún tipo de restricción en el número total de calorías diarias consumidas. A este segundo grupo solo se le dijo que debía hacer tres comidas al día, y también que entre horas podían picotear algún tentempié y en las comidas comer tanto como quisieran, pero sin atiborrarse. En definitiva, solo había un grupo realmente «a dieta», porque el otro grupo solo había modificado el tipo de alimentos que podía comer, ingiriendo todo lo que le apeteciera en cuanto a carne, grasa y vegetales con un contenido bajo en carbohidratos, sin prestar atención a las calorías. Después de haber transcurrido doce semanas, el grupo de la dieta baja en grasas perdió un promedio de 2,5 kilos y el grupo de la dieta baja en carbohidratos, un promedio de 4,9 kilos –el doble que el otro grupo–. Este último también redujo casi el doble de cintura: perdió 4,3 centímetros en comparación con los 2,8 centímetros del otro grupo.

A pesar de que el grupo de la dieta baja en carbohidratos podía comer todo lo que quisiera, los sujetos se sentían saciados con menos comida y, en consecuencia, acabaron consumiendo menos calorías que el grupo de la dieta baja en grasas. Al inicio del estudio, la ingesta media de calorías del grupo de la dieta baja en carbohidratos y de la dieta baja en grasas era de 2.050 y 1.961, respectivamente. Después de doce semanas, el grupo de la dieta baja en carbohidratos estaba consumiendo un promedio de 1.343 calorías, en comparación con las 1.500 del grupo de la dieta baja en grasas. Con la dieta baja en carbohidratos, los sujetos se sentían saciados, con lo que podían reducir su consumo de calorías de forma natural sin sentirse en ningún momento forzados a ello. Este es un método natural de perder peso, con el que uno no pasa hambre ni siente una sensación de malestar constante.

Varios estudios han demostrado que la cetosis reduce la sensación de hambre y la ingesta calórica. En uno de ellos, la ingesta calórica de unos sujetos con una dieta cetogénica se redujo hasta mil calorías menos con respecto a otros sujetos con una dieta baja en grasas para llegar a producir la misma sensación de hambre.[15] Otro estudio, que evaluó el hambre y la restricción cognitiva, halló que después de una semana siguiendo una dieta baja en carbohidratos, la sensación de hambre se había reducido en un 50% en comparación con una dieta baja en grasas.[16]

Algunos investigadores han sugerido que la razón por la que las dietas bajas en carbohidratos reducen el apetito es debido a una menor concentración de insulina en sangre. Parece ser que la insulina despierta el apetito. Los estudios han descubierto que los alimentos que activan la respuesta de la insulina sacian menos, y que unos niveles elevados de insulina aumentan la ingesta de alimentos. La supresión de la secreción de insulina con el uso de medicamentos también se ha demostrado que reduce el apetito y promueve la pérdida de peso.[17]

Cuando estás en cetosis, significa que la grasa sale de las células adiposas y se quema para producir energía. La cantidad de insulina en la sangre sigue siendo baja, pero lo suficientemente normal; esto significa que no hay un exceso de insulina en sangre, lo que haría que se empezara a acumular grasa en tus células adiposas. Tu cuerpo pasa de un estado metabólico en el que quema azúcar y almacena grasa a uno en el que empieza a quemar y eliminar la grasa corporal. El resultado es una pérdida de peso.

Las cetonas proporcionan a tu cuerpo una fuente de energía de alta calidad que produce mucha más energía que la glucosa. Es la misma diferencia que obtienes cuando quemas carbón en vez de papel. Con el carbón, el fuego arde más y durante más tiempo. Incluso cuando se reduce el consumo de calorías totales, el cuerpo no siente que se está muriendo de hambre. Como consecuencia, los niveles de energía y el metabolismo permanecen normales o incluso se pueden elevar. Puedes estar a dieta durante períodos prolongados de tiempo sin sufrir ese descenso en el metabolismo que acompaña a otras dietas que restringen las calorías. Como tu metabolismo y tus niveles de energía permanecen estables, con una dieta cetogénica puedes perder más grasa corporal que con un ayuno a base de agua.

Cuando sigues una dieta cetogénica, puedes saber cuándo estás en cetosis por la ausencia de hambre. Esto quizá te lleve de cinco a siete días. Por extraño que parezca, si sientes hambre con una dieta cetogénica para perder peso, esto significa que estás comiendo demasiado. Reducir la cantidad de comida que ingieres te ayudará a entrar mucho mejor en cetosis y te liberará del hambre.

Permíteme que comparta contigo las experiencias de algunas personas que han seguido las instrucciones que se dan en este libro:

> Yo antes pesaba 81 kilos y, aunque no era demasiado, me seguían sobrando diez para mi altura. Mi esposa a menudo hacía algún comentario sobre mi barriga. Esa era la zona de mi cuerpo donde parecía almacenar más grasa. Traté de perder peso, pero la sensación de hambre constante finalmente frustró todos mis intentos. Me puse a dieta, dejé de consumir todos esos alimentos que tanto me hacían engordar, empecé a comer más ensaladas y reduje la ingesta de calorías. Perdí unos cuantos kilos, pero luego cada vez me costaba más sacarme esos kilos de más. Tuve que reducir mucho mi ingesta de calorías. Después de varias semanas muriéndome de hambre, llegué a la conclusión de que no valía la pena sufrir tanto y decidí volver a comer como antes.
>
> Cuando descubrí la dieta cetogénica del coco estaba emocionado. Por fin había encontrado una dieta que me prometía perder peso,

sin incomodidad y sin esa sensación de hambre constante. Esta dieta cumplió con su promesa. Empecé a seguir una dieta cetogénica baja en carbohidratos y rica en grasas, inicialmente comiendo tres veces al día. El aporte de grasa satisfacía mi apetito y no sentía la necesidad de comer tanto como antes. Cada vez tomaba menos cantidad de comida, y aun así me sentía saciado. Al cabo de una semana más o menos, tenía tan poca hambre que empecé a saltarme las comidas. Para desayunar solía comer un par de huevos y entre 30 y 60 gr de carne (generalmente tocino o salchichas), acompañado de una gran cantidad de grasa. Me gustaba cocinar los huevos con tres cucharadas de aceite de coco y luego les echaba más aceite antes de comérmelos. De vez en cuando, incluía una taza de leche entera con un poco de nata, para aumentar el contenido de grasa. Esta comida rica en grasas me saciaba tanto que, cuando llegaba la hora del almuerzo, en raras ocasiones me sentía con hambre. Me solía saltar el almuerzo o solo comía un pequeño tentempié. Este tentempié normalmente consistía en dos cucharadas de aceite de coco mezcladas con dos cucharadas de requesón. Aunque la mayoría de las veces me saltaba completamente el almuerzo. No sentía hambre ni tenía tentaciones de comer antes de la hora de la cena. Para cenar me volvía a comer alrededor de 170 gr de carne grasa y algunas verduras, de nuevo con una gran cantidad de grasa añadida, como aceite de coco, mantequilla, aceite rojo de palma, grasa de tocino, etc. ¡Las comidas eran deliciosas! La cantidad que comía estaba muy por debajo de la cantidad que solía comer antes. La dieta cetogénica realmente me quitó el apetito. Nunca sentía esa sensación de hambre que había experimentado con otras dietas para reducir peso. En comparación, esta fue un camino de rosas.

Por mi constitución y la actividad física que hago debería ingerir alrededor de 2.500 calorías al día solo para mantener mi peso. A pesar de que estaba consumiendo grandes cantidades de grasa, no ingería más de 1.700 calorías al día, de las cuales 1.300 eran grasas. Excepto la primera semana, mis niveles de energía se elevaron. Pude hacer ejercicio tres veces a la semana como normalmente hago sin sentirme con poca fuerza o energía. De hecho, mis niveles de energía parecían mejorar por momentos. Al cabo de tres meses, había perdido en total diez kilos –en promedio alrededor de un kilo por semana–. Al final he podido alcanzar mi meta de llegar a pesar 70 kilos. Mi peso no ha sido tan bajo en años.

He estado siguiendo una dieta cetogénica baja en carbohidratos durante dos años y puedo asegurar que es lo mejor que me ha pasado en la vida. Tengo cincuenta y cinco años y toda mi vida había tenido problemas para controlar mi peso. Llegué a pesar 238 kilos. Eso era demasiado. Estaba rozando el límite de lo posible. Pero en tan solo dos años he perdido cincuenta y seis kilos y aún sigo adelgazando. Nunca tengo hambre y mi nivel de energía es inmejorable; además, mi presión arterial mejora por momentos.

Brian C.

He estado siguiendo una dieta baja en carbohidratos durante cuatro años y mi intención es seguir así para el resto de mi vida (tengo setenta y dos años). Empecé con esta dieta cuando me diagnosticaron diabetes. He podido mantener mi nivel de glucosa en sangre bajo control gracias a esta dieta y a las hierbas que tomo. Todos mis indicadores de salud son excelentes y me siento maravillosamente bien. De promedio consumo 25 gr de carbohidratos al día, en su mayoría de bajo índice glucémico. Como todas las verduras que quiero, excepto las que contienen almidón. Obtengo mucha fibra de las verduras y de la linaza que muelo con mi molinillo de café. No cuento las calorías y nunca tengo hambre. Ya no pierdo peso, pero me mantengo en unos saludables 75 kilos, veintitrés kilos menos de lo que pesaba.

Roy H.

La motivación que necesitas para seguir a dieta

Escuchar estas historias de éxito puede ayudarte a mantener el entusiasmo y hacer que te sientas lo suficientemente motivado como para seguir con la dieta. Pero hay algo más que puede motivarte. La conexión entre la cetosis y el hambre puede funcionar como una herramienta de motivación fantástica para evitar que hagas trampas. Se necesitan tres días de ayuno a base de agua para entrar en cetosis a un nivel donde la sensación de hambre realmente disminuya, y el doble de tiempo con una dieta cetogénica para conseguir el mismo nivel de cetosis. Por lo tanto, esto requiere que se siga de forma estricta una dieta baja en carbohidratos, rica en grasas y moderada en proteínas si se quiere conseguir bajar de peso y mantenerse así.

Tan solo necesitas una comida o un tentempié con un contenido alto en carbohidratos (como un trozo de pastel, una barra de caramelo, un refresco, un zumo de frutas, etc.) para sacarte del estado de cetosis y obligarte a volver a empezar de nuevo. Serán precisos varios días con una ingesta baja en carbohidratos en los que te sentirás hambriento antes de que puedas volver a un estado de cetosis donde se te quite el hambre.

Muchas veces nos sentimos tentados a ir a comer a casa de un amigo o a una fiesta, o vamos caminando por la calle y los olores de la comida de los restaurantes nos atraen, y así una cosa tras otra. Tratamos de justificarnos diciendo que ese pequeño trocito no nos va a hacer ningún daño. ¡Eso es un error! Ese pequeño trocito de pastel puede echar por tierra el efecto de la cetosis (e incluso te puede hacer engordar), y hay que empezar de nuevo. Una vez que hayas salido del estado de cetosis, tu sensación de hambre va a volver. Te sentirás tan hambriento que te verás tentado a comer más. Incluso si lo que comes no son alimentos con un alto contenido en carbohidratos, te sentirás tan hambriento que comerás en exceso otros alimentos –carne y verduras–. Y, por consiguiente, el consumo excesivo de calorías frenará la pérdida de peso que estabas experimentando.

Cada vez que tengas la tentación de consumir cualquier alimento o bebida rico en carbohidratos, párate a pensar en las consecuencias. Si lo tomas, echarás por tierra todo el trabajo que te costó entrar en un estado de cetosis y tendrás que volver a empezar de nuevo (recuerda que para entrar en cetosis se tarda de tres a siete días). Comer también puede hacer que te sientas hambriento y anheles más alimentos. Esto debería ser más que suficiente para motivarte y seguir con el programa sin hacer trampas –incluso ni un poco.

¿Una dieta rica en grasas es segura?

Algunas personas han criticado las dietas cetogénicas debido a la alta cantidad de grasas, sobre todo saturadas, que se consumen. Temen que la ingesta de esta cantidad de grasa pueda ser perjudicial y afecte en la incidencia de posibles enfermedades como ateroesclerosis (endurecimiento de las arterias), ataques cardíacos, derrames cerebrales y otros problemas de salud. Afirman que en las personas con sobrepeso, que ya de por sí tienen un mayor riesgo de sufrir problemas de corazón, aumentaría el riesgo de dichas enfermedades si añadieran más grasa a su dieta.

Como hemos visto en capítulos anteriores, la grasa dietética no causa enfermedades cardiovasculares. Esa teoría ha sido claramente refutada y los investigadores ahora reconocen este hecho. La mayoría de la gente se sentiría mejor si añadiera más grasa a su dieta. La dieta cetogénica se ha estudiado y se ha probado, y ha demostrado ser efectiva ya desde hace casi un siglo, sin efectos nocivos registrados. Los pacientes con epilepsia siguen esta dieta durante dos años o más. Miles de personas siguen un plan dietético cetogénico durante años, con la grasa saturada como principal fuente de grasa, sin sufrir ningún ataque cardíaco o derrame cerebral a causa de ello.

En el mayor estudio que se ha hecho hasta la fecha para demostrar la eficacia y la fiabilidad de la clásica dieta cetogénica, los investigadores no hallaron ningún efecto perjudicial a lo largo del tiempo, pese a que el 90% de las calorías que los pacientes ingerían procedían de las grasas. Los efectos, al contrario, fueron positivos. «Teníamos nuestras reticencias en cuanto a la seguridad de la dieta cetogénica a largo plazo, pero ahora tenemos la prueba de que realmente es efectiva –dice Eric Kossooff, neurólogo de la Universidad Johns Hopkins, en Baltimore, quien participó en el estudio–. Nuestro estudio debería ayudar a eliminar las dudas que se tienen acerca de la seguridad de las dietas cetogénicas a largo plazo».[18] Los efectos de la dieta cetogénica han sido muy positivos, ya sea para tratar trastornos cerebrales como para corregir problemas metabólicos o perder peso.

Una dieta cetogénica rica en grasas no solo es segura, sino que también produce una mejora en el estado de salud en general, si lo comparamos con las dietas bajas en grasas. Por ejemplo, investigadores de la Universidad de Connecticut compararon los factores de riesgo cardiovascular entre dos grupos de hombres con sobrepeso. A un grupo se le suministró una dieta baja en carbohidratos y rica en grasas, y al otro una dieta baja en grasas. Se les tomó muestras de sangre desde el principio del estudio y, tras haber transcurrido seis semanas, ya se podían sacar conclusiones. Ambas dietas mostraron mejoras en los niveles de colesterol en sangre, en los niveles de insulina en sangre y en la resistencia a la insulina, pero las diferencias entre los dos grupos en cuanto a los parámetros fueron poco significativas, lo que demuestra que una dieta rica en grasas es igual de buena que una baja en grasas. Sin embargo, solo el grupo de la dieta baja en carbohidratos experimentó un descenso significativo en los triglicéridos, en el índice de triglicéridos/HDL y en los niveles de glucosa en sangre, lo que demuestra la superioridad de esta dieta.

El grupo de la dieta baja en carbohidratos también mejoró en las lecturas del colesterol LDL, considerado como «malo» porque se cree que es el principal tipo de colesterol que deja depósitos en las arterias. Sin embargo, hay dos tipos de colesterol LDL: uno es grueso y seroso, y el otro suave y fluido. El LDL grueso y seroso no es dañino –de hecho, es realmente beneficioso porque es el tipo de colesterol que se adhiere a las membranas celulares para darles fuerza y también se utiliza para producir muchas de nuestras hormonas–; el que es suave y fluido se asocia con un mayor riesgo de padecer problemas de corazón. Los análisis de sangre generalmente no separan los dos y solo dan un valor único para el total. El resultado del LDL total es, por tanto, inservible. En este estudio, los dos tipos de LDL se separaron. El total de este tipo de colesterol fue significativamente más bajo en aquellos con una dieta baja en grasas que en aquellos con una dieta baja en carbohidratos. A priori, puede parecer que la dieta baja en grasas tiene más ventajas, pero en realidad no fue así. Aunque el total de LDL de la dieta baja en carbohidratos no variaba mucho, en cuanto al tipo de

LDL sí que lo hacía, con una disminución del indeseado LDL suave y un aumento del beneficioso LDL grueso. Aunque la dieta baja en grasas hizo que descendiera el total de LDL, el porcentaje de este no experimentó ninguna mejora significativa.[19]

Además de las mejoras en los niveles de lípidos y azúcar en sangre, el grupo de la dieta baja en carbohidratos perdió más peso, seis kilos en comparación con los cuatro del otro grupo. Todos estos cambios indican que una dieta baja en carbohidratos ayuda mucho más a reducir el riesgo de padecer una enfermedad cardiovascular o diabetes que una dieta baja en grasas.

Investigadores de la Universidad Duke, en Carolina del Norte, realizaron un estudio parecido.[20] Un total de 120 hombres y mujeres con sobrepeso e hiperlipidemia (colesterol alto) se ofrecieron como voluntarios para un estudio. La mitad de los sujetos siguió una dieta cetogénica baja en carbohidratos (menos de 20 gr de carbohidratos al día), sin límite en la ingesta de calorías diarias. Podían comer tanta carne, grasa y huevos como quisieran. La otra mitad siguió una dieta baja en grasas y baja en colesterol, con un consumo limitado de calorías diarias (la ingesta de calorías se redujo alrededor de 500-1.000 calorías al día).

Después de veinticuatro semanas, el grupo de la dieta baja en grasas había perdido 4,8 kilos de grasa corporal mientras que el grupo de la dieta cetogénica había perdido 9,4 kilos, lo que equivale casi al doble. Este estudio demuestra que para perder peso es mucho más efectiva la dieta cetogénica. La presión arterial, que se había elevado ligeramente en los sujetos del estudio, disminuyó en ambos grupos. En el de la dieta baja en grasas, la presión arterial sistólica (número superior) y la diastólica (número inferior) se redujeron 7,5 y 5,2 mm Hg, respectivamente. En el grupo de la dieta cetogénica, la presión arterial sistólica y la diastólica se redujeron 9,6 y 6,0 mm Hg, respectivamente. Cuanta más alta es la presión arterial, mayor es el riesgo de padecer enfermedades cardiovasculares. Incluso un pequeño aumento en la presión arterial eleva el riesgo. De nuevo, la dieta cetogénica demuestra ser más ventajosa.

Los triglicéridos en la sangre se consideran un factor de riesgo del colesterol, al margen de las enfermedades cardiovasculares. Cuanto mayor sea el valor de los triglicéridos, más alto es el riesgo. Los niveles de triglicéridos en sangre se redujeron 27,9 mg/dl en el grupo de la dieta baja en grasas y la friolera de 74,2 mg/dl en el grupo de la dieta cetogénica, más del doble en este último. El colesterol HDL se considera que es «bueno» y se cree que ayuda a proteger contra enfermedades cardiovasculares. Cuanto mayor sea este valor, mejor. Pues bien, este colesterol disminuyó 1,6 mg/dl en el grupo de la dieta baja en grasas, pero se incrementó 5,5 mg/dl en el grupo de la dieta cetogénica.

El índice de colesterol (total de colesterol dividido entre el colesterol HDL) se considera un indicador mucho más preciso para medir el riesgo de padecer una enfermedad cardiovascular si se compara con el colesterol total o los valores de LDL. Cuanto más bajo sea el valor del índice, menor es el riesgo. El índice de colesterol se redujo un 0,3 en el grupo de la dieta baja en grasas y un 0,6 –es decir, el doble– en el grupo de la dieta cetogénica.

Otro factor de riesgo al margen de los anteriores es el índice de triglicéridos/colesterol HDL. Cuanto más bajo sea el valor, mejor. El grupo de la dieta baja en grasas registró una caída de 0,6 mientras que el grupo de la dieta cetogénica la registró de 1,6, es decir, casi tres veces más. El índice de triglicéridos/colesterol HDL se considera uno de los indicadores más precisos para determinar el riesgo de padecer una enfermedad cardiovascular. Un índice de 6 o más indica un riesgo muy alto, de 4 o más señala un riesgo bastante alto, y de 2 o menos es lo ideal, o un riesgo bajo. Al final del estudio, el grupo de la dieta baja en grasas obtuvo un valor promedio de 3,4 o riesgo moderado mientras que el de la dieta cetogénica obtuvo un valor promedio de 1,6 o riesgo muy bajo a la hora de padecer una enfermedad cardiovascular. En todos los factores de riesgo que se midieron, la dieta cetogénica demostró ser superior a la baja en grasas, apoyando los resultados del estudio previo.

Ambos estudios se publicaron en 2004. Desde entonces, un estudio tras otro han corroborado los resultados. Las dietas cetogénicas bajas en carbohidratos y ricas en grasas, en comparación con las dietas bajas en grasas y que limitan el consumo de calorías, muestran mejores resultados en cuanto a la pérdida de peso y de grasa corporal, la presión en sangre, el colesterol HDL, los triglicéridos, el índice de colesterol, el índice de triglicéridos/colesterol HDL, el tamaño de las partículas de LDL, el azúcar en sangre, los niveles de insulina y la sensibilidad a la insulina.[21-26]

Incluso en los estudios que se han llevado a cabo durante un período prolongado de tiempo, como por ejemplo dos años, se han obtenido resultados parecidos.[27] Las dietas cetogénicas ricas en grasas no solo han demostrado ser seguras, sino que además protegen mucho más contra la diabetes y posibles enfermedades cardiovasculares que las dietas bajas en grasas.

Cetoacidosis

Existe una confusión generalizada entre los médicos y el público lego sobre la dieta cetogénica y la cetosis. Muchos facultativos han expresado su preocupación por la cetosis dietética, porque creen que puede contribuir a la acidosis –un pH de la sangre excesivamente bajo (demasiado ácido)–. Esta creencia se basa en observaciones que se han hecho de una afección que puede ser peligrosa y que a veces se observa en los diabéticos de tipo 1 no tratados llamada cetoacidosis. Las cetonas son ligeramente ácidas. La presencia de demasiadas cetonas puede hacer que la sangre se acidifique, causando la cetoacidosis, que puede causar un coma diabético. Los médicos aprenden sobre la cetoacidosis en la facultad de medicina, pero no mucho sobre la cetosis dietética o la dieta cetogénica. Por esta razón, se tiende a ver cualquier nivel de cetosis como una señal de advertencia de cetoacidosis y, a menudo, advierten a sus pacientes de los peligros de la dieta cetogénica.

Al margen de lo que te pueda decir tu médico o de lo que leas en Internet, seguir una dieta cetogénica no causa cetoacidosis. La cetosis dietética no es lo mismo que la cetoacidosis diabética. Ni siquiera se parecen un poco. La primera es un estado metabólico normal del cuerpo que puede ser manipulado con una dieta. Y la segunda es una enfermedad que solo padecen los diabéticos de tipo 1 y que no está influenciada por la dieta.

La insulina es necesaria para transportar la glucosa de la sangre a las células. Los diabéticos de tipo 1 son incapaces de producir una cantidad adecuada de esta hormona. Por esta razón, requieren inyecciones frecuentes de insulina. Después de una comida rica en carbohidratos puede aparecer cetoacidosis. Sin una inyección de insulina, la glucosa es incapaz de entrar en las células y los niveles de glucosa en sangre pueden elevarse peligrosamente. Un nivel de glucosa elevado no solo es tóxico, sino que además, si las células del cuerpo no reciben glucosa, literalmente, se empiezan a morir de hambre. Esto es una amenaza para el organismo que afecta al cerebro, al corazón, a los pulmones y a todos los demás órganos. Para evitar la muerte inminente, el cuerpo, que lo vive como una crisis, comienza a bombear frenéticamente cetonas en el torrente sanguíneo para proporcionar a las células la energía que necesitan para sobrevivir. Las células pueden absorber cetonas sin la ayuda de la insulina. Dado que ninguna de las células es capaz de acceder a la glucosa, se bombean continuamente cetonas en el torrente sanguíneo como una fuente alternativa de combustible. Los niveles de cetona se elevan tanto que hacen que la sangre se vuelva ácida, creando un estado de acidosis.

La cetoacidosis solo se produce en los diabéticos de tipo 1 no tratados y en muy raras ocasiones en los casos graves de alcoholismo. Una dieta no la puede provocar. Las dietas cetogénicas bajas en carbohidratos producen niveles de cetona en sangre de entre 1 y 2 mM/L. Durante los períodos prolongados de ayuno total, estos niveles aumentan de 5 a 7 mM/L. Este es el valor más alto al que se puede llegar con una dieta porque el cuerpo regula cuidadosamente la producción de cetonas. En la cetoacidosis, sin embargo, los niveles de cetona pueden incluso exceder los 23 mM/L. Nuestro organismo tiene la capacidad de amortiguar los efectos de los niveles de cetona durante los períodos de ayuno, pero cuando se elevan por encima de 20 mM/L, está más allá de su capacidad de control.

Tiras reactivas de cetona

Una forma sencilla para saber cuándo estás en cetosis es mediante unas tiras reactivas que indican la cantidad de cetonas que hay en la orina, también conocidas como tiras reactivas de lipólisis. Están hechas de delgadas tiras de papel tratado químicamente. Un extremo de la tira reactiva se sumerge en un espécimen fresco de orina. El color de la tira cambia dependiendo de la cetona concentrada en la orina. Con el uso de una tira reactiva, una persona puede saber si su nivel de cetona en sangre es «ninguno», «muy bajo», «bajo», «medio» o «alto». Esta prueba es de gran ayuda, ya que indica que los cambios en la dieta están haciendo que produzcas cetonas y en qué niveles.

Otro método para conocer los niveles de cetona es con un medidor de sangre. Este método requiere que te pinches el dedo con una aguja y tomes una muestra de sangre. Es mucho más preciso que una muestra de orina porque analiza directamente la sangre. Las lecturas se dan numéricamente en mM/L para que puedas obtener un número exacto. El coste, sin embargo, es mucho mayor.

Cuando una persona está en cetosis dietética, significa que está disolviendo y quemando la grasa del cuerpo para producir energía. En cierto sentido, nos sirve para saber la cantidad de grasa corporal que se está quemando. Esta prueba es útil porque te indica si estás en cetosis y en qué grado aproximadamente. También puedes ver cómo los cambios que haces en tu dieta afectan a tus niveles de cetona. Si añades más carbohidratos en tu dieta, estos niveles descenderán. Si quieres elevar la cetosis, tienes que reducir el consumo de carbohidratos. Esto puede ser muy útil a la hora de asegurarte de que no estás consumiendo demasiados carbohidratos.

Las tiras reactivas de cetona parecen una gran herramienta, y, de hecho, algunos programas dietéticos con un contenido bajo en carbohidratos recomiendan su uso; sin embargo, no son muy precisas ni muy útiles en los programas dietéticos para perder peso. Fueron diseñadas para analizar la cetoacidosis, no la cetosis dietética.

La cetosis dietética puede estar influenciada por varios factores que pueden afectar a las lecturas. Por ejemplo, los niveles de cetonas pueden variar dependiendo de la hora del día y tu nivel de actividad física. Después de despertarte por la mañana o cuando estás inactivo, las lecturas son más bajas que cuando estás activo o después de hacer ejercicio. La cantidad de agua que bebas también afectará a la lectura de las tiras reactivas de orina. Si bebes mucha agua, se va a diluir la orina y las cetonas que hay en ella, dando una lectura inferior a la real.

Las lecturas también pueden verse afectadas por la cantidad y el tipo de grasas de tu dieta. Cuando una persona está en cetosis, gran parte de la grasa que consume se transforma directamente en cetonas, que elevan los niveles de cetona en sangre. Si consumes una gran cantidad de grasa, los niveles de cetonas en sangre se elevan (esto ocurre solo cuando el cuerpo está en cetosis o en ayunas). Además, los TCM se transforman directamente en cetonas, por lo que, si consumes aceite de coco, los niveles de cetona en sangre también se elevarán. Los TCM producen cetonas independientemente de los alimentos que consumas en tu dieta. Por ejemplo, podrías seguir una dieta típica a base de carbohidratos y, después de consumir aceite de coco, dar positivo en la prueba de la cetosis. Estarías en un TCM temporal o, dicho de otra manera, en una cetosis inducida por la dieta, pero no en una cetosis metabólica. Las cetonas proceden de las grasas de la dieta y no de la grasa corporal disuelta. Una dieta rica en grasas y en TCM puede dar una lectura mucho más elevada en los análisis de cetonas en sangre y orina, haciendo que las lecturas sean inservibles como indicadores de la pérdida de peso o de grasa.

Si se quieren utilizar tiras reactivas de cetona como un medio para evaluar el grado de grasa corporal que se quema, solo se precisa que se esté en ayuno, ingiriendo únicamente agua. Pero incluso entonces, el agua que bebas afectará a las lecturas de las tiras reactivas de orina. Cualquier tipo de alimento que consumas quedará reflejado en las lecturas, pero esto solo indicará el tipo de dieta que estás siguiendo y no la cantidad de grasa que estás quemando. Esta es una de las razones por las que las lecturas en la mañana, después de ocho o doce horas de ayuno, son generalmente más bajas que durante el día, cuando estás activo y comes.

Las tiras reactivas de cetona son útiles porque te permiten saber cuándo estás en cetosis y, en menor medida, si el grado de cetosis es bajo, medio o alto. Sin embargo, no son necesarias, porque también puedes saber que estás en cetosis cuando tu apetito disminuye. Cuanta menos hambre tengamos, mayor será el estado de cetosis. Si a pesar de todo deseas utilizar las tiras, todo lo que necesitas son unas tiras reactivas de orina baratas. La compra de equipos caros para analizar muestras de sangre es innecesaria y no proporciona información adicional que sea útil.

Pulsa el botón de reinicio

¿Alguna vez trabajando con el ordenador se te ha bloqueado o se te ha quedado colgado sin poder salir del programa que estabas utilizando? Para solucionar el problema lo que tienes que hacer es pulsar el botón de reinicio o reiniciar el ordenador apagándolo y encendiéndolo de nuevo. Cuando se vuelve a encender, normalmente el problema ya se ha resuelto y, de nuevo, todo funciona correctamente.

Nuestros cuerpos son como este ordenador, a veces se quedan colgados y eso hace que no respondan correctamente. Estos fallos se manifiestan en síntomas como hipertensión, unos niveles elevados de azúcar en sangre, resistencia a la insulina, resistencia a la leptina, un nivel elevado de triglicéridos, un colesterol HDL bajo, indigestión, un mal funcionamiento del sistema inmunitario, dolor y malestar, rigidez y tirantez, inflamación, un mal funcionamiento de la tiroides, dolores de cabeza crónicos, estreñimiento, falta de energía, insomnio, obesidad e infinidad de otras afecciones. Los medicamentos generalmente no ayudan mucho. La mayoría de ellos están diseñados para tratar el síntoma, pero no para resolver el problema. Enmascaran los síntomas pero no corrigen la causa subyacente.

Los síntomas en sí mismos no son enfermedades, pero son un indicio de que algo funciona mal. Es como la luz que se enciende en el salpicadero y que te advierte de que al coche le falta aceite. La luz puede ser molesta, pero poner un trozo de cinta adhesiva encima o quitar la bombilla del salpicadero no va a solventar el problema. El síntoma

–la luz roja– se puede eliminar, pero el problema subyacente –la falta de aceite– seguirá allí. Si pasas por alto la advertencia de la luz, el motor termina por sobrecalentarse, y se quema y deja de funcionar. Lo mismo sucede con nuestro cuerpo cuando ignoramos las señales de advertencia y enmascaramos el problema con fármacos.

A menudo, cuando empiezas a tomar un medicamento para aliviar un síntoma, dicho medicamento acaba causando otro problema. El médico te recetará otro para contrarrestar los efectos secundarios del primero, pero este segundo medicamento quizá cause otros efectos secundarios, lo que hará que necesites otro más, y así sucesivamente. En poco tiempo, estarás tomando un puñado de medicamentos para tratar todos los síntomas y todavía te sentirás mal porque el problema de fondo no se habrá corregido. Es como un ordenador que tiene tantos programas en ejecución que se bloquea. Por mucho que trates de instalar o ejecutar un nuevo programa, no vas a solucionar el problema y probablemente empeores las cosas.

¿Acaso no sería fantástico tener un botón de reinicio que nos permitiera poner fin a todos los síntomas que padecemos y que nos ayudara a equilibrar de nuevo la química de nuestro cuerpo? De hecho, nosotros ya tenemos un botón de reinicio que puede hacer precisamente eso. La manera de activarlo es mediante la dieta cetogénica del coco.

La dieta cetogénica se desarrolló originariamente para tratar la epilepsia, lo cual fue todo un éxito. Con esta dieta, se reinicia el cerebro, por así decirlo, lo que le permite al cuerpo volver a cablear los circuitos neurológicos y corregir el problema subyacente.[28] La dieta cetogénica también ha demostrado ser eficaz para tratar enfermedades como el alzheimer, el parkinson, la esclerosis lateral amiotrófica, la enfermedad de Huntington, el autismo, la esclerosis múltiple, las lesiones cerebrales traumáticas, los derrames cerebrales y otros trastornos del cerebro.[29-36] En todos los casos, la dieta cetogénica ha traído consigo una mejora notable. Incluso en gente sana que no padece ninguna enfermedad degenerativa, ayuda a mejorar el estado de alerta y la claridad mental.

También se ha demostrado que la dieta cetogénica tiene grandes beneficios para los diabéticos. Disminuye los niveles elevados de insulina y de azúcar en sangre, y revierte los síntomas de la diabetes, como la neuropatía y la nefropatía, que antes se consideraban irreversibles.[37-41]

Además, ayuda a recuperar la salud reproductiva, mejora la vitalidad y la motilidad de los espermatozoides –algo muy importante para el éxito de la fertilización–,[42-43] mejora el funcionamiento del sistema inmunitario y protege contra el cáncer.[44-45]

Asimismo, mejora las funciones del corazón, aumentando su eficiencia y su fuerza mientras utiliza menos oxígeno. El corazón se nutre de cetonas y, de hecho, las prefiere en lugar de glucosa como fuente de combustible. Si dispone de cetonas, la eficiencia hidráulica de este órgano aumenta un 25% en comparación con la glucosa.[6, 46] Las cetonas calman la inflamación, que se asocia con casi cualquier tipo de dolencia, como las enfermedades cardiovasculares, la diabetes y la ateroesclerosis. Calmar la inflamación puede ayudar a aliviar los efectos perjudiciales de múltiples problemas de salud.[6, 9, 47] La dieta cetogénica reduce la formación de radicales libres destructivos en el cuerpo.[48-49] Así como ocurre con la inflamación, los radicales libres también se asocian con la mayoría de las enfermedades y contribuyen al daño y al dolor que estas causan. La dieta cetogénica ayuda a que la química del cuerpo se mantenga en equilibrio. Restablece o resensibiliza las hormonas receptoras, revierte la leptina y la resistencia a la insulina y hace que se pueda controlar más el apetito. Mejora la glándula tiroidea y la función del sistema, mejora los niveles de lípidos en sangre, equilibra el azúcar en sangre, normaliza la presión arterial y ayuda a perder más peso que otras dietas.

Algunos de los cambios que vas a poder experimentar después de seguir una dieta cetogénica a base de coco son los siguientes:

- Pérdida de peso y grasa corporal
- Reducción de la medida de la cintura
- Reducción del hambre y mayor control del apetito

- Aumento de la energía
- Disminución de la sensación de decaimiento y de descensos de energía a media tarde
- Mayor control sobre los alimentos, y menos antojos y adicciones
- Mejora de los niveles de azúcar en sangre
- Disminución de la presión arterial, en caso de que sea elevada (pero no afecta a la presión arterial si es normal)
- Mayor colesterol HDL (colesterol bueno)
- Reducción de los triglicéridos
- Descenso del índice de colesterol
- Reducción de la inflamación del sistema (lecturas de proteína c-reactiva más bajas)
- Mejora del sueño por la noche
- Mejora de la digestión
- Una mente más aguda y alerta
- Disminución de dolores y molestias
- Mejora de los síntomas asociados con una función tiroidea lenta (puedes consultar el listado de la página 258)
- Mayor sensación de bienestar en general

No existen efectos secundarios adversos asociados con la dieta cetogénica del coco. La mayoría de la gente con sobrepeso se siente hambrienta y se excede con los carbohidratos. Sustituir las calorías de los carbohidratos por las calorías de las grasas puede tener un efecto positivo muy notable en el peso y la salud en general. A continuación aparecen algunos comentarios de personas que han aumentado su consumo diario de grasa mediante la adición de aceite de coco o de aceite de coco virgen en sus dietas bajas en carbohidratos.

> Tengo la tiroides baja, incluso con el Synthroid se quedaba al límite antes de empezar a tomar aceite de coco virgen. Ya han pasado seis meses desde entonces. Ahora se mantiene en unos valores normales, más del doble de los de hace seis meses. La semana pasada me hice un

análisis de sangre. Mi colesterol estaba bien, sobre todo el colesterol bueno, que hizo que mi índice pasara de malo a bueno con un valor de 2,7. Los triglicéridos se habían reducido en cincuenta puntos. Me siento mucho mejor al conocer los resultados y he decidido que voy a continuar... y no hay signos de que tenga el hígado graso.

PAT

No sé por qué pero el aceite de coco virgen funciona. Déjame que te cuente. Mi presión arterial pasó de 210/142 a 134/77, y después de esto decidí disminuir mi dosis de medicamentos para tratarla.

ALICE

Cuando empecé a leer su libro, comencé a tomar aceite de coco. Al cabo de dos semanas me hice un análisis de sangre. Mis niveles de TSH mejoraron en gran medida como también lo hizo mi índice HDL/LDL de colesterol. Este índice mejoró de manera tan drástica que en la consulta de mi médico me dijeron que nunca habían visto un caso parecido. Lo mejor de todo es que me siento muy bien. Hace años que no me sentía tan bien. ¡Estoy tan agradecida por haber encontrado este libro!

MARGARET

Tengo diabetes y ahora que estoy tomando aceite de coco virgen con las comidas a diario, ya no tengo que medicarme para tratarla. A menos que, por supuesto, cometa una imprudencia y me coma un cono de helado. Entonces sí que tengo que tomar alguna pastilla. De lo contrario, el aceite de coco virgen controla totalmente mi nivel de azúcar en sangre.

BONNIE

Tomo tres cucharadas soperas al día en diferentes momentos antes de las comidas y mi tiroides baja está mejorando. Los resultados del análisis de sangre que me acabo de hacer son mejores de lo que nunca han sido. Esto significa que mi nivel de colesterol, de HDL y de triglicéridos ha mejorado desde que comencé a tomar aceite de coco virgen.

Antes de empezar a tomarlo me hice un análisis de sangre. Al cabo de seis meses me volví a hacer otro y los resultados fueron muy buenos. Mi médico de cabecera me dijo que siguiera haciendo lo que fuera que estuviera haciendo. Lo único que había cambiado era la adición de aceite de coco. Me siento muy bien y tengo más energía. No sé cómo expresar con palabras lo mucho que me ha ayudado a sentirme mejor y con más buena salud. Siempre tenía dolores y molestias, y estaba cansada todo el tiempo.

Patricia

Mi nivel de colesterol es estable y saludable. La glucosa es estable, lo que significa que no he experimentado esas subidas de insulina tan desagradables. Muchos miembros de mi familia padecen diabetes y al mantener mi nivel de glucosa en sangre bajo control, probablemente evite tenerla yo, o al menos retrasar su aparición. La irritabilidad de la piel ha desaparecido junto con mis migrañas. En noviembre del año pasado decidí participar en una carrera de cinco kilómetros para despedirme de mis cuarenta y nueve años. Voy a correr de nuevo este próximo noviembre para darle la bienvenida a los cincuenta. Gracias a la dieta baja en carbohidratos, he podido aprender acerca de los beneficios que tiene para la salud el consumo de aceite de coco. Me pregunto cuándo esas otras «dietas saludables» se van a poner al día. Las mujeres de mi edad generalmente tienen osteoporosis. Hace dos años me hice una radiografía de huesos que reveló que mi masa ósea estaba en perfectas condiciones. Eso sorprendió por completo a mi médico de cabecera. Pero para mí no fue ninguna sorpresa porque sigo una dieta saludable baja en carbohidratos. Nunca me he despreocupado tanto por mi salud.

Mary

Peso quince kilos menos y siento como si volviera a tener treinta años pese a que estoy a punto de cumplir sesenta y cinco. Ya no tomo más medicamentos para el dolor y tengo más energía de la que nunca me hubiera imaginado. Mi presión arterial es baja y mis compañeros de trabajo están sorprendidos por lo bien que estoy y lo feliz que me siento –ya nunca me quejo de que me duela algo–. ¡Siempre me siento fenomenal y sin tomar pastillas!

WENDY

He adelgazado veinticinco kilos hasta ahora y tengo que perder otros diez o veinte más. Sé que lo voy a conseguir. He añadido aceite de coco a la dieta baja en carbohidratos que sigo desde hace once meses. Ahora ya no consumo ninguno de esos medicamentos que se prescriben para tratar la hipertensión, el asma y las alergias. Mis niveles de colesterol han experimentado una gran mejora –mis triglicéridos eran de 940, y en tres meses se han reducido a 247–. De nuevo me siento con energía y puedo volver a hacer ejercicio. Hace un año no podía caminar hasta el centro comercial sin tener que pararme para descansar. Ahora me voy de excursión con mi marido. El aceite de coco encaja a la perfección con la manera en la que como. ¡He vuelto a recuperar mi vida!

DABS

Mi colesterol ha bajado de 270 a 200, mientras que mi HDL ha subido de 36 a 50 en tres meses. Mi hipotiroidismo ha desaparecido. Los médicos están sorprendidos. No pueden entender cómo mis niveles de tiroides pueden ser normales sin necesidad de medicarme.

EDIE

Tan solo añadiendo un poco de aceite de coco a tu dieta vas a experimentar grandes cambios en tu salud. Cuando combinas aceite de coco con un programa dietético cetogénico bajo en carbohidratos, los cambios pueden tener un efecto notable. En esto consiste la dieta cetogénica del coco.

10

¿Tu tiroides te está haciendo engordar?

Nos enfrentamos a un problema muy grave. Una plaga de proporciones gigantescas está arrasando el mundo civilizado, dejando a su paso millones de víctimas. Tú podrías ser una de ellas. A diferencia de las plagas de antaño, que tenían un efecto destructivo casi inmediato, esta nueva plaga es más engañosa. Acaba con sus víctimas lentamente y, con frecuencia, pasa desapercibida durante años. En el momento que comenzamos a sospechar que algo va mal, los síntomas ya están demasiado avanzados. ¿Qué es esta nueva plaga insidiosa? No es una enfermedad infecciosa. Es un espectro de trastornos metabólicos que afectan a la función tiroidea. Incluyen el hipotiroidismo, el bocio, la enfermedad de Graves, la enfermedad de Hashimoto y otros trastornos. El más común es el hipotiroidismo o, lo que es lo mismo, una función tiroidea lenta.

Se estima que veinte millones de estadounidenses tienen algún problema de tiroides. Alrededor del 60% de estas personas no son conscientes de su afección. Las mujeres son de cinco a ocho veces más propensas que los hombres a sufrir problemas de tiroides. Al menos, a una de cada ocho mujeres se le diagnosticará un trastorno de la tiroides en el transcurso de su vida. A muchas otras no se les va a diagnosticar. La levotiroxina (por ejemplo, el Synthroid), una hormona tiroidea sintética, es el cuarto medicamento más vendido en Estados Unidos. Trece de los cincuenta medicamentos más vendidos en este país están directa o indirectamente relacionados con el hipotiroidismo. Cada año el número de personas afectadas por trastornos de la tiroides aumenta.

La tiroides es una glándula con forma de mariposa ubicada en el cuello, justo debajo de la nuez. La glándula tiroidea produce dos hormonas importantes, la triyodotironina (T3) y la tiroxina (T4). Todos los órganos y células de nuestro cuerpo requieren una cantidad adecuada de hormonas tiroideas para un funcionamiento correcto. Estas hormonas regulan la temperatura corporal, la tasa metabólica, la reproducción, el crecimiento, la producción de glóbulos rojos, los nervios y la función muscular, el uso de calcio en el cuerpo y mucho más. Influyen en la capacidad de tus células para utilizar el azúcar en sangre y la insulina, y determinan la velocidad a la que se metabolizan las calorías; por lo tanto, influyen en el peso corporal.

La glándula pituitaria y el hipotálamo controlan la velocidad a la que las hormonas tiroideas se producen y liberan. El proceso comienza cuando el hipotálamo –una glándula en la base del cerebro que actúa como un termostato para todo tu sistema– emite una señal a la glándula pituitaria para que produzca una hormona conocida como hormona estimulante de la tiroides (TSH, según sus siglas en inglés). Tu glándula pituitaria –que también se localiza en la base del cerebro– libera una cierta cantidad de TSH, en función del total de T3 y T4 que haya en la sangre. La glándula tiroidea, a su vez, regula la producción de hormonas basándose en la cantidad de TSH que recibe de la pituitaria. Si la tiroides no produce una cantidad adecuada de hormonas tiroideas, debido al estado bajo de la tiroides, aparece lo que se conoce como hipotiroidismo. Los síntomas más comunes son sensibilidad al frío, falta de energía y un aumento de peso. Si la glándula tiroidea produce demasiadas hormonas, se crea un estado hiperactivo conocido como hipertiroidismo. Los síntomas incluyen una frecuencia cardíaca rápida o irregular, irritabilidad, nerviosismo, debilidad muscular, pérdida de peso inexplicable, alteraciones del sueño y problemas de visión.

La función de la tiroides puede estar influenciada por muchos factores –la genética, la dieta, la exposición a sustancias químicas, la radiación, infecciones y otros–. Bajo ciertas condiciones, la glándula tiroidea se puede ver atacada por el propio sistema inmunitario causando inflamación e hinchazón (bocio). A esto se le llama tiroiditis autoinmune. Aunque es poco común, la enfermedad de Graves y la de Hashimoto son los dos trastornos más comunes de la tiroiditis autoinmune. En el caso de la primera, los anticuerpos producidos por el sistema inmunitario atacan a la glándula tiroidea, causando un exceso de producción de hormonas tiroideas (hipertiroidismo). Esta estimulación hace que la tiroides se hinche. Con la enfermedad de Hashimoto, el ataque de los anticuerpos daña la glándula tiroidea, causando que sea poco activa, lo que provoca hipotiroidismo.

Los médicos no acaban de entender por qué el sistema inmunitario ataca a nuestro propio cuerpo y nos hace sufrir una enfermedad autoinmune. Hay muchas teorías. Según el doctor David M. Derry, un reconocido investigador de la tiroides y autor del libro *Breast Cancer and Iodine* (El cáncer de mama y el yodo):

> En el transcurso de una enfermedad leve, las células tiroideas dañadas vierten su contenido en el torrente sanguíneo. Varias proteínas procedentes de las células muertas actúan como invasores en el sistema inmunitario. Este ha tenido que fabricar unos anticuerpos para estas proteínas que ahora atacan al tejido tiroideo normal causando inflamación e incluso la muerte de las células de la glándula tiroidea. Este mecanismo es responsable del inicio de la enfermedad de Hashimoto y la de Graves.[1]

Hipotiroidismo

Cuando la gente dice que tiene un metabolismo lento o una función tiroidea lenta, en general se está refiriendo a que padece hipotiroidismo. ¿Cómo puedes saber si tienes hipotiroidismo? Los síntomas incluyen un exceso de peso, sensibilidad al frío, falta de energía, debilidad muscular, un ritmo cardíaco lento, piel seca y escamosa, caída de cabello, estreñimiento, irritabilidad, depresión, lentitud o dificultad en el habla, ojos caídos e hinchados, hinchazón en la cara, infecciones recurrentes, alergias, dolores de cabeza, problemas de metabolización del calcio y problemas que afectan solo a la mujer, como menstruaciones muy fuertes y calambres menstruales. La caída de cabello a menudo se asocia con problemas de tiroides. Una característica peculiar o una señal de alerta de un problema de tiroides es el adelgazamiento de las cejas, y en particular el borde exterior, que incluso puede desaparecer. La pérdida de pelo en el borde exterior de las cejas es un signo característico que apunta claramente hacia un posible caso de hipotiroidismo. Si se resuelven los problemas de tiroides, las cejas normalmente vuelven a crecer. Si el hipotiroidismo se desarrolla en la infancia y no se trata, puede retardar el crecimiento, retrasar la maduración sexual e inhibir el desarrollo normal del cerebro.

Es posible que a pesar de que tengas hipotiroidismo no sufras todos o incluso casi ninguno de los síntomas que se han descrito. La gravedad de los síntomas depende del grado de deficiencia de la hormona tiroidea. Una deficiencia leve puede causar síntomas que no sean observables, pero una deficiencia grave puede causar muchas de las afecciones descritas anteriormente.

Las hormonas tiroideas regulan el metabolismo. El metabolismo controla la velocidad a la que el cuerpo utiliza la energía para alimentar los procesos dentro de las células vivas. A medida que las células consumen energía, se produce calor. El calor producido por los procesos metabólicos es bastante constante, normalmente no fluctúa más de un grado a lo largo del día. Es más lento cuando estamos en reposo (cuando las necesidades energéticas son menores) y se acelera con la actividad física (cuando las necesidades energéticas son mayores). La actividad física vigorosa puede elevar la temperatura corporal entre dos y tres grados.

La temperatura corporal normalmente es de 37 °C. Durante el día puede variar y subir o bajar un grado (o medio grado). Una temperatura de 36,4 °C podría considerarse normal dependiendo de las condiciones en las que se tomó. Si el metabolismo es lento debido a una secreción insuficiente de hormona tiroidea, la temperatura del cuerpo será crónicamente más baja de lo normal. Un síntoma obvio sería la sensibilidad al frío. Tener una sensación constante de frío y con frecuencia sentir las manos y los pies fríos son los signos típicos del hipotiroidismo.

Otra consecuencia de un metabolismo lento es el sobrepeso. Cuando el metabolismo se ralentiza, se utiliza menos energía. Si tu cuerpo no emplea toda la energía suministrada por los alimentos que consume, la convierte en grasa. Así que cuanto más lento sea tu metabolismo, más probable será que la grasa se almacene en tu cuerpo y que tú aumentes de peso. Por esta razón, el consumo de calorías por sí solo no es la causa del sobrepeso. Una persona con una función tiroidea lenta podría comer una cantidad normal de alimentos y aun así engordar.

Hay muchos factores que pueden contribuir a padecer hipotiroidismo. Estos incluyen la genética, el estilo de vida, la dieta y el medio ambiente. En la mayoría de los casos, el problema de la tiroides se puede corregir con medicamentos o con un cambio en la dieta y en el estilo de vida de la persona. En las siguientes secciones vamos a tratar algunos de los factores que contribuyen a padecer esta afección y te ofreceré algunos consejos a la hora de superarla.

Malnutrición

Con sobrepeso pero desnutridos

Lo creas o no, la razón por la que podrías padecer sobrepeso es porque estás malnutrido. Sí, leíste bien. Puede que padezcas sobrepeso debido a la malnutrición. No estoy diciendo que debas salir corriendo en busca de más alimentos. Lo que debes hacer es aprender a escoger mejor aquellos que comes. La malnutrición es una de las principales causas subyacentes de la obesidad. ¿Cómo es posible que alguien que come en exceso pueda estar malnutrido? La cantidad de alimentos que ingieres no determina el estado de los nutrientes. Te podrías atiborrar con cuatro kilos de pastelitos al día y todavía seguir malnutrido. Los pastelitos no son una buena fuente de nutrientes. Suministran una gran cantidad de calorías pero casi no aportan vitaminas ni nutrientes.

La mayoría de los alimentos que comemos hoy en día tienen un déficit importante de nutrientes. Los procesos de refinado eliminan y destruyen muchos de ellos. El azúcar, por ejemplo, no tiene ninguna vitamina ni mineral. Pero contiene una gran cantidad de calorías que nos hacen engordar. Por ejemplo, a la harina blanca se le ha quitado casi todo el salvado y el germen de trigo tan ricos en minerales y vitaminas, dejando casi almidón puro. El almidón es solo azúcar. Lo mismo ocurre con el arroz blanco. Las vitaminas del salvado se eliminan, dejando tan solo una blanca porción de almidón. Las patatas contienen casi exclusivamente almidón. La piel contiene la mayor parte de los nutrientes, pero ¿cuántas personas comen las patatas con piel?

Muchos de los alimentos que típicamente comemos están hechos con azúcar, harina blanca, arroz blanco y patatas. Estos alimentos representan el 60% de nuestra ingesta diaria de calorías. Otro 20 o 30% procede de las grasas y los aceites. Esto no sería perjudicial si no fuera porque los aceites más populares son la margarina, la manteca y los aceites vegetales procesados como el de soja y el de maíz. A menudo los aceites se ocultan en los alimentos. Los que vienen convenientemente envasados y los platos que nos sirven en restaurantes contienen un montón de grasas de mala calidad, incluyendo un alto porcentaje de grasas hidrogenadas.

Para muchos, su dieta típica consiste en alimentos que contienen calorías vacías –almidón, azúcar, aceites vegetales procesados–. Muy pocos comemos frutas y hortalizas. Cuando lo hacemos, es generalmente como condimento –la lechuga que ponemos en el bocadillo o la salsa de tomate y la cebolla que añadimos a la pizza–. Nuestras comidas están cargadas de calorías, pero son nutricionalmente deficientes. Consumimos muchas calorías y muy pocos nutrientes. La consecuencia es que uno puede estar comiendo grandes cantidades de comida e incluso padecer sobrepeso, pero aun así estar malnutrido.

El Departamento de Agricultura de Estados Unidos afirma que la mayoría de los estadounidenses no obtienen la suficiente cantidad (un 100% de la dosis recomendada) de diez de los nutrientes más esenciales. Solo el 12% de la población obtiene un 100% de siete de estos diez nutrientes esenciales. Menos del 10% de los estadounidenses ingiere las cantidades diarias recomendadas de frutas y hortalizas. Un 40% no come fruta y un 20% no come hortalizas. Lo malo es que la mayoría de las verduras que comemos las freímos, como por ejemplo ocurre con las patatas (cocinadas con aceites vegetales hidrogenados).

El *Journal of the American Dietetic Association* publicó un estudio en el que se encuestó a 1.800 estudiantes de segundo y quinto de primaria en el estado de Nueva York. El día que se hizo la encuesta a los estudiantes, descubrieron que el 40% de ellos no había comido ningún vegetal, excepto patatas y salsa de tomate; un 20% no había comido fruta, y un 36% había comido al menos cuatro tipos diferentes de alimentos con un alto contenido calórico y muy pobres en nutrientes. No es de extrañar que hoy en día los niños sean cada vez más gordos.[2]

Ya de por sí es bastante malo que la mayoría de los alimentos que comemos sean nutricionalmente pobres, pero el problema se agrava aún más por el hecho de que estos alimentos también destruyen los nutrientes que obtenemos de otros. El azúcar, por ejemplo, no tiene nutrientes, pero los utiliza cuando se metaboliza. Los alimentos azucarados y con almidón pueden consumir el cromo del cuerpo, un mineral vital para producir insulina. Sin insulina, puedes padecer problemas de azúcar en sangre como si fueras diabético. Cuantos más alimentos procesados comamos, más nutrientes vamos a necesitar para poder metabolizarlos. Los aceites poliinsaturados, otra fuente de calorías vacías, consumen la vitamina E y A, y el zinc, mientras que ciertos aditivos queman la vitamina C. Una dieta cargada de productos de harina blanca, azúcar y aceites vegetales puede agotar rápidamente las reservas de nutrientes, lo que conduce a la malnutrición. Para que la tiroides funcione bien, se necesita una buena nutrición. De este modo la función tiroidea no sufre.

El consumo de cantidades excesivas de carbohidratos también promueve la resistencia a la insulina. El funcionamiento de la tiroides está estrechamente vinculado con el funcionamiento de la insulina. Si tienes una función tiroidea lenta, es probable que sufras una cierta resistencia a la insulina.[3] Incluso cuando la producción de la hormona tiroidea está rozando la normalidad, el riesgo de padecer resistencia a la insulina aumenta significativamente.[4]

Deficiencia de vitamina C

Si consumes más de 200 gr de carbohidratos al día (mucha gente alcanza los 300 gr), a base de cereales refinados y azúcar, y no comes muchas frutas ni hortalizas frescas, te puedo asegurar que te falta vitamina C. Esto es importante porque la vitamina C es esencial para la producción de hormonas tiroideas.

Consumir una gran cantidad de carbohidratos refinados puede producir un déficit de vitamina C, incluso aunque estés consumiendo la cantidad diaria recomendada de vitamina C (en Estados Unidos es de 60 mg/día). Si eres diabético o prediabético, el riesgo es mucho mayor.

La estructura molecular de la glucosa y la vitamina C son muy similares. Muchos animales pueden producir su propia vitamina C a partir de la glucosa derivada de los carbohidratos de su dieta. Es un proceso muy sencillo. Los seres humanos, sin embargo, no podemos. No disponemos de las enzimas que realizan esta conversión, por lo que debemos conseguir la vitamina C de los alimentos que comemos. La similitud entre la glucosa y la vitamina C no solo se limita a su estructura molecular, sino que también incluye la forma en la que ambas se sienten atraídas y entran en las células. Las dos moléculas requieren la ayuda de la insulina antes de que puedan penetrar en la membrana celular. La glucosa y la vitamina C compiten entre sí para entrar en nuestras células. Pero se trata de una competición desigual. Nuestros cuerpos favorecen la entrada de glucosa a expensas de la vitamina C. Cuando los niveles de glucosa en sangre son elevados, la absorción de vitamina C en las células queda restringida. Cada vez que comes algo que contiene carbohidratos, se convierte en glucosa, lo que puede interferir en la absorción de vitamina C. Cuantos más carbohidratos consumas, mayor será tu nivel de glucosa en sangre, y menos vitamina C utilizará tu cuerpo. Es irónico que seas capaz de beber el zumo de naranja azucarado o desayunar cereales azucarados con vitamina C añadida y, sin embargo, el azúcar de estos productos casi bloquee por completo la absorción de dicha vitamina. Una dieta rica en carbohidratos puede causar un déficit de vitamina C. Si la persona es diabética o tiene resistencia a la insulina (incluso aunque sea muy leve), la glucosa en sangre se eleva durante largos períodos de tiempo, lo que aún bloquea mucho más la absorción de vitamina C.

Por este motivo, las dietas ricas en carbohidratos pueden causar un déficit de vitamina C y, en consecuencia, un funcionamiento de la tiroides lento. El efecto que tienen los carbohidratos en cuanto al bloqueo que ejercen a la hora de absorber la vitamina C es muy notable, pese a que no está muy reconocido por la profesión médica. Es posible padecer una deficiencia vitamínica grave, incluso cuando la dieta contiene lo que podríamos considerar una amplia fuente de vitamina C. Una deficiencia vitamínica grave de vitamina C conduce al escorbuto, que puede incluir cualquiera de los siguientes síntomas: anemia, depresión, infecciones frecuentes, sangrado de las encías, dientes flojos, degeneración y dolor muscular, dolor en las articulaciones, curación lenta de heridas y lesiones y el desarrollo de ateroesclerosis (endurecimiento de las arterias), que puede conducir a ataques cardíacos y derrames cerebrales. La enfermedad puede acabar con la vida del individuo. Es mucho más probable que sufras un ataque cardíaco o un derrame cerebral con una dieta rica en carbohidratos que roba parte de la vitamina C que con una dieta rica en grasas.

El escorbuto era una enfermedad común a principios del siglo XX antes de que se descubriera su causa. Los marineros se encontraban entre los más propensos a padecerlo. Durante los viajes largos, los productos frescos se consumían primero, dejando poco más que carne salada y galletas náuticas para el resto del viaje. La galleta náutica es una galleta hecha a base de harina, sal y agua. Esto fue lo que permitió a muchos marineros sobrevivir. Como la harina y la carne son fuentes muy pobres de vitamina C, dieron lugar a muchos casos de escorbuto. Con una dieta deficiente en vitamina C, el escorbuto puede aparecer al cabo de uno, dos o tres meses, dependiendo de las reservas de vitaminas de la persona antes de seguir esta dieta tan restringida.

Cuando se descubrió que los productos frescos podían prevenir esta enfermedad, se añadieron limones y limas a la dieta del marinero. La marina británica fue la primera en abastecer a sus tripulaciones de cítricos y esta es la razón por la que a los marineros británicos se los llama *limeys*.*

A finales del siglo XIX y principios del XX muchos exploradores viajaron en busca del Paso del Noroeste a través del Ártico canadiense o trataron de ser los primeros en llegar al Polo Norte. Para prevenir el escorbuto, añadieron frutas y hortalizas a su dieta, que normalmente era a base de harina, azúcar, café y carne salada. En repetidas ocasiones, muchas expediciones acabaron en tragedia a causa del escorbuto. Los productos con los que se alimentaban no los protegían de padecer dicha enfermedad.

Como indiqué anteriormente, en la primera década del siglo XX, el antropólogo Vilhjalmur Stefansson viajó al Ártico canadiense para estudiar la forma de vida de los esquimales. Estaba especialmente interesado en los esquimales primitivos y vivió entre ellos durante varios años. Durante sus expediciones llevaba consigo comida para aguantar un mes o dos. Cuando él y sus compañeros agotaron todas sus existencias, tuvieron que sobrevivir con lo que producía la tierra o cazaban, como los esquimales hacían. En sus escritos cuenta que observó que los esquimales no comían ningún alimento de origen vegetal, y que se alimentaban solamente con los animales que cazaban. Estuvo comiendo igual que ellos durante años. Nunca tuvo escorbuto, ni tampoco ninguno de los nativos que vivían con él. Más tarde, cuando escribió acerca de sus experiencias, recibió muchas críticas por sus comentarios. Se creía que las dietas a base de carne eran deficitarias en cuanto

* La palabra inglesa *lime* se traduce por la castellana «lima». En este caso, el apodo que se les dio a los marineros británicos *The Limeys* se podría traducir como «hombres de lima» (N. de la T.).

al aporte vitamínico y que eso podía causar el escorbuto. Para acallar a sus detractores, Stefansson y su colega decidieron seguir una dieta a base de carne y grasas durante todo un año. Ninguno de los dos contrajo el escorbuto.

La razón por la que ni Stefansson ni los esquimales sufrieron de escorbuto fue porque no consumieron carbohidratos. A pesar de que su dieta a base de carne era muy baja en el aporte de vitamina C, la poca vitamina C que conseguían la absorbían porque no tenía que competir con la glucosa. Sin embargo, cuando se añade pan o harina, enseguida aparece el escorbuto. Stefansson informó que algunos de los miembros de su expedición que seguían comiendo harina y azúcar rápidamente desarrollaron el escorbuto y solo se curaron cuando volvieron a consumir una dieta rica en grasas y carnes, y baja en carbohidratos.

La mayoría de las personas que siguen una dieta rica en carbohidratos no desarrollan los síntomas del escorbuto propiamente dicho, pero tienen un déficit de vitamina C y padecen el escorbuto en un grado menor (escorbuto subclínico). Esta enfermedad deficitaria puede ser más insidiosa que el escorbuto propiamente dicho porque las señales y los síntomas no son fáciles de reconocer ni de diagnosticar. La salud se deteriora lentamente, dando pocas señales de alerta de que algo funciona mal hasta que es demasiado tarde. Con el tiempo, empeora la salud bucodental, aumentan los dolores y el malestar, se desarrolla la ateroesclerosis y empeora la función de la tiroides. Esta es otra buena razón para reducir tu consumo de carbohidratos.

La malnutrición subclínica

Las etapas avanzadas de la malnutrición pueden exhibirse como un número de enfermedades características tales como el escorbuto (déficit de vitamina C), el beriberi (déficit de tiamina) y la pelagra (déficit de niacina). Estas afecciones hacen que el cuerpo sea más propenso a padecer posibles infecciones, paralizar el sistema inmunitario, reducir su velocidad de curación, interrumpir el crecimiento y desarrollo normales y promover la degeneración de tejidos y órganos. Si no se trata, puede ser letal.

Según la Organización Mundial de la Salud, entre el 70 y el 80% de las personas en los países desarrollados mueren por el estilo de vida que llevan o por enfermedades directamente relacionadas con la dieta. La mayoría de los cánceres los causa la alimentación. Las enfermedades cardiovasculares, los derrames cerebrales y la ateroesclerosis, que son las principales causas de muerte en los países desarrollados, están relacionados con la dieta. La diabetes también es una enfermedad relacionada con la dieta. Numerosos estudios han demostrado que las vitaminas, los minerales y otros nutrientes que contienen los alimentos son lo que realmente puede protegernos de las enfermedades de la civilización moderna.

Cuando pensamos en la malnutrición, normalmente nos viene a la mente imágenes de gente demacrada por la sequía en África o gente muriéndose de hambre en la India. En los países más ricos, el problema es menos perceptible. Los síntomas de la malnutrición no son tan evidentes. Las personas con sobrepeso no se ven malnutridas y los métodos para diagnosticar enfermedades deficitarias requieren que la malnutrición se encuentre en un estado muy avanzado antes de que puedan detectarse.

Cuando se dispone de una gran variedad de alimentos, son pocas las personas que desarrollan síntomas visibles de malnutrición, incluso cuando sus dietas son nutricionalmente deficientes. En su lugar, sufren lo que se llama malnutrición subclínica, una afección en la que una persona consume suficientes nutrientes esenciales para prevenir los síntomas de una malnutrición grave pero cuyo cuerpo sigue padeciendo un déficit nutricional y es propenso a una degeneración lenta y prematura. Esta afección puede permanecer así sin ser detectada jamás. En los países occidentales el problema de la malnutrición subclínica es una epidemia. Los alimentos que consumimos contienen muy pocos nutrientes. Comemos, e incluso en exceso, pero aun así seguimos malnutridos porque los alimentos que consumimos no contienen todos los nutrientes esenciales que nuestro cuerpo necesita para funcionar de manera óptima. Como resultado, el sistema inmunitario está crónicamente paralizado, el organismo no puede luchar contra posibles infecciones, las células se mueren de hambre por falta de nutrientes y los tejidos degeneran lentamente.

El cuerpo, cuando siente que le faltan nutrientes, puede ralentizar su funcionamiento y frenar su metabolismo para conservar los pocos nutrientes que recibe. De ese modo, es más fácil que pueda desarrollar una función tiroidea lenta y que aumente de peso. Para que la glándula tiroidea y sus hormonas funcionen correctamente necesitas cantidades adecuadas de vitaminas A, B_{12}, C, D y E; de minerales como el yodo, el selenio, el zinc y el cobre, y de aminoácidos (los componentes estructurales de las proteínas). Un déficit en uno de ellos puede causar una función tiroidea lenta. Por ejemplo, para producir la hormona tiroidea conocida como tiroxina, la tiroides necesita yodo, y el aminoácido, tirosina. Una dieta carente de tirosina que contenga proteína o yodo paraliza la función de la glándula. Debido a la gran importancia del yodo para la función tiroidea, en el siguiente capítulo se va a tratar en mayor profundidad. La carne y otros productos de origen animal son fundamentales porque aportan proteínas, pero también porque contienen vitaminas A y B_{12}. La vitamina A puede ser producida a partir del beta-caroteno que se encuentra en alimentos de origen vegetal, pero algunas personas tienen dificultades para hacer la conversión. La vitamina B_{12} está solo disponible en los productos de origen animal y no puede ser sintetizada a partir de otros nutrientes. Quizá necesites suplementos vitamínicos y nutricionales para asegurarte una buena nutrición.

Aditivos alimentarios

Ya he hablado sobre los efectos que el azúcar, los edulcorantes artificiales y el jarabe de maíz de alta fructosa tienen en tu salud y cómo afectan a tu peso. Existen muchos otros aditivos que también entorpecen la batalla contra la gordura.

Si quieres engordar, una forma segura de conseguirlo es consumiendo alimentos que contengan glutamato monosódico (GMS). El GMS es un potenciador de sabor, así como también un promotor de la grasa del vientre. Cuando los investigadores quieren hacer estudios de obesidad con ratones, es lo primero que se les da para que engorden hasta padecer sobrepeso. No hay ninguna cepa de ratas ni de ratones que sea obesa por naturaleza, por eso los investigadores les inyectan GMS cuando son recién nacidos. El GMS triplica la cantidad de insulina que el páncreas produce, causando obesidad en las ratas.[5] Cuando comemos alimentos que contienen glutamato monosódico, nos sucede lo mismo.

Se cree que el GMS es uno de los principales causantes de la mayoría de los problemas de obesidad. Lo encontramos en todas partes, desde las carnes y las sopas en lata que comemos para el almuerzo hasta las patatas fritas y los aderezos para las ensaladas. Lo encontramos en miles de productos envasados, enlatados, congelados o en cajas. Si no aparece en la etiqueta de los ingredientes, no significa que los productos no lo contengan. Los fabricantes utilizan una gran variedad de ingredientes que contienen GMS sin que se vean obligados a ponerlo en la lista. Otros ingredientes con GMS incluyen proteína vegetal hidrolizada, caldo, ácido glutámico, glutamato, glutamato de calcio, levadura autolizada, extracto de levadura, proteína texturizada, proteína de soja, proteína aislada de suero lácteo y aromas naturales, entre otros. La lista podría seguir y nunca serías capaz de recordar todos los nombres.

Todos estos aditivos alimentarios se utilizan en los alimentos preparados y envasados. La forma más segura de evitar el GMS y otros aditivos añadidos es sencillamente no comer este tipo de alimentos. En su lugar, puedes optar por productos frescos, carnes, huevos y lácteos –alimentos reales–. Estos son los alimentos que nutren y no contienen aditivos. Siempre que leas una etiqueta de ingredientes y veas que contiene GMS, piensa en él como un potenciador de grasa que va a convertir todo lo que comas en grasa corporal.

Las grasas y los aceites son aditivos alimentarios comunes. Cuando los aceites vegetales están hidrogenados, el proceso químico transforma los ácidos grasos naturales en unas criaturas extrañas llamadas ácidos transgrasos. Cuando se consumen, estas grasas artificiales y tóxicas se incorporan a nuestras células y órganos como lo hacen las grasas normales. Sin embargo, no funcionan igual que las grasas normales y pueden interrumpir los procesos celulares habituales. Estas grasas pueden causar estragos en la tiroides, la pituitaria y otras glándulas que participan en el manejo y control del metabolismo y el peso corporal. El aceite vegetal parcialmente hidrogenado es un aditivo alimentario común. Si aparece en la lista de los ingredientes de la etiqueta del producto, no lo consumas. Tu tiroides te lo agradecerá.

Los aceites vegetales que no están hidrogenados también pueden ser un problema, sobre todo cuando se utilizan en productos preparados y envasados, y productos que se fríen (por ejemplo, las patatas fritas, las palomitas de maíz, los aros de cebolla, el pescado frito, los trocitos de pollo rebozado, los pastelitos, etc.). Aunque necesitamos algunas grasas poliinsaturadas en la dieta, el consumo excesivo de estas grasas promueve potencialmente el aumento de peso. Por ejemplo, puede paralizar la actividad de la tiroides, reduciendo así la tasa metabólica. Cualquier aceite vegetal poliinsaturado que se ha añadido a un producto envasado y procesado está dañado. La razón por la que los aceites vegetales pueden ser un problema es porque se oxidan muy rápido y se tornan rancios. Los aceites oxidados bloquean la secreción de la hormona tiroidea, su movimiento en el sistema circulatorio y la respuesta de los tejidos a la hormona.[6]

Como dije en el capítulo 3, los aceites vegetales poliinsaturados son muy vulnerables a la oxidación. La exposición al calor, incluso cuando se cocina a fuego lento, acelera la oxidación y la liberación de radicales libres. Dado que los radicales libres son tóxicos, nuestro cuerpo tiene incorporado un mecanismo de defensa a base de enzimas antioxidantes, que neutralizan a los radicales libres. Los componentes básicos para las enzimas antioxidantes se consiguen de los alimentos que consumimos. Los nutrientes como la vitamina A, C o E y los minerales como el selenio, el cobre y el zinc son esenciales para que las enzimas antioxidantes que nos defienden se puedan sintetizar. Por ejemplo, el zinc y el cobre son necesarios para formar superóxido dismutasa, una de nuestras enzimas antioxidantes más potentes. Además de vitaminas y minerales, los vegetales contienen una gran variedad de fitoquímicos con potentes propiedades antioxidantes, como el betacaroteno, la luteína, el licopeno, las antocianinas y otros.

El consumo excesivo de aceites poliinsaturados, en especial los que han sido dañados por el calor excesivo, puede liberar una gran cantidad de radicales libres que agoten rápidamente las reservas de antioxidantes de nuestro cuerpo. Esto nos conduce a experimentar una falta de nutrientes antioxidantes esenciales. Estos nutrientes no solo se utilizan para formar las enzimas antioxidantes, sino también para otras miles de enzimas necesarias para un adecuado funcionamiento de nuestro cuerpo.

Las vitaminas C y E, el selenio y otros nutrientes antioxidantes son esenciales para la producción y la utilización de las hormonas tiroideas. Cuando son deficientes, a causa de una dieta pobre en nutrientes y del consumo excesivo de aceites poliinsaturados, la función tiroidea sufre. Los estudios han demostrado que el uso excesivo de aceites poliinsaturados puede interferir en el funcionamiento del sistema y de la glándula tiroidea, dando lugar al hipotiroidismo.[7-8]

El selenio es crucial tanto para la producción de T4 en la glándula tiroidea como para la conversión de la T4 en T3.[9] Una dieta rica en aceites poliinsaturados también interfiere en el proceso de conversión de la T4 en T3, probablemente debido a que drena las reservas de selenio que tiene almacenadas el cuerpo.[10] Una deficiencia en la cantidad de cualquiera de estos nutrientes antioxidantes puede causar un mal funcionamiento de la tiroides. Los radicales libres también pueden interferir directamente en la conversión de la T4 en T3. Reducir la cantidad de aceites poliinsaturados en la dieta y añadir nutrientes antioxidantes puede mejorar la función de la tiroides.[11-13] Los aceites vegetales poliinsaturados oxidados no son la única fuente de radicales libres que atacan a nuestro cuerpo. También se hallan radicales libres en las sustancias químicas que contienen los aditivos alimentarios, el alcohol, el humo del tabaco, los metales tóxicos (por ejemplo, el mercurio, el plomo o el aluminio), el aire contaminado y otras toxinas ambientales. Incluso evitando todas las fuentes de grasas poliinsaturadas, seguirás exponiéndote a radicales libres.

El consumo de alimentos que sean una buena fuente de antioxidantes es esencial para mantener una buena función de la tiroides. Algunos antioxidantes se complementan con otros e incluso se revitalizan cuando interactúan juntos, así que una gran variedad de antioxidantes proporciona la mejor protección. Aunque tomar suplementos dietéticos antioxidantes puede ser útil, los estudios demuestran reiteradamente que los antioxidantes son más eficaces cuando se obtienen de los alimentos naturales, que contienen docenas de ellos, en lugar de hacerlo a partir de un comprimido que suministra solo unos pocos.

Cuando los aceites vegetales se oxidan y se tornan rancios, empiezan a producirse una serie de reacciones químicas que afectan al sabor y hacen que se pudran más rápido los alimentos. En un intento por evitar que esto suceda y hacer que duren más, los fabricantes de comida añaden antioxidantes como conservantes. La vitamina E se utiliza a menudo como un conservante antioxidante natural, pero los más comunes son los antioxidantes sintéticos como el hidroxitolueno butilado (Bht), el butilhidroxianisol (Bha) y el terc-butil hidroquinona (Tbhq). Casi todos los cereales para el desayuno contienen uno o más de estos antioxidantes sintéticos. También los puedes encontrar en hojaldres, pasteles, panes, galletas, aderezo para ensaladas y goma de mascar, así como en pintalabios, cremas hidratantes y otros cosméticos. Casi cualquier alimento envasado que contenga grasas es probable que lleve uno de estos antioxidantes. Se añaden a estos productos expresamente para retrasar la oxidación de las grasas poliinsaturadas –e incluso algunas veces a margarinas y a aceites vegetales procesados.

Aunque estos antioxidantes sintéticos pueden retrasar la oxidación de las grasas y la fecha de caducidad de los alimentos envasados, crean sus propios problemas. Los estudios han demostrado que su uso durante un período de tiempo prolongado (noventa días o más) puede ser tóxico para el hígado, los pulmones, los riñones, la vejiga y la glándula tiroidea, y promover el cáncer –una de las áreas de mayor preocupación para los investigadores–.[14] Para empeorar las cosas, estos productos químicos tienden a acumularse en el cuerpo. Aunque la cantidad de estas sustancias químicas en una sola ración de cereales para el desayuno no puede causar mucho daño, cuando se consumen con frecuencia, con el tiempo se pueden acumular y tener efectos potencialmente muy perjudiciales.

Existen muchos aditivos alimentarios –colorantes, emulsionantes, edulcorantes artificiales, conservantes y muchos más. Algunos, como la vitamina E, el ácido cítrico, la sal marina o el polvo de hornear (levadura) sin aluminio son relativamente benignos. Pero muchos otros, especialmente aquellos con nombres químicos largos y difíciles de pronunciar, han empezado a despertar la preocupación debido a sus posibles efectos adversos. Es mejor que evites cualquier alimento envasado que contenga ingredientes con los que no estés familiarizado.

11

El yodo y tu salud

Un nutriente esencial

El yodo es un nutriente esencial que se encuentra en todas las células de nuestro cuerpo y que estas utilizan. La tiroides contiene la mayor concentración de yodo si lo comparamos con cualquier otro órgano o tejido. Esta glándula absorbe hasta 6 mg del total de yodo que circula a diario por nuestro organismo para la producción de hormonas tiroideas. Se necesitan tres moléculas de yodo para formar la T3 (triyodotironina) y cuatro para la T4 (tiroxina), dos hormonas muy importantes que se producen en la glándula tiroidea. Estas hormonas se sintetizan y, luego, se almacenan en la tiroides hasta ser liberadas. Lo ideal es que siempre haya una cantidad adecuada de hormonas tiroideas disponible para satisfacer las necesidades diarias del cuerpo, incluso cuando el consumo de yodo sea variable. Sin embargo, cuando la ingesta diaria de yodo no puede mantener la capacidad de almacenamiento de la glándula tiroidea o suplir las necesidades diarias del cuerpo, empieza a ser deficitaria, provocando un mal funcionamiento de la tiroides (lo que se conoce como hipotiroidismo).

Un error común es creer que la única función que tiene el yodo en el cuerpo es producir hormonas tiroideas. La glándula tiroidea no es el único órgano corporal que concentra y utiliza yodo. La mayoría del yodo que hay en el organismo no se emplea para la síntesis de las hormonas tiroideas, sino que se encuentra en los tejidos externos a la tiroides. Hallamos grandes cantidades de yodo en las glándulas salivales, el líquido cefalorraquídeo, el cerebro, las mamas, los ovarios, los riñones, las articulaciones, las arterias, los huesos y el cuerpo ciliar del ojo.

El yodo es esencial para todas las células del cuerpo humano. Es necesario para un buen funcionamiento y estructura de las glándulas mamarias, actúa como protector antioxidante, se ha demostrado que tiene propiedades antitumorales, desempeña el papel de agente de desintoxicación, apoya la función inmunitaria y protege contra bacterias patógenas.

La falta de yodo causa una amplia variedad de afecciones, entre ellas gota, hipotiroidismo, retraso mental, cretinismo y grados variables de otras anormalidades en el crecimiento y desarrollo de los niños. Es el principal causante a nivel mundial de daños cerebrales prevenibles. La Organización Mundial de la Salud estima que alrededor de 740 millones de personas en todo el mundo padecen alguna enfermedad por falta de yodo, y que un 35% de la población (unos 2.000 millones) tiene una carencia de yodo.[1] Además, la falta de yodo incrementa el riesgo de cáncer de tiroides, de mama, endometrial, de ovarios y de próstata, y posiblemente el síndrome de muerte infantil súbita, la esclerosis múltiple y otras afecciones.[2-4]

Junto con la glándula tiroidea, las mamas son la parte del cuerpo donde más yodo se almacena y se extrae. El yodo es esencial para el desarrollo y el mantenimiento de una estructura y función normales de las mamas, especialmente en las mujeres. La leche de los pechos lactantes contiene cuatro veces más cantidad de yodo que el que absorbe la glándula tiroidea.[5] La única fuente de yodo de los bebés que se amamantan procede de la leche materna. La falta de este elemento en el tejido de la mama puede provocar cáncer de mama y fibrocitis pectoral. Cuando el cuerpo no tiene suficiente yodo, la glándula tiroidea y las mamas compiten por la poca cantidad disponible. Como consecuencia de ello, ambos tejidos tendrán carencias. El yodo funciona como protector antioxidante, impidiendo la formación de radicales libres destructivos derivados de los ácidos grasos poliinsaturados y monoinsaturados. Se acopla a los enlaces dobles y triples de las grasas insaturadas, protegiendo a estos ácidos grasos tan delicados de la oxidación cuando se transportan a otras partes del cuerpo como el cerebro, los ojos y otros órganos.[6]

Los lípidos (las grasas) crean las membranas celulares de todo nuestro organismo. El yodo se incorpora a los lípidos que componen la membrana celular. Estas sustancias se conocen como yodo-lípidos. El yodo ayuda a estabilizar la membrana y participa en la regulación del ciclo de vida de la célula.

Las células normales tienen ciclos de vida distintos. Pasado un tiempo, las células muertas son reemplazadas por otras nuevas. Por ejemplo, las células que recubren el tracto digestivo viven de tres a cuatro días; los glóbulos rojos de la sangre, durante cuatro meses, y las células de la piel, de dos a tres semanas. Este proceso de muerte celular programada es conocido como apoptosis. Las células cancerosas, a diferencia de las normales, no tienen un ciclo de vida normal. El programa de apoptosis se ha desactivado, lo que les permite continuar dividiéndose repetidamente y nunca mueren. Como resultado, crecen sin restricciones y, finalmente, abarcan e invaden otro tejido colindante.

Una de las funciones del yodo en las membranas celulares es controlar el ciclo de vida de las células e inducir la apoptosis en el momento adecuado. Los tejidos que contienen mucho yodo tienen un riesgo muy pequeño de convertirse en cancerosos. Se ha demostrado que, si cuando se tiene cáncer de mama se aumenta la ingesta de yodo, este puede ayudar a restaurar el tejido normal de la mama.[7] Las poblaciones que ingieren una gran cantidad de yodo, como la japonesa, presentan unos índices muy bajos de cáncer de mama, así como un menor número de problemas de tiroides.

Las mujeres tienen hasta ocho veces más probabilidades que los hombres de padecer un problema de tiroides.[8] ¿Por qué las mujeres son más propensas al hipotiroidismo que los hombres? Una razón es que necesitan más yodo que ellos. Se ha estimado que si se dispone de suficiente yodo, la glándula tiroidea puede llegar a absorber 6 mg diarios. En una mujer que pesa 50 kilos, sus senos absorben 5 mg al día. Las que pesan más o tienen los senos más grandes pueden absorber incluso más. Otros tejidos y órganos absorben otros 3 mg. Todos estos tejidos compiten por el yodo disponible. Dado que los hombres tienen senos mucho más pequeños que las mujeres, necesitan mucho menos yodo. En consecuencia, una dieta con carencias en la ingesta de yodo será evidente en la mujer antes de que se detecte en el hombre.

Deficiencia de yodo

Pese a que el yodo es muy importante para nuestra salud, la mayoría de los alimentos no contienen la suficiente cantidad. Los vegetales lo absorben del suelo. Nosotros recibimos un aporte de yodo cuando comemos vegetales y la carne de los animales que se alimentan de estos vegetales. La cantidad en la dieta es variable y normalmente es un reflejo de la cantidad que contiene el suelo. Aunque el yodo es un elemento químico común en la corteza terrestre, no es muy abundante. Se sitúa en el tercer grupo de los elementos químicos empezando por el final en términos de abundancia.

El océano contiene la mayor cantidad. Las masas de tierra que alguna vez han estado sumergidas bajo el océano están cubiertas de depósitos de rocas sedimentarias y suelos ricos en yodo. Los suelos derivados de rocas ígneas y volcánicas, por el contrario, son fuentes muy pobres de yodo. La actividad agrícola continuada que se ha llevado a cabo durante muchas décadas ha agotado el yodo en la mayoría de los suelos interiores. Los costeros se reponen gracias a los aerosoles del océano. Pero incluso en este caso, los cultivos que crecen en estos suelos tienen niveles bajos de yodo. El ganado que se alimenta con cultivos que crecen en suelos que contienen yodo lo almacena en sus tejidos. Como en los humanos, el yodo se concentra en las glándulas mamarias del ganado y enriquece su leche con dicho nutriente. La leche entera, la nata, la mantequilla y otros productos lácteos ricos en grasas son una buena fuente de yodo, siempre que la dieta de los animales contenga este nutriente. La leche desnatada, los productos lácteos bajos en grasas –como la margarina– y los aceites vegetales casi no contienen yodo. Las yemas de huevo de gallina también son una buena fuente. La grasa animal suministra un poco de yodo, siempre y cuando los animales hayan tenido la suerte de ser alimentados con cosechas cultivadas en suelos que contenían yodo o si se les dio algún tipo de suplemento que lo incluyera. La fuente más abundante de yodo proviene del pescado –pescado de mar, marisco y algas–. El alga, en concreto, es una fuente muy rica. Captura el yodo del agua que hay a su alrededor y la concentra en una cantidad veinte mil veces superior a la del océano.

La deficiencia de yodo se da principalmente en áreas del planeta donde el suelo y el agua contienen pocos nutrientes. En casos graves de deficiencia de yodo, las células de la glándula tiroidea se empiezan a agrandar para atrapar tantos átomos de yodo como sea posible. Cuando la glándula se hincha tanto que se hace visible, la afección se llama bocio simple. En casos extremos, la glándula puede crecer tanto como el tamaño de una uva. El bocio afecta a alrededor de 200 millones de personas en todo el mundo, la mayoría en África. En el 96% de los casos la causa es una deficiencia de yodo.

Algunas áreas son deficientes en yodo porque están cubiertas por rocas y suelos volcánicos, como en los valles interiores de Oregón e Idaho, o porque fueron despojadas de los suelos que contenían yodo por los glaciares durante la edad de hielo, como la zona de los Grandes Lagos en Estados Unidos y el centro de Canadá.

Durante muchos años, los granjeros de áreas pobres en yodo rutinariamente le daban bloques de sal de roca al ganado. La sal, que se extraía de los antiguos fondos marinos, suministraba yodo a los animales. El yodo de los bloques de sal y las cantidades residuales en los alimentos del ganado se concentraba en la grasa de su leche. La mantequilla hecha con la grasa de esta leche proporcionaba a la gente suficiente yodo para prevenir el bocio. Si se comía una cantidad adecuada de mantequilla, el bocio no era un problema.

Durante la Gran Depresión, debido a la escasez de dinero, la gente comenzó a utilizar margarina en lugar de mantequilla porque era más barata. Para muchas personas la mantequilla había sido su principal fuente de yodo. Aunque el bocio solo era un problema en algunas zonas, cuando la gente cambió a la margarina, de repente se convirtió en una epidemia. En un esfuerzo por prevenirlo, se añadió yodo a la sal de mesa.

El yodo es un desinfectante muy eficaz y cuando se combina con ciertos elementos orgánicos puede llegar a ser muy tóxico. Sus propiedades nutricionales se conocen desde principios del siglo XIX, pero debido a los temores de que pudiera resultar nocivo, el uso de suplementos de yodo se fijó en unos límites muy conservadores. La dosis diaria más baja de yodo necesaria para prevenir el bocio se ha convertido en la dosis estándar.

La cantidad diaria recomendada de yodo en Estados Unidos para los adultos es de 150 mcg (0,15 mg) diarios. Dado que las necesidades son mayores durante el embarazo y la lactancia, lo recomendado en estos casos es de 220 mcg y 290 mcg al día, respectivamente. La mayoría de los países han adoptado directrices parecidas. Aunque estas cantidades son suficientes para prevenir el bocio, nunca se ha llegado a fijar el consumo óptimo de yodo.

La sal yodada no fue la única fuente de yodo que se introdujo en la dieta. Después de su introducción, al cabo de un tiempo las panaderías comenzaron a usar yoduro de potasio en sus productos como condimento para la masa. El yoduro de potasio aumenta la elasticidad de la masa, lo que permite que queden atrapadas más burbujas de aire; esto le da al pan una textura más esponjosa. Una sola rebanada de pan suministra 150 mcg de yodo –la cantidad diaria recomendada–. Desde que se añadió yodo a la sal de mesa y a los productos horneados, la incidencia de bocio simple casi se eliminó en Estados Unidos y Canadá.

En 1965, el Instituto Nacional de Salud de Estados Unidos informó de que la ingesta de yodo con los productos horneados era de un promedio de 726 mcg al día. Antes de que acabara esa década ya se había elevado a más de 800 mcg diarios. Temerosos de que las personas que comían mucho pan y mucha sal pudieran estar ingiriendo demasiado yodo, el gobierno puso fin a la utilización de yoduro de potasio en los productos horneados. En los años ochenta las panaderías dejaron de utilizar el yodo como condimento para los productos horneados, sustituyendo el yoduro de potasio por bromuro de potasio.

Casi al mismo tiempo, se empezó a criticar la sal porque se creía que era uno de los principales causantes de la creciente tasa de hipertensión arterial. Los médicos comenzaron a recomendar a sus pacientes con enfermedades cardiovasculares que evitaran la sal y prescribían dietas en las que se restringía su consumo. Otros, por temor a padecer problemas de corazón e hipertensión, también lo hicieron. Los fabricantes de alimentos comenzaron a hacer productos con poca sal o sin sal añadida.

En los últimos treinta años, el consumo de sal ha disminuido en un 75%. Como resultado de la eliminación del yodo en los productos horneados y de la reducción en el consumo de sal, la ingesta de yodo ha bajado drásticamente. Para empeorar las cosas, nuestra exposición a una serie de sustancias bociogénicas que interfieren en la absorción de yodo ha aumentado, incrementando el riesgo de padecer un problema de déficit de yodo.

Con el uso a gran escala de la sal yodada, se creía que la deficiencia de yodo era una cosa del pasado. Aunque el bocio es poco común en zonas donde se utiliza sal yodada, la deficiencia de yodo en las personas está creciendo a un ritmo epidémico. El doctor David Brownstein, autor del libro *Iodine: Why you need it, Why You Can't Live Without it* (El yodo: por qué lo necesitas, por qué no puedes vivir sin él), asegura que «la deficiencia de yodo es endémica». Después de hacer pruebas a 4.000 pacientes con varios problemas de salud, Brownstein informó de que el 95% mostraba una deficiencia en los análisis de laboratorio que examinan el yodo inorgánico. En un estudio que llevaron a cabo los investigadores del CDC se descubrió que entre 1971 y 1994 los niveles de yodo entre la población estadounidense habían descendido un 50%.[9] Hoy en día probablemente la ingesta de yodo sea aún más baja. Durante las últimas tres décadas, los casos de hipotiroidismo han ido en aumento.

Unos niveles bajos de yodo paralizan la función tiroidea. Una deficiencia grave conduce a padecer bocio y problemas serios de hipotiroidismo. Una deficiencia moderada quizá no muestre ningún síntoma de bocio pero puede presentar un hipotiroidismo grave. Si es leve, tal vez conduzca a padecer hipotiroidismo subclínico –mostrando algunos de los síntomas de hipotiroidismo mientras los niveles de la hormona tiroidea permanecen dentro de un rango que se considera generalmente normal–. Un metabolismo lento y un aumento de peso son algunas de las características más comunes del hipotiroidismo, incluyendo el hipotiroidismo subclínico.

LOS HALÓGENOS

¿El agua del grifo te está haciendo engordar? Por extraño que parezca, beber agua del grifo puede contribuir a un aumento de peso. ¿Cómo puede ser?, me preguntarás. El agua no contiene nutrientes, ni grasas, ni calorías, así que, ¿cómo puede hacer que engordes? En realidad el agua no tiene la culpa, sino que el problema está en las sustancias que contiene –los halógenos–. Los halógenos son un grupo de elementos relacionados, entre ellos el flúor, el cloro, el bromo y el yodo.

Cuando la gente habla de estos elementos, normalmente verás que se refiere a ellos de dos maneras diferentes, por ejemplo flúor y fluoruro. El flúor hace referencia al elemento químico. El fluoruro, al ion de flúor que por lo general se combina con otros elementos, como cuando se combina sodio con flúor y se forma el fluoruro de sodio. Aunque existen diferencias, el nombre del elemento y el del ion (flúor/fluoruro, cloro/cloruro, bromo/bromuro, yodo/yoduro) a menudo se utilizan indistintamente. Todos los halógenos en su forma pura son tóxicos, pero cuando se combinan con otros elementos pueden ser menos tóxicos e incluso benignos, y en el caso del cloruro y el yoduro, se convierten en nutrientes esenciales. Pero el fluoruro y el bromuro, por mucho que se combinen con otros elementos, siguen siendo muy tóxicos. Por este motivo, estos halógenos se suelen utilizar como desinfectantes y como ingredientes activos en insecticidas, pesticidas y veneno para ratas.

Todos los halógenos tienen una estructura molecular parecida y unas propiedades químicas bastante similares. En el cuerpo, el flúor y el bromo compiten por los mismos receptores que atrapan el yodo. En la síntesis de las hormonas tiroideas, por ejemplo, estos halógenos tóxicos pueden emplearse en lugar del yodo. Cuando esto sucede, la hormona empieza a funcionar mal –se vuelve inservible–. La absorción de yodo disminuye y su excreción a través de los riñones aumenta. Como consecuencia, la ingesta de flúor y bromo puede crear una deficiencia de yodo, hipotiroidismo e incluso bocio.[10]

Con el agua del grifo estamos expuestos al flúor y al bromo. El bromo a veces se añade como desinfectante y el flúor porque supuestamente reduce el riesgo de caries en los dientes. Ambos pueden contaminar el agua de los mantos freáticos de forma natural o a consecuencia de los residuos industriales.

Consumir y beber agua que contiene halógenos a diario puede contribuir a un mal funcionamiento de la tiroides y, en consecuencia, promover el aumento de peso. En otras palabras, el consumo de agua del grifo puede ser un factor que contribuya a padecer problemas de sobrepeso.

De entre todos los halógenos, el fluoruro probablemente sea el más problemático porque tiene una gran facilidad para almacenarse en las partes del cuerpo donde se deposita el yodo y puede llegar a desplazar a este si está presente. De hecho, el fluoruro se ha estado utilizando como medicamento para tratar el hipertiroidismo –una tiroides hiperactiva– debido a que es altamente eficaz en el bloqueo de la producción de las hormonas tiroideas.

El fluoruro se comercializa como un medio eficaz para prevenir la caries dental, porque los dientes lo absorben (y también los huesos y otros tejidos) y fortalece el esmalte. Sin embargo, aunque fortalezca los dientes, nunca se ha demostrado que en realidad pueda prevenir las caries. De hecho, algunos estudios muestran que aumenta la incidencia de caries. Se ha demostrado que en las cantidades en las que normalmente se añade al agua que bebemos puede llegar a causar muchos problemas de salud, como osteoartritis, fluorosis (decoloración de los dientes), deterioro de la memoria, retraso en el desarrollo del cerebro de los niños y trastornos psiquiátricos, entre otros, además de hipotiroidismo.[11-12]

Incluso aunque no vivas en un lugar donde normalmente se añade fluoruro al agua, sin saberlo puedes estar expuesto a agua fluorada. Los refrescos, zumos, bebidas energéticas, cervezas y otras bebidas que normalmente se comercializan están tratados con agua fluorada. A cualquier producto embotellado o enlatado que contiene agua se le añade fluoruro; esto incluye las verduras y las frutas en conservas. Como los productos que se comercializan no requieren que se indique el tipo de agua que utilizan, no puedes saber si contienen o no fluoruro.

El té es una gran fuente de fluoruro incluso si el agua no contiene este elemento. La mayoría de los tés negros y verdes contienen fluoruro. La planta del té lo absorbe del suelo con facilidad y lo almacena en las hojas. Como resultado, las hojas de té contienen grandes cantidades de fluoruro. Las infusiones son una opción más segura.

El fluoruro se añade a la pasta de dientes, al enjuague bucal, a la goma de mascar y a muchos otros productos. Deberías leer las etiquetas de ingredientes y elegir aquellos que no contienen fluoruro.

El teflón que se utiliza en los utensilios de cocina antiadherentes se fabrica con cloroformo y fluoruro de hidrógeno. Cuando se cocinan los alimentos, algunos de los fluoruros se liberan en el aire o se adhieren a dichos alimentos. Quizá pienses que es una cantidad muy pequeña, pero en el agua que no contiene fluoruro se puede llegar a concentrar una cantidad dos veces superior a la del agua fluorada y en el agua fluorada, una cantidad tres veces superior. El fluoruro de las sartenes de teflón que se libera en el aire, sobre todo si estas se sobrecalientan, puede ser lo suficientemente alto como para matar a los pájaros que pueda haber en la casa, ya que son mucho más sensibles a las toxinas que los humanos. La empresa multinacional DuPont asegura que su recubrimiento permanece intacto de forma segura a temperaturas incluso superiores a los 260 ºC; sin embargo, algunos propietarios de animales domésticos han informado de muertes cuando se cocinaba a temperaturas tan bajas como 160 ºC.

Debido a su toxicidad, tanto el flúor como el bromo comúnmente se utilizan como pesticidas para matar a insectos y roedores. Las frutas y las hortalizas casi siempre contienen residuos de pesticidas y por eso deben limpiarse muy bien. Dado que algunos productos absorben pesticidas, comer los que se cultivan orgánicamente probablemente sea una opción más acertada.

El bromo se puede encontrar en muchos lugares. Junto con el cloro, se utiliza en las bañeras de hidromasaje y en los tratamientos de las piscinas. A veces se añade a algunas pastas de dientes y enjuagues bucales, donde se utiliza como antiséptico y astringente. El aceite vegetal bromado se utiliza para la fabricación de bebidas gaseosas, como Mountain Dew, Sun Drop y Fresca, y en algunas bebidas isotónicas con sabor a cítricos, como Gatorade con sabor a limón y a naranja. El aceite vegetal bromado se añade a las bebidas cítricas para que todo el líquido tenga el mismo sabor.

A principios de la década de los ochenta, las panaderías sustituyeron el yoduro de potasio por bromato de potasio. En los años setenta, una sola rebanada de pan contenía 150 mcg de yoduro, lo que aportaba la cantidad diaria recomendada para este nutriente. Hoy en día, el pan contiene aproximadamente la misma cantidad de bromo, lo que significa que si comes varias rebanadas de pan al día, estás consumiendo una gran cantidad de bromo. Si consumes el pan de molde y el pan de hamburguesa que se comercializan, pastelitos u otros productos de panadería, o incluso el pan de restaurantes, tu tiroides probablemente te esté pidiendo a gritos: «¡Por favor, no me des más bromo!».

El gas cloro (Cl_2) y el gas yodo (I_2) son muy tóxicos. En su forma pura, tanto el cloro como el yodo se utilizan como desinfectantes. Sin embargo, cuando se combinan con potasio, sodio u otros elementos metálicos, forman sales que son menos perjudiciales, e incluso beneficiosas. La sal de mesa, o también llamada sal común, está compuesta por cloruro de sodio (NaCl). Al igual que el yoduro (I^-) y el cloruro

(Cl^-), también es un nutriente esencial. El cloruro es necesario para todas las especies vivientes que se conocen. Junto con el sodio, es uno de los cinco minerales más abundantes en el cuerpo humano. A diferencia del fluoruro y del bromuro, el cloruro normalmente no interfiere ni en la absorción de yodo ni en su utilización en el cuerpo.

Cuando se combina con hidrógeno u oxígeno, el cloro puede ser muy oxidante y producir algunos compuestos muy tóxicos. Uno de ellos es el perclorato –un contaminante ambiental muy común que se encuentra en la superficie de la tierra, en las aguas subterráneas y, por desgracia, en el agua del grifo–. El perclorato está compuesto por un átomo de cloro rodeado de cuatro átomos de oxígeno. En la forma de perclorato, el cloro puede desplazar al yodo en nuestros cuerpos. La contaminación de nuestros suministros de agua por perclorato es algo muy extendido y va en aumento.

Gran parte de nuestra exposición a los halógenos tóxicos proviene de los productos de panadería y de la contaminación de las aguas. Los alimentos ricos en carbohidratos y las bebidas como los refrescos y los zumos, los panes y otros productos de panadería que contienen halógenos pueden ser el origen del estrangulamiento de la tiroides. Una dieta baja en carbohidratos o cetogénica puede eliminar estos alborotadores. Si el agua se filtra, se pueden eliminar el flúor, el bromo y el perclorato. Lavar las frutas y las hortalizas y comer productos orgánicos puede ayudar a eliminar los residuos de pesticidas que contienen halógenos.

Los bociógenos en la dieta

Algunos de los alimentos que comemos a diario reducen la actividad de la tiroides y promueven el hipotiroidismo. Estos alimentos contienen unas sustancias antitiroideas llamadas bociógenos. Los bociógenos interfieren en la absorción de yodo y en la producción y el funcionamiento de las hormonas tiroideas, e incluso pueden inducir a la formación del bocio. El bocio causado por las toxinas de los alimentos se llama bocio tóxico.

Irónicamente, lo que algunos consideran que son alimentos sanos, de hecho, contienen la mayor cantidad de bociógenos. Por ejemplo, todas las verduras crucíferas (familia de la col) los contienen. Esto incluye el repollo, la coliflor, las coles de Bruselas, las hojas de mostaza, el brócoli, la col china, los nabos, el colinabo, la col, la col rizada, el rábano y el rábano picante. Ocho millones de personas en todo el mundo, principalmente en África, padecen bocio tóxico debido al consumo excesivo de verduras crucíferas. Las legumbres también contienen bociógenos: la soja, los guisantes, las lentejas y las judías, entre otras. Otros dos productos que normalmente se venden en las tiendas de dietética y que contienen bociógenos son la colza (la canola) y la linaza. El aceite de canola es un ingrediente que se encuentra en una gran cantidad de alimentos, sobre todo en los artículos de panadería. La linaza no solo se utiliza como un suplemento dietético, sino también en numerosos productos.

¿Acaso esto significa que debes evitar todos estos alimentos? Afortunadamente, la mayoría de los bociógenos son sensibles al calor y se neutralizan cuando se cocina. La fermentación también reduce la actividad de los bociógenos. Cuando estos alimentos se cocinan o se fermentan, las toxinas bociogénicas se pueden reducir significativamente o incluso eliminar del todo, lo que hace que los alimentos que comemos sean más seguros.

Para la mayoría de las personas que ingieren una cantidad adecuada de yodo, el hecho de comer pequeñas cantidades de estos vegetales crudos no es perjudicial. Sin embargo, si sospechas que tienes algún problema de tiroides, es mejor que te mantengas alejado de estos alimentos, a menos que estén cocinados o fermentados.

De todos los alimentos bociogénicos, la soja es la que representa una mayor amenaza. Las sustancias antitiroideas que contiene no se destruyen con la cocción. Los productos de soja como el tofu y la proteína vegetal texturizada han ganado mucha popularidad, sobre todo como extensores y sustitutos de la carne. Tú me aseguras que no comes soja. Pero piénsalo bien. Si comes como la mayoría de la gente, estás consumiendo soja de una forma u otra todos los días, aunque no seas consciente de ello. Dado que la soja se utiliza en una amplia variedad de alimentos, la exposición puede proceder de muchas fuentes.

Los subproductos de soja se incluyen en una gran variedad de alimentos de consumo diario. Se emplea a menudo como un sustituto de la carne y los lácteos. Se oculta en muchos alimentos, desde el queso, la leche, las hamburguesas y los perritos calientes hasta los helados, los yogures y las bebidas proteicas. Incluso en las fórmulas para bebés. Al menos el 60% de los alimentos que hay en los estantes de los supermercados estadounidenses contienen derivados de soja –harina de soja, proteína vegetal texturizada, aceite vegetal, aceite parcialmente hidrogenado o proteína de soja aislada, entre otros–. Hoy en día, casi todos los productos envasados y comida preparada incluyen soja de una forma u otra. Me pregunto si en cierto modo el aumento de casos de hipotiroidismo y de problemas de sobrepeso no se debe al hecho de que los alimentos que comemos contienen cada vez mayores cantidades de soja.

Muchos de los productos con soja se etiquetan como bajos en grasas, sin contenido de lácteos o como sustitutos de la carne ricos en proteína, y normalmente los consumen personas que se preocupan por su peso. Muy pocas saben que estos productos «bajos en grasas» están creando estragos en su metabolismo y sentando las bases de un posible problema de sobrepeso.

Se nos ha bombardeado con los supuestos beneficios de la soja durante tanto tiempo que a mucha gente le cuesta creer que pueda promover el aumento de peso interfiriendo en la función tiroidea. Sin embargo, existe un gran número de investigaciones que demuestran que los productos de soja tienen efectos bociógenos y cancerígenos.[13] Se han realizado muchos estudios que informan de los efectos bociógenos de las fórmulas para bebés hechas a base de soja.[14-15] Incluso adultos sanos pueden desarrollar problemas de tiroides cuando comienzan a consumirla.[16] Los investigadores han demostrado claramente que la proteína de soja (isoflavonas) inhibe la habilidad de la tiroides para producir hormonas.[17] La proteína de soja incluso se ha llegado a relacionar con la enfermedad de la tiroides autoinmune –otro mecanismo que causa hipotiroidismo.[18]

La proteína de soja no es el único villano. El aceite de soja también ataca a la tiroides. No causa necesariamente el bocio pero es igual de tóxico, porque interfiere en la producción y la utilización de las hormonas tiroideas. Aproximadamente el 80% de los aceites que consumimos contienen soja: el aceite de soja, el aceite de soja parcialmente hidrogenado, la margarina y la manteca. Mira si en las etiquetas de ingredientes aparece el aceite de soja, ya sea de una manera u otra. Si descubres que los alimentos lo contienen, no los toques. La única excepción son los productos de soja que han estado sometidos a un largo proceso de fermentación. La acción de los microbios en la fermentación neutraliza la mayoría de las toxinas. Los productos de soja fermentados incluyen el miso, la salsa de soja y el tempeh. Consumir estos productos en pequeñas cantidades de vez en cuando es correcto. Todos los otros productos de soja deben evitarse, incluyendo el tofu.

No te dejes engañar por el argumento de que los productos de soja son seguros porque los asiáticos los han consumido durante siglos. Contrariamente a lo que a la industria de la soja le gustaría hacerte creer, la soja nunca ha sido un alimento básico en Asia. Un estudio sobre su historia en este continente muestra que la gente pobre consumía soja durante los períodos de extrema escasez de alimentos, y lo que hacían era prepararla con mucho cuidado mediante un proceso de fermentación para eliminar las toxinas. Conocían los peligros de la soja. Incluso hoy en día la mayoría de asiáticos consumen muy poca soja, entre un 1 y un 2% de las calorías totales. Principalmente la utilizan como condimento en sus comidas, a diferencia de Occidente, donde se consume en cantidades relativamente grandes como sustituto de la carne y los lácteos, y como una fuente de proteína.[19]

Los fármacos

Hay literalmente cientos de medicamentos que pueden interferir en la glándula tiroidea o en la función hormonal. Si es posible, estos medicamentos deben utilizarse con moderación o evitarse totalmente. Muchos de ellos contienen flúor o bromo, que bloquean la absorción de yodo y la síntesis de T4. Algunos de ellos contienen dosis potencialmente letales de flúor y bromo. Algunos de los más notorios son Redux o Fen-Phen, que se utilizan como supresores del apetito, y Baycol, unas estatinas que se usan para reducir el colesterol. Todos estos medicamentos fueron retirados del mercado después de causar un número de muertes y discapacidades.

Los betabloqueadores, los corticoesteroides, la cortisona y otros esteroides afectan a la forma en que el cuerpo maneja las hormonas tiroideas bloqueando la conversión de T4 a T3. Grandes dosis de corticoesteroides pueden ser tan efectivas para reducir los niveles de T3 que a menudo se utilizan para suprimir la función de la tiroides intencionadamente para tratar el hipertiroidismo grave (hiperactividad de la función de la tiroides).

El fenobarbital (anticonvulsivo, sedante), la fenitoína (antiepiléptico), la carbamazepina (antiepiléptico) y la rifampicina (antibiótico) inducen la degeneración metabólica de T3 y T4.

Se han registrado de un 5 a un 20% de casos de hipotiroidismo e hipotiroidismo subclínico, incluso hasta un 50%, entre las personas que consumían carbonato de litio, un fármaco utilizado para tratar trastornos psicóticos. El bocio se ha observado en hasta un 60% de pacientes a los que se les suministró litio durante un período de tiempo de cinco meses a dos años. En estos casos, puede no darse hipotiroidismo.

Este es un listado parcial de otros fármacos que pueden afectar a la función tiroidea: medicamentos que contienen sulfas, antihistamínicos (Livostin), antidepresivos (Prozac, Luvox, Paxil), antiácidos (Prevacid), antibióticos (Cipro), medicamentos para reducir el colesterol (Lipitor), antiarrítmicos (Cordarone), fármacos para la EPOC e inhaladores de asma (Atrovent), medicamentos para la quimioterapia, fármacos antiulcerosos (Pro-Banthine), antiinflamatorios y AINE no esteroideos (Celebrex, Arava, Clinoril, Aspirina).

No todos los que aparecen en estas categorías tienen efectos secundarios adversos en la función tiroidea. El ibuprofeno (Motrin, Advil), por ejemplo, es un antiinflamatorio pero no deprime la función de la tiroides. La aspirina, otro antiinflamatorio, es uno de los medicamentos que más se utilizan en el mundo, y a menudo se prescribe como anticoagulante y también como analgésico. A pesar de ser considerado un medicamento relativamente benigno, se ha demostrado que disminuye los niveles de T4 y T3 en la sangre. Después de tomar tan solo una dosis de aspirina ya se puede detectar una caída apreciable en los niveles de la hormona tiroidea.[20] El uso crónico de la aspirina puede conducir a un empeoramiento de la función del sistema tiroideo.

Hay varios medicamentos, entre ellos los productos que contienen hierro y aluminio (como el sucrafalto, los antiácidos y la didanosina), el sulfonato de sodio de poliestireno, los aglutinantes de resina y el carbonato de calcio, que se ha demostrado que ponen en peligro la absorción de la medicación para tratar la hormona tiroidea y que disminuyen su eficacia. Si tomas medicamentos para la tiroides, debes hacerlo con el estómago vacío para su absorción correcta.

Irónicamente, si estás tomando medicamentos para la hormona tiroidea, puede que también tengas una falta de yodo. La terapia para tratar la hormona tiroidea exacerba la deficiencia de yodo. Los fármacos para la tiroides aceleran tu metabolismo, lo que a su vez aumenta la necesidad de yodo por parte de las células. Si tomas medicamentos para tratar la tiroides sin una fuente adecuada de yodo, probablemente estés empeorando aún más la falta de yodo en tu organismo. Algunos síntomas del hipotiroidismo pueden mejorar pero hay otros que no –un hecho común entre los medicamentos para tratar la tiroides.

La ingesta de yodo

¿Te falta yodo?

Los institutos de salud estadounidenses afirman que la mayoría de las personas tienen «suficiente» yodo. Esto quiere decir que sus dietas supuestamente les suministran la cantidad que necesitan de este nutriente, principalmente a través del consumo de sal yodada. Esta suposición se basa en la cantidad diaria recomendada (CDR), que es de 150 mcg al día. Sin embargo, esto es objeto de controversia. De acuerdo con el gran número de médicos que tienen éxito tratando pacientes con problemas de tiroides, la CDR es demasiado baja. Quizá esta cantidad pueda prevenir el bocio, pero no el hipotiroidismo común ni el hipotiroidismo subclínico, enfermedades que están aumentando en proporciones epidémicas.

La cantidad diaria recomendada de yodo se estableció en el nivel más bajo posible tan solo para prevenir el bocio. Pero no se consideró la cantidad necesaria para que la tiroides y otros tejidos y órganos del cuerpo puedan funcionar correctamente. Se asumió que la cantidad diaria recomendada proporcionaba lo suficiente para todo el organismo. Nunca se ha fijado el nivel óptimo de yodo.

Si tienes una función tiroidea lenta o síntomas como un metabolismo lento y facilidad para ganar peso, quizá la causa esté en unos niveles de yodo deficientes. Si evitas la sal como si huyeras de la peste, no comes demasiado pescado y vives a más de ciento sesenta kilómetros de la costa, probablemente tengas una deficiencia de yodo. Además, si comes mucho pan o productos de panadería, o bebes muchos refrescos, bebidas isotónicas o agua del grifo fluorada, también puede que tengas una falta de yodo incluso comiendo pescado y viviendo cerca de la costa.

El doctor David Brownstein, quien ha estado investigando sobre el yodo durante las dos últimas décadas, declara que el 95% de los pacientes de su clínica tienen deficiencia de este elemento. Muchos otros especialistas en la tiroides confirman la declaración del doctor Brownstein. Hoy en día la necesidad de yodo es mucho mayor que en el pasado debido a que nuestros alimentos contienen menos cantidad y, además, estamos expuestos a una amplia variedad de sustancias que bloquean el yodo. Los efectos de una mala alimentación, de los aditivos, de los halógenos, de los bociógenos, de los medicamentos y de otros elementos que deprimen la función tiroidea se amplifican cuando se padece una deficiencia de yodo.

Tanto si sufres de hipotiroidismo como si no, probablemente tengas una deficiencia de yodo. Aunque la sal de mesa yodada sea la fuente de yodo más común, no te recomiendo que le suministres yodo a tu organismo de esta manera. La sal de mesa ha sido refinada y purificada; esto quiere decir que todos los oligoelementos beneficiosos que originalmente contenía la sal han sido eliminados. El aluminato sódico, una fuente de aluminio, se añade a la sal de mesa como antiaglutinante. El aluminio es una neurotoxina bien documentada y se ha relacionado con un aumento del riesgo de padecer demencia. Imagino que no quieres salvar tu tiroides a expensas de tu cerebro. Te recomiendo que uses sal marina. La sal marina sin refinar contiene yodo así como otros oligoelementos (trazas minerales) que se hallan de forma natural en el agua de mar. Por desgracia, no proporciona el suficiente yodo para satisfacer tus necesidades diarias, por lo que aún necesitas otras fuentes de yodo en tu dieta.

Puedes incrementar tu ingesta de yodo consumiendo vegetales marinos (como algas verdes y algas nori) y pescado de altamar. El pescado de agua dulce no es una buena fuente de yodo. También están disponibles algunos suplementos dietéticos. La mayoría de los suplementos de yodo naturales son compuestos de algas secas en polvo. Aunque la cantidad exacta de yodo en los suplementos de algas varía, ya que es un producto natural, los adultos pueden tomar fácilmente de una a tres cápsulas de 600 mg al día. Ten en cuenta que el tamaño de la cápsula no se puede utilizar como referencia para saber el contenido exacto de yodo. Una cápsula de 600 mg no contiene 600 mg de yodo. Vas a tener que comprobar la etiqueta de cada marca para saber la cantidad de yodo que realmente contiene cada cápsula. El alga verde o kelp es un alimento tradicional que se lleva consumiendo desde hace miles de años. Los suplementos de algas son muy seguros; de hecho, podrías tomar varias veces la cantidad diaria recomendada y no te dañaría. El alga verde también es una fuente muy rica e importante de oligoelementos como cobre, zinc, manganeso, cromo y una docena más. Los oligoelementos son importantes porque se adhieren a varias de las enzimas que utiliza nuestro cuerpo. Muchas personas se pueden beneficiar de estos oligoelementos porque generalmente su dieta no les aporta la suficiente cantidad. Algunos fabricantes producen gránulos de algas verdes que se pueden espolvorear sobre los alimentos como condimento.

La solución de Lugol

La mayoría de los suplementos contienen el yodo en forma de yoduro. Sin embargo, nuestros cuerpos lo necesitan tanto en forma de yodo (I_2) como de yoduro (I^-). Los diferentes tejidos de los que estamos formados necesitan y absorben el yodo de diferentes formas. La glándula tiroidea utiliza principalmente yoduro. Por esta razón, se añade yoduro de potasio a la sal de mesa. En contraste, el tejido mamario prefiere el yodo. La deficiencia de yodo puede alterar la estructura y la función del tejido mamario, y esto puede generar cáncer de mama. Los estudios en animales han demostrado que el yoduro (como la sal de mesa) es ineficaz para revertir las lesiones precancerosas del tejido mamario de los animales, mientras que el yodo es mucho más eficaz. El yodo también bloquea la oxidación de las grasas poliinsaturadas en el tejido mamario, pero el yoduro no lo hace.[21] Esto es importante porque la oxidación de las grasas libera radicales libres que pueden dañar las células, incluido el ADN, conduciendo a un cáncer.

La glándula de la próstata concentra yodo. La piel prefiere el yoduro. Los riñones, el bazo, el hígado, la sangre, las glándulas salivales y los intestinos utilizan ambas formas. Debido a que los tejidos concentran diferentes formas de yodo, es preferible utilizar un suplemento que contenga tanto yoduro como yodo en lugar de uno que lo contenga en una sola forma. Este tipo de suplemento de yodo se conoce como solución de Lugol. No es el nombre de una marca, sino el término que se utiliza para indicar la mezcla de yodo y yoduro, vigente desde hace más de doscientos años.

En 1829, el médico francés Jean Lugol (1786-1851) investigaba sustancias que pudieran tratar la tuberculosis y otras enfermedades, y se empezó a interesar por el yodo. Experimentó con diferentes formas de yodo. Este elemento no es muy soluble en agua. Lugol halló que la combinación de yoduro de potasio con yodo aumentaba su solubilidad en el agua. Comenzó a utilizar una solución denominada El Yodo de Lugol, que era una mezcla de un 5% de yodo, un 10% de yoduro de potasio y un 85% de agua destilada. Dos gotas de la solución de Lugol (0,1 ml) contenían 5 mg de yodo y 7,5 mg de yoduro. Lugol recomendaba dos gotas diarias de su solución para el tratamiento de enfermedades infecciosas. Esto proporcionaba una mezcla de 12,5 mg de yodo y yoduro. La solución del doctor Lugol se podía encontrar con facilidad en los boticarios y fue prescrita rutinariamente para tratar diferentes afecciones. También se utilizaba como antiséptico y como desinfectante en el agua potable. A principios del siglo XX todos los hospitales lo usaban como desinfectante. Durante muchos años fue empleada extensamente y de forma segura en la práctica médica tanto para el tratamiento de los problemas de hipotiroidismo como de hipertiroidismo. La cantidad diaria recomendada de la solución de Lugol era de entre dos y seis gotas, que suministraban de 12,5 a 37,5 mg de yodo y de yoduro en total. La solución de Lugol todavía está disponible en la actualidad, pero en una concentración más baja (2% de yodo y 4% de yoduro de potasio), por lo que se necesitan cinco gotas para conseguir la misma cantidad de 12,5 mg de yodo y yoduro que obtendrías con dos gotas de la solución original. La razón por la que se decidió disolver la fórmula fue para desalentar su uso en la producción ilícita de metanfetaminas. La solución de Lugol es un suplemento dietético que se puede comprar en las tiendas de dietética o por Internet. Esta solución no se debe confundir con la tintura de yodo, que contiene yodo elemental y sales de yoduro disueltas en alcohol. La tintura de yodo, que a menudo se vende como un antiséptico de primeros auxilios, solo es para uso tópico.

El doctor David Brownstein, especialista en yodo, explica que para tratar a sus pacientes con problemas de tiroides había estado utilizando un suplemento que solo contenía yoduro y que veía mejoras poco apreciables en sus pacientes. Algunos mejoraban, pero en muchos casos no se podía apreciar ningún beneficio. Cuando empezó a recetarles la solución de Lugol que contenía una mezcla de yodo y yoduro, sus resultados fueron notablemente mejores. Asegura que esta fórmula de yodo es muy segura y prescribe dosis de entre 6 y 50 mg diarios.

La solución de Lugol se toma echando unas gotas de esta sustancia en un vaso de agua. Dependiendo de la cantidad de agua que se utilice, la solución puede darle al agua un sabor a metal ligeramente desagradable. Dado que el tamaño de la gota puede variar levemente, la dosificación usando un gotero puede ser un poco imprecisa. Por este motivo, se creó una tableta de solución de Lugol llamada Iodoral. Los médicos prefieren recetar Iodoral porque es fácil de tomar y proporciona una cantidad fija de yodo. Hay dos tamaños o dosis disponibles, de 12,5 y de 50 mg.

Ten en cuenta que hoy en día la cantidad diaria recomendada es de solo 150 mcg (microgramos), lo que equivale a 0,15 mg (miligramos). Una gota de la solución de Lugol proporciona 2,5 mg de yodo y yoduro o, lo que es lo mismo, 2.500 mcg, casi diecisiete veces la cantidad diaria recomendada. Cinco gotas proporcionan 12,5 mg de yodo y yoduro, o 12.500 mcg, 83 veces la CDR.

Durante la epidemia de bocio que tuvo lugar en Estados Unidos en los años treinta, los médicos trataron con éxito a sus pacientes suministrando una dosis de 36 mg diarios de solución de Lugol. Se ha estado utilizando esta cantidad o incluso cantidades más altas durante casi doscientos años sin observar daños apreciables, lo que demuestra que el yodo no es perjudicial en esta forma y que la cantidad diaria recomendada es inadecuada.

Inicialmente, el doctor Brownstein prescribió dosis cercanas a la CDR. Era reticente a emplear dosis superiores a 1 mg, porque algunos de los investigadores que él leía especulaban que los suplementos de yodo a este nivel tan alto podían tener efectos adversos o incluso causar síntomas de hipertiroidismo. Sin embargo, cuando se hizo una revisión más exhaustiva de la literatura médica, no se pudo hallar ninguna prueba que confirmara que el yodo en dosis de miligramos pudiera ser perjudicial o que causara síntomas de hipertiroidismo.

La cantidad de yodo que nuestro cuerpo requiere en la actualidad es mucho mayor a la de décadas anteriores debido al aumento tan notable de halógenos y bociógenos ambientales y al descenso del yodo en nuestros alimentos. El doctor Brownstein y un gran número de expertos en la tiroides sugieren que deberíamos tomar 12,5 mg diarios u 83 veces la CDR. Él no solo recomienda esta cantidad por su propia experiencia tratando a pacientes con problemas de tiroides, sino por la gran cantidad de personas que hay en el mundo que consumen grandes cantidades de yodo con los alimentos que ingieren y que apenas tienen este tipo de problemas.

El japonés que vive en zonas de interior consume 13,8 mg de yodo al día de promedio, lo cual supone noventa y dos veces la cantidad diaria recomendada. El japonés que vive en zonas costeras consume cantidades aún más grandes. La mayor parte del yodo proviene de las algas que ingieren en su dieta diaria. Esta cantidad tan elevada de yodo no parece tener ningún efecto perjudicial. De hecho, es justo lo contrario. En comparación con los estadounidenses, los japoneses presentan tasas más bajas de hipotiroidismo, bocio y la enfermedad fibroquística de las mamas, así como unos niveles más bajos de cáncer de mama, de endometrio, de ovarios y de próstata. Es una de las poblaciones más sanas del mundo, con la esperanza de vida más alta.

Se sabe que el yodo juega un papel muy importante en la prevención del cáncer de mama y otros cánceres. Las mujeres japonesas, que consumen una de las cantidades más altas de yodo del mundo, tienen la tasa más baja de cáncer de mama. Las estadounidenses, que consumen solo una fracción de la cantidad de yodo de las japonesas, tienen las tasas más altas de cáncer de mama. Esto no solo es una cuestión de genética. Cuando las mujeres japonesas se trasladan a vivir a Estados Unidos y adoptan una dieta baja en yodo, experimentan una mayor incidencia de cáncer que las que viven en Japón.[2]

En Estados Unidos, en la década de los años sesenta, el riesgo de padecer un cáncer de mama afectaba a una de cada veinte mujeres. Desde entonces, la ingesta de yodo se ha reducido más de un 50% y la tasa ha aumentado: ahora lo sufre una de cada siete mujeres.

La glándula tiroidea necesita 6 mg de yodo al día.[22-23] Esto está por encima de la cantidad diaria recomendada de 150 mcg diarios. Esta es la razón por la que la cantidad diaria recomendada es inadecuada.

Un exceso de yodo

Muchos médicos y escritores que publican sobre temas de salud advierten del peligro de consumir demasiada cantidad de yodo (una cantidad superior a 1,1 mg o 1.100 mcg) porque podría ser perjudicial. Citan estudios que muestran que una reducción en la ingesta de yodo disminuye los síntomas de los pacientes que padecen problemas de tiroides o explican casos de estos mismos pacientes en los que se intensificaron los síntomas con el uso de suplementos de yodo. En algunos casos, la adición de suplementos de yodo causó síntomas de hipertiroidismo en personas a las que se les había diagnosticado hipotiroidismo. Incluso a aquellos que no tienen problemas de tiroides se les advierte de que tomar demasiado yodo (400 mcg al día o más) puede causar hipotiroidismo.[24] Es interesante que se haya afirmado que una cantidad de tan solo 400 mcg (0,4 mg) es suficiente para causar hipotiroidismo en personas con una función de la tiroides normal. ¿No es extraño que en algunos la adición de yodo pueda causar hipotiroidismo y en otros tenga justamente el efecto contrario?

También parece extraño que millones de personas hayan estado utilizando dosis de solución de Lugol superiores a 50 mg diarios durante los dos últimos siglos y que no se haya notificado ningún efecto perjudicial. De hecho, se ha usado con éxito para tratar tanto el hipotiroidismo como el hipertiroidismo. El japonés continental o que vive en zonas de interior consume de promedio 13,8 mg al día sin experimentar hipertiroidismo, hipotiroidismo o un efecto nocivo. El que vive en zonas costeras consume incluso 80 mg diarios sin daños aparentes.[25] La investigación ha demostrado que la tiroides absorbe hasta 6 mg de yodo a diario cuando se consume en cantidades suficientes. Tras observar a miles de pacientes a los que se les suministraba suplementos de yodo, el doctor Brownstein y otros recomiendan una dosis de entre 6 y 12,5 mg al día, con dosis terapéuticas de hasta 50 mg diarios. El límite de 1,1 mg se basa principalmente en la teoría y en conjeturas, mientras que la dosis de 12,5 mg se basa en personas reales, de la vida real y bajo condiciones reales.

Existe un gran número de razones para discrepar. Pero ten en cuenta que gran parte de las advertencias sobre el uso del yodo provienen de pacientes que han experimentado síntomas desagradables. Uno de los más comunes es un supuesto caso de hipertiroidismo. Está demostrado que si hay una deficiencia de yodo que causa una función tiroidea lenta, cuando se añade yodo en la alimentación la función de la tiroides mejora. Esta idea se ha extrapolado sugiriendo que una cantidad excesiva de yodo hará que la función de la tiroides sea demasiado eficiente, lo que puede conducir a un estado de hiperactividad.

La idea de que tomar demasiado yodo causa hipertiroidismo es como decir que tomar demasiado calcio endurece los huesos y los fortifica en exceso, o que consumir demasiada proteína hace que los músculos sean excesivamente grandes y fuertes. Necesitas calcio para fortalecer tus huesos, pero un consumo excesivo no hará que crezcan desmesuradamente. Del mismo modo, necesitas proteínas, pero consumir demasiada no hará que por arte de magia tus músculos se empapen de proteína y que acabes teniendo un físico como el de un joven Arnold Schwarzenegger. Tomar demasiado yodo no hace que la tiroides funcione más rápido. Los síntomas médicamente reconocidos por un exceso de yodo son el bocio y una actividad de la tiroides deprimida –lo mismo que causa una deficiencia de yodo–. En otras palabras, una cantidad excesiva de yodo no hace que tu tiroides funcione mejor o más rápido sino peor, lo mismo que ocurre con una deficiencia de yodo.

En los casos en los que se informó que se empezó a padecer hipertiroidismo después de consumir yodo, probablemente fueran personas que estaban tomando medicamentos para tratar problemas de hipotiroidismo. Como ya sufrían hipotiroidismo, seguramente padecían una deficiencia de yodo. El hecho de tomar un suplemento de yodo suplió la falta de este nutriente, permitiendo que sus glándulas tiroideas funcionaran con más normalidad y produjeran más hormonas.

Sin embargo, como también estaban tomando medicamentos para la tiroides, la medicación empezaba a ser demasiado fuerte y eso hizo que experimentaran síntomas de hipertiroidismo. El yodo no causó el hipertiroidismo; de hecho, fue la medicación. Así que cuando una persona que se medica para tratar la tiroides añade yodo, la dosis de su medicación debería controlarse.

Algunos pacientes con una tiroides deprimida han informado de que se empezaron a sentir enfermos o de que experimentaron síntomas desagradables cuando añadieron un suplemento de yodo en su dieta, lo que añade aún más leña al fuego a la idea de que el yodo puede ser peligroso. Algunos aseguran que incluso dosis tan bajas como la cantidad diaria recomendada fueron suficientes para causarles problemas. ¿Cómo puede ser posible?

Una vez más, el yodo no causa el problema, sino que es parte de la solución. Las personas con una función tiroidea lenta a menudo tienen una deficiencia de yodo, así como también están sobrecargadas de sustancias bociógenas como halógenos y medicamentos. Añadir una cantidad suficiente de yodo en la alimentación puede ayudar a desintoxicar y a limpiar el cuerpo. El yodo compite con otros halógenos para permanecer en el organismo. Si en este hay una cantidad suficiente de yodo, los efectos de la desintoxicación sobre los otros halógenos pueden ser más intensos. Ingerir una cantidad de entre 12,5 y 50 mg de yodo al día hará que los halógenos se desplacen, aumentando sobremanera la cantidad de fluoruro, bromuro y perclorato que se excreta.[26-27]

Además de expulsar los halógenos tóxicos, el suplemento de yodo también puede purgar los metales pesados. En un estudio realizado para determinar la dosis óptima de yodo, unas mujeres a las que se les suministró una cantidad de 12,5 mg de yodo elemental al día mostraron un aumento en los niveles de mercurio, plomo y cadmio en la orina después de haber transcurrido tan solo un día.[28] ¿Cómo puede aumentar la eliminación de metales pesados? El yodo mejora la función de la tiroides, que estimula el metabolismo, lo que a su vez hace que la función inmunitaria mejore. Como consecuencia, puede tener un efecto desintoxicante importante en todo el cuerpo. Cuando estas toxinas se eliminan del organismo, pueden aparecer una serie de síntomas que se asemejan a una enfermedad –diarrea, rinorrea, náuseas–, así como también una intensificación de los síntomas asociados con el hipotiroidismo. Estos síntomas son temporales, con una duración que varía de unos días a un par de semanas. Pero cuando los síntomas disminuyan, te sentirás mejor y tendrás menos sustancias nocivas envenenando tu cuerpo.

Algunos de los estudios que hallaron que los pacientes con problemas de tiroides empeoraban con los suplementos de yodo, pueden tener como explicación un efecto desintoxicante. Otra razón puede haber sido el consumo de una dieta baja en grasas –el tipo de dieta que se ha convertido en la norma en nuestra sociedad en estos últimos treinta años–. El yodo es lipófilo, lo que significa que se siente atraído por la grasa. Esta es la razón por la que la mantequilla, la yema de huevo y otras grasas animales pueden ser una buena fuente de yodo. Al igual que ocurre con la proteína muy magra, el consumo de yodo sin una cantidad adecuada de grasa puede ser contraproducente. El organismo absorbe más yodo cuando el aporte de grasa es el adecuado y, por el contrario, se reduce con la ausencia de grasa. El cuerpo necesita grasa para poder utilizar adecuadamente el yodo. La adición de una fuente de yodo sin la cantidad adecuada de grasa, algo típico en una dieta baja en grasas, podría exacerbar los síntomas de hipotiroidismo, dando la falsa sensación de que el yodo es perjudicial, incluso en pequeñas cantidades. Sospecho que el hecho de que muchos, si no todos, los estudios hayan encontrado efectos adversos en la adición de yodo a la dieta, se debe a la combinación de una cantidad de yodo adicional con una dieta baja en grasas.

Durante las últimas tres décadas, los casos de hipotiroidismo e hipertiroidismo han aumentado drásticamente. Al mismo tiempo, la ingesta de yodo y de grasas ha disminuido. Si un consumo de yodo superior a 400 mcg realmente promoviera trastornos de tiroides, deberíamos experimentar una disminución de estas enfermedades, no un aumento.

La prueba de carga de yodo

Si no sufres de falta de yodo, no necesitas añadir más a tu alimentación. La única forma de asegurarte de que no tienes una deficiencia de yodo es analizando tus niveles. El método más utilizado para hacer esto es midiendo la cantidad de yodo que se concentra en tu orina. Sin embargo, este no es un método muy fiable porque solo mide la cantidad de yodo que el cuerpo expulsa y no la cantidad que retiene. La exposición a sustancias bociogénicas, como el bromuro y el fluoruro, puede afectar a la cantidad de yodo que tu cuerpo está absorbiendo realmente, así que el análisis de orina no es muy fiable.

Un método más preciso de medición del nivel de yodo es la prueba de carga de yodo. Esta prueba se basa en la idea de que cuanto mayor sea la deficiencia de yodo, mayor será la cantidad de yodo que se retiene en el cuerpo y menor será la que se elimina en la orina. El yodo se une a los receptores de todo el cuerpo. Si los receptores que necesitan yodo tienen suficiente cantidad, se podrá eliminar un porcentaje mayor de yodo en la orina.

La prueba de carga de yodo consiste en tomar 50 mg de un suplemento de yodo y yoduro (Iodoral). Después se obtiene una muestra de orina transcurridas veinticuatro horas. En un estado de suficiencia de yodo, aproximadamente el 90% de la dosis de 50 mg de yodo y yoduro será eliminada (45 mg) y solo se retendrá un 10% (5 mg). Unos niveles inferiores a un 90% de eliminación indican una deficiencia de yodo.

El doctor Jorge Flechas, que ha sido uno de los médicos pioneros en utilizar este método, después de analizar la orina de más de cuatro mil pacientes, ha hallado que la media de excreción urinaria de yodo en Estados Unidos es inferior al 40%. Lo normal debería ser un 90% o superior. De acuerdo con los datos, la mayoría de los estadounidenses no solo padecen una deficiencia de yodo, sino que esta además es grave. Existe un 95% de posibilidades de que tú también padezcas una deficiencia de yodo. Si es así, tu tiroides no funciona correctamente y tu metabolismo se ve obstaculizado; en consecuencia, perder peso y mantenerte delgado puede ser una ardua tarea independientemente del tipo de alimentos que consumas. Por esta razón, te recomiendo encarecidamente que te hagas un análisis de yodo.

En la actualidad, en Norteamérica hay tres laboratorios que hacen pruebas de carga de yodo:

Doctor's Data, Inc.
3755 Illinois Avenue
St. Charles, IL 60174-2420, Estados Unidos
Teléfono: 630-377-8139
Llamada gratuita: 800-323-2784
Fax: 630-587-7860
http://www.doctorsdata.com

FFP Laboratories
576 Upward Rd. Edificio 8
Flat Rock, NC 28731, Estados Unidos
Llamada gratuita: 877-900-5556
Fax: 828-697-9020
E-mail: ffp_lab@yahoo.com

Labrix Clinical Services, Inc.
16255 SE 130th Avenue
Clackamas, OR 97015, Estados Unidos
Teléfono: 503-656-9596
Llamada gratuita: 877-656-9596
Fax: 877-656-9756
E-mail: info@labrix.com

Puedes ponerte en contacto con cualquiera de estos laboratorios y pedir que te envíen las instrucciones y un equipo de prueba. Debes recolectar tu orina todas las veces que vas al baño durante un período de veinticuatro horas y, luego, enviar una muestra de ello al laboratorio. Analizarán la muestra y te informarán sobre los resultados. Si tienes una deficiencia de yodo, probablemente te aconsejarán que tomes 50 mg de suplemento de yodo (Iodoral) a diario hasta que tus niveles de excreción de yodo sean superiores a un 90%; entonces deberás reducir tu ingesta para mantener unos niveles normales. Por lo general, si se toma un suplemento de yodo de 50 mg a diario, tan solo se tarda de tres a seis meses en alcanzar la saturación de yodo. La mayoría de los pacientes que no tienen problemas de sobrepeso ni están expuestos a un exceso de bociógenos consiguen recuperar la cantidad de yodo que su cuerpo necesita en tan solo tres meses. Dependiendo del grado de deficiencia que tengas, deberás hacerte otra prueba de carga de yodo después de que hayan transcurrido varios meses para evaluar tu progreso y para determinar tu nivel de yodo.

Si coincide que ahora estás tomando medicación para la tiroides, necesitas que tu médico controle la dosis en el momento en que empieces a tomar el Iodoral. La adición de yodo probablemente hará que la función de tu tiroides mejore. Si experimentas un ritmo cardíaco más rápido o irregular, nerviosismo, ansiedad, irritabilidad, temblores, sudores, un aumento de la sensibilidad térmica, dificultades para dormir, fatiga, debilidad muscular, cambios en los patrones menstruales u otros síntomas indicativos de un posible caso de hipertiroidismo, es una señal de que necesitas reducir tu medicación.

La adición de yodo puede causar un incremento de la excreción de fluoruro, bromuro, perclorato, mercurio, plomo y otras toxinas. Durante este proceso de desintoxicación puede que experimentes algunos síntomas desagradables por su eliminación, aunque no le sucede a todo el mundo. Si este es tu caso, tan solo deja que el proceso siga su curso. No estás experimentando una enfermedad, sino una limpieza. No es perjudicial. Los síntomas son un efecto natural del proceso de limpieza.

Recomiendo que todo el mundo se haga una prueba de carga de yodo para evaluar su nivel de yodo. Esta es la única manera de saber si tienes una deficiencia de yodo o no. Si la tienes, necesitas seguir unos pasos para corregir el problema. Si no lo haces, te va a costar mucho más perder peso. Te recomiendo que te hagas la prueba antes de empezar con la dieta cetogénica del coco.

12

Disfunción del sistema tiroideo

El síndrome de la tiroides de Wilson
Un problema de tiroides que se puede tratar

Linda empezó a engordar después de dejar de fumar. Se hinchó hasta tal punto que sabía que tenía que hacer algo al respecto. Trató de perder peso por su cuenta, pero no tuvo éxito. Se frustró. Al percatarse de que necesitaba ayuda, fue a una clínica de pérdida de peso y comenzó un programa. No sirvió de nada. Incluso la acusaron de hacer trampas en la dieta, porque no estaba perdiendo peso. Lo intentó con otra clínica de pérdida de peso, esta vez con un programa dietético más estricto. Después de seis meses, y habiendo limitado su ingesta de calorías a 800 diarias, tan solo había perdido dos kilos.

Desanimada y muy deprimida, se fue a ver a un endocrinólogo para obtener ayuda. El médico le dijo que tenía la tiroides muy poco activa y le prescribió Synthroid, un medicamento sintético para ese problema. No sirvió de mucho. Un año más tarde se sentía aún más deprimida, constantemente estaba cansada, tenía dolores de cabeza todos los días y aún padecía problemas de sobrepeso. Su médico de cabecera al final le dijo que se tendría que acostumbrar a vivir así, con sobrepeso y con cansancio. Pero ella dijo que se negaba a vivir de esa manera durante el resto de su vida. Él le recomendó que fuera a ver a un psiquiatra para que le ayudara a aceptarse a sí misma. Esto hizo que se sintiera aún más desamparada, deprimida y desanimada.

Con el tiempo se acabó enterando de que existía una afección que se llamaba el síndrome de la temperatura de Wilson (WTS, según sus siglas en inglés), también conocido como el síndrome de la tiroides de Wilson, que podía ser la causa de su metabolismo lento. Comenzó el tratamiento y al cabo de unas semanas empezó a sentirse con más energía y menos deprimida. En tan solo un par de meses perdió dieciocho kilos y su cansancio había desaparecido por completo. La depresión, la fatiga y los dolores de cabeza ya no formaban parte del día a día de la vida de Linda.

Hace cinco años, Debbie pasó por una época de mucho estrés. Durante ese tiempo empezó a experimentar dolores de cabeza, una piel seca y escamosa, una pérdida de energía, depresión y un aumento de peso. Había engordado pese a que había reducido la cantidad de comida que ingería. Empezó a retener líquidos y se le hincharon los pies y los tobillos, lo que hacía que sintiera dolor. A veces, le era muy incómodo permanecer de pie o caminar. Sabía que algo iba mal.

Llegados a este punto, decidió buscar ayuda médica. Fue a ver a dos médicos diferentes pero obtuvo la misma respuesta. No encontraron nada que estuviera mal. Los resultados de sus análisis de sangre eran normales. Ambos afirmaban que a su tiroides y a su metabolismo no les pasaba nada raro. No pudieron hacer nada para ayudarla.

Luego se enteró de que había un centro donde trataban el síndrome de la tiroides de Wilson y concertó una cita. Cuando terminó de rellenar el formulario con su información y marcó todos los síntomas, se sintió avergonzada por el gran número de los que padecía y que se correspondían con los de la lista. Se le tomó la temperatura y el resultado fue que la tenía por debajo de lo normal. Ella le dijo a la enfermera que esa era la temperatura que siempre tenía, que para ella era lo normal. Esa fue la clave para saber por qué tenía una salud tan delicada y problemas de sobrepeso.

Aunque sus análisis de sangre mostraron que su tiroides funcionaba «normalmente», de hecho, tenía un problema de tiroides. Las personas con síndrome de la tiroides de Wilson a menudo muestran lecturas normales en los análisis de sangre. Sin embargo, su sistema tiroideo no funciona con normalidad.

Debbie comenzó el tratamiento y en una semana sus síntomas comenzaron a desaparecer. Su familia y amigos no podían creer los cambios tan rápidos que estaba experimentando. Dijo que casi había olvidado lo que era sentirse bien del todo.

En el caso de Linda, le diagnosticaron una tiroides lenta, pero la medicación que le prescribieron hizo muy poco para ayudar a aliviar los síntomas. Linda también padecía el síndrome de la tiroides de Wilson (WTS), una enfermedad con la que se sufren una serie de síntomas reversibles causada por una disfunción del sistema tiroideo. Es difícil de detectar por los médicos porque no se refleja en los análisis de sangre que se hacen para detectar posibles problemas en la glándula tiroidea.

Un gran número de personas con sobrepeso padecen WTS sin saberlo. El malestar, los dolores y el aumento de peso asociados a este síndrome se atribuyen a menudo al envejecimiento o a alguna otra causa. Las personas pueden sufrir durante años estos síntomas sin saber que existe un tratamiento.

El tratamiento es muy sencillo y, en la mayoría de los casos, definitivo. Los pacientes con hipotiroidismo deben tomar medicamentos para tratar la tiroides de por vida. Pero el síndrome de la tiroides de Wilson es una afección reversible que, en general, se puede corregir en un período de dos meses. Después de terminar el tratamiento, el paciente no va a tener que medicarse más. Algunas personas que han sufrido problemas de sobrepeso y otros síntomas durante diez, veinte, treinta años o incluso más han sido capaces de superarlos y se han recuperado, manteniendo una pérdida de peso constante.

Trastorno del sistema tiroideo

Muchas personas con sobrepeso sospechan que tienen un problema de tiroides que causa sus problemas de peso, o al menos contribuye a ellos. Cuando alguien dice que tiene un problema de tiroides, por lo general se está refiriendo a la función de la glándula tiroidea. Sin embargo, esta glándula es solo una parte del sistema tiroideo. Una persona puede tener una glándula tiroidea que funciona y, pese a ello, sufrir un problema en el sistema de la tiroides.

La función de la glándula tiroidea realmente está controlada por otra glándula llamada pituitaria, un órgano del tamaño de un guisante que se localiza en la base del cerebro, a la que a menudo se la llama la «glándula maestra» porque produce hormonas que regulan la actividad de la mayoría de las otras glándulas. Una de las hormonas producidas por la glándula pituitaria se denomina hormona estimulante de la tiroides, o TSH (según sus siglas en inglés). Esta hormona estimula la tiroides para que produzca y libere sus propias hormonas (T4 y T3).

La cantidad de hormonas tiroideas que circulan por tu torrente sanguíneo está cuidadosamente controlada por un proceso de regulación propio conocido como retroalimentación negativa. Cuando aumentan los niveles de TSH, se estimula la producción de T4 y T3. Como los niveles de T4 y T3 suben, la producción de TSH se ralentiza, seguida por un descenso en las hormonas tiroideas, lo que a su vez provoca un aumento de la TSH, y el ciclo continúa. De esta manera, las hormonas se mantienen en un delicado equilibrio. En cierto sentido, la pituitaria actúa como un termostato para el cuerpo porque libera TSH según se quieran elevar o reducir los niveles de hormonas tiroideas y, por lo tanto, controla el metabolismo y la temperatura corporal.

Cuando se hace un análisis de sangre para medir los niveles de hormonas tiroideas, se supone que las células están absorbiendo y utilizando correctamente estas hormonas. Si la TSH y los niveles de hormonas tiroideas se encuentran dentro de los parámetros normales, se interpreta que la glándula tiroidea (y la pituitaria) funcionan correctamente y que no existe ningún problema con la tiroides.

Entre los signos clásicos de hipotiroidismo están fatiga, depresión, aumento de peso, manos y pies fríos, sequedad en la piel y el cabello y estreñimiento. Las personas que sufren estos síntomas puede sospechar que tienen una función tiroidea lenta y tal vez quieran acudir al médico para un diagnóstico. El método estándar para diagnosticar el hipotiroidismo es un análisis de sangre en el que se miden el TSH y las hormonas tiroideas. Un nivel alto de TSH o unos niveles bajos de las hormonas tiroideas indican una función tiroidea lenta. Sin embargo, si estos niveles hormonales están dentro del rango normal, se supone que la glándula tiroidea funciona con normalidad y que no existe ningún problema de tiroides. ¿Y los síntomas? ¿Por qué se tienen? Puesto que es evidente que el paciente tiene algo que funciona mal, el médico puede aconsejarle que se vaya a casa, que duerma más y que coma mejor. Si el paciente insiste en que algo va mal, el médico puede llegar a la conclusión de que todos los síntomas están «en su cabeza», y enviarle a casa con una receta de antidepresivos, ansiolíticos, diuréticos, antiácidos, laxantes y otros medicamentos para tratar esos síntomas. Ninguno de estos medicamentos trata el verdadero problema, que es una disfunción del sistema tiroideo.

Un metabolismo lento puede deberse a una glándula tiroidea poco activa o a una disfunción del sistema tiroideo. Los análisis de sangre solo pueden detectar la función de la glándula tiroidea. Según el doctor Denis Wilson, quien fue el primero en detectar y tratar con éxito el WTS, la mayoría de los problemas metabólicos y de la tiroides no se deben a una disfunción de esta glándula, sino a una disfunción del sistema tiroideo. Esta es la razón por la que muchas personas que sospechan que padecen problemas metabólicos tienen unos niveles de la hormona tiroidea normales. El síndrome de la tiroides de Wilson es un problema del sistema tiroideo.

Cuando la tiroides funciona con lentitud, sucede algo parecido a cuando se sufre de diabetes. Las dos formas más comunes de diabetes son la de tipo 1 y la de tipo 2. En la diabetes de tipo 1, la glándula del páncreas no produce una cantidad adecuada de la hormona insulina, lo que provoca diabetes. En la de tipo 2, el páncreas puede producir una cantidad normal de insulina, pero las células han comenzado a dejar de responder. Esto se conoce como resistencia a la insulina. En ambos casos, los síntomas son parecidos.

Cuando la tiroides funciona con lentitud, también aparecen dos tipos principales de hipotiroidismo, que se pueden denominar de tipo 1 y tipo 2. Al igual que con la diabetes de tipo 1 y tipo 2, uno es glandular y el otro celular. Uno de ellos implica una baja actividad de la glándula tiroidea, que no es capaz de producir la cantidad de hormona tiroidea necesaria. En el otro, el WTS, que también se conoce como hipotiroidismo de tipo 2, la glándula tiroidea puede estar produciendo una cantidad normal de hormona tiroidea pero las células no son capaces de utilizarla adecuadamente. En ambos casos, los síntomas son los mismos.

La glándula tiroidea segrega las hormonas T4 (tiroxina) y T3 (triyodotironina). Entre el 80 y el 90% de ellas son T4. El Synthroid y la mayoría de los medicamentos sintéticos más comunes para tratar problemas de tiroides, se componen enteramente de T4. Cuando alguien tiene hipotiroidismo (tipo 1), su glándula tiroidea no produce las suficientes cantidades de T4 y T3. En este caso se considera que tiene un problema de la glándula tiroidea.

Muchas personas que sufren una baja actividad de la glándula tiroidea pueden verse beneficiadas por tomar medicamentos que irrigan el cuerpo con la hormona tiroidea T4. Al aumentar la concentración en sangre de T4, el organismo recibe la hormona que necesita para mantener el metabolismo funcionando con normalidad. Sin embargo, tomar T4 no es una cura definitiva. Es un soporte que ayuda a la glándula tiroidea que no funciona de manera óptima. Los medicamentos para la tiroides deben tomarse de por vida.

Cuando la tiroides libera T4, esta empieza a circular por la sangre y es absorbida por las células. Aquí es donde se convierte en T3. La gran mayoría de T3 que hay en tu cuerpo proviene de la conversión de T4 dentro de las células. La T4 tiene poca actividad biológica. Pero la T3, por otro lado, es cuatro veces más activa que la T4 y, por lo tanto, tiene mucho más impacto en el metabolismo. La disfunción del sistema tiroideo se produce cuando la T4 no se convierte adecuadamente en T3. La tiroides puede producir cantidades normales de T4, incluso en exceso, pero si no se convierte en T3, el metabolismo se deprime. Esto es lo que ocurre con el síndrome de la tiroides de Wilson. La cantidad de T4 puede ser suficiente, pero no la de T3. A veces quienes sufren WTS también tienen problemas de la glándula tiroidea. El tratamiento con medicamentos que contienen T4 va a ayudar muy poco si la T3 no se vuelve más activa. Esta es la razón por la que una persona a la que se le suministran medicamentos para la tiroides puede experimentar poca o ninguna verdadera mejora.

Disfunción enzimática múltiple

El rasgo más característico del WTS es una temperatura corporal baja o inestable. De hecho, se cree que una temperatura baja es la principal causa de los síntomas asociados con una función tiroidea lenta.

Las hormonas tiroideas controlan la tasa metabólica de nuestras células y nuestro organismo. El metabolismo puede describirse como la suma total de las reacciones bioquímicas que tienen lugar en el cuerpo. Prácticamente todas estas reacciones emiten calor como un subproducto. Este calor, a su vez, es lo que medimos con la temperatura de nuestro cuerpo.

La temperatura corporal es una de esas cosas que están muy controladas. Si sube demasiado (por encima de 41,7 °C), puede causar daños cerebrales. Del mismo modo, si es demasiado baja (por debajo de 32,2 °C), puede ser igual de perjudicial. La temperatura ideal, medida por vía oral, es de 37,0 °C. Es la misma para todos nosotros independientemente de cuestiones genéticas o personales. La temperatura óptima del cuerpo es una constante química, como la congelación del agua a 0 °C. Tanto en Alaska como en Hawái el agua se sigue congelando a 0 °C. Nuestros cuerpos están estructurados para funcionar dentro de un intervalo muy pequeño de temperaturas. Cualquier aumento o descenso puede afectar al funcionamiento del cuerpo.

Prácticamente todas las reacciones químicas que tienen lugar en nuestro organismo requieren enzimas para que dichas reacciones se produzcan. Estas enzimas sirven como catalizadores para que las reacciones químicas ocurran a tasas más altas de lo que sería posible, pero en realidad no pasan a formar parte del producto final generado por estas reacciones. Las enzimas son proteínas que varían su forma o su configuración en función de la actividad del cuerpo. Cuando sienten demasiado calor, empiezan a separarse; cuando sienten demasiado frío, se apiñan. En cualquiera de los dos extremos, no tienen una forma adecuada ni pueden funcionar de manera óptima. Cuando la temperatura corporal es demasiado baja, casi todas las enzimas funcionan menos eficazmente.

Las enzimas de nuestro cuerpo operan de manera óptima cuando la temperatura corporal es de 37 °C. Cuanto más se aleje de esta temperatura, menos eficaces y activas serán. Incluso la variación de un grado centígrado puede tener efectos significativos. Si la actividad de la enzima se ralentiza, con el tiempo se pueden desarrollar problemas de salud. Esto se llama disfunción enzimática múltiple. Un metabolismo lento puede conducir a una disfunción enzimática múltiple. El doctor Wilson ha identificado al menos sesenta problemas asociados con esta disfunción. Los más comunes son los que aparecen en el siguiente listado:

- Acné
- Alergias
- Artritis y dolores en las articulaciones
- Asma
- Ataques de ansiedad y de pánico
- Cicatrización lenta de heridas y lesiones
- Comezón
- Depresión
- Estreñimiento
- Fácil aparición de moratones
- Fatiga
- Hipoglucemia
- Inapetencia o bajo deseo sexual
- Infecciones frecuentes por levaduras
- Insomnio
- Intolerancia al calor o al frío
- Intolerancia/sensibilidad alimentaria
- Irritabilidad
- Manos y pies fríos
- Migrañas

- Pérdida de cabello
- Pérdida de memoria y falta de concentración
- Piel y cabello secos
- Resfriados frecuentes o persistentes
- Retención de líquidos / edemas
- Síndrome del intestino irritable
- Síndrome del túnel metacarpiano
- Síndrome premenstrual
- Sobrepeso
- Úlceras
- Un sistema inmunitario débil
- Uñas quebradizas
- Urticaria

Una temperatura corporal crónicamente baja puede ser la causa principal o un factor que contribuya en la aparición de una de estas afecciones. Aquellos que sufren el síndrome de tiroides de Wilson no tienen que padecer necesariamente todos estos problemas; muchos tan solo sufren unos pocos, mientras que otros sufren muchos. He conocido a personas que experimentaban por lo menos dieciséis de estos síntomas (que por cierto se redujeron significativamente o se eliminaron en cuanto introdujeron cambios en su alimentación y estilo de vida, como los descritos en este libro).

¿Cómo puedes saber si tienes el WTS? Una forma de saberlo es revisar la lista anterior. ¿Tienes alguno de estos síntomas? Muchos de ellos también los pueden estar causando otros problemas de salud, como una disfunción de la glándula tiroidea. Algunas personas con un WTS leve pueden no tener síntomas perceptibles. La mejor manera para saber si presentas este síndrome es simplemente tomarte la temperatura. Si tu temperatura corporal está constantemente por debajo de lo normal, las enzimas no estarán funcionando con eficacia y probablemente sufras un problema de tiroides. Si la medicación para la T4 es de poca o ninguna ayuda, el WTS probablemente tenga la culpa.

Una temperatura corporal baja es el rasgo más característico del WTS. Algunas personas puede que digan que la temperatura de su cuerpo es «naturalmente» baja, o que es «normal» que tengan una temperatura baja. No obstante, una temperatura corporal baja no es normal para nadie. Para que tus enzimas funcionen de manera óptima, tu cuerpo tiene que rondar los 37,0 °C. Esta temperatura no varía de una persona a otra. Cuando varía, es un indicativo de un problema metabólico.

Una sensación constante de calor no es un buen indicador de la temperatura corporal. Muchas personas, sobre todo si tienen sobrepeso, sienten calor; sin embargo, su temperatura puede ser inferior a la normal. La razón por la que «sienten» tanto calor es porque empiezan a ser hipersensibles o intolerantes a las fluctuaciones de temperatura. A menudo, aquella persona que siempre siente un calor insoportable en verano, en invierno pasa mucho frío. Si estás casado con una de ellas, sabes muy bien el conflicto que puede desatar. Durante el invierno, el uno quiere tener la estufa encendida todo el tiempo y colocar muchas mantas encima de la cama por la noche, y el otro quiere la estufa apagada y dormir con pocas mantas. Durante el verano los roles pueden intercambiarse. Es una batalla constante.

¿Qué causa una temperatura corporal crónicamente baja?

Lisa nunca tuvo muchos problemas de sobrepeso en su juventud, pero, después del nacimiento de su tercer hijo, los kilos comenzaron a acumularse. Era casi como si alguien le hubiera dado a un interruptor para aumentar la producción de grasa. En poco tiempo había engordado trece kilos. No comía de manera diferente de como solía hacerlo, pero los kilos se seguían amontonando. También empezó a sufrir dolores de cabeza, irritabilidad, hipoglucemia y otros problemas de salud. Ella atribuyó el exceso de grasa en su cuerpo a una simple consecuencia de su aumento de peso durante el embarazo y como algo propio del proceso de envejecimiento. Su verdadero problema, sin embargo, era que durante su último embarazo había desarrollado el WTS.

El metabolismo de nuestro cuerpo tiene básicamente tres estados. Podemos tener un metabolismo rápido, medio o lento. El metabolismo cambia de un estado a otro a lo largo del día, dependiendo de diferentes circunstancias. A veces nuestro cuerpo funciona mejor a mucha velocidad, pero otras prefiere ir despacio. La mayoría de las veces permanece en un estado medio, ni demasiado rápido ni demasiado lento.

El metabolismo puede cambiar muy rápido en respuesta a ciertas circunstancias. Por ejemplo, cuando estamos realizando una actividad física que nos exige mucho esfuerzo, nuestros pulmones respiran con mayor rapidez e intensidad, también aumenta nuestro ritmo cardíaco y nuestros músculos reciben más cantidad de oxígeno, lo cual es necesario para producir energía. Si enfermamos, el metabolismo aumenta para producir más anticuerpos y acelerar el proceso de curación y fortalecimiento.

El metabolismo cambia a un ritmo más lento cuando dormimos o descansamos, o cuando el consumo de alimentos disminuye. Cuando ayunamos o incluso cuando estamos a dieta, el cuerpo lo interpreta como un período de inanición. En respuesta, el metabolismo se ralentiza para conservar la energía y asegurarse la supervivencia durante el tiempo que la comida es menos abundante.

Un organismo normal y saludable constantemente varía de un estado metabólico a otro. Cuando las condiciones que hacen que el cuerpo se active o se desactive desaparecen, el metabolismo vuelve de nuevo a la normalidad. Esta es la forma en la que se supone que debería funcionar. Sin embargo, con el síndrome de la tiroides de Wilson, cuando las condiciones que causan que el cuerpo se ralentice desaparecen, este no se recupera. Se queda atascado en un ritmo lento. Puede permanecer así durante semanas, meses o años. Sucesos posteriores que fuerzan al metabolismo a ir más lento pueden hacer que aún sea más inactivo. Como el metabolismo se ralentiza, la temperatura corporal disminuye. Esta es la razón por la que algunas personas pueden tener una temperatura ligeramente inferior a la normal o incluso dos o tres grados más baja.

¿Qué hace que el metabolismo quede atorado? Es una combinación de estrés y malnutrición. Cuando sufrimos estrés, el cuerpo responde acelerando su metabolismo. Si tienes que hacer un examen importante, correr una carrera o terminar un trabajo antes de una fecha límite, el cuerpo responderá acelerando su metabolismo. A medida que el metabolismo bombea con más fuerza, los procesos celulares se aceleran. La demanda de energía para alimentar estas actividades es cada vez mayor. La necesidad de vitaminas y minerales aumenta porque las enzimas que ejecutan todas las acciones químicas en el cuerpo dependen de estos nutrientes, por lo que las vitaminas y los minerales se utilizan a un ritmo acelerado. Si hay suficientes nutrientes almacenados y si el estrés disminuye después de un breve período de tiempo, el cuerpo es perfectamente capaz de hacer frente a este cambio en el metabolismo.

Sin embargo, surge un problema cuando el estrés se vuelve crónico o grave y al cuerpo le faltan nutrientes. Cuando el estrés es frecuente o sus niveles son muy altos, las enzimas demandan una gran cantidad de vitaminas y minerales. Si los nutrientes que necesitan no están presentes, el cuerpo detecta una situación parecida a la inanición y cambia a un ritmo más lento. Cuando los nutrientes se agotan, el cuerpo entra en un estado de agotamiento y queda atorado, apenas funcionando. Lo hace como un medio de supervivencia para conservar la energía y los nutrientes que son vitales para la conservación de la vida. Las vitaminas y los minerales son absolutamente necesarios para el funcionamiento del cerebro, el corazón, los pulmones y otros órganos vitales. Si estos nutrientes se empiezan a agotar, los daños pueden ser permanentes e incluso causar la muerte. Ralentizar el metabolismo es un medio de supervivencia.

Si al cuerpo no se le suministra la suficiente cantidad de nutrientes para reponer de forma adecuada los que normalmente almacena, el metabolismo se queda atrapado en una marcha baja. Los episodios repetidos de estrés impulsan al metabolismo a ralentizarse aún más, por lo que cada vez le cuesta más recuperarse. ¿Qué tipo de estrés causa esta situación? Cualquier tipo de estrés físico, mental o emocional crónico o grave, como un embarazo y un parto, un divorcio, la muerte de un ser querido, la solicitud de un empleo, problemas familiares, una intervención quirúrgica, accidentes, una enfermedad o la falta de sueño, puede desencadenar el WTS. El 80% de las personas que padecen este síndrome son mujeres. Esto es comprensible, ya que el embarazo y el parto es una de sus causas.

Durante períodos de estrés, la hormona cortisol se libera para aumentar el ritmo cardíaco, acelerar el metabolismo, elevar los niveles de azúcar en sangre y preparar el cuerpo para huir o luchar. Cuando los niveles de cortisol aumentan, la TSH y las hormonas tiroideas decrecen. Incluso tan solo un poco de estrés, lo cual ya causa pequeños cambios en los niveles de cortisol en sangre que normalmente están dentro de unos parámetros normales, puede causar alteraciones significativas en los niveles de las hormonas tiroideas.[1]

Los efectos que tienen el estrés y la desnutrición a largo plazo en la función tiroidea fueron demostrados con el caso de un grupo de jóvenes cadetes que empezaron con buena salud el servicio militar. Los cadetes fueron sometidos a una combinación de privación de sueño, un aporte calórico muy bajo y una actividad física intensa durante un curso de entrenamiento de cinco días. Sus niveles de hormonas tiroideas disminuyeron bruscamente durante el ejercicio. Después de completarlo, los niveles de T4 volvieron a la normalidad en cuatro o cinco días, pero los niveles de T3 se mantuvieron bajos.[2] El tiempo de recuperación depende de la salud y del estado nutricional de la persona. En las más mayores, aquellas que tienen peor salud, la función tiroidea puede tardar más tiempo en recuperarse, sobre todo si existe alguna deficiencia nutricional.

La malnutrición, o en su lugar la malnutrición subclínica, es muy común en nuestra sociedad. Comer dulces, cereal refinado y otros alimentos procesados a los que se les ha quitado gran parte de sus vitaminas y minerales naturales, ha creado una sociedad llena de personas con problemas nutricionales. Las mujeres embarazadas necesitan más que nadie tener una buena nutrición. El niño que está en el vientre de la madre requiere muchos nutrientes para poder crecer y desarrollarse adecuadamente, y se los robará a la madre si esta no se los suministra con su alimentación. Si la madre no se alimenta bien, sus propias reservas de nutrientes pueden empezar a agotarse peligrosamente. A esto se le añade el hecho de que la gestación puede ser muy estresante. Nueve meses de estrés que culminan con varias horas de sufrimiento y un parto. No es de extrañar que el embarazo y el parto sean la causa número uno del WTS.

Hacer dieta puede empeorar el WTS. Las dietas bajas en calorías, sobre todo las que permiten alimentos poco nutritivos, pueden hacer que el cuerpo lo interprete como una amenaza de hambruna. Un cuerpo que ya de por sí sufre por una mala nutrición cambiará su metabolismo haciendo que funcione aún más lento. Esto dificulta la pérdida de peso. Cuando se vuelve a comer con «normalidad», el peso se recupera, añadiendo encima un par de kilos más, porque ahora el metabolismo funciona más lento que antes.

¿Cómo puedes saber si tienes el síndrome de la tiroides de Wilson?

Los análisis de sangre que normalmente se hacen no pueden detectar el WTS. Estos análisis registran la cantidad de hormonas en la sangre, lo que permite saber lo bien que funcionan las glándulas. Los análisis de sangre no determinan lo que ocurre en los tejidos ni en las células del cuerpo. Cuando se padece el WTS, la producción de la hormona tiroidea casi siempre es normal, pero el proceso de transformación de esta hormona en los tejidos puede haberse reducido, dando lugar a un desequilibrio que puede provocar en los pacientes una temperatura corporal más baja de lo normal y que padezcan los síntomas clásicos de una función tiroidea lenta.

A menudo, aquellos que no producen la suficiente cantidad de hormona tiroidea también se ven afectados por el WTS. Según el doctor Wilson, «hay mucha más gente que padece el WTS que todos los otros problemas de tiroides lenta combinados». Así pues, podemos decir que el WTS es una afección muy común. Si sospechas que sufres algún problema de tiroides, es probable que sea WTS. La manera de saber si lo sufres es comprobar los síntomas. Revisa la lista de los que aparecen en la página 258. ¿Tienes alguno de estos síntomas? Ten en cuenta que aunque solo tengas uno de ellos, eso ya indica que algo va mal. Estar enfermo no es normal y un mal funcionamiento del organismo tampoco. El cuerpo tratará de mantener una salud óptima siempre que se le permita. Cuando no está sano, es una señal de que existe algún problema.

El sobrepeso es uno de los síntomas más comunes asociados con el WTS. Obviamente, el metabolismo funciona con lentitud y eso hace que sea fácil aumentar de peso. Si padeces sobrepeso, puede que no sea simplemente porque comes demasiado. La mayoría de las personas con sobrepeso tienen problemas de tiroides, lo que agrava sus problemas de peso.

No todos aquellos con sobrepeso tienen problemas en el sistema tiroideo. Sin embargo, una gran mayoría sí. Si comes poco pero tienes problemas de peso, engordas con facilidad, has tratado de ponerte a dieta con dietas bajas en calorías, te alimentas de comida basura, no haces ejercicio y experimentas una gran cantidad de estrés, probablemente padezcas el WTS. Si eres mujer y te quedaste embarazada, o de joven tenías un peso normal y de repente engordaste (en un par de años), probablemente también lo padezcas.

El mejor indicativo para saber si se sufre el síndrome de la tiroides de Wilson es la temperatura corporal. Si como promedio tu temperatura corporal está siempre por debajo de lo normal, sospecha de un posible caso de WTS. El doctor Broda Barnes, autor del clásico *Hypothyroidism: The Unsuspecting Illness*, decía que «el médico puede obtener mucha más información sobre el estado de salud de su paciente con un termómetro ordinario que con todas las demás pruebas que analizan la función de la tiroides».

Ponte el termómetro

Ponerte el termómetro y tomar la temperatura de tu cuerpo una vez al día no es un método muy preciso para evaluar la temperatura corporal. Hay varios factores que influyen en las lecturas de la temperatura, como por ejemplo la actividad física, el clima, bañarse o comer. Además, nuestra temperatura también fluctúa a lo largo del día. Normalmente es más baja por las mañanas cuando nos acabamos de despertar. A medida que el día transcurre, sube, manteniendo una cierta estabilidad, y al terminar el día empieza a bajar. Este ciclo diario como mucho puede hacer que la temperatura varíe un grado en una persona relativamente sana. Si te tomas la temperatura por la mañana siempre será más baja de lo normal, independientemente de cuál sea tu temperatura «real».

Para evitar esos descensos de la mañana y la noche, deberías tomarte la temperatura durante el día cuando tu metabolismo está en su máxima actividad. Cuando te tomas la temperatura en esas condiciones, debería registrar un valor normal (37 °C). Para una evaluación más exacta, tendrías que tomártela tres veces al día y hacer un promedio con los resultados. Si tu temperatura media es normal, debería rondar los 37 °C.

El doctor Wilson aconseja tomarse la temperatura una primera vez tres horas después de habernos levantado, una segunda vez tres horas más tarde y una tercera otras tres horas después. Por ejemplo, si te levantas a las seis de la mañana, tómate la temperatura a las nueve de la mañana, a las doce del mediodía y a las tres de la tarde. Para saber la temperatura diaria, suma las tres lecturas y divídelas entre tres para lograr el promedio. Hazlo por lo menos durante cinco días. En el caso de una mujer, la temperatura corporal varía durante los primeros días del ciclo menstrual y a mitad de ciclo, así que debe evitar hacer esta prueba durante esos períodos de tiempo.

La temperatura debe tomarse por vía oral. Mantén el termómetro en la boca durante unos tres minutos. Los alimentos pueden afectar a la temperatura de la boca, así que tómatela antes de comer o beber o por lo menos quince minutos después. También hay que tener en cuenta que muchos termómetros digitales comúnmente utilizados tienen una precisión de más o menos 0,1 °C.

Cuando te tomas la temperatura durante el día, normalmente estás registrando la temperatura más elevada de tu cuerpo. Como ya he indicado, debería ser de 37 °C, con una variación de 0,3 °C. Cuanto más se aleje el resultado de esta temperatura, mayores serán tus probabilidades de padecer el WTS. Si tu temperatura media es inferior a 36,8 °C, puede que tengas el síndrome de la tiroides de Wilson. Sin embargo, es importante que tengas presente que la causa de una temperatura corporal baja no siempre es el WTS. Cuanto más normal sea tu temperatura, probablemente menos graves sean los síntomas. Una persona con una media de 36,8 °C puede que no sufra ningún síntoma apreciable, pero otra con una media de 36,3 °C puede presentar muchos síntomas.

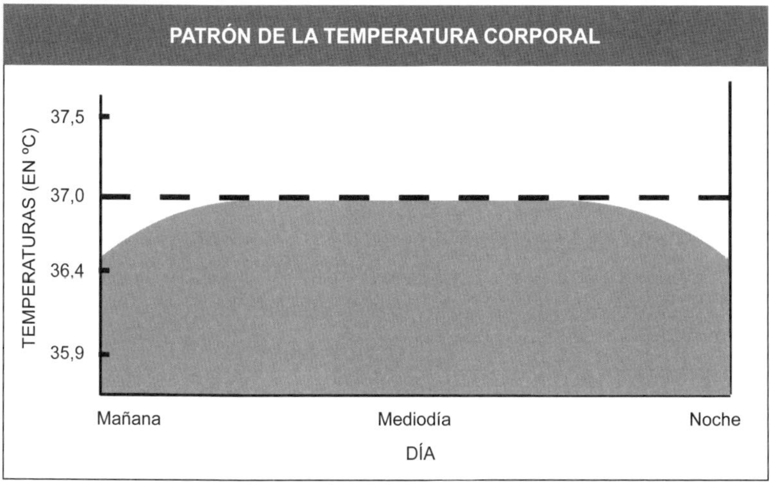

La temperatura del cuerpo normalmente es un poco más baja por la mañana y por la noche. Durante el día debería ser de 37 °C o estar cerca de este valor. Aquellas personas con WTS normalmente tienen una temperatura corporal de dos grados menos.

No es raro que estas personas tengan una temperatura de 35,5 °C o incluso inferior al mediodía. El doctor Wilson ha informado que se han dado casos de pacientes que muestran signos del síndrome con temperaturas medias de hasta 36,8 °C, pero afirma que la mayoría de los pacientes con síntomas evidentes tienen temperaturas de 36,5 °C o inferiores.

Si las lecturas de tu temperatura varían mucho, esto también es un indicativo de que tienes un problema con el metabolismo. Unas lecturas con grandes fluctuaciones sugieren que el cuerpo tiene dificultad para mantener una temperatura normal. Esto puede ser un signo de un posible WTS. Es normal que la temperatura varíe dos o tres décimas en condiciones normales (sin ejercitar el cuerpo ni exponerlo a temperaturas ambientales extremas). Si fluctúa un grado o más, es que claramente hay un problema. Idealmente, tu temperatura solo debería fluctuar 0,3 °C a lo largo del día en circunstancias normales.

Si tus lecturas de la temperatura son normales, pero experimentas muchos de los síntomas asociados con el WTS, puede que el termómetro esté estropeado. El doctor Wilson aconseja volver a tomar la temperatura con un termómetro diferente. Afirma que si una persona padece alguno de los síntomas del WTS, la probabilidad de tener una temperatura normal es de 1 entre 200. Hay muchas más posibilidades de que tu termómetro esté estropeado que de que tu temperatura sea normal.

Tratamiento

El tratamiento para el WTS es sencillo. La conversión de T4 a T3 no se está dando como se debería dar porque las enzimas necesarias para este proceso van a un ritmo demasiado lento debido a la temperatura tan baja del cuerpo. Si la temperatura corporal se consigue elevar durante un período de tiempo determinado, las enzimas terminarán funcionando correctamente. Tan solo elevando la temperatura del cuerpo, este va a mejorar la conversión de T4 a T3. Como se genera más T3, el metabolismo acelera su respuesta y la temperatura corporal aumenta. Llega un momento en el que esta se mantiene lo suficientemente elevada como para seguir con la conversión de T4 a T3 a un ritmo normal. La temperatura se mantiene cerca del valor normal, como se supone que debería ser, y el cuerpo puede continuar de forma autónoma a partir de entonces. Todo el proceso se puede completar en tan solo unas semanas o meses. En algunos casos, cuando la disfunción del sistema tiroideo es más grave, se puede necesitar más tiempo. Una vez corregido, la temperatura corporal y el metabolismo se mantienen normales y las enzimas de todo el cuerpo empiezan a funcionar a un ritmo normal. El resultado es la reparación de los daños causados por la disfunción enzimática múltiple, y la pérdida del exceso de peso corporal. Cuando el metabolismo actúa como debería ser, es más fácil perder el exceso de peso con una dieta adecuada.

¿Cómo puedes elevar tu temperatura corporal? El consumo oral de T3 elevará los niveles en sangre de esta hormona, que a su vez estimulará el metabolismo e incrementará la temperatura corporal. La T3 debe ser recetada por tu médico, que debería estar familiarizado con el síndrome de la tiroides de Wilson. Sin embargo, no todos los médicos lo están, e incluso algunos ni siquiera reconocen que sea un problema de salud real. Antes de que te puedan dar una medicación, probablemente necesitarás hacerte un análisis de sangre. Si tu médico no está familiarizado con el WTS, los análisis solo pueden medir tu nivel de T4 y la función de la glándula tiroidea.

La mayoría de los medicamentos sintéticos para la tiroides (por ejemplo, el Synthroid, el Levoxyl, el Levothyroid, etc.) solo contienen T4 y, por lo tanto, son muy poco efectivos a la hora de tratar el WTS. Los fármacos hormonales sintéticos, que son los que más se prescriben, tienen varios efectos secundarios adversos, uno de ellos una pérdida significativa de calcio en el sistema óseo. Si tomas un medicamento sintético para la hormona tiroidea, deberías incrementar tu suplemento de calcio y magnesio. Los medicamentos para la tiroides naturales (por ejemplo, Armour, Nature-Thiroid, etc.) están hechos de tiroides porcina desecada y son una mejor opción porque la hormona es básicamente la misma que la que nuestro cuerpo produce y no solo tiene menos efectos secundarios adversos, sino que, de hecho, no tiene ninguno. La tiroides natural contiene tanto T4 como la imprescindible T3. Este es el tipo de medicamento para la tiroides que deberías utilizar.

Si al paciente se le suministra T3 para estimular su metabolismo y elevar su temperatura corporal, eso va a aliviar los síntomas del WTS. El doctor Wilson ha tenido mucho éxito tratando a miles de pacientes de esta manera. Muchos otros médicos también están tratando a pacientes con este síndrome, pero no todos tienen la suficiente experiencia, así que elige a uno que esté familiarizado con esta afección.

La hormona tiroidea se debe tomar todos los días cumpliendo un horario estricto. Si te saltas la medicación una vez, o incluso si te la tomas un par de horas más tarde, en la mayoría de los casos se debe empezar de nuevo con el tratamiento. Cuando uno no toma la medicación a sus horas, el cuerpo vuelve a funcionar con más lentitud y el proceso de arranque del metabolismo tiene que comenzar desde el principio. La razón por la que la T3 funciona es porque mantiene la temperatura elevada cerca del valor normal durante un período de tiempo lo suficientemente largo como para que el cuerpo se adapte y pueda continuar de forma autónoma con el proceso. Esto significa que la temperatura diaria debería mantenerse lo más cerca posible del valor normal durante varias semanas seguidas para que el proceso funcione.

Otro inconveniente de la terapia con T3 es que si el paciente no se preocupa de su aporte nutricional, a menudo puede volver a recaer la próxima vez que se encuentre ante una situación estresante. En este caso, se puede volver a repetir la terapia con T3. Si es posible anticipar una situación estresante, una dosis baja de T3 puede ayudar a prevenir la recaída. Desafortunadamente, el estrés forma parte de nuestra vida. Nunca nos vamos a poder deshacer del todo de él. Por consiguiente, nuestros cuerpos deberían estar lo suficientemente sanos como para poder soportar una situación de estrés.

La terapia con T3 no es la única manera de tratar el WTS. Para los casos más graves, puede que sea necesaria, pero la alimentación y el estilo de vida también pueden tener el mismo efecto, y sin la necesidad de tomar medicamentos con receta médica. El WTS responde a un aumento de la temperatura corporal, así que cualquier cosa que pueda lograr esto, cuando se combina con una dieta nutritiva, tiene el potencial de funcionar. En el siguiente capítulo aprenderás cómo activar tu metabolismo de forma natural, sin medicación, para superar la disfunción del sistema tiroideo, así como también para aumentar tu nivel de energía y quemar el exceso de calorías.

13

Estimula tu metabolismo

¿Acaso no odias a esas personas que incluso comiendo como un caballo siguen estando delgadas? Están llenas de energía y vitalidad, se atiborran de todo tipo de alimentos que engordan y nunca ganan ni un gramo. Tú, en cambio, te comes un tallo de apio e inmediatamente engordas dos kilos. ¿Por qué ocurre esto? La respuesta está en el metabolismo.

Tu tasa metabólica basal (TMB) es más lenta que la de esas personas. Ellas queman más calorías con la misma cantidad de actividad física que tú realizas. Ellas pueden comer más que tú y pesar menos.

¿Acaso no te gustaría que tu metabolismo se pusiera en marcha y empezara a funcionar más rápido? En este capítulo aprenderás cómo revitalizar tu metabolismo y conseguir que funcione a un ritmo más normal y saludable.

Una buena nutrición

Sandra tenía sobrepeso y con frecuencia sufría dolores de cabeza, irritabilidad y depresión. Siempre sentía frío, le faltaba energía y parecía que agarraba todos los resfriados y virus de la gripe que pasaban ante ella. Su médico de cabecera le diagnosticó hipotiroidismo y le prescribió Synthroid junto con otros medicamentos para aliviar la mayoría de sus síntomas. Aunque la medicación ayudó bastante, todavía no se sentía del todo bien. Preocupada porque creía que su alimentación estaba contribuyendo a sus problemas de salud, dejó la comida basura, los dulces y la soja, sustituyó la comida envasada y precocinada que solía comer por hortalizas y frutas frescas, y empezó a comer la carne, los huevos y los productos lácteos orgánicos. Además de los cambios que hizo en su alimentación, añadió suplementos dietéticos que ayudaban al buen funcionamiento de su tiroides. A medida que los cambios que había hecho comenzaban a surtir efecto y ella se sentía mejor, poco a poco fue dejando todos los medicamentos que tomaba para la tiroides. Ahora su tiroides funciona con normalidad y no está tomando ningún fármaco. Sandra es una de las muchas personas que han sido capaces de revertir un diagnóstico de hipotiroidismo, sencillamente cambiando su dieta.

En los últimos decenios los problemas del sistema tiroideo y del metabolismo se han convertido en algo común. Este aumento de su incidencia sugiere que estos problemas están causados o influenciados por la alimentación y el estilo de vida que llevamos. Cuanto más saludable sea tu alimentación, mejor te sentirás, y es menos probable que tengas un problema en el sistema tiroideo. Si lo sufres, es esencial que sigas una buena nutrición para corregirlo.

Uno de los factores que contribuyen a un funcionamiento lento del metabolismo es la malnutrición o, más comúnmente, la malnutrición subclínica. Como se ha señalado en el capítulo anterior, una alimentación inadecuada combinada con episodios repetidos de estrés puede afectar negativamente a la función del sistema tiroideo, ralentizando el metabolismo.

Una alimentación inadecuada también puede afectar a la salud de la glándula tiroidea, debido a la falta de vitaminas y oligoelementos minerales que conlleva. Los bociógenos de las verduras crucíferas crudas y sobre todo los productos de soja reducen la actividad de la glándula tiroidea.

El primer paso para revertir un metabolismo lento es comer los alimentos de la mayor calidad que puedas permitirte. Los alimentos de mayor calidad no son necesariamente los más caros, sino los que contienen mayor valor nutritivo y menor cantidad de aditivos y subproductos nocivos. Los de peor calidad contienen mayor cantidad de azúcar y de aditivos químicos, y tienen muy poco valor nutritivo. En términos generales, los alimentos que están menos procesados son los de mayor calidad. Cuanto más se procesan y refinan los alimentos, menor calidad tienen.

La forma en la que se cultivan los alimentos también afecta a su calidad. Las frutas y las hortalizas que se cultivan en suelos fertilizados artificialmente o pobres en minerales contienen menos nutrientes que aquellas que se cultivan en suelos ricos y orgánicos. Los alimentos de cultivo ecológico crecen en suelos fertilizados de forma natural y sin estar contaminados con pesticidas, por lo que tienen una calidad más alta que los no orgánicos.

La carne del ganado que ha sido criado en un pasto cultivado orgánicamente es de mayor calidad que la de los animales de granja, a los que se ha alimentado a base de maíz y soja, y que se han engordado con antibióticos y hormonas artificiales. Sin embargo, tanto una carne como la otra son mucho mejores que las procesadas, como la de las salchichas y los fiambres, que están cargadas de conservantes, potenciadores de sabor artificiales y otros aditivos.

Los alimentos de peor calidad, menos nutritivos y a los que a menudo se les ha añadido más aditivos químicos, en general, también son los que contienen más carbohidratos, como los productos de panadería, los cereales para el desayuno, los postres y los dulces, entre otros.

Los mejores alimentos son las hortalizas y las frutas frescas, la carne, los huevos y los productos lácteos con todas sus grasas que casi no han sido procesados. Elije siempre alimentos frescos antes que envasados. En general, cuanto más procesado está un alimento, menor calidad nutritiva tiene.

Una maravilla para el metabolismo

Aumenta los niveles de energía

Cuando alguien viene a verme y me dice: «Siempre estoy cansado, ¿qué puedo hacer para obtener más energía sin tomar medicamentos ni cafeína?», mi respuesta es rápida y sencilla: «Toma aceite de coco».

Cuando le digo esto a la gente, al principio se sobresalta: «¿No me va a hacer engordar?». Siempre les respondo: «No, al contrario. El aceite de coco te dará más energía y te ayudará a perder el exceso de peso».

Una de las principales diferencias entre el aceite de coco y otras grasas es la forma en la que se digiere y se metaboliza. El aceite de coco es diferente porque se compone principalmente de triglicéridos de cadena media (TCM). La mayoría de las grasas de nuestra dieta, ya sean saturadas o insaturadas, están compuestas por triglicéridos de cadena larga (TCL). Tanto los aceites vegetales como las grasas animales están formados casi totalmente de TCL. El tamaño marca una diferencia importante. Cuando comemos alimentos que contienen TCL, las enzimas digestivas descomponen lentamente las grasas hasta convertirlas en ácidos grasos (ácidos grasos de cadena larga o AGCL), que tienen un tamaño lo suficientemente pequeño para que la pared intestinal pueda absorberlos. A medida que pasan a través de la mucosa intestinal se acoplan formando una especie de cápsula de grasas (lípidos) y proteínas llamadas lipoproteínas. Estas lipoproteínas se envían al torrente sanguíneo, donde circulan por todo el cuerpo. Como circulan por la sangre, las grasas se distribuyen por todos los tejidos corporales. Con la ayuda de la insulina, algunos de estos ácidos grasos de cadena larga se transportan hasta las células adiposas. El exceso de glucosa en sangre también se convierte en ácidos grasos de cadena larga y se almacena en las células adiposas. Así es como la grasa se acumula en nuestros tejidos grasos.

Sin embargo, los TCM del aceite de coco se procesan de manera diferente. Debido a que su tamaño es más pequeño, no requieren enzimas pancreáticas para la digestión. En el momento en que estas grasas alcanzan el tracto intestinal ya se han descompuesto en ácidos grasos individuales (ácidos grasos de cadena media o AGCM), y en lugar de pasar por la pared intestinal como lo hacen los AGCL, la vena porta los absorbe de inmediato y los canaliza directamente al hígado. Aquí se convierten en energía para el metabolismo. Los AGCM no se encapsulan o empaquetan en lipoproteínas como lo hacen otras grasas, por lo que no contribuyen mucho a que tus células adiposas se nutran. El aceite de coco se dirige al hígado para producir energía, y no grasa corporal. Esta diferencia en cuanto a la manera como el cuerpo procesa los AGCM del aceite de coco es muy importante para el metabolismo y el peso corporal.

Comer alimentos que contienen TCM es como poner combustible de alto octanaje en tu coche. El coche funciona con mayor suavidad y mejora el kilometraje de gasolina. Del mismo modo, con los TCM tu cuerpo funciona mejor. Dado que se transforman directamente en energía, en consecuencia, aumenta tu nivel de energía. Este incremento de energía no es como el efecto que tiene la cafeína; es mucho más sutil pero más duradero. Se nota más como un aumento de la resistencia.

El hecho de que los TCM se digieran inmediatamente para producir energía hace que muchos deportistas los usen para mejorar su rendimiento en los ejercicios. Algunos estudios lo confirman. En uno de ellos, por ejemplo, los investigadores analizaron la resistencia física de los ratones a los que se les había suministrado TCM en su alimentación diaria y la compararon con la de otros ratones a los que se les había suministrado TCL. El estudio se realizó durante un período de seis semanas. Los ratones fueron sometidos a pruebas de resistencia acuática a diario. Se los introducía en una piscina de agua con una corriente constante. Lo que se medía era el tiempo total nadando antes del agotamiento físico. Aunque al principio la diferencia entre ambos grupos de ratones era muy pequeña, aquellos alimentados con TCM rápidamente empezaron a superar el rendimiento de los otros y continuaron mejorando durante todo el período de prueba.[1] Estudios como estos demuestran que los TCM tienen la habilidad de aumentar la resistencia y el rendimiento en los ejercicios, por lo menos en los ratones.

Otro estudio, con sujetos humanos, respalda estos resultados. En él se hizo pedalear a unos ciclistas al 70% de su capacidad durante dos horas y, luego, inmediatamente después se les hizo correr una carrera de cuarenta kilómetros a contrarreloj (que duró una hora más), todo ello tomando una de estas tres bebidas: una solución de TCM, una bebida isotónica o una combinación de bebida isotónica y TCM. Los ciclistas que bebieron la mezcla de bebida isotónica y TCM fueron los que obtuvieron un mejor rendimiento.[2]

Debido a este y otros estudios similares, muchas de las bebidas isotónicas y de las barritas energéticas que se venden en las tiendas de dietética contienen TCM o aceite de coco para proporcionar una fuente de energía rápida. Los atletas y las personas deportistas que tratan de encontrar métodos de nutrición sin ningún tipo de fármaco para aumentar el rendimiento en sus actividades han comenzado a utilizarlos.

Uno de los efectos secundarios de padecer sobrepeso es la falta de energía. En parte esto se puede deber a una función tiroidea lenta, o sencillamente al hecho de que cargar con una cantidad excesiva de peso puede ser agotador. Esto fomenta la inactividad y hace que aún se padezca más sobrepeso. El aceite de coco puede darte un impulso de energía que te ayudará a mantenerte más activo durante toda la jornada y también a quemar algunas calorías adicionales.

Muchas personas utilizan el aceite de coco como un estimulante durante el día. En la tarde, cuando los niveles de energía comienzan a descender, tomar una cucharada de aceite de coco te puede dar un impulso de energía para seguir activo lo que queda de día. A algunos les gusta comenzar la mañana añadiendo aceite de coco en su desayuno o en la bebida caliente que se toman para ponerse en marcha y empezar bien el día. Hay quien lo añade a su café o a su té, mientras que otros toman una cucharada directamente.

Yo no puedo tomar mucho más de una cucharada después de las cinco de la tarde. Me da tanta energía que si he cenado demasiado, me hace permanecer despierto hasta medianoche. Los efectos parecen durar por lo menos seis horas o más. Sin embargo, el aceite de coco no tiene el mismo efecto en todas las personas. Aquellas que normalmente tienen dificultad para conciliar el sueño por la noche informan de que el hecho de tomar el aceite antes de acostarse les ayuda a dormir mejor. El aceite de coco promueve una mejora en la salud en general y restablece el equilibrio energético, así que aquellas personas que normalmente tienen problemas de sueño son capaces de dormir mejor. Muchos han informado de que duermen mejor cuando añaden aceite de coco en su dieta diaria independientemente de la hora a la que lo tomen.

La gente a menudo expresa lo beneficioso que ha sido para su vida y su salud añadir aceite de coco a su dieta. Permíteme que comparta contigo los comentarios de algunas personas que han experimentado sus efectos energizantes:

> Empecé a tomar aceite de coco virgen orgánico hace tres semanas y mis niveles de energía aumentaron enseguida aproximadamente un 600% (antes eran bastante bajos debido a mi hipotiroidismo). ¡Es increíble! Siento como si hubiera rejuvenecido diez años. Además, en todo este tiempo he perdido siete kilos.
>
> DOCTOR NOAH KERSEY

> Desde que he empezado a usar aceite de coco en lugar de otros aceites, me siento con mucha más energía si lo comparo con antes. Antes solía quedarme sin energía al cabo de cuatro horas de haberme despertado, y eso me hacía sentir fatal. Ahora, tengo energía para todo el día.
>
> SUE

> Comencé a tomar aceite de coco virgen todos los días hace seis semanas. Estoy tomando casi 50 ml diarios y los resultados son inmejorables. Desde hace más de un mes no tengo antojo de dulces. He perdido cuatro kilos y medio (tenía un sobrepeso de trece kilos) y mi apetito ha vuelto a la normalidad. Me siento genial y tengo mucha más energía.
>
> BRUCE W.

Mi nivel de energía ha aumentado enormemente hasta el punto de que tengo la suficiente voluntad como para hacer ejercicio con unos vídeos todos los días –algo nuevo para mí y que necesito desesperadamente.

Barbara

La primera semana me sentía muy cansada. Creo que mi cuerpo se estaba desintoxicando. Ahora que llevo tomando aceite de coco desde hace tres semanas, mi nivel de energía es increíble.

Donna

He notado un incremento en mi energía. Tenía un metabolismo lento desde que era adolescente. Ahora tengo setenta y seis años. Camino durante una hora tres veces a la semana y antes de ayer me encontré tan bien que estuve caminando durante dos horas y me sigo sintiendo bien. Gracias por abrirme las puertas a este maravilloso descubrimiento.

Sally

Realmente no era consciente de lo mucho que mi hipotiroidismo estaba afectando a mi vida hasta que empecé a tomar aceite de coco virgen y, de repente, mi energía comenzó a parecer la del conejo de Duracell. También he dejado de consumir toxinas blancas (harina blanca, azúcar refinado, patatas y otros alimentos con un alto índice glucémico) y esto, combinado con el consumo de aceite de coco virgen, ha producido una gran diferencia en mi equilibrio hormonal, en mi estado de ánimo, en mi resistencia y, en general, en toda mi energía. Y además estoy perdiendo peso poco a poco pero de forma continuada y sin ningún esfuerzo. ¡Me encanta!

Julia

Estimula tu metabolismo

¿Verdad que sería genial que pudiera existir una píldora que con tan solo tomártela tu tasa metabólica empezara a funcionar a un ritmo más rápido? En cierto modo, eso es lo que sucede cada vez que comemos. Los alimentos afectan a nuestra tasa metabólica basal. Cuando comemos, muchas de las células de nuestro cuerpo aumentan su actividad para facilitar la digestión y la asimilación de los alimentos. Esta estimulación de la actividad celular, conocida como termogénesis inducida por la dieta, equivale aproximadamente al 10% de la energía total de los alimentos que ingerimos. Tal vez hayas notado, sobre todo en los días frescos, que te sientes más caliente después de comer. Tu cuerpo está funcionando a una tasa ligeramente más alta, produciendo más calor. Los alimentos tienen diferentes efectos termogénicos o de producción de calor. Los que son ricos en proteínas, como la carne, incrementan la termogénesis y tienen un efecto estimulante o energizante sobre el cuerpo mucho mayor que los carbohidratos. Este es el motivo por el que la gente que deja de comer carne o se hace vegetariana a menudo se queja de una falta de energía. Esta es también una de las razones por las que las dietas ricas en proteínas ayudan a perder peso: la estimulación del metabolismo gasta más calorías.

Un alimento que puede acelerar tu metabolismo incluso más que la proteína es el aceite de coco.[3] Los TCM estimulan el metabolismo del cuerpo, en otras palabras, queman más calorías. Esto sucede cada vez que los consumes. Gracias a este efecto, el aceite de coco es una grasa dietética que puede ayudarte a perder peso.

Una grasa dietética que quema la grasa corporal en lugar de engordar es una idea que le cuesta un poco de entender a la gente, pero es exactamente lo que sucede, siempre y cuando las calorías que exceden las necesidades del cuerpo no hayan sido consumidas. Esto es así debido a que los TCM se absorben con facilidad y se queman y se empiezan a usar como fuente de energía rápidamente. Este aumento de la actividad metabólica incluso puede alimentar el consumo de TCL.[4] Así que no solo se queman ácidos grasos de cadena media para producir energía, sino que también se fomenta que se quemen ácidos grasos de cadena larga.[5]

El doctor Julian Whitaker, autor de best seller y una reconocida autoridad en el campo de la nutrición y la salud, utiliza una interesante analogía para describir este proceso. Explica que los TCL son como troncos húmedos muy pesados que tú echas en una pequeña hoguera. Colocas uno tras otro, y pronto tienes más troncos que fuego. Los TCM son como papel de periódico enrollado y empapado en gasolina; no solo arden rápidamente sino que también encienden los troncos húmedos.[6]

Las investigaciones respaldan el punto de vista del doctor Whitaker. En un estudio, se comparó una dieta rica en calorías y con un 40% de las grasas en forma de TCM con otra que tenía un 40% de grasas en forma de TCL. El efecto de la termogénesis o de la capacidad de quemar grasas de los TCM fue casi el doble que el de los TCL: 120 calorías frente a 66. Los investigadores concluyeron que el exceso de energía proporcionada por las grasas en forma de TCM no se almacenaba como grasa, sino que se quemaba. Más adelante se realizó un estudio de seguimiento que demostró que ingerir TCM durante un período de seis días puede aumentar la termogénesis inducida por la dieta en un 50%.[7]

En otro estudio, los investigadores compararon platos únicos de 400 calorías compuestos por TCM o TCL.[8] El efecto termogénico de los primeros durante seis horas fue tres veces superior que el de los segundos. La conclusión de los investigadores fue que sustituir los TCL por los TCM ayuda a perder peso, siempre y cuando la cantidad de calorías ingeridas siguiera siendo la misma.

Unos investigadores italianos hallaron que después de comer un plato único que contenía 30 gr (dos cucharadas) de TCM, el metabolismo en individuos de peso normal aumentó en un 48%.[9] En sujetos con sobrepeso los efectos fueron aún más asombrosos. Después de un plato único, su metabolismo aumentó un sorprendente 65%. Por lo tanto, se puede concluir que cuanto más pesa la persona, más efecto tienen los TCM en la estimulación del metabolismo. Esta es una gran noticia para quienes sufren sobrepeso porque significa que los TCM son una buena herramienta para estimular el metabolismo y quemar el exceso de calorías.

Este efecto estimulante en el metabolismo no se limita tan solo a una hora o dos después de una comida. Otro estudio realizado por investigadores suizos demostró que el efecto puede durar hasta veinticuatro horas.[10] Esto significa que después de comer un plato que contiene TCM, el metabolismo se mantendrá activo y las calorías se quemarán mucho más rápido durante las próximas veinticuatro horas. Esto debería ser una buena noticia para cualquier persona que quiera perder peso.

Algunos han especulado que los efectos metabólicos de los TCM pueden disminuir con el tiempo por su uso diario, pero este no parece ser el caso. Los efectos de los TCM sobre el metabolismo no parecen desaparecer a corto plazo, de hecho, más bien parecen aumentar con su uso continuado. En otro estudio, los investigadores suministraron a los sujetos platos que contenían TCM durante una semana. En lugar de reducir su efectividad, el metabolismo se incrementó en un 30% al final de la semana.[7] Al parecer, los TCM tienen un efecto acumulativo. Los estudios clínicos de larga duración que van de las cuatro a las seis semanas muestran que los efectos estimulantes en el metabolismo hacen que se siga quemando el exceso de calorías y promoviendo la pérdida de peso permanente.[11-14]

Acumulación de grasa

Estudios en animales y humanos han demostrado que el consumo de alimentos que contienen TCM produce menos grasa corporal que los que contienen TCL. En los animales, el consumo de TCM en lugar de TCL tiene como resultado una reducción de peso corporal y una menor acumulación de grasas; incluso las células adiposas reducen su tamaño.[15-18] Estos resultados han llevado a los investigadores a proponer el uso de los TCM como una herramienta para la prevención y el tratamiento de la obesidad humana.[10, 19-21]

Muchos estudios miden el índice de masa corporal (IMC) para evaluar la pérdida de peso en las dietas y para saber cuál es el estado de salud en general. El IMC es un número que se calcula dividiendo el peso de la persona (en kg) entre el cuadrado de su altura (en m^2). Es una manera mucho más exacta de determinar la masa corporal, ya que tiene en cuenta la altura. Obviamente una persona alta tendrá más masa corporal que una persona baja y pesará más aunque se considere que ambas tienen un peso normal. El IMC es útil para determinar si alguien tiene sobrepeso, un peso normal o si está por debajo de su peso, y en qué grado. En Norteamérica y Europa un IMC de entre 18,5 y 24,9 se considera normal, mientras que indica sobrepeso cuando es de 25 o superior (para saber tu IMC mira la página 394). Pero estos valores no se pueden aplicar a los asiáticos, puesto que normalmente tienen una constitución más delgada. La Sociedad Japonesa para el Estudio de la Obesidad informa que para los asiáticos un IMC igual o superior a 23 indica sobrepeso.

En 2001, el *Journal of Nutrition* publicó un estudio realizado en Japón en el que se evaluó el uso de TCM en relación con el IMC, la medida de la cintura y el porcentaje de grasa corporal. Este fue un estudio de larga duración que incluyó a 78 hombres y mujeres con buen estado de salud y un IMC promedio de 24,7.[12] La mayoría de los participantes tenían un IMC de más de 23 –el valor con el cual los asiáticos consideran que se padece sobrepeso.

Este fue un estudio doble ciego controlado, un modelo de referencia para la investigación clínica. Un estudio «controlado» de la dieta es aquel en el que a los participantes se les asigna al azar una dieta de prueba o una dieta controlada. «Doble ciego» significa que ni los sujetos ni los investigadores saben cuál es cada grupo. De esta manera la investigación es imparcial. Por este motivo, un estudio doble ciego controlado se considera el tipo de estudio más fiable que existe.

Los sujetos fueron divididos en dos grupos. A uno se le suministró una dieta que contenía TCM y al otro una que contenía TCL. Los TCL procedían de una mezcla de aceites de canola y de soja y se sirvió como la dieta controlada, que contenía 2.200 calorías con 60 gr (540 calorías) de grasas, incluyendo los aceites del examen y las grasas naturales de los alimentos que los sujetos consumían. La ingesta de grasas y de calorías totales fue estrictamente controlada bajo la supervisión de unos dietistas.

Las mediciones del peso corporal, la medida de la cintura y la grasa corporal se realizaron antes del inicio del estudio y a las cuatro, ocho y doce semanas. En cada una de estas tres etapas de evaluación, aquellos sujetos que formaban parte del grupo de TCM que inicialmente tenían un IMC de 23 o superior perdieron significativamente más peso, grasa corporal y centímetros de cintura que los componentes del grupo de TCL. Al final de las doce semanas, el grupo de TCL perdió un promedio de 4,78 kilos y el grupo de TCM, 6,1 kilos. El grupo de TCL redujo la medida de la cintura 3,7 centímetros y el de TCM, 5,7 centímetros. La grasa corporal, que se midió con una tomografía computarizada, también disminuyó más en el grupo de TCM. Ten en cuenta que los participantes no estaban siguiendo ninguna dieta en concreto para perder peso. Estaban consumiendo 2.200 calorías, probablemente tan solo un poco menos de lo que normalmente comían, sobre todo los que empezaban a padecer sobrepeso. Este estudio demostró que los TCM pueden ayudar a reducir eficazmente la grasa y el peso corporal, incluso cuando la ingesta de calorías totales no se reduce drásticamente, algo común en muchas dietas para perder peso.

Una observación interesante de este estudio es el hecho de que el grupo de TCM redujo más grasa corporal alrededor de la cintura. Medir la anchura de la cintura ayuda a determinar los posibles riesgos que tiene para la salud padecer sobrepeso y obesidad. Si la mayor parte de tu grasa se concentra alrededor de la cintura en lugar de en las caderas, tienes más riesgo de padecer una enfermedad cardiovascular y diabetes de tipo 2. Este riesgo aumenta cuando la cintura mide más de 88 centímetros en el caso de las mujeres y más de 102 en el caso de los hombres. Basándose en la medida de la cintura, este estudio sugiere que los TCM son mejores que los TCL para prevenir posibles enfermedades cardiovasculares y la diabetes.

Además, los niveles totales de colesterol y de triglicéridos se redujeron tanto en el grupo de TCM como en el de TCL, sin que se pudieran apreciar diferencias significativas entre ambos. Incluso cuando los TCM fueron grasas saturadas, el grupo de TCM registró una mejora en los niveles de grasa en sangre. Esto, combinado con un mejor resultado en la medida de la cintura, en la reducción de la grasa corporal y en la pérdida de peso, demuestra que los TCM son más beneficiosos que los TCL en términos de reducción del exceso de grasa corporal y de disminución del riesgo de padecer una enfermedad cardiovascular y diabetes.

Otro resultado interesante de este estudio fue que en el caso de los participantes que no padecían sobrepeso, no se apreció ninguna diferencia significativa en ninguno de los grupos. Esto sugiere que si una persona ya tiene un porcentaje de grasa y un peso ideales, añadir TCM en su dieta no hace que adelgace aún más. Cuanto más sobrepeso padece la persona, mayor efecto parecen tener los TCM en la reducción de grasas. En otras palabras, no tienes que preocuparte de adelgazar demasiado si tomas aceite de coco.

Estudios clínicos realizados en Japón, China, Filipinas, Australia, Canadá, Alemania y Brasil que compararon los TCM o el aceite de coco con el aceite de oliva, el de maíz, el de soja, el de canola, la manteca y otros aceites compuestos por TCL, han dado resultados similares.[22-29]

En repetidas ocasiones se ha demostrado que los TCM reducen mucho más la grasa corporal, la medida de la cintura y el peso total que los TCL y que producen mejores resultados en cuanto a los niveles de grasa en sangre –menos triglicéridos, menos LDL, más HDL y un índice de colesterol más bajo–, lo que parece indicar que reduce el riesgo de enfermedades cardiovasculares.

En la mayoría de estos estudios, los TCM procedían del aceite de coco fraccionado o también conocido como aceite MCT (*medium chain triglycerides* o triglicéridos de cadena media). El aceite MCT se obtiene eliminando todos los ácidos grasos de cadena larga e insaturados del aceite de coco, dejando tan solo los ácidos grasos de cadena media, lo que le da el nombre de aceite MCT (por sus siglas en inglés). No obstante, los estudios que utilizaron aceite de coco puro produjeron los mismos resultados que en los que se empleó aceite MCT.[30]

En algunos casos, los investigadores no lograron los resultados que habían conseguido la mayoría de los estudios. Probablemente esto se deba al hecho de que recurrieron a sujetos que tenían un peso normal, por lo que los resultados finales no reflejaban muchos cambios. Otra posibilidad es que la cantidad de TCM suministrada a los sujetos no fue suficiente como para provocar una respuesta anticipada. Parece que se necesita una dosis mínima de dos o tres cucharadas al día para observar cambios apreciables en la composición del cuerpo durante el período de estudio (que normalmente oscila de unas pocas semanas a unos cuantos meses). La dieta también puede afectar. Una dieta baja en carbohidratos es mucho más efectiva que una rica en carbohidratos que se combina con aceite MCT o de coco.

Además de impulsar el metabolismo, los TCM también pueden ayudar a reducir la acumulación de grasas.[31-32] Esto significa que el aceite de coco puede regular los niveles de azúcar en sangre y de insulina, consiguiendo que permanezcan dentro de unos parámetros normales, lo cual es una gran noticia para los diabéticos y otras personas con resistencia a la insulina. Puesto que esta promueve la síntesis y el almacenamiento de grasa, si el aceite de coco ayuda a regular los niveles de insulina, esto a su vez puede ayudar a reducir la acumulación de grasas.

Investigadores de la Facultad de Dietética y Nutrición Humana de la Universidad McGill, en Canadá, utilizaron los datos de diversos estudios que habían medido el efecto de los TCM en la estimulación del metabolismo (la quema de calorías) y en la reducción del apetito en cuanto a calorías totales consumidas. Lo que hicieron a continuación fue calcular los efectos que tendría sustituir todos los aceites con triglicéridos de cadena larga que consume una persona por aceites MCT (o con triglicéridos de cadena media) en la ingesta de calorías totales. El escenario más optimista dio como resultado una reducción de 346 calorías diarias. El escenario menos optimista dio como resultado una reducción de 115 calorías diarias. En teoría, una disminución de 500 calorías al día se traduciría en una pérdida de peso de medio kilo por semana. Con una proyección de este cálculo, los investigadores estimaron que simplemente reemplazando los TCL por TCM, esto se traduciría en una pérdida de 5,4 a 16,2 kilos por año,[33] es decir, una pérdida de peso de hasta 16 kilos anuales sin hacer dieta o cambiar los tipos de alimentos que se consumen. Todo lo que se requiere para adelgazar es un cambio de aceite.

La pérdida de peso podría ser aún más significativa si los TCM se combinan con una dieta para perder peso; y se vería reforzada aún más con una dieta cetogénica baja en carbohidratos.

El aceite de coco y una función tiroidea lenta

Cuando comencé a escribir sobre los beneficios del aceite de coco hace algunos años, la gente a menudo me contaba lo mucho que le había ayudado este aceite para solventar varios problemas de salud. Me contaban que con su consumo su metabolismo y su temperatura corporal aumentaban, que su digestión mejoraba, que habían aliviado el crecimiento excesivo de la cándida, que mejoraba la curación de lesiones o infecciones, que les ayudaba a perder peso, y la lista continúa. Yo ya conocía los efectos del aceite de coco, porque era algo que estaba documentado en la literatura médica. Lo que me sorprendió fue que la gente me decía que se había recuperado de muchas otras afecciones que no se habían reflejado en las revistas médicas. Sabía que el aceite era bueno y que tenía muchos beneficios para la salud, pero oí cosas que nunca había visto documentadas en las investigaciones médicas. Soy un poco escéptico a la hora de creer historias, y así es como reaccioné ante lo que me contaba la gente. Nunca sabes lo precisas que son estas historias o los muchos otros factores de la vida de la persona que pueden haber contribuido en los resultados que experimentaron. Anoté mentalmente todo ello, pero le presté más bien poca atención.

Atribuía la mayor parte de estos relatos al efecto placebo: era solo una ilusión creer que podía producir esos resultados, o eso pensaba. Lo interesante para mí fue que muchas personas informaban de que habían experimentado una mejora en las mismas afecciones –irritabilidad, insomnio, artritis, síndrome premenstrual, bajo deseo sexual, antojo de alimentos e incluso hipoglucemia, por mencionar solo algunos–. Pero aún no les prestaba demasiada atención y lo único que hacía era encogerme de hombros ante esas coincidencias.

Entonces me enteré del éxito que algunos médicos habían tenido a la hora de tratar a pacientes con el síndrome de la tiroides de Wilson. De repente, todo lo que contaban esos testimonios empezó a cobrar sentido. El tratamiento estándar para tratar el WTS consiste en dar al paciente T3 para estimular su metabolismo y aumentar su temperatura corporal. El aumento de la temperatura permite que las enzimas funcionen de manera más óptima, aliviando así los síntomas asociados con una baja temperatura corporal y el WTS (consulta la lista de los síntomas de la página 258). Si el aceite de coco se utiliza de forma asidua también puede ayudar a estimular el metabolismo, a aumentar la temperatura del cuerpo y a mejorar la función de las enzimas, creando así una situación parecida. Ahora entendía por qué tantas personas experimentaban tan amplia variedad de beneficios en su salud con el uso de aceite de coco. Todos estos síntomas están relacionados con una función tiroidea lenta. Muchas personas ni siquiera son conscientes de que tienen problemas de tiroides y atribuyen los síntomas a otras causas. Debido a que con el uso de aceite de coco el funcionamiento de la tiroides mejora, los síntomas desaparecen.

La ventaja del aceite de coco es que es un alimento, no un medicamento, que se puede utilizar de forma segura sin temor a posibles efectos secundarios adversos y sin prescripción. Si se combina con una dieta saludable, puede ser una poderosa herramienta para superar los problemas de tiroides y sus síntomas asociados. Las personas que padecen síntomas graves de hipotiroidismo todavía puede que necesiten una terapia hormonal para la tiroides y deberían consultar con su médico de cabecera antes de reducir o dejar la medicación.

Como recordarás del capítulo 12, el WTS puede estar causado por un estrés excesivo y por una mala alimentación. Dado que el aceite de coco es un alimento que puede consumirse a diario, a su vez puede ayudar a prevenir una posible recaída si se vuelve a sufrir mucho estrés de golpe. Además, comer alimentos nutritivos proporciona los nutrientes que se necesitan para protegerse de posibles desajustes nutricionales, por lo que el cuerpo tiene mayor capacidad para lidiar con el estrés.

Una profesional de la salud me contó un día que cuando oyó hablar por primera vez acerca de los beneficios del aceite de coco, no se lo podía creer, pero por entonces empezó a tener problemas de salud:

> Mis niveles de tiroides empezaron a alterarse, pero no eran lo suficientemente altos como para ser tratados por la medicina alopática. Me sentía muy mal, se me estaba cayendo el cabello, tenía la piel seca, irritada y agrietada, mi colesterol estaba por las nubes y mi peso iba subiendo mes a mes lentamente. Incluso mis compañeros de trabajo se asombraban de cómo podía funcionar estando constantemente enferma y medicada con antibióticos. Estaba fatal pese a lo joven que era. Investigué un poco por mi cuenta... y encontré el aceite de coco. Luego me enteré de un sitio web (www.coconutresearchcenter.org) y me convenció aún más cuando accedí a las revistas [médicas] que hablaban sobre el tema. Me preguntaba: «¿Qué puedo perder si lo intento?». Esto es lo que sucedió después de tomar aceite de coco durante varios meses: mi colesterol se redujo, aunque los niveles de HDL se elevaron (de 30 a casi 60). ¡Mi piel estaba lustrosa! Ahora era suave y clara. Mis piernas parecían las de una adolescente por lo suaves que estaban. Incluso me apliqué aceite de coco alrededor de los ojos como crema hidratante. Ahora me encanta sentir mis piernas... es como si hubiera hecho un nuevo descubrimiento. No puedo creer que a mi edad tenga la piel tan suave y flexible. Es casi como si hubiera regresado a los años de mi juventud. Me siento con mucha más energía, como si me hubiera quitado diez años de encima. Tengo el cabello hermoso, sedoso y no se cae. Mis niveles de TSH han vuelto a la normalidad (ni siquiera son los de un caso de hipotiroidismo subclínico). ¡Es increíble! La primera vez en seis años.

Los cambios que experimentó fueron suficientes como para convencerla. Los siguientes testimonios son algunos ejemplos más de los cambios que experimentaron algunas personas cuando empezaron a añadir aceite de coco a su dieta:

> Más o menos al cabo de dos semanas de haber empezado a tomar aceite de coco me di cuenta de que estaba caliente –sin duda se trataba de la propiedad termogénica del aceite de coco–. Aunque me he estado medicando para la tiroides durante años, nunca había resuelto mi

problema con la temperatura corporal, por lo que estoy encantada de que ahora pueda sentir las manos y los pies calientes.

SARAH

Antes de empezar a usar el aceite de coco tenía muchos de los síntomas clásicos de la tiroides, tales como sobrepeso, sensación de frío, fatiga extrema y neblina cerebral, picazón en la piel, erupciones y acné, uñas quebradizas, caída de cabello, adelgazamiento del borde exterior de las cejas (que ahora han vuelto a crecer), dolor articular en la mano izquierda, problemas menstruales (reglas que eran muy pesadas y que duraban dos semanas), depresión, alergias y asma, mareos, hinchazón en la cara (se veía muy redonda) y retención de líquidos. Después de haber empezado a tomar aceite de coco siento que se ha producido una mejora notable en todos los frentes que tengo abiertos. Sinceramente, pienso que el aceite de coco es una sustancia milagrosa. Jamás hubiese podido mejorar tanto tomando tan solo la medicación para la tiroides.

C. R. H.

Me quedé de piedra cuando ayer por la mañana me tomé la temperatura. ¡Era de 36,11 °C! Durante los dos últimos años, por la mañana mi temperatura era de 35,3 °C. Ayer por la noche, era de 36,5 °C. Obviamente, el aceite de coco está haciendo algo en mi cuerpo.

MARY

Decidí comprar aceite de coco por sus beneficios para la salud y lo he empezado a tomar hoy, tan pronto como lo he tenido en mis manos. Me he estado tomando la temperatura durante los últimos días como experimento para ver el efecto que podía tener el aceite de coco. Estos días mi temperatura ha variado de 36,2 a 36,4 °C. Pero esta mañana, después de tomar aceite de coco era de 37,1 °C y se ha mantenido en 36,8 °C hasta el final del día. Tengo que admitir que me he quedado sorprendida, a pesar de haber leído sobre ello.

CAROLE H.

Me di cuenta de que después de tomar aceite de coco virgen notaba una mejora sustancial en mi nivel de energía. Mi temperatura –me la he estado tomando todas las mañanas– ha pasado de 33-34 °C a valores normales.

Jeri

Durante varias semanas antes de empezar, me estuve tomando la temperatura. En contadas ocasiones ascendía de 35,5 °C. Ahora nunca baja de 36 °C y con frecuencia se mantiene por encima de 36,6 °C. Noto que cuanto más tiempo llevo tomando aceite de coco, más elevada se mantiene mi temperatura. Estaba perdiendo cabello. Ahora veo que vuelve a crecer. El cabello blanco se está oscureciendo y el nuevo que me crece es oscuro. Mi piel es suave y tiene muchas menos arrugas. Las manchas en el dorso de mi mano están desapareciendo. Mis cejas están creciendo. Ahora tengo las uñas largas y fuertes.

Deborah

Mi médico me llamó recientemente para darme los resultados de mi último análisis de tiroides, y de nuevo eran bajos. Me dijo que la última vez que los resultados habían sido normales fue en julio del año pasado, y me preguntó qué era lo que había hecho. No podía recordarlo. Pero más tarde me acordé de que mis suegros habían venido a visitarnos por esas fechas y que mi suegra me había traído un poco de aceite de coco para probar, porque había leído sobre sus beneficios para problemas de tiroides. Lo estuve utilizando pero cuando se terminó, dejé de tomarlo. No me preocupé de comprar más... Pero desde hace un tiempo he empezado a tomarlo religiosamente de nuevo y hace unas semanas llamé a mi médico de cabecera para que me volviera a hacer otro análisis. ¡Increíble, una lectura perfecta de 5! Te puedes imaginar mi alegría al oír esto. Como puedes comprender, lo continúo tomando a diario.

Melanie K.

Solo han pasado tres meses desde que empecé a tomar aceite de coco. Mi piel es como la de un bebé recién nacido. Tengo la cara preciosa y rosada. Las plantas de mis pies son como las de un adolescente (no tengo que frotarlas, sencillamente con tomar aceite de coco me basta). Por primera vez en cincuenta y tres años mi temperatura corporal es NORMAL, siempre y cuando tome aceite de coco. He perdido cinco kilos. ¡Mi cabello está precioso! Estoy totalmente convencida de que el aceite de coco es un alimento milagroso.

LINDA

Desde que comencé a tomar aceite de coco mi temperatura ha subido y prácticamente se ha mantenido en un valor de 37 °C. ¡Y solo han pasado dos semanas! Tengo más energía y me vuelvo a sentir yo misma otra vez.

RACHEL

Consumir una gran cantidad de aceite de coco me ha ayudado a tener la piel menos seca y a estimular mi metabolismo. Es genial tomar un poco de aceite de coco y luego salir a dar un paseo con una sensación térmica como la de un adolescente. ¡Me siento MUY BIEN!

ROXANNE

Gracias al aceite de coco mi estado de salud está mejorando. Hace tres meses mi TSH fue de 20 y mi médico de cabecera decidió aumentar la dosis de mi medicación para la tiroides. Ayer me fui a hacer otro análisis, después de haber estado tomando aceite de coco durante tres meses, y mi TSH había descendido significativamente a 3,6.

SAM

Soy una mujer de mediana edad (cincuenta y cuatro años), sufro de hipotiroidismo y siempre siento frío y tengo los pies y las manos fríos. La cuestión es que estoy siguiendo un tratamiento natural para la tiroides, porque el Synthroid no me funcionó. Llevaba un estilo de vida saludable, hacía ejercicio físico a menudo y tomaba una gran cantidad de tiroides, así que podrías pensar que mi temperatura corporal era normal. Sin embargo, siempre sentía frío, ni la medicación para la tiroides me pudo ayudar en esto. Nada funcionaba hasta que empecé a tomar aceite de coco. Al cabo de tres días, noté una diferencia, pero aún era un poco escéptica. Me preguntaba si el aceite de coco tenía realmente algo que ver. Pero después de tres semanas, ya no me cabe duda alguna.

Sarah L.

Experimenté un cambio bastante significativo en la temperatura de mi cuerpo (me la tomaba a primera hora de la mañana). ¡Subió de 36,1 a 36,8-37 °C! Ya no siento ese frío que antes sentía, y mis niveles de energía se han recuperado y son mucho más estables. No he vuelto a experimentar neblina mental, y ahora mi cabello es suave y mis uñas están creciendo a un ritmo muy rápido. ¡Me encanta!

Jen

Mi temperatura corporal basal y la diaria han mejorado de manera constante durante los últimos tres o cuatro meses. He observado varios cambios, como por ejemplo que mis uñas ahora están mucho más fuertes, me siento más caliente y puedo soportar mejor los cambios de temperaturas los dolores de las piernas han desaparecido y me ha vuelto a crecer la ceja que me faltaba. ¡Todo son buenas noticias!

Kathy

Comencé a tomar aceite de coco virgen después de leer sobre él en Internet. Aunque tengo hipotiroidismo, empecé a perder peso como por arte de magia. Ha sido una bendición. Mi hija y mi yerno han conseguido adelgazar tan solo añadiendo aceite de coco a su dieta. Mi hermana, quien también padece hipotiroidismo, ha experimentado una pérdida de peso constante. Siempre he tenido problemas con mi peso. Ahora que tengo cuarenta y ocho años, y con hipotiroidismo, el aceite de coco me ha ayudado a perder casi dieciséis kilos sin esfuerzo alguno. El aceite de coco ha activado mi metabolismo para que mi cuerpo empiece a quemar grasas.

Se lo conté al personal médico y todos han podido comprobar lo efectivo que es cada vez que voy a la clínica para mis visitas mensuales. Mi médico de cabecera está sorprendido. Ni siquiera sabe qué pensar al respecto. Después de treinta y siete años pasando hambre y, pese a ello, seguir engordando y sentir angustia por una batalla tan inútil, no podía creer que la solución para mí y también para mi hija, mi yerno y mi hermana fuera el aceite de coco.

DANA O.

Reducir la medicación para la tiroides

Las personas que se medican para los problemas de tiroides pueden llegar a reducir su medicación y, en algunos casos, incluso eliminarla del todo: «Ya no tomo medicamentos para la tiroides –dice Jan H–. He perdido treinta y siete kilos. Me siento con mucha más energía ahora que tengo cincuenta y un años que cuando tenía veinte».

Lisa cuenta: «Solo llevo un par de meses usando exclusivamente aceite de coco y mantequilla orgánica para cocinar, hornear o cualquier cosa que tenga que calentar. Tras un par de semanas usando aceite de coco, mis niveles de tiroides en sangre ya habían descendido y, por primera vez en doce años, tuve que reducir el Synthroid de 150 a 112 mcg. En doce años no pude encontrar nada que me ayudara a reducir mis niveles, pero ahora tengo la esperanza de que al fin pueda dejar la medicación».

Si estás tomando medicamentos para tratar el hipotiroidismo, prepárate para empezar a reducir la dosis. El aceite de coco y la dieta cetogénica reactivarán tu tiroides y normalizarán tu función tiroidea. A medida que la tiroides empiece a funcionar mejor, tu medicación puede llegar a ser demasiado fuerte, haciendo que la tiroides se vuelva hiperactiva. Puedes comenzar a desarrollar síntomas de hipertiroidismo. Si te empiezas a sentir nervioso, agitado, te cuesta conciliar el sueño, o el corazón te palpita con más fuerza, es una señal de que necesitas reducir tu medicación.

«Tengo cuarenta y seis años y me diagnosticaron tiroiditis de Hashimoto –dice Carol–. Empecé a usar aceite de coco hace un par de meses y de inmediato comencé a sentirme mejor. ¡Un milagro! Hace un mes aproximadamente empecé a sentir mareos. Después de un poco de resistencia por parte de mi médico (tardé cuatro semanas en convencerlo), estuvo de acuerdo en volver a analizar mis niveles de TSH, que ahora son de 0,01 –y eso que tenía hipotiroidismo–. Mi médico me redujo la dosis de Synthroid de 50 a 20 mcg, y me dijo que iríamos paso a paso, pero que a la larga sería capaz de dejar la medicación de Synthroid y depender exclusivamente del aceite de coco para tratar mi hipotiroidismo».

«Toda mi familia tiene problemas de tiroides –comenta Rischa–. La mayoría de nosotros estamos dentro de los parámetros "normales", pero los síntomas siguen persistiendo». Rischa sufrió de hipotiroidismo durante varios años a pesar de tomar Synthroid, además de Cytomel –la medicación para la tiroides más potente que existe–. Cuando se enteró de los efectos del aceite de coco, empezó a tomar dos cucharadas diarias, pero aumentó poco a poco hasta cuatro. Al cabo de un par de semanas comenzó a experimentar síntomas inusuales. «Era como si me golpearan con un martillo –dice ella–. Mi pulso se aceleró y empezaron a aparecer otros síntomas propios de un caso de hipertiroidismo».

Se dio cuenta de que su metabolismo estaba funcionando más rápido. «Así que decidí bajar la dosis de mi medicación. Reduje el Synthroid de 225 a 100 mcg, y la de Cytomel a la mitad. Me sentí bien durante todo el día, así que decidí continuar con esta dosis reducida. Había leído que otras personas habían recuperado su salud tomando aceite de coco y que su tiroides había vuelto a funcionar con normalidad, incluso después de años de medicación, como es mi caso; sus resultados fueron increíbles. No me imaginaba que esto iba a suceder tan rápido». Bajo la atenta supervisión de su médico, fue capaz de dejar la medicación por completo. «Es un milagro lo bien que me siento –se maravilla–. ¡Estoy sorprendida!».

Cuando Marcy B sintió que tenía palpitaciones, se fue corriendo al hospital. «Estaba nerviosa, me sentía mal y me dolía el hombro. Pensé que estaba sufriendo un ataque al corazón». El examen médico no reveló nada raro en su corazón, pero los facultativos encontraron algo totalmente inesperado: estaba sufriendo los síntomas de un caso de hipertiroidismo. «Mi tiroides había dado la vuelta. Había sufrido de hipotiroidismo durante treinta y cinco años y, ahora, tenía hipertiroidismo». Justo una semana antes había empezado a tomar aceite de coco. Era consciente de que le iba a ayudar con la tiroides pero se quedó completamente sorprendida por los resultados tan drásticos. Le preguntó al médico al respecto, pero este no supo qué responder. Le redujo su dosis de medicación para la tiroides de 225 a 100 mcg. «Estoy muy contenta de que mi tiroides no necesite tanta medicación», dice ella.

«Hace dieciocho años que me diagnosticaron hipotiroidismo –es el testimonio de Binky–. Desde entonces he tomado prácticamente la misma dosis de medicación, que es de 150 mcg. Lo que sucedió hace poco es realmente increíble. Empecé a sentir que mi tiroides funcionaba mejor. En la actualidad, estoy tomando una cuarta parte de la dosis que antes tomaba y sospecho que aún sigue siendo demasiado alta. Es sorprendente lo que está sucediendo».

Para algunas personas, cuando empiezan a tomar aceite de coco, la función de su tiroides mejora tanto que se preguntan si esto puede hacer que la tiroides se vuelva demasiado activa y causar hipertiroidismo. La respuesta es no. El aceite de coco normaliza la función de la tiroides, los medicamentos la aceleran. A medida que su función mejora, la medicación que hasta ahora tomabas puede que ya no sea necesaria, o quizá debas reducirla. Bajo la supervisión de tu médico de cabecera puedes reducirla gradualmente según sea necesario.

Algunas personas son capaces de dejar de tomar la medicación para la tiroides por completo, otras pueden dejarla pero siguen necesitando tomar aceite de coco con regularidad, y otras pueden reducirla bastante pero sin dejar de tomar ni la medicación ni el aceite de coco. Incluso aquellas a las que se les han extirpado las glándulas tiroideas pueden beneficiarse.

«Últimamente he tenido muchos problemas para conciliar el sueño, pero nunca hice la conexión –comenta Nina–. Ayer me hice la prueba para los niveles de la tiroides y resulta que mi dosis es demasiado alta. Gracias al aceite de coco virgen, ahora puedo reducir mi medicación para la tiroides. (No tengo glándula tiroidea, por lo que siempre necesitaré tomar fármacos para la tiroides)».

Si no tienes tiroides, no puedes producir hormonas tiroideas, y eso hace que tengas que tomar medicamentos de por vida. Sin embargo, si añades coco a tu dieta, puede que necesites reducir un poco la dosis.

Estimulantes del metabolismo

Además del aceite de coco, hay otras maneras de aumentar tu metabolismo e impulsar la actividad de la tiroides. En esta sección voy a enseñarte algunas cosas que pueden ayudarte a revitalizar tu metabolismo, además de tomar aceite de coco.

La luz solar

Puede que te preguntes por qué un libro que trata sobre cómo perder peso incluye una sección sobre la luz solar. Lo creas o no, la luz del sol puede ayudarte a adelgazar. Sí, has leído bien, tumbado en la arena de la playa bajo el sol tu cuerpo puede eliminar el exceso de grasa corporal. ¡Qué manera tan maravillosa de perder peso! ¿Tal vez sea por eso que la gente que toma tanto el sol está tan delgada? Es cierto que solo tomando el sol no vas a perder peso, pero puede ayudarte.

La luz solar influye mucho más en nuestra salud de lo que nos imaginamos. La exposición a una cantidad adecuada de luz solar es imprescindible para la activación de las enzimas y la producción de ciertas hormonas necesarias para muchos procesos químicos que tienen lugar en el cuerpo. La falta de exposición a la luz solar puede causar diversas disfunciones enzimáticas y carencia de ciertas hormonas que influyen en el metabolismo y en la temperatura corporal. De hecho, no tomar el suficiente sol puede contribuir a que padezcas resistencia a la insulina.[34]

La luz solar influye en nuestra salud mediante las actividades electroquímicas que tienen lugar en nuestra piel y en nuestro cerebro. Por ejemplo, cuando la luz entra en nuestros ojos, millones de células sensibles a la luz llamadas fotorreceptores la convierten en impulsos eléctricos. Estos impulsos viajan a través del nervio óptico hasta el cerebro, donde activan la glándula del hipotálamo para que envíe mensajes químicos que regulen las funciones automáticas (involuntarias) del cuerpo. El hipotálamo libera hormonas que controlan la actividad de otras glándulas, incluyendo la tiroidea. Si el hipotálamo está inactivo debido a la falta de luz solar, la glándula tiroidea también tendrá poca actividad.

La radiación ultravioleta (UV) del sol activa las enzimas que convierten el colesterol en vitamina D. Los alimentos generalmente son una fuente pobre de vitamina D. La gran mayoría de la que pueden procesar nuestros cuerpos procede de la exposición a la luz solar. Las personas con hipotiroidismo normalmente tienen unos niveles bajos de vitamina D, la cual es necesaria para la producción de la hormona tiroidea. También debe estar presente en cantidades suficientes en las células para que las hormonas tiroideas realmente afecten a la célula. Esto es crucial porque sin una cantidad adecuada de vitamina D, la hormona tiroidea permanece prácticamente inactiva. La falta de luz solar y de vitamina D puede conducir a una función tiroidea lenta y un metabolismo deprimido.

No es tan difícil de reconocer lo importante que es la luz del sol para nuestra salud. Vemos y sentimos la influencia del sol cada día. ¿Acaso no sientes que tu energía aumenta o que tu estado de ánimo es más positivo cuando el día es soleado y sales a dar un paseo? Por el contrario, es posible que hayas observado que te falta entusiasmo o que te sientes cansado y deprimido cuando el día está nublado y oscuro.

Estos efectos son claramente evidentes en las plantas. Cuando un rayo de sol incide sobre una planta adormecida, enseguida vuelve a llenarse de vida. La luz del sol activa las enzimas de las plantas, estimulando su metabolismo, crecimiento y actividad. La falta de luz solar hace que las plantas queden en un estado latente o adormecido, y en los seres humanos y los animales provoca un estado de hibernación o adormecimiento. Sin luz solar las plantas se marchitan y mueren, y nosotros también.

Durante el invierno, cuando los rayos del sol son menos intensos, y a menudo están tapados por nubes, la gente desarrolla una enfermedad llamada trastorno afectivo estacional (SAD, según sus siglas en inglés), también conocido como el «blues del invierno». Los síntomas del SAD son depresión, irritabilidad, exceso de sueño y de alimentación, aumento de peso y disminución de la apetencia sexual. La exposición a la luz solar revierte estos síntomas.

Tu cuerpo necesita estar a plena luz del sol. Las luces artificiales no son adecuadas y, de hecho, las investigaciones han hallado que incluso pueden ser perjudiciales. La luz solar contiene un espectro completo de longitudes de onda, desde el infrarrojo hasta la luz ultravioleta. Cada longitud de onda tiene un nivel de energía distinto y un efecto diferente en los tejidos corporales. La luz artificial, tanto la incandescente como la fluorescente, carece de un espectro completo y equilibrado.

Se puede hacer una analogía entre la luz solar y los nutrientes que contienen los alimentos. Los alimentos naturales incluyen una amplia variedad de vitaminas y minerales. Cuando son procesados, muchos de estos nutrientes se eliminan. La luz solar contiene un espectro completo de longitudes de onda, pero la artificial no. Cuando falta alguna longitud de onda, la luz se desequilibra y puede afectar a la salud, lo mismo que si a un alimento le faltara un nutriente tan esencial como la vitamina C. Esta es la razón por la que la luz artificial no es un sustituto adecuado de la luz natural.

Otra razón por la que la luz artificial es inferior en calidad es porque es mucho más débil. La mayoría de los edificios, incluso aquellos con ventanas, tienen un nivel de iluminación de 500 lux (el *lux* es la unidad internacional de iluminación). La luz al aire libre tiene un nivel de aproximadamente 50.000 lux, es decir, es unas cien veces superior. Por la noche, o en oficinas donde la luz artificial es la única fuente de iluminación, el nivel puede descender hasta los 50 lux.

Para que nuestro cuerpo absorba las vitaminas y los minerales que necesita, requiere el espectro completo de luz solar. Las ventanas, los parabrisas, las gafas de sol, el *smog*, las nubes y la crema de protección solar filtran partes del espectro de luz. Las investigaciones revelan que si alguna de las longitudes de onda no está presente en la luz, el cuerpo no es capaz de absorber completamente ciertos nutrientes.[35]

Muchos de nosotros pasamos el 90% o más de nuestro tiempo en el interior de edificios y coches, protegidos de la luz solar directa. Sin la adecuada luz solar, la actividad de las enzimas se ralentiza, la producción de las hormonas disminuye y los nutrientes no se absorben adecuadamente. El resultado es una larga lista de problemas de salud, muchos de los cuales son los mismos que en caso de hipotiroidismo, incluyendo el aumento de peso.

Si tu metabolismo es lento porque no recibes la suficiente luz solar directa, tomar medicamentos no te va a ayudar. ¡Tienes que salir a la calle a diario para que te toque un poco el sol! Si puede ser, toma un baño de sol. Cualquier exposición va a beneficiarte. Recomiendo tomar el sol cada día entre quince y treinta minutos.

Algunas personas dudan de tomar el sol por temor a desarrollar cáncer de piel. Al igual que las grasas saturadas, a la luz del sol se la ha criticado mucho en el pasado, asegurando que es un peligro para la salud. Se nos advierte que deberíamos evitar la exposición excesiva a la luz del sol, porque puede causar cáncer. Algunos fanáticos incluso recomiendan la supresión total de sol. Pero ahora las investigaciones demuestran que una exposición moderada no solo es inofensiva, sino que, al contrario, es más que necesaria para una buena salud y que, de hecho, puede proteger contra el cáncer. No tienes que temer a la luz del sol.

Un estudio realizado por la Marina de Estados Unidos comparó el riesgo entre distintas ocupaciones navales de desarrollar un melanoma –la forma más mortal de cáncer de piel–. Los hallazgos revelan que aquellos con puestos de trabajo en lugares cerrados tenían más probabilidades de sufrir un melanoma, mientras que los que trabajaban al menos una parte del tiempo al aire libre presentaban los índices más bajos. Además, la tasa más alta se produjo en el tronco, una parte del cuerpo que normalmente está cubierta por ropa, y no en la cabeza ni los brazos, que son las partes que más probabilidades tienen de estar expuestas a la luz solar. El estudio concluye diciendo que la ubicación de los melanomas sugiere que una exposición frecuente a la luz solar puede tener un efecto protector.[36]

Los estudios también demuestran que la vitamina D suprime el crecimiento de células de melanoma maligno. Por lo tanto, una deficiencia de vitamina D, causada por una falta de exposición a la luz solar, puede provocar la formación de un melanoma.[37] Otros estudios han demostrado que la luz solar también tiene un efecto protector contra muchas otras formas de cáncer. Por ejemplo, investigadores de la Facultad de Medicina de la Universidad Johns Hopkins, en Baltimore (Maryland), demostraron que la exposición al espectro completo de luz, incluyendo la luz UV, tiene una correlación positiva con la prevención del cáncer de mama, de colon y rectal.[36]

El ejercicio físico

Una de las mejores cosas que puedes hacer para acelerar el metabolismo, mejorar la sensibilidad a la insulina, reducir peso y tener mejor aspecto es hacer ejercicio físico con asiduidad. El ejercicio físico no solo ayuda a quemar la grasa, sino que además evita que la recuperes. Se trata de un factor clave para tener éxito a la hora de controlar el peso a largo plazo. La revista *The Physician and Sportsmedicine* publicó que el 90% de las mujeres que consiguen perder peso y evitan recuperarlo hacen ejercicio físico de forma asidua. En otro estudio que se publicó en la misma revista, se informó que cuarenta mujeres habían recuperado su peso normal después de haber adelgazado con un programa de tratamiento de dieciséis semanas. Durante el año que siguió al tratamiento, los investigadores hallaron que el tercio más activo de las participantes había perdido peso adicional. Otro tercio, que más o menos estaba a la mitad en cuanto a actividad física, mantuvo su peso hasta el final del tratamiento. El tercio menos activo, en comparación, fue ganando peso de manera asidua durante todo el año que siguió al tratamiento.

Cuando uno practica alguna actividad física, la necesidad que tiene el cuerpo de obtener energía aumenta. En consecuencia, el metabolismo y la velocidad a la que se queman las calorías también aumentan. La respiración y el ritmo cardíaco se aceleran, tu cuerpo se calienta, en definitiva, todo funciona a un ritmo más acelerado. Sentado y relajado, un hombre que pesa 68 kilos quema aproximadamente 82 calorías por hora. Pero cuando empieza a hacer alguna actividad física, como caminar (3,22 km/h), la tasa aumenta a 225 calorías por hora. Esto quiere decir que está quemando 143 calorías más. Correr (11,2 km/h) aumenta la tasa a 510 calorías por hora.

Existe algo aún mejor. Una vez que has terminado de hacer ejercicio físico, el metabolismo continúa activo y sigue quemando grasas a un ritmo acelerado. Los hechos sugieren que el metabolismo sigue activo en un 25% hasta tres horas después de haber practicado una actividad física intensa y todavía puede estar funcionando un 10% más rápido de lo normal dos días después. Se queman más calorías incluso cuando uno se relaja frente al televisor.

Las personas musculadas y delgadas generalmente tienen una tasa metabólica mayor que aquellas que están en baja forma y que padecen sobrepeso. No es porque nacieran así, sino porque su tejido muscular consume calorías a un ritmo mucho más elevado que al que produce tejido graso. Cuanto más músculo tengas, más calorías quemarás. Cada kilo de músculo extra utiliza unas 50 calorías diarias adicionales. Esto quizá no parezca mucho, pero si se suma puede llegar a ser significativo. En un año esta cantidad asciende a 18.000 calorías menos que se podrían haber acumulado en tu cuerpo en forma de grasa. Esto equivale a un poco más de dos kilos. Se trata de dos kilos de exceso de grasa que estás quemando y sin ningún esfuerzo adicional por tu parte. Una de las mejores maneras de desarrollar masa muscular es levantando pesas o con ejercicios de resistencia. Un programa típico de levantamiento de pesas puede hacer que logres un kilo y medio de músculo en tres meses. En un año, este kilo y medio de tejido muscular no graso puede hacer que quemes 55.000 calorías de más o, lo que es lo mismo, siete kilos de grasa.

No necesitas empezar a hacer culturismo ni correr dieciséis kilómetros cada día, ni tampoco apuntarte a una clase de ejercicios aeróbicos de alto impacto para comenzar a perder peso. Puedes hacer todas estas cosas si estás lo suficientemente en forma, pero no es necesario. El ejercicio físico no tiene que ser aburrido, tedioso ni agotador. Debería ser algo divertido incluso para aquellos que son poco atléticos. Recomiendo empezar con un ejercicio suave como caminar, saltar o nadar. Estas son actividades que la mayoría de las personas pueden hacer, con independencia de su estado físico.

Caminar al aire libre, especialmente entre árboles y arbustos, añade un incentivo a la actividad, puesto que aumenta su disfrute y te permite tomar el sol e incrementar tus niveles de vitamina D. En los días fríos o lluviosos, puedes caminar por centros comerciales. Debido a la cantidad de centros comerciales que hay, hoy en día caminar por ellos se ha convertido en una actividad popular, especialmente entre las personas mayores. Los centros comerciales son relativamente seguros y evitan que estés a la intemperie. Las tiendas y la gente que pasea le añaden interés a la actividad.

Como la mayoría de las personas que quieren perder peso son físicamente inactivas, recomiendo empezar poco a poco. Camina a un ritmo pausado durante quince o veinte minutos el primer día. Comprométete a caminar quince o veinte minutos cada día, cinco o seis días a la semana, durante la primera semana. Después, añade cinco minutos a tu paseo. A la siguiente semana, añade otros cinco minutos. Sigue añadiendo cinco minutos cada semana hasta que tus paseos duren entre treinta y sesenta minutos.

Muchos expertos en deporte recomiendan caminar a un ritmo acelerado. Esto equivale a casi cinco kilómetros por hora o más. Una vez que ya camines treinta minutos cada día a un ritmo pausado, puedes centrarte en la velocidad. Casi cinco kilómetros por hora no es tan rápido, pero tampoco es relajante. Planea el recorrido con el coche y mide la distancia. Puedes juzgar la rapidez con la que cubres la distancia que planeaste recorrer. A casi cinco kilómetros por hora caminas casi medio kilómetro cada cinco minutos. Cubres una distancia de casi dos kilómetros en veinte minutos, casi dos kilómetros y medio en treinta minutos, más de tres kilómetros en cuarenta minutos y casi cinco kilómetros en sesenta minutos. Si te resulta imposible caminar tan rápido, marcha al ritmo que puedas.

Márcate unos objetivos y esfuérzate por conseguirlos. Tu primer objetivo a corto plazo ha de ser caminar veinte minutos cada día durante una semana. Otro objetivo podría ser llegar a treinta minutos diarios. Uno de tus principales objetivos debería ser el de esforzarte por conseguir caminar durante treinta minutos, cinco días a la semana, a un ritmo de casi cinco kilómetros por hora (abreviado como 30-5-5). El 30-5-5 es una meta que todo el mundo debería poder alcanzar y mantener como una cantidad *mínima* de ejercicio físico.

Una vez que hayas alcanzado la meta 30-5-5 y te sientas cómodo con ella, puedes considerar intensificar tu actividad al cabo de un tiempo, aumentando el número de días o la velocidad. El Instituto para la Investigación Aeróbica recomienda lo siguiente:

MÍNIMO PARA UNA ACTIVIDAD FÍSICA			
MODERADA		INTENSA	
MUJERES	HOMBRES	MUJERES	HOMBRES
Caminar 3,2 kilómetros en 30 minutos o menos, 3 días a la semana, o caminar 3,2 kilómetros en 30-40 minutos, 5 o 6 días a la semana	Caminar 3,2 kilómetros en 27 minutos o menos, 3 días a la semana, o caminar 3,2 kilómetros en 30-40 minutos, 6 o 7 días a la semana	Caminar 3,2 kilómetros en 30 minutos, 5 o 6 días a la semana	Caminar 4 kilómetros en 38 minutos, 6 o 7 días a la semana

Para añadir variedad, puedes combinar diferentes tipos de ejercicios según el día de la semana. Un día puedes caminar, al siguiente nadar y otro saltar, y así sucesivamente. Puesto que la masa muscular quema más calorías que la grasa, puedes añadir pesas o ejercicios de resistencia a tu entrenamiento, a fin de aumentar la musculatura.

El calor

Las saunas o los baños calientes pueden elevar la temperatura de tu cuerpo al igual que el ejercicio físico. Si el agua o el vapor es lo suficientemente caliente como para elevar la temperatura corporal unos cuantos grados, también puede hacer que permanezca elevada durante un tiempo después. Los efectos de los baños calientes duran poco, pero pueden ser útiles para aumentar la temperatura del cuerpo, por lo menos durante un par de horas. En este tiempo, las enzimas inactivas empiezan a funcionar a toda velocidad y los procesos corporales se ejecutan en un nivel elevado de actividad.

La terapia de calor es algo que se lleva utilizando desde hace años. Los efectos que tiene en la estimulación del metabolismo han demostrado ser útiles para limpiar el organismo de toxinas y acelerar el proceso de curación de las enfermedades. Nuestros cuerpos tienen sus propios mecanismos para luchar contra las infecciones, como por ejemplo la fiebre, que aumenta la circulación y estimula la actividad celular y glandular.

Si tienes acceso a una sauna o a un baño de vapor en un balneario o club de salud, aprovéchalo. Si no es así, una bañera llena hasta arriba de agua caliente puede ser un buen sustituto. Sin embargo, sentarte en una tina con agua caliente o darte una ducha de agua caliente no funciona. Tienes que estar completamente sumergido, a excepción de la cabeza, y el agua debe estar lo suficientemente caliente como para elevar la temperatura corporal hasta 37,8 °C aproximadamente.

Para ello, empieza a llenar la bañera con agua caliente, pero no tan caliente como para quemarte. Siéntate en ella mientras se está llenando de agua, manteniendo el agua tan caliente como seas capaz de tolerar. Llenar así la bañera puede ayudar a que tu cuerpo se ajuste mejor a la temperatura. Una vez la bañera esté llena hasta arriba, cierra el grifo y sumerge todo tu cuerpo entero, dejando tan solo la cabeza fuera del agua. Relájate y apoya la cabeza sobre una toalla. Mientras permaneces en remojo, a medida que el agua se va enfriando, puedes drenar un poco y añadir agua nueva para mantener la temperatura tan caliente como sea necesario. Normalmente, como tu cuerpo se ha ajustado a la temperatura, puedes añadir agua aún más caliente. Aunque estés totalmente cubierto de agua, sudarás profusamente. Permanece en el baño entre veinte y treinta minutos.

Un problema típico de muchas bañeras es que son demasiado pequeñas. Para que esto sea efectivo, todo el cuerpo, exceptuando la cabeza, debe estar sumergido en el agua. Muchas bañeras no son lo suficientemente grandes. Una solución puede ser comprar una lámina de plástico, disponible en diversos tamaños en las tiendas de jardinería, y colocarla por encima de la bañera, del agua y de tu cuerpo como si fuera una manta. No te la envuelvas alrededor del cuerpo ni la sumerjas en el agua. Debe cubrir la parte superior de la bañera para conservar el calor. De esta manera, si el agua no cubre las rodillas o los dedos de los pies, se seguirán manteniendo calientes.

FACTORES QUE AFECTAN AL METABOLISMO	
FACTORES QUE LO DEPRIMEN	FACTORES LO ESTIMULAN
• Una alimentación carente de nutrientes • Fármacos (por ejemplo, las sulfonamidas, los antihistamínicos, los antidepresivos, los betabloqueadores) • El consumo de cantidades excesivas de verduras crucíferas crudas • El consumo de productos de soja, con la excepción de la soja fermentada • Las dietas bajas en calorías • Las dietas bajas en grasas • El consumo de cantidades excesivas de azúcar y otros carbohidratos simples • El flúor (por ejemplo, la pasta de dientes, el enjuague bucal, el té, los utensilios de cocina antiadherentes, el agua del grifo) • El bromo (por ejemplo, los productos horneados, los refrescos, los insecticidas)	• Consumir una dieta saludable que contenga una amplia variedad de nutrientes, incluyendo grasas y proteínas • Beber suficiente agua para prevenir la deshidratación • El aceite de coco • Consumir fuentes de yodo con regularidad (por ejemplo, sal marina, marisco, suplementos vitamínicos) • El ejercicio físico frecuente • La exposición a la luz solar • Sauna y baños calientes ocasionales • La adición de chile y guindillas a la dieta

Mantén el plástico fuera de la cara. La cabeza debe quedar expuesta al aire fresco. Esto te permitirá permanecer más rato en el agua y aprovechar todos sus beneficios. Si tienes dolor de cabeza, puede que el agua esté demasiado caliente. Enfríala un poco y ponte una toallita fría y húmeda en la frente a medida que te empapas. Tu cuerpo se debe calentar hasta una temperatura aproximada de 37,8 °C. Esto es solo 0,8 °C por encima de lo normal. Una persona sana puede llegar hasta los 40 °C, por lo que no debes preocuparte si la temperatura de tu cuerpo excede los 37,8 °C. Utiliza un termómetro para controlar la temperatura. Si es demasiado elevada, enfría el agua de la bañera. Si no se eleva, añade más agua caliente.

Aunque estés sumergido en agua, vas a sudar profusamente. Las glándulas sudoríparas pueden secretar casi medio litro de agua en quince minutos, por lo que es necesario beber mucha agua. Bebe un vaso lleno antes de bañarte y otro después. No bebas el agua fría porque hará que la temperatura corporal descienda y se enfríe. La sudoración elimina las sales y los minerales de tu cuerpo, por lo que debes asegurarte de que te repones consumiendo una cantidad adecuada de sal marina y tomando un suplemento vitamínico después.

Para sacarle el máximo rendimiento a este ascenso de temperatura, evita cualquier actividad inmediatamente después que pueda enfriarte, como salir al aire libre o el consumo de alimentos y bebidas fríos. Los baños calientes son relajantes. Lo mejor es hacerlo por la noche para que después puedas relajarte o irte a la cama.

La terapia de calor puede tener un efecto tremendo en el cuerpo. Aquellas personas que sufren esclerosis múltiple, hipertiroidismo, hipertensión o enfermedades cardiovasculares graves deben consultar con un profesional de la salud antes de intentarlo.

Las guindillas

¿Alguna vez has empezado a sudar después de comer un plato con chile o un taco que contenía demasiada salsa picante? El calor que siente tu boca después de disfrutar de una comida mexicana, tailandesa o india picante viene de las guindillas. Existen cientos de variedades de pimiento picante, desde el suave y el poblano, que son moderadamente picantes, hasta el jalapeño y el habanero, que son muy picantes. Los chiles son tan picantes porque contienen un compuesto generador de calor llamado capsaicina. Cuanta más capsaicina contenga el pimiento, más picante será. Los pimientos verdes no tienen ninguna cantidad y los habaneros, mucha.

Si los científicos quisieran diseñar una píldora para poner en marcha el metabolismo y estimularlo para quemar el exceso de grasas, no tendrían que buscar muy lejos; las guindillas son la solución. En lugar de tener que tomar una píldora, se pueden mezclar estos pimientos con otros alimentos para darle sabor a la comida. Puedes consumirlos frescos, secos y en polvo, picados o en salsa. Añadir un poco de polvo de pimienta de cayena a tus comidas es una forma de darles sabor y también de aprovechar los beneficios que te puede aportar.

Las guindillas son alimentos termogénicos; esto quiere decir que generan calor. Las calorías son sencillamente una medida de calor. Cuando comes chile, el metabolismo de tu cuerpo se enciende y quema más calorías. La comida picante puede mantener tu metabolismo encendido hasta cinco horas después de haber comido, lo suficiente para que tu ingeniería interna esté funcionando a un ritmo acelerado hasta la siguiente comida.

Además de quemar más calorías, los alimentos picantes moderan el efecto que tienen los carbohidratos en los niveles de azúcar en sangre. Después de comer una comida picante, los niveles de glucosa en sangre son significativamente más bajos de lo que normalmente serían después de la misma comida pero sin haber añadido chiles.[38] Este efecto ha llevado a algunos investigadores a proponer el consumo de chile como una ayuda para controlar la resistencia a la insulina y en el tratamiento de la diabetes de tipo 2.[39]

Esto no es todo. Consumir alimentos picantes también te puede ayudar a comer menos haciendo que disminuya tu apetito. Cuando añades guindillas a tus platos, te sacias antes y el deseo de comer más se retrasa durante más tiempo. En un estudio, por ejemplo, los sujetos que fueron alimentados con un desayuno que contenía chiles rojos comieron menos cantidad a la hora del almuerzo que los sujetos que consumieron la misma comida pero sin pimientos picantes. Incluso cuando el desayuno estaba compuesto principalmente por carbohidratos, que normalmente se digieren tan rápido que el hambre vuelve enseguida, el chile prolongaba la sensación de saciedad.[40]

Los estudios demuestran que las guindillas aportan muchos beneficios saludables. Además de estimular el metabolismo, de moderar la cantidad de azúcar en sangre y los niveles de insulina y de disminuir el apetito, lo cual puede ayudar a perder peso, dichos estudios han demostrado que tienen potentes propiedades antioxidantes, combaten la inflamación, ayudan a mejorar la digestión y la absorción de nutrientes, reducen el riesgo de ataques cardíacos y protegen contra el cáncer de estómago.

¿No puedes tolerar la comida picante? No te preocupes. No tienes que consumir tanto como para que la lengua te arda o se te salten las lágrimas. Consumir cantidades más pequeñas también puede obrar milagros. Con el tiempo, desarrollarás una mayor tolerancia y gusto por el picante. Si estás poco acostumbrado a comer alimentos picantes, puedes comenzar gradualmente. Espolvorear un poco de pimienta de cayena en los huevos, la carne y las verduras hará que poco a poco tengas más tolerancia. Comer alimentos picantes sin duda no es un requisito para perder peso con una dieta cetogénica, pero para algunas personas puede ser muy útil, sobre todo para aquellas que están sufriendo porque la tiroides les funciona con lentitud y necesitan algo que estimule su metabolismo.

¿Qué dice la gente?

«He pasado de vivir una vida de lágrimas y desesperación a convertirme en una joven sana y llena de vitalidad de treinta y cuatro años», afirma Danielle Johnson, de Sault Sainte Marie (Canadá). Cuando llegó a pesar 163 kilos, los médicos le dijeron a Danielle que corría el riesgo de sufrir un ataque cardíaco y una serie de problemas que podían poner en peligro su vida. Intentó perder peso con todas las dietas posibles –Slim Fast, Nutrisystem, Weight Watchers, South Beach, Relacore y otras–, sin mucho éxito. «Estaba desesperada por encontrar una solución a mi problema de peso de toda la vida. Entonces descubrí la cura del coco». Asegura que una dieta saludable baja en carbohidratos, el aceite de coco, los alimentos picantes y el vinagre de sidra de manzana lograron «disparar» su metabolismo. En tan solo una semana ya había perdido casi seis kilos. «Corro de aquí para allá mientras hago las tareas del hogar y no puedo parar. Mi metabolismo está muy acelerado y los antojos que tenía han desaparecido por completo.»

Un impulso en el metabolismo y una pérdida de peso no fueron los únicos beneficios que experimentó; de hecho, muchos problemas de salud crónicos que también padecía empezaron a desaparecer. «Ya no he vuelto a sentir ese dolor y malestar por la fibromialgia asociada a mi peso. Tengo diabetes de tipo 2, e incluso así mis niveles de glucosa en sangre han caído en picado. Además, he notado que ese polvo blanco en las plantas de los pies tan característico de la diabetes también ha desaparecido. No sé cómo expresar lo que esta cura ha hecho por mí. No se trata de ningún truco de magia, como algunos quizá piensen. Al principio era un poco escéptica, como muchos, pero abrí mi mente a esta posibilidad porque ya había probado tantos tratamientos para luchar contra mi obesidad que pensé que no perdía nada por intentarlo. En ese momento estaba apuntada a una lista de espera para hacerme una operación de *bypass* gástrico, algo que ya no voy a necesitar».

Danielle toma tres cucharadas de aceite de sidra de manzana cruda orgánica mezclado con aceite de coco a diario, antes de cada comida. «He dejado de consumir edulcorantes y en su lugar utilizo stevia para endulzar un poco el té. Por último, pero no menos importante, añado chiles y pimienta de cayena a mis alimentos. Esta táctica hace que aumente la temperatura basal de mi cuerpo y estimula mi metabolismo. He notado que ya nunca tengo problemas de reflujo gástrico o estreñimiento. Ha desaparecido esa sensación de hinchazón y distensión. ¡Es realmente maravilloso!».

A continuación os presento otros testimonios de algunas personas que nos relatan su experiencia con el aceite de coco:

> He estado siguiendo un programa de salud para la tiroides. Desde hace tres meses (tres semanas con el programa y seis semanas consumiendo aceite de coco) he empezado a sentirme mucho mejor. Mi nivel de energía ha aumentado mucho. De hecho, jamás me había sentido con tanta energía (y tengo cincuenta y cuatro años). Realmente he superado mi depresión. Doctor Fife, le doy las gracias encarecidamente. Se trata de un milagro para mí. Voy a seguir usando su programa como guía para toda la vida.
>
> STEPHANIE G.

Mi temperatura era muy baja (35 °C). Siempre le decía a todo el mundo que era una persona «friolera». Cuando me enteré de que una tiroides que funciona con lentitud puede hacer descender la temperatura del cuerpo, quise hacer algo al respecto. Me enteré de los beneficios del aceite de coco y comencé a consumirlo (entre tres y cuatro cucharadas con las comidas). Y en una semana (no exagero), mi temperatura se elevó. Ahora es normal. Suele oscilar entre los 36,7 y los 37 °C. Reconozco que no podía creer lo que el termómetro marcaba. Ahora estoy totalmente convencida de las propiedades que tiene el aceite de coco.

JESSIE

Me diagnosticaron la enfermedad de Hashimoto y empecé a tomar Synthroid. Cuando comencé con la medicación seguía sufriendo de hipotiroidismo y todavía me sentía bastante cansado. Pero cuando introduje aceite de coco virgen en mi dieta, hace aproximadamente dos meses, empecé a sufrir síntomas de hipertiroidismo. Así que mi médico de cabecera me quitó el Synthroid. Dejé de sufrir de hipertiroidismo enseguida y ahora lo único que tomo es aceite de coco virgen. Tengo tanta energía que no te lo puedes ni imaginar. Incluso antes de que me medicara con Synthroid ya dormía demasiado y me sentía cansado la mayor parte del tiempo. Parece que he conseguido estimular mi tiroides para que de nuevo trabaje de forma autónoma. Mi médico está muy impresionado y ahora recomienda el aceite de coco a todos sus pacientes.

DANNE H.

Durante años he pesado algunos kilos de más. Estaba atrapada en un ciclo de dietas yoyó. Hice los cambios que se supone que debía hacer en mi estilo de vida, como comer sano y hacer ejercicio físico con regularidad, pero en realidad nunca pude perder peso permanentemente. Me había hecho análisis para detectar posibles problemas de tiroides pero siempre indicaban que todo estaba «normal». Hace unas semanas empecé a añadir aceite de coco a mi dieta, y lo que ocurrió fue milagroso. He estado perdiendo un kilo por semana sin realmente proponérmelo, lo que me demuestra que mi tiroides no es tan «normal» como me dijeron que era. Tengo mucha más energía y sencillamente me siento mejor.

IRENE

El aceite de coco virgen me está funcionando. Mi segundo análisis de la tiroides (con seis meses de retraso) volvió a dar unos resultados que indicaban que mis niveles habían mejorado y que ahora estaban dentro de unos parámetros seguros. El aceite de coco, además de hacer que me sienta mucho mejor, me ha evitado tomar medicamentos para la tiroides. Mi médico de cabecera era muy escéptico en cuanto al uso del aceite de coco (lo guarda en ese cajón que nunca abre) y no solo se sorprendió por los resultados de la tiroides, sino también por mi mejora en los niveles de colesterol y azúcar en sangre. Como aún seguía siendo un poco escéptico con respecto al aceite del coco, solo me dijo: «Siga haciendo lo que sea que esté haciendo».

CLEVE

Mi temperatura ha continuado aumentando y esta mañana era de 36,3 °C (antes de que empezara hace diez días a tomar aceite de coco virgen, era de 35,6 °C). Desde hace tres años sigo una dieta baja en carbohidratos y rica en grasas, así que no soy ajena al efecto saciante que tiene la grasa después de las comidas, y, de hecho, me ha costado bastante añadir tres cucharadas y media de aceite de coco virgen a mi dieta porque me hacía sentir demasiado llena durante varias horas. He intentado reducir la cantidad de otros alimentos, lo que ha ayudado un poco, pero aún sigo sintiéndome llena después de que hayan pasado cinco horas desde el almuerzo.

KATY

¡Me siento fenomenal! Esta es la primera vez en muchos años que me siento bien y con salud. Hace unos cinco o seis años me diagnosticaron hipotiroidismo, y desde entonces, nada había funcionado conmigo.

Como se puede imaginar, doctor Fife, estoy extasiada. Aún sigo pensando que al día siguiente me voy a encontrar mal y que no voy a tener energía, pero hasta ahora esto no ha sucedido. Durante la última semana he perdido dos kilos y medio. Esto es maravilloso y es una prueba de que este programa dietético funciona.

Pat

14

Bebe más, pesa menos

«Bebe mucha agua». Probablemente habrás oído este consejo centenares de veces, pero ¿has hecho caso? ¿Cuánta agua bebes al día? Me refiero a agua de verdad –agua pura sin condimentos, edulcorantes ni otros añadidos–. ¿Tres vasos? ¿Uno, tal vez? ¿Quizá nada en absoluto? Esto es bastante típico. Por increíble que parezca, una de las razones por las que puede que tengas sobrepeso se deba a que no bebes la suficiente cantidad de agua.

De todos los alimentos y bebidas que consumimos, el agua es, con diferencia, el más importante. A pesar de que no contiene calorías y no aporta energía, se considera el nutriente más vital. Nuestros cuerpos necesitan un aporte constante de agua durante todo el día para poder mantener las funciones corporales y seguir con vida. Podemos vivir durante varias semanas e incluso meses sin otros nutrientes, pero totalmente privados de agua moriríamos de deshidratación en cuestión de días. La falta de agua, en esencia, es una sentencia de muerte.

Aproximadamente el 60% de nuestro peso corporal es agua. Cada función interna del cuerpo está regulada por el agua y depende de ella. El agua tiene que estar disponible en cantidades suficientes para poder transportar adecuadamente nutrientes, oxígeno, hormonas y otras sustancias químicas a todas las partes del organismo. El agua lubrica nuestras articulaciones, protege nuestro cerebro, facilita la digestión y la eliminación y proporciona el medio en el que se producen todas las reacciones químicas corporales. Es tan importante para que el cuerpo funcione bien que incluso una pequeña reducción del aporte necesario puede tener un enorme efecto en tu salud.

El agua tiene otro propósito importante. Se necesita una cantidad determinada de agua para regular y controlar el peso. Muchas personas tienen sobrepeso porque no beben la suficiente. Puede ser que en parte tengas sobrepeso porque no estás bebiendo bastante agua pura y limpia. Las dietas que ignoran la ingesta de este líquido o que causan una pérdida de agua son peligrosas y dañinas.

Una dieta debe mejorar la salud, en lugar de empeorarla. Una dieta adecuada que reconoce la importancia del agua puede ayudarte a perder peso y mejorar tu salud.

El elixir de la vida

El descubrimiento que se hizo en la prisión

Sorprendentemente, la importancia del agua en el control de peso y la salud en general fue descubierta por el doctor Fereydoon Batmanghelidj mientras estaba trabajando y cumpliendo a la vez una condena en la prisión de Evin, en Irán. Después de graduarse en la Facultad de Medicina de la Universidad de Londres y trabajar durante un tiempo en Inglaterra, el doctor Batmanghelidj volvió a Irán, para ayudar a la gente de su país. El año 1979 fue un año de revolución y violencia que terminó con el ascenso al poder de un nuevo gobierno. Casi todos los profesionales y artistas que se habían quedado en el país fueron detenidos y encarcelados como presos políticos. El doctor Batmanghelidj fue uno de ellos.

La prisión en la que se le encarceló fue construida para albergar solo seiscientos reclusos, pero en poco tiempo se desbordó hasta los nueve mil. Como el personal médico con buena preparación era escaso, al doctor Batmanghelidj se le asignó cuidar de los enfermos. La salud de los prisioneros no era una prioridad para el nuevo gobierno y, en consecuencia, los suministros médicos eran deplorables e inadecuados.

El doctor Batmanghelidj no llevaba mucho tiempo allí cuando le llevaron a un preso febril que sufría un dolor de estómago insoportable. El hombre estaba sufriendo una úlcera péptica y pidió que le dieran algo para calmar el dolor. El doctor Batmanghelidj no tenía nada que le pudiera servir. Los gritos de agonía de aquel hombre eran tan inquietantes que en un intento desesperado el doctor Batmanghelidj le dio dos vasos de agua. No sabía qué otra cosa podía hacer. Para su sorpresa, en cuestión de minutos el dolor desapareció. Le prescribió al paciente beber dos vasos de agua cada pocas horas. El hombre le hizo caso y permaneció sin dolor y libre de la enfermedad durante todo el tiempo que siguió en prisión.

Este suceso hizo que el doctor Batmanghelidj tomara conciencia del papel que juega el agua en la salud y en la curación. Si hubiera tenido a mano algunos medicamentos, nunca habría descubierto los peligros de la deshidratación crónica ni la importancia del agua.

Al cabo de un tiempo y después de que dispusiera de algún medicamento, ocurrió algo parecido con otro preso. Al pasar por una celda de la prisión, el doctor Batmanghelidj vio a un hombre tendido en el suelo medio inconsciente, llorando de dolor. Tenía una úlcera que casi lo mata. Batmanghelidj le preguntó al preso si había hecho algo para aliviar su dolor. Le dijo que había tomado tres Tagamet y un tarro de antiácido, pero solo había conseguido que el dolor empeorara. Recordando su experiencia anterior, el doctor le dio a ese hombre dos vasos de agua. Al cabo de diez minutos, el dolor había disminuido. Le hizo beber otro vaso de agua y a los cuatro minutos el dolor le desapareció por completo. Este paciente había tomado una gran cantidad de fármacos antiulcerosos sin resultados, pero después de beber tan solo tres vasos de agua, el dolor se había desvanecido y estaba de pie hablando con sus amigos.

Estos casos llevaron al doctor Batmanghelidj a empezar una investigación sobre los efectos del agua en la salud de las personas.

Durante casi tres años trató a muchos pacientes dentro de un amplio espectro de enfermedades utilizando solamente como remedio agua del grifo. El gobierno, impresionado con su trabajo, lo liberó de la prisión. Inmediatamente emigró a Estados Unidos, donde continuó con su investigación y escribió un libro titulado *Your Body's Many Cries for Water*. El doctor Batmanghelidj afirma que muchas de las enfermedades degenerativas que se sufren hoy en día son causadas en gran parte por una deshidratación crónica. Ha tratado a miles de pacientes con agua y ha sido testigo de una recuperación completa en aquellos que sufrían de una gran variedad de afecciones tales como hipertensión, dolores de cabeza por migrañas, artritis, asma, dolor de espalda crónico, estreñimiento, colitis, ardor de estómago, síndrome de fatiga crónica e incluso obesidad. Así es, los problemas de sobrepeso pueden ser tratados con agua.

El doctor Batmanghelidj afirma que cada una de estas afecciones puede estar causada por una deshidratación. La deshidratación grave es tan destructiva que causa una muerte rápida. Pero la deshidratación crónica de bajo grado causa una enfermedad que puede conducir a una muerte lenta. La salud se deteriora tan lentamente que no nos damos cuenta de lo que está sucediendo. Nosotros lo atribuimos a la edad. Pero él sostiene que la mayoría de nosotros padecemos una deshidratación crónica por no beber suficiente agua. La deshidratación causa daños en las células, lo que conduce a la inflamación, la hinchazón y el dolor. Cada individuo responde a ella de una manera diferente, dependiendo de su propia composición química y física. En algunos se manifiesta primero como artritis y en otros como dolores de cabeza debido a migrañas. La artritis tiene lugar cuando las articulaciones se empiezan a deshidratar, lo que produce que los tejidos se dañen. El dolor de espalda está causado por dos discos intervertebrales que se deshidratan. Como resultado, los huesos y los músculos se tuercen y quedan fuera de la alineación, causando estrés.

Un estudio publicado por la revista *Anales de las enfermedades reumáticas* de la Asociación Médica Británica (en julio del 2000) demostró que las personas que bebían más de tres tazas de café al día tenían más probabilidades de contraer artritis que aquellas que bebían menos cantidad. Este estudio respalda las observaciones del doctor Batmanghelidj. La artritis reumatoide es más frecuente en los bebedores de café porque este tiene un efecto deshidratante. La artritis se considera una enfermedad incurable según los estándares médicos convencionales; sin embargo, el doctor Batmanghelidj ha conseguido lo que parece ser imposible. Ha curado a muchas personas de artritis simplemente haciendo que beban más agua y menos café, té u otras bebidas.

Otros investigadores han observado que beber poca agua aumenta el riesgo de cálculos renales (piedras en el riñón), cáncer de mama, cáncer de colon, cáncer de vejiga, obesidad, prolapso de la válvula mitral (una enfermedad cardiovascular), y problemas físicos y mentales.[1]

La deshidratación crónica

Los institutos de medicina de Estados Unidos recomiendan beber al menos ocho vasos de agua al día. Esta es la cantidad que el cuerpo pierde por la transpiración, la respiración y la eliminación diaria. Esta es la cantidad mínima que deberías beber cada día.

A menudo oímos o leemos la recomendación de beber ocho vasos de agua al día, pero ¿cómo de grande ha de ser el vaso? ¿De 100, 225 o 350 mililitros? La cantidad de agua que precisas depende de tu tamaño. Una persona de complexión grande necesita más agua que una persona de complexión pequeña. Como regla general, se debe beber un litro de agua por cada treinta kilos de peso. Por lo tanto, una persona de 55 kilos necesita beber al menos dos litros de agua al día, mientras que una de 100 kilos debería beber más de tres litros diarios. Además, si realizas alguna actividad física, vives en un clima seco o cálido, es verano, o consumes alimentos o bebidas que tienen un efecto diurético, en este caso, necesitas beber mucho más que esto. La mayoría de la gente no bebe suficiente agua y sufre de deshidratación crónica leve.

Las probabilidades de que sufras de deshidratación crónica son muchas. Pero es posible que me digas que no te sientes deshidratado, que bebes una gran cantidad de líquidos durante todo el día y que en ningún momento te sientes especialmente sediento. ¡Este es justamente el problema! Uno no tiene que sentir sed para estar deshidratado. Como consecuencia, la mayoría de nosotros no bebe la suficiente cantidad de agua, y lo que generalmente bebemos son cafés, refrescos u otras bebidas en su lugar.

La sensación de sed, al igual que muchos otros procesos fisiológicos, se vuelve menos activa con el paso de los años.[2] Esto no quiere decir que ya no necesitemos tanta agua cuando nos hacemos mayores; esto significa que ya no tenemos tantas ganas de beber como antes. Como resultado, muchas personas mayores se deshidratan sin siquiera saberlo. La deshidratación es tan común entre estas personas que ha sido identificada como una de las causas más frecuentes de hospitalización en mayores de sesenta y cinco años. En un estudio, la mitad de los hospitalizados por deshidratación murieron al cabo de un año de ser ingresados. A pesar de que estos pacientes sabían que la deshidratación era un problema para ellos, todavía no bebían la suficiente cantidad de agua. Sin sensación de sed, no solemos beber.

Aunque las personas mayores tienen mayor riesgo, no son los únicos que sufren de deshidratación crónica. A menudo, llegamos a estar tan ocupados con nuestro trabajo y nuestra vida cotidiana que no nos tomamos el tiempo suficiente para satisfacer la sed. Nos olvidamos de ella hasta que realmente la sentimos. Ignorar la sed hace que disminuya la sensibilidad. Nos empezamos a acostumbrar tanto a ignorar las señales sutiles del cuerpo cuando este tiene sed que no nos damos cuenta que se siente deshidratado. Así que gente relativamente joven puede que sufra de deshidratación crónica.

Otro problema es que a menudo satisfacemos la sed con otras bebidas que no son agua. Muchas personas creen erróneamente que el café, el té, los refrescos y los zumos son tan beneficiosos como el agua. Pero eso no es verdad. Recuerda que las células de tu cuerpo necesitan agua, y no bebidas gaseosas. Si ingieres bebidas con cafeína para saciar la sed, no estarás satisfaciendo la necesidad real de agua que tiene tu organismo. La cafeína y el azúcar harán que el cuerpo se deshidrate aún más. Si vuelves a consumir estas bebidas para apagar la sed, el problema puede empeorar. Por cada bebida que tomas, es necesario al menos añadir la misma cantidad adicional de agua a esos ocho vasos diarios para permanecer igual. Si no lo haces, te estás deshidratando. El agua es lo único que hidrata al cuerpo y cura de la deshidratación.

Un estudio realizado por el Consejo Nacional de Investigación de Estados Unidos reveló que, como promedio, las mujeres (de edades comprendidas entre los quince y los cuarenta y nueve años) bebían menos de 2,6 vasos (615 ml) de agua al día.[3] La mayoría de los líquidos que tomaban eran refrescos. Estos resultados sugieren que un gran porcentaje de mujeres probablemente tiene deshidratación crónica. Otro estudio realizado por investigadores del hospital Johns Hopkins, en Baltimore, halló que un 41% de hombres y mujeres de edades comprendidas entre los veintitrés y los cuarenta y cuatro años padecían deshidratación crónica en un grado u otro.[4] Algunas encuestas de consumo de alimentos indican que hasta un 75% de la población (de todas las edades) estadounidense padece una ligera deshidratación crónica.

Una deshidratación que conlleve una disminución del 1% del peso corporal puede producir una alteración en la función fisiológica del organismo, incluyendo el rendimiento cardiovascular y la regulación de la temperatura.[5-7] Normalmente, la sensación de sed se manifiesta una vez que el cuerpo ha alcanzando un nivel de deshidratación de entre un 0,8 y un 2% de pérdida de peso corporal.[8-9] A estas alturas el cuerpo ya padece un estado de deshidratación leve. Si esta situación persiste, puede convertirse en crónica. Incluso la deshidratación crónica leve puede ser peligrosa y tiene muchos efectos negativos en el funcionamiento y rendimiento del cuerpo. Los estudios demuestran que una pérdida del 2% del peso corporal provoca una reducción significativa de las habilidades aritméticas y la memoria a corto plazo.[10] Si una persona que pesa 78 kilos pierde un 2% de su peso corporal (1,3 kilos), tanto su rendimiento mental como físico se reducirán en un 20%.[11-12]

Por lo general, beber un vaso o dos de agua puede aliviar la deshidratación leve. Si el nivel de deshidratación es mayor a un 3% del peso corporal, la rehidratación completa requiere algo más que beber un vaso de agua. En este caso, requeriría beber muchos vasos de agua durante un período de entre dieciocho y veinticuatro horas.[13]

La importancia del agua en la conservación de la salud en general es algo que se conoce desde la antigüedad. Hipócrates, el padre de la medicina, recomendaba aumentar el consumo de agua para tratar y prevenir los cálculos renales. Los médicos de hoy en día aconsejan beber más agua para el mismo propósito. Se estima que aproximadamente entre un 12 y un 15% de la población desarrollará cálculos renales en algún momento de su vida.[14-15] La prevalencia de cálculos renales es mayor en aquellas personas que padecen una deshidratación crónica. Aunque hay varios factores que pueden influir en la formación de piedras o cálculos renales, como por ejemplo la edad y el clima, ajustar el consumo de agua es una medida preventiva muy sencilla que ha demostrado ser eficaz ya desde los tiempos de Hipócrates.

Al parecer, si quieres evitar el cáncer, o por lo menos algunas formas de cáncer, deberías beber mucha agua todos los días. Es tan sencillo como suena. Beber cinco vasos de agua puede reducir el riesgo de cáncer de colon en un 45%, de cáncer del tracto urinario (vejiga, próstata, riñón, testículos) en un 50% y de cáncer de mama en un 79%.

Uno de los problemas más comunes asociados a la deshidratación crónica es el estreñimiento. Un individuo sano y bien hidratado que ingiera tres comidas diarias debería evacuar por lo menos una vez, si no dos, al día. El proceso debe ser rápido y fácil. Si tienes que hacer un esfuerzo para eliminar o tardas más de unos pocos minutos, eso significa que sufres de estreñimiento.

En el colon (el segmento final del tracto intestinal) normalmente se extrae una cierta cantidad de agua de las heces para facilitar la excreción. Cuando el cuerpo se deshidrata, aumenta la cantidad de humedad eliminada, para frenar la pérdida de agua. Se retira más cantidad de agua de lo normal de las heces que viajan a través del colon. Como consecuencia, la materia fecal se vuelve excesivamente seca y dura, lo que frena la evacuación. El resultado es el estreñimiento. La solución es tan sencilla como beber más agua.

Otro síntoma común de la deshidratación crónica es el dolor y los calambres. La fatiga muscular, los espasmos y los calambres ocurren con más frecuencia cuando el cuerpo se deshidrata.[16] La mayoría de nosotros hemos pasado por la dolorosa experiencia de sufrir un calambre en la pierna durante un ejercicio físico intenso. El ejercicio físico provoca una alta tasa de transpiración, lo cual puede conducir fácilmente a la deshidratación que, a su vez, promueve los calambres musculares.

Muchas personas experimentan dolores crónicos de cervicales y de espalda. Van al médico para que les dé algo para calmar el dolor o al quiropráctico para corregir la subluxación (desajustes de la columna vertebral causados por espasmos musculares y calambres). El quiropráctico les relaja los músculos y les realinea los huesos, pero si la causa es una deshidratación crónica, los músculos con el paso del tiempo volverán a acalambrarse y deberán regresar a la consulta del quiropráctico para otro ajuste. Los medicamentos y los ajustes de columna no pueden curar la deshidratación.

La fatiga, los dolores de cabeza, el pensamiento confuso y la pérdida de fuerza o coordinación son todos consecuencias de la deshidratación. Es interesante ver cómo a menudo cuando tenemos dolor de cabeza sencillamente es debido a la falta de agua. La mayoría de la gente, en lugar de beber agua para aliviar su dolor de cabeza, se toma una pastilla para el dolor, como una aspirina o Tylenol. Estos analgésicos no resuelven el problema; el cuerpo todavía está deshidratado. Todo lo que hacen es adormecer los nervios que transmiten la sensación de dolor, enmascarando el síntoma de la deshidratación, que se produce por todo el cuerpo para llamar la atención y avisar de la necesidad de agua. Es increíble el número de personas que podrían aliviar sus dolores de cabeza en poco más de quince minutos, sencillamente bebiendo un gran vaso de agua, en lugar de depender de pastillas para el dolor. El agua resuelve el problema y no lo encubre como hace un fármaco, adormeciendo los nervios.

La deshidratación y la resistencia a la insulina

Una de las consecuencias de la deshidratación es la resistencia a la insulina. La resistencia a la insulina promueve una secreción excesiva de insulina, hormona que le permite al cuerpo transformar más comida en grasa. La deshidratación causa una resistencia a la insulina transitoria o temporal. Si esta deshidratación se vuelve crónica, puede conducir a una resistencia a la insulina crónica, lo que acabará promoviendo un aumento de peso.

Cuando los vasos sanguíneos pierden agua, el azúcar en sangre se vuelve más concentrado, y cuanta más alta sea la concentración de azúcar en sangre, más resistencia a la insulina se tendrá. Cuanta más resistencia a la insulina se tenga, más alto será el nivel de azúcar en sangre. Es un círculo vicioso.

Cuando tus niveles de azúcar en sangre son elevados, tu cuerpo trata de eliminar el exceso de glucosa desde el torrente sanguíneo filtrando dicho exceso a través de los riñones y eliminándolo del cuerpo, lo que provoca una micción frecuente. Cada vez que comas azúcar o cualquier carbohidrato, tu nivel de azúcar en sangre aumentará y también lo hará el volumen de orina. Por lo tanto, te deshidratarás aún más.

Además de beber agua potable durante todo el día, también debes beber agua con las comidas para evitar la deshidratación inducida por los carbohidratos. El agua añade volumen a las comidas y ayuda a saciar el apetito. Asimismo, ayuda a digerir y a absorber mejor los alimentos. Algunas personas afirman que beber agua con las comidas puede diluir las enzimas digestivas, reduciendo así su eficiencia. Esto no es cierto. Beber agua con las comidas en realidad incrementa la eficiencia de las enzimas, siempre y cuando no bebas una cantidad excesiva. La pared del estómago absorbe el agua casi inmediatamente, lo cual promueve la secreción de las enzimas digestivas y de los ácidos que mejorarán el proceso digestivo. Puedes ver la rapidez con la que el agua viaja de tu estómago hacia el torrente sanguíneo en un día caluroso. Cuando tienes mucho calor y estás deshidratado, y te tomas un vaso de agua, en cinco minutos comienzas a sudar profusamente.

En solo unos pocos minutos el agua puede viajar del estómago hacia el torrente sanguíneo y hacer que sudes. No se queda en el estómago durante mucho tiempo.

El agua es esencial para una buena digestión y actividad enzimática. Por ejemplo, toma un recipiente con agua, agítalo y añádele unas gotas de colorante alimenticio. ¿Qué sucede? La tinta de inmediato comienza a disimularse u ocultarse por todo el recipiente. Ahora llena un segundo recipiente con avena cocida y añade suficiente agua para que se ablande. Agita el recipiente y añade unas gotas de colorante alimenticio. ¿Qué sucede? El tinte forma pequeños charcos. No se puede extender por el recipiente. Esto es similar a lo que ocurre con los alimentos en el estómago. El colorante representa las enzimas digestivas. Estas enzimas deben entrar en contacto con cada partícula de comida masticada para que puedan hacer su trabajo y descomponerla. Si la comida masticada no se ha podido mezclar con agua, las enzimas no pueden moverse para llegar a todas las partículas y hacer así su trabajo. El consumo de cantidades adecuadas de agua diluirá el alimento lo suficiente para permitir la mezcla adecuada de las enzimas con la comida.

Si sencillamente no te gusta beber agua con las comidas, puedes beber un vaso lleno cinco o diez minutos antes de comer. Esto le dará a tu cuerpo el líquido que necesita para digerir adecuadamente los alimentos y te ayudará a llenar el estómago, lo cual reducirá tu apetito y hará que empiece el proceso en el que el cuerpo envía las señales pertinentes para transmitir que se siente saciado.

Bebe más agua para perder más peso

El agua es la mejor bebida para una dieta porque no contiene calorías, suprime el apetito, aumenta el metabolismo y ayuda a eliminar la grasa. Así es, el agua puede ayudarte a perder peso. Los estudios han demostrado que una disminución en el consumo de agua provoca un incremento en la acumulación de grasas, y que un aumento en el consumo de agua tiene el efecto contrario.

El trabajo de los riñones es filtrar los desechos de la sangre y mantener en equilibrio los electrolitos y el pH. Los riñones necesitan mucha agua para realizar su función adecuadamente. Si no hay agua disponible, la sangre se coagula demasiado y los riñones no pueden desempeñar su trabajo con eficacia. Dado que mantener un equilibrio químico es vital para la salud, el hígado va al rescate y asume la tarea de los riñones sobrecargados. Esto, a su vez, pone al hígado en un estado de estrés, porque además tiene que continuar realizando todas sus funciones habituales. Una de ellas es convertir la grasa en energía para el cuerpo. Pero si el hígado está trabajando con mucho estrés porque debe ayudar a los riñones, tampoco puede funcionar en sus niveles óptimos. En este caso, hay menos cantidad de grasa que se convierte en energía y más restos de grasa que se almacenan como grasa. Así que cuando bebes agua, los riñones y el hígado son capaces de funcionar con más eficiencia, y se metaboliza y se elimina más cantidad de grasa.

Si normalmente no bebes agua, deberías buscar otras fuentes alternativas para conseguir los líquidos que tu cuerpo necesita. No todos los líquidos pueden reemplazar adecuadamente al agua. De hecho, la mayoría de los refrescos que bebemos contribuyen activamente a los problemas de deshidratación y sobrepeso.

Una de las claves para perder peso es reemplazar todas las bebidas que normalmente tomas a diario por agua. La mayoría de las bebidas contienen calorías vacías, es decir, tienen muy poco valor nutritivo, pero un montón de calorías. Cuantas más bebidas tomes, más calorías estarás consumiendo. Un vaso con medio litro de zumo de naranja de bote contiene 220 calorías. Una lata de refresco de 350 ml, aproximadamente 150 calorías. Por el contrario, el agua no tiene ninguna caloría. Por esta razón si consumes agua en lugar de otras bebidas, reduces la ingesta de calorías.

Tendemos a comer la misma cantidad de alimentos y a obtener la misma cantidad de calorías todos los días. Sin embargo, las calorías de las bebidas son, de hecho, calorías adicionales. Independientemente de lo mucho o lo poco que bebas entre comidas, seguirás comiendo aproximadamente la misma cantidad. Los estudios han demostrado que tomar bebidas endulzadas tiene poco efecto sobre la cantidad de comida que se ingiere. No importa cuántas bebidas bebamos, porque seguiremos comiendo la misma cantidad de alimentos. Beber agua en lugar de refrescos puede reducir significativamente el número de calorías que consumes a diario.

Puede que pienses que como consumes bebidas bajas en calorías puedes seguir haciéndolo. Pero eso no ayuda. Optar por alimentos y bebidas que contienen edulcorantes artificiales no es una buena idea. Estimulan el gusto por lo dulce y mantienen viva la adicción, e incluso la incrementan. Una persona que se acostumbra a comer y a beber productos endulzados artificialmente crea un mal hábito que conduce a comer en exceso, sobre todo alimentos y bebidas que contienen pocos nutrientes.

Otro problema de las bebidas endulzadas y apetitosas es que estimulan las glándulas salivales y engañan al cuerpo haciéndole creer que va a recibir alimentos. El cuerpo se prepara para digerir una buena comida, pero lo único que consigue es un líquido, que se digiere casi de inmediato. Se había preparado para recibir alimentos sólidos, por lo que ahora empieza a sentir «hambre». En consecuencia, uno acaba comiendo algún tentempié y consumiendo calorías innecesarias.

Estas bebidas, tanto si son bajas en calorías como si no, siguen dando sed y hacen que se desee beber más. Por ejemplo, las bebidas con cafeína, como el café y determinados refrescos, tienen un efecto diurético. Puede que bebas un refresco para saciar tu sed y te sientas satisfecho momentáneamente, pero la cafeína extraerá el agua de tu cuerpo, causando que orines con más frecuencia y haciendo que vuelvas a tener sed. Si tratas de satisfacer tu sensación de sed con otra bebida, se repite el ciclo. A medida que vayas tomando más refrescos, te sentirás cada vez más deshidratado e irás añadiendo más calorías sin darte cuenta. Si satisfaces tu sed inicial con agua en lugar de un refresco, no volverás a sentirte sediento tan rápido y no estarás consumiendo ninguna caloría ni sabores artificiales, y tampoco cafeína u otras sustancias químicas que estimulan tus papilas gustativas y fomentan la adicción.

Hace un tiempo se llevó a cabo un estudio interesante sobre el café en el que se utilizó a 12 hombres y mujeres en buen estado de salud. Todos ellos eran bebedores de café, pero se abstuvieron de beber y comer nada que contuviera cafeína durante cinco días. A continuación se les permitió beber seis tazas de café al día. Los investigadores hallaron que cuando los sujetos volvían a beber café, eliminaban más agua en forma de orina de la que consumían con los alimentos que ingerían, por lo que estaban experimentando una pérdida neta de agua. El agua corporal total disminuyó un 2,7%. A pesar de este nivel de deshidratación, solo dos de los sujetos experimentaron sed.

El agua debe reemplazar al alcohol, el café, el té negro y verde, los refrescos, los zumos (que normalmente se venden en envases que contienen azúcares añadidos) y las bebidas endulzadas. Lo que más deberías evitar son las bebidas con azúcar, cafeína y alcohol. Son las que contienen más calorías y tienen un efecto más diurético o deshidratante.

Esto no significa que no puedas consumir estas bebidas. Si tienes que tomar una de vez en cuando, asegúrate de beber la misma cantidad proporcional de agua. Como regla general, por cada taza de café o té o lata de refresco que consumes, deberías beber al menos la mitad de esa cantidad de nuevo en agua. Pero esta cantidad de agua no cuenta como parte de la requerida a diario. Todavía es necesario beber otros ocho vasos de agua al día. El alcohol representa el mayor problema porque requiere ocho veces su volumen en agua para su metabolización. Así que si bebes 1 ml de alcohol, es necesario que lo acompañes con 8 ml de agua.

Solo bebiendo agua puedes aumentar tu metabolismo y quemar calorías adicionales. Investigadores de Alemania y Canadá hallaron que cuando una persona bebe medio litro de agua, su tasa metabólica aumenta un 30%. Este aumento se observó en el metabolismo de las personas cuando tan solo transcurrieron diez minutos desde que se bebieron el agua, alcanzando un máximo al cabo de unos treinta o cuarenta minutos y prolongándose durante una hora más. Basándose en estas mediciones, los investigadores estimaron que aumentar la ingesta de agua en 1,5 litros al día sería como quemar 17.400 calorías adicionales al año, o el equivalente a una pérdida de peso de 2,5 kilos.[17] Aunque estos 2,5 kilos no son mucho, no cabe duda de que son 2,5 kilos de exceso de grasa que no cuelgan de tu cuerpo.

Los efectos del agua potable en la pérdida de peso pueden ser aún mayores si el agua se enfría. La definición de caloría es la cantidad de energía necesaria para aumentar la temperatura de un gramo de agua un grado centígrado. Teniendo en cuenta esta definición de que la caloría depende del aumento de la temperatura del agua, es lógico decir que tu cuerpo quemará calorías cuando tenga que elevar la temperatura del agua helada hasta alcanzar la temperatura de tu cuerpo. Cuando tomas un vaso de agua fría y esta recorre todo tu organismo hasta que sale en forma de orina, la temperatura de esta orina es igual a tu temperatura corporal. Por lo tanto, tu cuerpo debe elevar la temperatura del agua y para ello quemará calorías.

El agua helada está a 0 °C, y la temperatura del cuerpo a 37 °C. En medio kilogramo de agua hay contenido medio litro de agua, y sabemos que el cuerpo consume una caloría para aumentar un gramo de agua un grado centígrado. Por lo tanto, para que nuestro cuerpo aumente la temperatura de casi medio litro de agua helada a 37 °C, tiene que gastar 17,5 calorías de energía. Si bebes 2,5 litros de agua helada al día, conseguirás quemar un extra de 87,5 calorías diarias o 31.937,5 calorías por año, lo cual es el equivalente a una pérdida de peso de más de 4 kilos. Si ya bebes un litro de agua al día, y añades un litro y medio más de agua fría, puedes experimentar una pérdida de peso total de 6,4 kilos al año solo por estar bebiendo agua potable. ¡Y algunos dicen que no se puede perder peso con facilidad! Esta es una buena razón para cambiar las bebidas que normalmente tomas por agua fría. Si tu objetivo es perder peso y mantenerte en forma, deberías desarrollar el hábito de beber solo agua (excepto, quizá, en ocasiones especiales). Una vez que desarrolles este hábito, preferirás el agua en lugar de otras bebidas porque notarás que satisface mejor tu sensación de sed. A menudo se oye decir a algunas personas que a ellas no les gusta beber agua. Lo que esto realmente quiere decir es que son adictos a las sustancias químicas de algunas bebidas y que necesitan satisfacer esos antojos. El hecho de que te tomes un refresco bajo en calorías a diario puede tener un impacto en tu peso.

Basta con sustituir el agua por otras bebidas para que tu salud y tu peso corporal se resientan. Por ejemplo, Donna Gutkowski reemplazó las seis u ocho latas de refresco Mountain Dew que acostumbraba a beber cada día por agua. Como resultado, perdió dieciséis kilos de exceso de peso. «Ahora puedo ponerme ropa que jamás pensé que volvería a ponerme». En relación con su inminente boda, dice: «Podré caminar hasta el altar con un aspecto mucho mejor del que he tenido en quince años».

Bob Butts nos cuenta: «Adelgacé siete kilos sin siquiera intentarlo. Como todo lo que me apetece. Puedo decir honestamente que usted, doctor Fife, ha hecho que perder peso sea fácil. Sé de dos hermanos que adelgazaron cuarenta y cinco y catorce kilos, respectivamente».

PÉRDIDA DIARIA DE AGUA (ML)			
Modo de pérdida	Temperatura normal (20 °C)	Clima cálido	Ejercicio intenso prolongado
Piel	350	350	50
Respiración	350	250	650
Orina	1.400	1.200	500
Sudor	100	1.400	5.000
Heces	100	100	100
Fuente: *Libro de texto de fisiología médica*, 8.ª edición, Arthur C. Guyton, 1991, W.B. Saunders Company.			

No tienes hambre, ¡lo que tienes es sed!

La mayoría de nosotros no siempre reconoce las señales del cuerpo cuando tiene sed. A menudo se malinterpretan creyendo que lo que sentimos es hambre y terminamos comiendo cuando lo que nuestro cuerpo realmente quería era agua. Por supuesto, cuando tienes la boca reseca sabes que tienes sed, pero para cuando el cuerpo empieza a mostrar este síntoma, ya está gravemente deshidratado. La boca seca es una señal de sed intensa. Este estado de deshidratación se podría haber evitado si hubieras prestado un poco de atención a las primeras señales de tu cuerpo.

La primera señal de sed es un deseo sutil de beber agua. Si ignoramos esta sensación, empezamos a deshidratarnos cada vez más. El cuerpo se ve obligado a recurrir a otras estrategias para hacer que bebamos. La siguiente señal que aparece es una sensación de vacío en el estómago. Cuando el cuerpo se desespera por ingerir agua, provoca una sensación de hambre para impulsarnos a consumir alimentos que puedan suministrar suficientes líquidos para prevenir la deshidratación. El cuerpo realmente no tiene hambre, sino sed. Si continúas haciendo caso omiso a las señales del organismo o si comes alimentos que no proporcionan la cantidad necesaria de agua, tu boca empezará a secarse. Una boca seca es una señal inequívoca de que el cuerpo necesita agua. Puede ir acompañada de fatiga, mareos y dolores de cabeza. En este momento, estás muy deshidratado y los síntomas son graves.

Algo muy importante que debes entender es que si tienes hambre entre las comidas, lo más probable es que sea una señal de que tienes sed, no hambre. Como has ignorado las señales tempranas de sed, ahora el cuerpo está pidiendo a gritos agua. La única forma de satisfacer la sed es con agua. A menudo lo que hacemos es tomar un café, beber un refresco o comer algún tentempié, lo que puede traer una satisfacción momentánea, pero a la larga va a empeorar las cosas.

En parte, el programa dietético que se describe en este libro pretende que aprendas que la sensación de hambre entre las comidas casi siempre es una señal de que nuestro cuerpo necesita agua, y no alimentos ni otro tipo de bebidas. Limita tus comidas a tu hora normal de comer. Cuando sientas «hambre» entre las comidas, bebe un vaso de agua. Aunque te sorprenda, el agua va a satisfacer tu apetito. El líquido en el estómago te va a llenar, produciendo una sensación de saciedad. La sensación quizá no dure más de una a dos horas, pero eso ya está bien porque es justo cuando tu cuerpo necesita ingerir un poco más de agua. Así que bebe otro vaso. Haz esto a lo largo de todo el día. Cuando sientas hambre, bebe agua.

De esta manera tu cuerpo recibirá la cantidad de agua que necesita cada día sin sentir que te obligas a beberla. A medida que comiences a beber más agua, tu sensación de sed se hará más fuerte o se reactivará realmente y serás más consciente de tu necesidad de agua. Esto te ayudará a satisfacer la sed antes de que el cuerpo tenga que recurrir a una sensación de hambre o sequedad en la boca.

Basta con beber agua entre las comidas para que puedas eliminar los kilos que te sobran sin esas molestias que a menudo se asocian con la dieta. El doctor Batmanghelidj relata: «Conozco a un hombre que pesaba 218 kilos. Perdió ciento treinta y dos en un año bebiendo agua cada vez que sentía hambre. Tuvo que someterse a dos operaciones para eliminar la piel suelta. Otro hombre perdió setenta y un kilos en un año y medio. Redujo catorce tallas de pantalón. Se pueden perder entre siete y veinte kilos solo con agua y sin el mínimo esfuerzo». ¡Increíble! Qué resultados tan extraordinarios se pueden obtener, ¡y tan solo bebiendo agua!

Sales y minerales

Cuando el cuerpo pierde agua a través del sudor o la orina, también pierde electrolitos (minerales) importantes para la salud. Los dos minerales más importantes son el sodio y el cloruro.

El sodio y el cloruro son el quinto y el sexto mineral más abundantes en el cuerpo humano, respectivamente. Un cuerpo humano de 60 kilos contiene 90 gr de sodio y de cloruro, que equivalen a treinta y seis cucharadas en total. Solo el calcio, el fósforo, el potasio y el azufre se encuentran en cantidades más grandes.

El sodio es esencial para mantener un equilibrio normal de líquidos y de ácido-base, y ayuda en la transmisión de impulsos nerviosos. El cloruro también es esencial para mantener este equilibrio, y además es necesario para una buena función digestiva. Una deficiencia crónica en estos minerales puede causar un retraso en el crecimiento de los niños, calambres musculares, apatía mental, pérdida de apetito y una digestión inadecuada. Una deficiencia aguda causada por una excesiva transpiración, vómitos o diarrea, puede conducir a una pérdida grave de electrolitos, que puede acabar en un coma y la muerte. Los deportistas que compiten o que se entrenan en lugares con altas temperaturas frecuentemente son víctimas de un agotamiento de electrolitos debido a una sudoración excesiva. Muchos han terminado en el hospital y varios han muerto. Por esta razón, las bebidas isotónicas o las bebidas de rehidratación se han hecho tan populares. Después del agua y el azúcar, el ingrediente que más abunda en estas bebidas energéticas es el cloruro de sodio (la sal).

Durante muchos años, los supuestos «expertos» (los médicos) nos han recomendado que limitáramos nuestro consumo de sal. A pesar de que reconocen la necesidad de sal en nuestra dieta, asumen que comemos demasiada y han convencido al mundo entero de que necesitamos reducir nuestro consumo. Su teoría es que una disminución del consumo de sal podría bajar los niveles de presión arterial, lo que debería reducir automáticamente el riesgo de un ataque cardíaco. Durante los últimos treinta años hemos disminuido nuestro consumo de sal casi en un 65% y, sin embargo, esto aún no ha tenido ningún impacto en las tasas tan altas de presión arterial y ataques cardíacos.[18] De hecho, el número de personas con hipertensión aumenta por momentos. Parece que hay algo en esa teoría que falla.

Según el doctor Jan Staessen y sus colegas del Departamento de Enfermedades Cardiovasculares de la Universidad de Lovaina, en Bélgica, esta teoría es errónea. Su equipo de investigación halló que solo la presión arterial sistólica (el número superior) se eleva lentamente con el paso del tiempo a medida que aumenta la ingesta de sal. Pero este aumento no se traduce en un mayor riesgo de hipertensión o ataque cardíaco. Sus resultados demuestran lo contrario: un consumo bajo de sal se asocia con un mayor riesgo de enfermedades cardiovasculares y un aumento de la incidencia de casos de muerte. De hecho, en su estudio la tasa de mortalidad empeora progresivamente cuando el consumo de sal disminuye.[19] Staessen afirma que «los resultados actuales refutan las estimaciones de los modelos computarizados [basados en teorías] de vidas salvadas y reducción de costes de atención médica por una ingesta de sal baja. Asimismo, no respaldan las recomendaciones actuales de una reducción generalizada e indiscriminada del consumo de sal a nivel poblacional [para todo el mundo]».

Las pruebas de las que se dispone muestran que un menor consumo de sal puede ayudar a que se reduzca ligeramente la presión arterial en algunas personas, pero aumenta el riesgo de padecer otros problemas de salud para la gran mayoría de la población. Además de los estudios de Staessen, investigadores de otras instituciones han demostrado que la ingesta de sal por debajo de nuestro nivel actual de consumo puede aumentar el riesgo de resistencia a la insulina, síndrome metabólico, insuficiencia cardíaca congestiva, diabetes, deshidratación y mortalidad.[20-22]

No tengas miedo de consumir sal porque pueda elevar tu presión arterial. Un estudio que recopila la información de varias investigaciones que se han realizado sobre la hipertensión y la sal ha demostrado que en las personas con una presión arterial normal, la adición de sal no tiene efectos perjudiciales. En individuos con hipertensión, solo el 3% se ve afectado por la adición de sal. Este 3% se cree que tiene hipertensión porque son personas que padecen deshidratación crónica. La investigación del doctor Batmanghelidj ha demostrado que beber más agua puede reducir la hipertensión y, de hecho, ha tenido mucho éxito en esta área. Además, la dieta cetogénica ayudará a reducir la presión arterial, así que el uso de sal no tendrá ningún efecto adverso en ella.

El Consejo Nacional de Investigación de Estados Unidos aconseja limitar el consumo de sal a menos de 6 gr (1 cucharadita de sal contiene 5,69 gr). Un estudio internacional sobre la sal, que incluyó a más de 10.000 sujetos de treinta y dos países, mostró un consumo medio de 9,9 gr diarios. Sin embargo, algunas poblaciones consumen mucho más que eso. Por ejemplo, en algunas zonas de Japón, donde los alimentos salados son populares, el consumo promedio de sal puede alcanzar la increíble cantidad de 26 gr o más al día.[23] El promedio nacional de Japón es de 11,4 gr diarios. A pesar de su dieta rica en sal, los japoneses tienen una de las esperanzas de vida más altas del mundo y unos índices relativamente bajos de hipertensión y enfermedades cardiovasculares.

La sal también puede ayudar a desintoxicar el cuerpo, promoviendo la eliminación de haluros tóxicos. El cloruro de la sal forma parte de la familia de los haluros; puede inhibir eficazmente el bromuro y ayudar a los riñones a excretar bromuro y fluoruro.[24-25] De hecho, los médicos hace años trataban la toxicidad del bromo administrando dosis terapéuticas de sal con el objetivo de eliminarlo del cuerpo. Un consumo bajo de sal exacerbará la toxicidad del bromo y del fluoruro. Cuando a las ratas de laboratorio se las somete a una dieta baja en sal, la vida media del bromo en su organismo se prolonga un 833% más en comparación con las ratas a las que se les suministra una dieta normal.[24]

A menos que tu médico te haya dado un buen motivo para que no tomes sal, no hay ninguna razón para restringir su consumo. Un total de 10 gr al día (poco más de dos cucharadas) parece ser una cantidad bastante segura para la gran mayoría de la población, incluso para aquellos que son sensibles a la sal o al sodio, siempre y cuando beban suficiente agua para mantenerse hidratados. Te recomiendo que utilices sal marina porque tiene muchos minerales, a diferencia de la sal común procesada. Al igual que el sodio y el cloro, los oligoelementos minerales también se eliminan del cuerpo, por lo que deben ser repuestos. Los suplementos dietéticos que están hechos a base de agua de mar u otras fuentes también pueden ayudar en la reposición de oligoelementos minerales. Estos suplementos se venden generalmente en forma líquida y están disponibles en la mayoría de las tiendas de dietética.

Debido a la presencia de fluoruro y otros contaminantes en el agua, los sistemas de purificación domésticos se han popularizado. Aunque esto resuelva un problema, puede causar otro. Al agua purificada se le ha extraído casi todo el contenido mineral. El cuerpo debería poder absorber esos minerales y, luego, drenarlos. Beber este tipo de agua puede causar un déficit de minerales. Así que si bebes agua destilada o filtrada, necesitas esforzarte un poco más para consumir más cantidad de agua marina e ingerir suplementos que contengan oligoelementos minerales.

Si experimentas calambres musculares mientras sigues el programa de la dieta cetogénica del coco, puede significar que necesitas más agua o más minerales. Para evitar los calambres, asegúrate de que estás utilizando una cantidad adecuada de sal marina en tus alimentos y que estás tomando un suplemento de magnesio (de 400 a 1.200 mg/día). Una de las mejores fuentes de este elemento es un producto llamado aceite de magnesio. Realmente no es un aceite, sino una solución a base de agua de cloruro de magnesio. Debes frotar la solución sobre cualquier área de tu piel. Cuando se frota sobre la piel, se siente muy resbaladiza, como si estuviera hecha de aceite –de ahí le viene el nombre–. El cuerpo absorbe mejor el magnesio cuando se aplica de esta manera sobre la piel. El que se toma vía oral puede tener un fuerte efecto laxante en algunas personas. A veces, cuando estas personas empiezan la dieta cetogénica del coco, experimentan diarreas. Este efecto a menudo está causado por el suplemento de magnesio. El uso de aceite de magnesio y su friega sobre la piel, generalmente, previene este problema. El inconveniente del aceite de magnesio es que no se sabe exactamente cuánto magnesio está absorbiendo el cuerpo, aunque esto realmente no es un problema, porque se absorbe más de esta manera que como suplemento dietético. Mucha gente tiene una deficiencia de magnesio.

Necesitas un sistema

La mayoría de los adultos deberían tomar por lo menos dos litros y medio de agua al día, pero pocas personas realmente lo hacen. No se puede confiar en meras conjeturas. El hecho de saber que es necesario beber mucha agua todos los días no va a ayudarte a conseguirlo. Tendemos a olvidarnos o a sobrestimar la cantidad de agua que bebemos, sobre todo cuando consumimos otras bebidas. Hay gente que no toma ni un solo vaso de agua al día y, sin embargo, sienten que han ingerido todos los líquidos que su cuerpo necesita. No podría estar más lejos de la verdad.

Si te dedicaras a anotar la cantidad de agua que bebes, lo más probable es que descubrieras que no es la suficiente. Puedes pensar que estás bebiendo mucha agua, y quizá estés tomando más de la que normalmente tomarías, pero para la mayoría de las personas aún seguiría estando por debajo del litro recomendado por cada treinta kilos de peso corporal.

Para alcanzar la cantidad mínima diaria recomendada, te aconsejo que utilices un sistema con el que puedas mantener un registro exacto de la cantidad de agua que bebes. Una posibilidad es llevar siempre contigo una pequeña libreta y anotar cada vaso que bebes durante el día y asegurarte antes de que termine la jornada de que alcanzas el total. No esperes justo antes de irte a dormir y trates de beber entonces los dos litros de agua, porque vas a estar toda la noche despierto. Asegúrate de beber esa cantidad repartida a lo largo del día.

Creo que el mejor método es llenar una o más botellas o recipientes por la mañana con la cantidad de agua que vas a beber durante el día. Bébetela a lo largo de todo el día con el objetivo de vaciar la botella o el recipiente antes de acostarte por la noche. Es posible que tengas que usar dos o más botellas para que puedas llevártelas contigo al trabajo.

No te recomiendo que tomes otras bebidas, sobre todo café, té o un refresco, pero si lo haces, a continuación, añade la mitad de agua a la cantidad diaria requerida. Si sigues estrictamente este régimen, no querrás beber ninguna otra bebida adicional porque habrás ingerido tanta agua que ya no sentirás la necesidad de hacerlo.

Ten en cuenta que la cantidad diaria recomendada es un mínimo. Es el equivalente a la cantidad de agua que perdemos con la orina, las heces, la transpiración y la respiración a diario. Lo único que estamos haciendo es reponer lo que se ha perdido. Puedes beber más cantidad de agua si es necesario, y en ciertas circunstancias así lo desearás. Si haces ejercicio físico o vives en un clima seco o cálido, es posible que necesites más agua. ¿Cuánta cantidad deberías añadir? Todo depende de la cantidad de agua que se pierde. Una manera de determinarlo es observando el color de la orina. Si tiene un color amarillento o ámbar oscuro, significa que estás deshidratado y que necesitas más agua. Lo que quieres es que tu orina tenga un color amarillo pálido, casi transparente. Otros signos o síntomas de deshidratación son sequedad en la boca, debilidad física, mareos, dolores de cabeza, calambres musculares, estreñimiento y falta de sudoración cuando el clima es cálido.

En resumen, las ideas importantes que debes recordar de este capítulo son:

- Ingiere agua en lugar de otras bebidas.
- Bebe agua cada vez que sientas sed.
- Bebe agua cuando sientas «hambre» entre las comidas en lugar de comer un tentempié.
- Bebe un mínimo de un litro de agua por cada treinta kilos de peso corporal.
- Si tomas otra bebida que no sea agua, añade la mitad de agua a la cantidad diaria requerida.
- Establece un sistema para asegurarte de que bebes toda la cantidad de agua recomendada y que precisas a diario.
- Si el clima es cálido o seco, o realizas ejercicio físico intenso, aumenta la ingesta de agua.
- Comprueba el color de tu orina para determinar si necesitas más agua.

A menudo cuando le pregunto a la gente si está bebiendo la suficiente cantidad de agua, me responden: «¡Claro, yo bebo tres litros de agua al día!». Pero todavía están deshidratados. ¿Por qué razón? Porque la temperatura en el exterior es de 36,7 °C y están perdiendo más agua de lo habitual. La gente a menudo no presta demasiada atención al medio ambiente, y aunque beban tres litros de agua al día, todavía pueden no estar bebiendo la suficiente cantidad.

En verano, sobre todo si vives en un clima cálido y seco, es necesario que aumentes tu consumo diario de agua alrededor de un litro más. Si haces ejercicio físico intenso o consumes otras bebidas, aún debes añadir más agua. Esto puede parecer una gran cantidad de agua, pero es la que tu cuerpo necesita. Recuerda, sobre todo si bebes agua destilada o filtrada, añadir un poco de sal a tu alimentación.

Con una temperatura de 20 °C, un adulto sedentario pierde alrededor de 2.300 ml de agua al día. Cuando hace calor, la pérdida es de aproximadamente 3.300 ml, y con un ejercicio físico intenso prolongado, puede alcanzar los 6.600 ml. Esto lo puedes sentir cuando el clima es cálido o cuando practicas alguna actividad física, y debes aumentar bastante la ingesta de agua para compensar la pérdida. Si haces ejercicio y sudas mucho, es posible que necesites casi el triple de la cantidad diaria recomendada de agua.

Otros factores que incrementan la pérdida de agua son una dieta rica en proteínas, el alcohol, la cafeína, el azúcar y los medicamentos y hierbas diuréticos. También la produce comer un montón de alimentos secos y densos como galletas, bizcochos salados, patatas fritas, frutos secos, embutidos, granola, etc. Los alimentos densos y secos demandan más cantidad de agua. Del mismo modo, vivir en un lugar a gran altitud incrementa la pérdida de agua, ya que a mayor altura el clima es más seco.

15

Una dieta baja en carbohidratos y rica en grasas

CONTROLA LA INGESTA DE CARBOHIDRATOS

Perdí ocho kilos tomando aceite de coco. Lo único que hice fue añadirlo a la sartén para cocinar la cena algunas noches (no todas) y quizá en algunas otras recetas experimentales. Lo curioso es que dejé de hacer ejercicio durante el tiempo que perdí peso.

MALIKAH

Después de tomar una pequeña cantidad de aceite de coco virgen todos los días durante los últimos tres o cuatro meses, ahora puedo decir con orgullo que he perdido más de quince kilos. Aún me cuesta creerlo, pero he pasado de una talla 50 a una 42, y me siento mucho mejor.

ROSE

Muchas personas como Malikah y Rose afirman que la simple adición de aceite de coco en su dieta hace que pierdan peso sin esfuerzo. Las razones por las que esto ocurre son porque el aceite de coco acelera el metabolismo, aumenta los niveles de energía y promueve una mayor actividad física, elimina el apetito, reduce el deseo de azúcar y mejora la función tiroidea. Sin embargo, también hay muchas personas que dicen que no notan ninguna pérdida de peso apreciable al añadir aceite de coco en su dieta diaria. ¿Por qué esta discrepancia? Existen una serie de razones para esta aparente incongruencia.

Por un lado, no puedes pretender perder peso añadiendo aceite de coco a tu dieta mientras sigues consumiendo aceites hidrogenados y otros aceites que te perjudican. Debes sustituir estos aceites por el de coco en tu dieta. Es entonces cuando se empieza a apreciar la diferencia. También debes añadir la suficiente cantidad de aceite de coco para que genere un impacto en tu metabolismo. La adición de una o dos cucharadas no va a servir de mucho. Necesitas tres o más cucharadas para notar el efecto. Además, si consumes una dieta rica en carbohidratos llena de dulces y cereales refinados, y continúas así incluso después de haber añadido aceite de coco a tu dieta, es probable que no pierdas ni mucho ni poco peso.

Para experimentar una pérdida de peso significativa, se deben eliminar los carbohidratos, o por lo menos reducir. El aceite de coco funciona mejor con las dietas bajas en carbohidratos sobre todo cuando constituye la principal fuente de grasa. La forma más eficaz de perder peso es con una dieta muy baja en carbohidratos y rica en grasas, en concreto una dieta cetogénica a base de aceite de coco o una «dieta de coco-cetosis», como a veces me he referido a ella.

La dieta cetogénica clásica limita la ingesta de carbohidratos a un 2% del total de calorías consumidas. Esto equivale aproximadamente a 10 gr de carbohidratos al día. La grasa comprende hasta el 90% de las calorías y la proteína representa alrededor de un 8%. Es una dieta muy difícil de seguir y mucha gente no puede soportarla durante mucho tiempo.

En contraste, la dieta cetogénica del coco es mucho más agradable y fácil de seguir. La mayoría de la gente puede mostrar cetonas apreciables en su orina cuando restringen la ingesta de carbohidratos a un máximo de entre 40 y 50 gr. Esto produciría un leve efecto cetogénico. Algunas personas que son más sensibles a los carbohidratos necesitan reducir un poco más esta cantidad. En la dieta cetogénica del coco, el consumo de carbohidratos se limita a 30 gr al día (de un 6 a un 8% de las calorías). Cuando se reduce a esta cantidad, la mayoría de las personas muestran cetonas en la orina, lo que indica que están en cetosis. El consumo de grasas puede ascender a hasta un 70 o un 80% de las calorías diarias y las proteínas aproximadamente a entre un 15 y un 20%. Como regla general, la ingesta de proteínas debe limitarse a alrededor de 1,2 gr por cada kilo de peso corporal normal o deseado (consulta la tabla de altura y peso de las páginas 395 y 396 para encontrar tu peso deseado).

No necesitas preocuparte por contar las calorías totales que consumes. Tu objetivo principal es hacer un seguimiento de los carbohidratos, sin sobrepasar la cantidad de 30 gr. Esto hace que la dieta sea sencilla y fácil de seguir. Dado que hasta un 58% de la proteína que consumes puede convertirse en glucosa, tampoco deberías comer en exceso alimentos ricos en proteínas. Esto no es una dieta rica en carnes o en proteínas, sino una dieta rica en grasas. Tu ingesta de proteínas debe ser la adecuada, pero sin excesos. Las calorías de grasa sustituyen a las calorías de carbohidratos.

Una persona puede seguir esta dieta indefinidamente. No carece de nutrientes. De hecho, proporciona todos los nutrientes que se necesitan para una buena salud. Considera el hecho de que los esquimales vivieron, e incluso prosperaron, con una dieta a base de carne y grasa. Su dieta contenía un 80% de grasas. Los carbohidratos de los vegetales constituían alrededor del 1% de sus calorías totales. Tenían buena salud y no padecían ni diabetes, ni alzheimer, ni parkinson, ni cáncer, ni enfermedades cardiovasculares, ni otro tipo de enfermedades degenerativas comunes en nuestra sociedad actual que se alimenta a base de carbohidratos. Esta nueva dieta permite muchos más alimentos de origen vegetal, más variedad y aporta más nutrientes que la dieta tradicional de los esquimales. Es probablemente una de las dietas más saludables que jamás hayas probado.

Tienes que calcular cada gramo de carbohidratos que consumes. Es muy importante. No puedes hacer estimaciones o adivinanzas, porque eso disminuiría la eficacia del programa. A medida que adquieras experiencia, serás capaz de preparar comidas sin tener que calcular cada gramo de carbohidrato. Un diario dietético será útil para hacer el seguimiento de los carbohidratos que ingieres con los alimentos que comes. Durante los primeros meses tienes que prestar especial atención y ser muy estricto con tu límite de carbohidratos.

Las grasas son alimentos de consumo libre. Esto significa que no hay un límite en la cantidad que está permitido comer. Se te anima a que utilices tanta grasa como sea posible en la preparación de tus comidas. Olvídate de los cortes magros; cómete la carne con todas sus grasas, incluyendo la piel de pollo y otras aves. Come todas las grasas de la carne después de su cocción. Añade más cuando sea posible. La adición de grasas hace que los alimentos tengan mejor sabor.

Se espera que añadas más grasas a tus alimentos, sobre todo aceite de coco. Te sorprenderás de lo bien que saben las verduras que llevan como guarnición jugo de carne, mantequilla o aceite de coco. Por mucho que antes no fueras un entusiasta de las verduras, te convertirás en un amante de estas ahora que vas a poder condimentarlas con un montón de grasas. La mayoría de la carne, del pescado y del pollo no contiene carbohidratos. Los huevos y el queso, muy pocos. Sin embargo, la carne procesada a menudo contiene azúcar u otros rellenos así como también conservantes y otros aditivos alimentarios.

Consulta el «contador de nutrientes» del apéndice (página 452) para calcular la cantidad neta de carbohidratos que contienen tus comidas. El término «carbohidratos netos» se refiere a los carbohidratos que son digeribles, proporcionan calorías y elevan el azúcar en sangre. La fibra dietética también es un carbohidrato, pero no eleva el azúcar en sangre ni suministra calorías, así que no se incluye. La mayoría de los alimentos de origen vegetal contienen carbohidratos digeribles y fibra. Para calcular el contenido neto de carbohidratos, debes restar la fibra del total de carbohidratos. El contador de nutrientes enumera los carbohidratos netos de varios alimentos naturales. Puedes hacerte una idea tú mismo del contenido de carbohidratos netos de los productos envasados. La etiqueta de información nutricional que hay en los envases muestra la cantidad de calorías, grasas, carbohidratos, proteínas y otros nutrientes por ración. En esta etiqueta debajo del título de «total de carbohidratos» verás que pone «fibra dietética». Para calcular el contenido neto de carbohidratos, resta los gramos de fibra que aparecen a los gramos del total de carbohidratos.

En el contador de nutrientes aparecen los vegetales, las frutas, los lácteos, los cereales, los frutos secos y las semillas más comunes. Para encontrar alimentos que no aparecen en la lista, incluida mucha de la comida envasada y de restaurante, dirígete al sitio web www.calorieking.com. En la página principal, teclea el alimento que estás buscando y te aparecerá una lista con todo lo que contiene la etiqueta nutricional. Para encontrar el contenido neto de carbohidratos, debes seguir los mismos pasos que seguiste con la etiqueta de información nutricional y restar la fibra del total de carbohidratos que aparecen. Hay varios sitios web que proporcionan un recuento de carbohidratos de varios alimentos. Otro sitio web que recomiendo es www.carb-counter.org.

Si realmente quieres mantenerte por debajo del límite de carbohidratos que se recomienda consumir, debes eliminar o reducir drásticamente todos los alimentos ricos en carbohidratos de tu dieta. Por ejemplo, una rebanada de pan blanco contiene 12 gr de carbohidratos. Tan solo dos rebanadas casi te aportan la cantidad límite de 30 gr. Dado que todas las hortalizas y las frutas contienen carbohidratos, deberías limitarte a comer solo carne y grasa durante el resto del día para poder mantenerte por debajo del límite (lo cual no es una buena idea). Una patata horneada de tamaño mediano contiene 32 gr de carbohidratos –más de la asignación diaria–; una manzana, 18; una naranja, 12, y un plátano de tamaño mediano, 25. Los panes y cereales contienen la mayor cantidad de carbohidratos.

Una tortita de 10 centímetros sin ningún sirope o endulzante contiene 13 gramos; una de 27 centímetros, 34 gr, y una torta de pan, 57 gr. Los dulces y los postres son los que contienen más carbohidratos y casi no proporcionan ningún valor nutricional, así que deberían eliminarse por completo de la dieta. Todos los panes y la mayoría de las frutas deberían limitarse, si no eliminarse del todo.

Sin embargo, los vegetales contienen muchos menos carbohidratos. Un manojo de espárragos, solo 2 gramos; una taza de repollo crudo, 2 gr y una de coliflor 2,5. Todos los tipos de lechugas son muy bajos en carbohidratos: una taza de lechuga cortada solo contiene alrededor de 0,5 gramos. Puedes llenarte fácilmente con una ensalada verde y otros vegetales bajos en carbohidratos sin preocuparte demasiado por si estás sobrepasando tu límite de carbohidratos.

Aunque la fruta normalmente contiene bastantes carbohidratos, se puede consumir una cantidad limitada. Las frutas con el menor contenido en carbohidratos son las bayas, tales como las moras negras (media taza contiene 3,5 gr), las moras rojas (media taza: 4,5 gr), las frambuesas (media taza: 3 gr) y las fresas (media taza de rodajas: 4,5 gr). Puedes comer cualquier fruta, vegetal o cereal, siempre y cuando el tamaño de la porción no sea muy grande para evitar que sobrepase tu límite de carbohidratos. Como la mayoría de las frutas, es mejor evitar por completo los vegetales con almidón y los panes, ricos en carbohidratos.

Echemos un vistazo a un plan dietético típico de comida baja en carbohidratos. Los carbohidratos netos para cada alimento aparecen entre paréntesis.

Desayuno

Una tortilla de dos huevos (1 gr), 28 gr de queso cheddar (0,5 gr), media taza de champiñones cortados (1 gr), 60 gr de jamón en tacos sin azúcares añadidos (0 gr), una cucharada de cebollino picado (0 gr), cocinado con una cucharada de aceite de coco (0 gr).

Recuento de carbohidratos netos: 2,5 gr.

Almuerzo

Ensalada verde mixta con dos tazas de lechuga cortada (1 gr), media taza de zanahoria rallada (4 gr), un cuarto de taza de pimiento dulce cortado en daditos (1 gr), medio tomate de tamaño mediano (2 gr), un cuarto de aguacate (0 gr), media taza de repollo rallado (1 gr), 85 gr de pollo asado desmenuzado en trozos pequeños (0 gr), una taza de semillas de girasol tostadas (1 gr), aderezado con dos cucharadas de aceite de oliva italiano (1 gr), sin azúcares añadidos.

Recuento de carbohidratos netos: 12 gr.

Cena

Una chuleta de cerdo (0 gr) cocinada con una cucharada de aceite de oliva (0 gr), cuatro tallos de espárragos cocinados con una cucharada de mantequilla (0 gr), dos tazas de coliflor cocida (3 gr) con 28 gr de queso Colby con hierbas y especias varias (0 gr) como guarnición para realzar el sabor y media taza de fresas recubiertas con un cuarto de taza de nata batida (6,3 gr).

Recuento de carbohidratos netos: 11 gr.

La cantidad de carbohidratos netos totales que se consumen con las tres comidas anteriores es de 25,5 gr, que son 4,5 gr por debajo del límite diario de 30 gr. Como puedes ver con este ejemplo, la dieta proporciona una gran variedad de alimentos nutritivos.

En comparación, veamos el contenido de carbohidratos de algunas comidas que no restringen su consumo. Un desayuno típico podría incluir una taza de cereales *Frosted Flakes* (35 gr) servidos con media taza de leche (11,5 gr). El recuento total de carbohidratos alcanza los 46,5 gr. Una sola ración de *corn flakes*, que es representativo de un alimento con un alto contenido en carbohidratos, excede el límite de 30 gr en 16,5 gr. Obviamente, los *corn flakes* no son una buena opción para aquellos que siguen un programa dietético cetogénico bajo en carbohidratos.

La mayoría de las personas saben que un desayuno a base de *corn flakes* no es la opción más saludable. La gente los come porque es algo cómodo, rápido y, en general, son sabrosos. Ciertamente no los come por su contenido nutricional. Los cereales integrales se consideran una mejor opción. Aunque un tazón de avena integral caliente es más nutritivo que la misma cantidad de *corn flakes*, los carbohidratos que contiene son prácticamente los mismos. Una ración de una taza de avena cocinada (21 gr) con una cucharada de azúcar (12 gr) y media taza de leche (11,5 gr) contiene un total de 44,5 gr de carbohidratos.

Un almuerzo típico que podría incluir una hamburguesa Big Mac del McDonald's (42 gr), una patata de tamaño mediano (43 gr) y un refresco de 350 ml (40 gr) contiene la friolera de 125 gr de carbohidratos, que equivale al contenido total que deberías consumir en cuatro días con una dieta cetogénica.

Una cena típica que podría incluir tres trozos de pizza *pepperoni* (97 gr) y un refresco de 350 ml (40 gr), contiene 137 gr de carbohidratos, otra vez lo que supuestamente deberíamos consumir en cuatro días.

La mayoría de las comidas típicas contienen muchos carbohidratos. En consecuencia, como promedio los estadounidenses (pero también los europeos o los australianos) consumen más de 300 gr de carbohidratos tan solo en un día. La mejor manera de evitar el exceso de carbohidratos es preparar las comidas en casa con ingredientes frescos, con un bajo contenido en carbohidratos.

¿Esto significa que ya no vas a poder comer pizza nunca más? Vas a tener que tomar algunas decisiones difíciles. ¿Quieres comer pizza o quieres perder ese neumático de repuesto que tienes alrededor de la cintura? Tú decides. Si crees que comer una pizza o un helado o beber un refresco no te va a hacer daño, eso significa que eres adicto a estos alimentos. Un signo claro de dicha adicción es ignorar el sentido común y satisfacer tus antojos. Necesitas esta dieta para dejar tus adicciones.

Este programa de alimentación cetogénica realmente no prohíbe ningún tipo de alimento, solo establece límites en cuanto a la cantidad. Así que puedes comer pizza de vez en cuando, sobre todo cuando ya estés en la fase de mantenimiento del programa, pero deberás reducir el tamaño de la ración y realizar algunos ajustes en el resto de los alimentos que ingieres para que el consumo diario de carbohidratos se mantenga dentro de los límites del programa.

No es muy buena idea ser demasiado indulgente y tomar una comida rica en carbohidratos previendo que en las siguientes comidas eliminarás todos los carbohidratos para compensar. Supongamos que devoras un trozo de pastel que contiene 28 gr de carbohidratos. Eso te deja con solo 2 gr para el resto del día. Casi no podrías comer otra cosa que carne en las dos comidas siguientes para compensar. Incluso si te las arreglas para hacer esto, no es una buena idea. Los 28 gr de carbohidratos que has consumido de una sentada afectan a tu nivel de azúcar en sangre y a tus niveles de cetona. La principal razón por la que uno debe limitar su consumo de carbohidratos es para evitar que circule una gran cantidad de azúcar por el torrente sanguíneo, lo que arroja al cuerpo a perder el control. Es mejor dividirlo en tres comidas de manera que ninguna de ellas por sí sola contenga más de la mitad de la asignación total diaria.

Obviamente, ya no te puedes atiborrar a base de pizzas o helados como hacías cuando eras adolescente. El cuerpo es muy sensible a los carbohidratos. Una barrita de chocolate puede ser muy destructiva. El azúcar que contiene es suficiente para bloquear la formación de cetonas en el cuerpo y reducir significativamente sus niveles, por no mencionar cómo afecta a los niveles de azúcar en sangre.

Puedes y, de hecho, debes cambiar tus preferencias alimentarias. Al comenzar a comer más verduras, sobre todo si las combinas con mantequilla, queso y salsas sabrosas, llegará un momento en el que te sentirás mucho más saciado que con cualquier comida basura de esa que antes solías comer. Te animo a comer ensaladas con alimentos crudos y frescos varias veces a la semana. La variedad en las ensaladas mixtas se puede conseguir sencillamente cambiando el tipo de verduras, guarnición y aderezos que utilizas.

Los aderezos para ensaladas caseros generalmente son los mejores. Si empleas uno de los que venden en los supermercados, evita los que tienen azúcar añadido. Comprueba la etiqueta de información nutricional para saber su contenido en carbohidratos. Consulta el capítulo 17 para recetas de aderezos. Una cena muy sencilla puede consistir en una ración de tu carne favorita –ternera asada, pollo asado, chuleta de cordero, salmón al horno, langosta, etc. –servida con una ración o dos de verduras crudas o cocidas, como brócoli al vapor, con un poco de mantequilla y queso cheddar derretido como guarnición.

Se te anima a comer alimentos ricos en grasas, mantequilla, nata, aceite de coco, la grasa de la carne y la piel de pollo. La grasa es saludable. Satisface el apetito y evita los antojos de alimentos. Los deseos de comer dulce disminuirán significativamente. Dado que la grasa te llena, puedes sentirte saciado con menos comida, por lo que tu consumo de calorías totales debería reducirse.

La elección de alimentos básicos

Carnes

Puedes comer todas las carnes rojas, siempre y cuando sean frescas –ternera, cerdo, cordero, buey y carne de caza–. También puedes consumir todos los cortes de carne, como filetes, costillas, asados, chuletas y carne picada. La carne roja de animales que han sido criados en pastos de cultivo ecológico es preferible a la que contiene hormonas y antibióticos. No le quites la grasa a la carne; cómetela.

Las carnes procesadas que contienen nitratos, nitritos, glutamato monosódico o azúcar deben evitarse. Esto incluye la mayoría de las carnes procesadas como las salchichas, el tocino y el jamón. Sin embargo, la carne procesada que solo contiene hierbas y especias sí que está permitida. Lee la etiqueta de los ingredientes. Si no contiene aditivos químicos ni azúcar, lo más probable es que puedas consumirla. Si solo contiene una pequeña cantidad de azúcar y ningún aditivo químico, puedes seguir consumiéndola si tienes en cuenta el azúcar y lo sumas a tu asignación total diaria de carbohidratos. Si comes empanadas o pastel de carne, debes tener en cuenta el contenido en carbohidratos.

Puedes comer todos los tipos de aves –pollo, pavo, pato, ganso, gallina de Cornualles, codorniz, faisán, emú, avestruz, y todas las demás–. No le quites la piel; cómetela junto a la carne. A menudo es la parte más sabrosa. Puedes comer todos los tipos de huevos.

También puedes comer todos los tipos de pescado y marisco –salmón, lenguado, trucha, bagre, platija, sardinas, arenque, cangrejo, langosta, ostras, moluscos, almeja y todos los demás–. El que se pesca en libertad es mucho mejor que el de piscifactoría. Las huevas y el caviar también están permitidos.

La mayoría de las carnes frescas no contienen carbohidratos, por lo que te las puedes comer sin hacer ningún cálculo. La única excepción son algunos mariscos y huevos, que contienen una pequeña cantidad de carbohidratos. El huevo de gallina, por ejemplo, contiene alrededor de 0,5 gr. Las carnes procesadas a menudo los contienen, por lo que es necesario que calcules su contenido usando la etiqueta con la información nutricional que aparece en el envase.

La gente, cuando empieza a seguir una dieta cetogénica, a menudo se olvida de contar los tentempiés crujientes que come –las patatas, las galletas saladas y otro tipo de galletas–. Estos, por supuesto, contienen muchos carbohidratos, y a menudo también aditivos indeseados. Una alternativa sin carbohidratos es la corteza de cerdo frita. La corteza de cerdo se cocina con la capa de grasa que hay debajo de la piel del animal. A medida que la grasa se derrite, solo se deja la matriz de proteína. Estas delicias crujientes se pueden comer como aperitivo, utilizar en lugar de pan frito en las ensaladas, triturar y emplear como rebozado para el pescado o el pollo frito, o como guarnición en guisos y otros platos.

Lácteos

Algunos productos lácteos contienen relativamente bastantes carbohidratos, y otros menos. En una taza (235 ml) de leche entera encontrarás 11 gr de carbohidratos; en una de leche semidesnatada, 11,5 gr, y en una desnatada 12 gr. Como puedes ver, cuanto menor es el contenido en grasa, mayor lo es en carbohidratos.

Un yogur natural con todas sus grasas contiene 12 gr de carbohidratos y un yogur sin grasas, 19 gr. Uno azucarado de vainilla bajo en grasas contiene 31 gr y uno afrutado bajo en grasas, 43 gr.

La mayoría de los quesos curados contienen pocos carbohidratos. Los quesos blandos incluyen una cantidad un poco más alta, pero aún siguen estando bien.

Una buena opción de queso puede ser el cheddar, el Colby, el Monterey, la mozzarella, el gruyere, el Edam, el suizo, el feta, la crema de queso (natural), el requesón y el queso de cabra. Unos 28 gr de queso cheddar contienen 0,5 gr de carbohidratos. Una taza llena de queso cheddar contiene tan solo 1,5 gr, y de queso cottage o requesón,

8 gr. Una cucharada de crema de queso contiene 0,5 gr. El queso de suero y los productos que imitan al queso contienen una cantidad mucho mayor de carbohidratos y deben evitarse.

La crema de leche llega a un poco más de 6 gr por taza, y la semidesnatada, a 10 gr por taza, por lo que puedes seguir consumiendo la crema con todas sus grasas. Una cucharada (14 gr) de crema agria contiene 0,5 gr.

Puedes comer la mayoría de los quesos y cremas sin excederte en el consumo de carbohidratos, pero ten cuidado con la leche y el yogur. Los productos lácteos azucarados, como el ponche de huevo, el helado y el chocolate con leche, deben evitarse.

Grasas y aceites

Las grasas y los aceites no contienen carbohidratos, por lo que puedes consumir tanta cantidad como quieras. Algunas grasas son más saludables que otras. Elige las que aparecen a continuación en la categoría de «grasas recomendables». Todos estos aceites son seguros para la preparación de alimentos. Mantente alejado de las que aparecen en la categoría de «grasas no recomendables» y nunca las uses para cocinar. Evita por completo las «grasas malas», así como todos los alimentos que las contengan y los cocinados con ellas, como las patatas fritas y el pescado rebozado.

GRASAS RECOMENDABLES
Aceite de coco, aceite de palma/aceite de fruta de palma, manteca de palma, aceite de palma roja, aceite de palmiste, aceite de oliva extra light, aceite de oliva extra virgen, aceite de macadamia, aceite de aguacate, grasa animal (manteca, sebo, grasa de carne), mantequilla, *ghee*, aceite MCT.
GRASAS NO RECOMENDABLES
Aceite de maíz, aceite de cártamo, aceite de girasol, aceite de soja, aceite de algodón, aceite de canola, aceite de cacahuete, aceite de nuez, aceite de semilla de calabaza, aceite de uva.
GRASAS MALAS
Margarina, manteca, aceites vegetales hidrogenados.

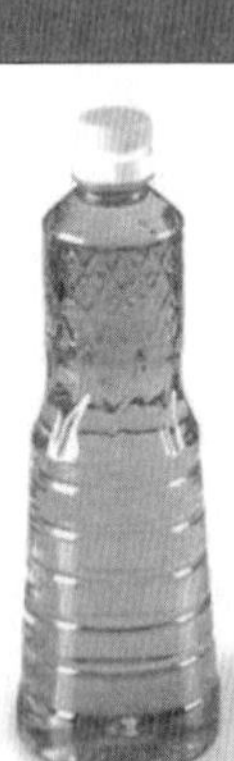

Verduras

Te animo a que consumas muchas verduras. La mayoría de los vegetales contienen relativamente pocos carbohidratos. Un plato con media taza de repollo, espárragos, brócoli, champiñones y judías verdes cocidas contiene un total de 9 gr de carbohidratos. Se podría comer incluso tres veces esa cantidad cada día junto con otros alimentos bajos en carbohidratos sin sobrepasar el límite de 30 gr.

La ensalada verde proporciona el mayor volumen con la menor cantidad de carbohidratos. La lechuga contiene 0,5 gr de carbohidratos por taza. Una ensalada mixta que consista en dos tazas de lechuga, una taza de verduras mixtas bajas en carbohidratos y una taza de verduras con un contenido medio en carbohidratos, además de una o dos cucharadas de aderezo italiano, fácilmente podría contener menos de 8 o 9 gr de carbohidratos. Puedes añadir queso y carne sin afectar seriamente al recuento total de carbohidratos.

Más adelante aparece una lista con verduras clasificadas en función de su contenido total en carbohidratos. Las que contienen 6 gr o menos por taza se clasifican en el grupo de verduras con un contenido bajo en carbohidratos. Algunos de estos vegetales, en particular los de hoja verde, incluyen mucho menos de 6 gr. El contenido promedio de carbohidratos para el grupo de las verduras con un contenido bajo es de aproximadamente 3 gr por taza. La mayoría de las verduras que se consumen deben proceder de este grupo.

El grupo de las verduras con un contenido medio en carbohidratos incluye aquellas que alcanzan entre los 7 y los 14 gr de carbohidratos por taza. Estas verduras se deben consumir con moderación. Si se come demasiada cantidad, fácilmente se puede sobrepasar el límite de 30 gr. Una taza de cebolla picada contiene 14 gr de carbohidratos. Sin embargo, normalmente a nadie le apetece comer esa cantidad de cebolla. Lo más probable es que con un par de cucharadas o menos sea suficiente. Una cucharada de cebolla picada contiene menos de 1 gr de carbohidratos.

Las verduras con almidón contienen muchos carbohidratos. Una patata de tamaño mediano alcanza la friolera de 32 gr de carbohidratos.

Aunque ningún vegetal está estrictamente fuera de los límites, tiene sentido que por regla general evites comer este tipo de verduras. Una ración puede contener el número total de carbohidratos que puedes ingerir en un día.

La mayoría de las calabazas también contienen muchos carbohidratos. Dos excepciones son la calabaza de invierno y la calabaza espagueti, con alrededor de la mitad de carbohidratos que otras. La calabaza espagueti recibe este nombre porque después de cocinar, se separa en hilos parecidos a los fideos. Estos «fideos» se pueden usar como sustitutos en algunos platos de pasta. Por ejemplo, se puede preparar un plato de espaguetis con pocos carbohidratos con «fideos» de calabaza espagueti condimentados con una guarnición de carne y salsa.

El maíz fresco figura en la categoría de verduras con un alto contenido en carbohidratos. Técnicamente, el maíz no es un vegetal, es

VERDURAS CON UN CONTENIDO BAJO EN CARBOHIDRATOS (MENOS DE 7 GR/TAZA)
Alcachofa, aguacate, espárragos, brotes de bambú, judías germinadas, remolacha verde, col china, brócoli, coles de Bruselas, repollo, coliflor, apio, raíz de apio/nabo, acelgas, cebollino, col rizada, pepino, rábano daikon, berenjena, endibias, hinojo, hierbas y especias, jícama, col, lechuga (todos los tipos), setas, hojas de mostaza, col napa, quingombó, pimientos (picantes y dulces), rábano, ruibarbo, chucrut, cebolletas, algas marinas (nori, kombu y wakame), brotes (alfalfa, trébol, brócoli, rábano), alazán, espinacas, guisantes de nieve, calabaza de invierno, hojas de taro, tomate, nabos, castañas de agua, berro, judías y calabacín. 
VERDURAS CON UN CONTENIDO MEDIO EN CARBOHIDRATOS (ENTRE 7 Y 14 GR/TAZA)
Remolacha, zanahoria, colinabo, puerros, cebolla, chirivía, nabo sueco, soja (edamame), calabaza espagueti.
VERDURAS CON ALMIDÓN Y CON UN CONTENIDO ALTO EN CARBOHIDRATOS (MÁS DE 15 GR/TAZA)
Garbanzos, maíz (fresco), judía seca (pinta, negra, blanca, riñón, etc.), topinambur o alcachofa de Jerusalén, habas, lentejas, patata, calabaza, boniato, raíz de taro, calabaza de verano (de bellota, de anco, etc.), ñame. 

un cereal, pero por lo general se come como vegetal. Contiene alrededor de 38 gr de carbohidratos por taza.

La soja y sus derivados, como el tofu y la leche de soja, contienen sustancias que ralentizan el metabolismo, por lo que no son alimentos aconsejables para aquellos que estén interesados en perder peso. Los productos químicos antitiroideos que contiene la soja se neutralizan durante la fermentación. Así que los productos de soja fermentada se pueden consumir. Esto incluye el tempeh, la salsa de soja y el miso. Todos los otros productos de soja deberían evitarse.

Frutas

Se pueden incorporar algunas frutas a la dieta si se consumen con moderación. Las bayas son las que tienen un contenido más bajo en carbohidratos. Las moras y las frambuesas contienen aproximadamente 7 gr por taza. Las fresas, las moras rojas y la grosella, un poco más, alrededor de 9 gr por taza. Los arándanos, sin embargo, contienen muchos más carbohidratos, 17 gr por taza. Los limones y las limas también son bajos en carbohidratos: menos de 4 gr por pieza de fruta. La mayoría de las otras frutas pueden llegar a contener entre 15 y 30 gr por taza. Con una cuidadosa planificación puedes incorporar algunas frutas bajas en carbohidratos en tu dieta. Debido a su alto contenido en azúcares, las frutas siempre se deben consumir con moderación. Elígelas frescas en lugar de enlatadas o congeladas. Con la fruta fresca sabes exactamente lo que estás ingiriendo. Las enlatadas y congeladas a menudo contienen azúcares o jarabes.

Los frutos secos son extremadamente dulces debido a su concentración en azúcar. Por ejemplo, una taza de uvas frescas contiene alrededor de 26 gr de carbohidratos mientras que una taza de uvas secas (uvas pasas) contiene 109 gr. Los dátiles, los higos, las pasas de Corinto y las frutas confitadas son tan dulces que no se diferencian mucho de los pasteles.

FRUTAS CON UN BAJO CONTENIDO EN CARBOHIDRATOS
Moras rojas, moras negras, grosella, limón, lima, arándanos rojos (sin azúcar), frambuesas, fresas.
FRUTAS CON UN ALTO CONTENIDO EN CARBOHIDRATOS
Manzana, albaricoque, plátano, arándanos, cerezas, pasas de Corinto, dátiles, bayas de saúco, higos, pomelo, uvas, guayaba, kiwi, naranja china, mango, melón, zarzamora, nectarina, naranja, papaya, granadilla, melocotón, pera, caqui, piña, ciruela, ciruelas pasas, pasas, mandarinas.

Frutos secos y semillas

Primero debes saber que, aunque creas que los frutos secos y las semillas contienen muchos carbohidratos, sorprendentemente son una fuente modesta. Por ejemplo, una taza de almendras laminadas contiene aproximadamente 9 gr de carbohidratos. Una almendra sola suministra 0,10 gr.

La mayoría de los frutos secos contienen entre 5 y 10 gr de carbohidratos por taza. Los anacardos y los pistachos suponen un aporte más alto: 37 y 21 gr de carbohidratos por taza, respectivamente.

Las semillas generalmente son más ricas en carbohidratos que los frutos secos. Tanto las de sésamo como las de girasol contienen alrededor de 16 gr por taza.

La nuez de nogal negro, la nuez pacana, la almendra y el coco contienen la menor cantidad de carbohidratos de entre todos los frutos secos y semillas más comunes. Una taza de coco crudo rallado llega tan solo a los 3 gr de carbohidratos; una taza de coco seco, desecado y sin azúcar añadido, a los 7 gr, y la leche de coco enlatada, alrededor de los 7 gr por taza. En comparación, la leche de vaca entera contiene 11 gr por taza. La leche de coco puede ser un buen sustituto de la leche de vaca en la mayoría de las recetas.

Todos los frutos secos y semillas se pueden utilizar como guarnición o condimento para platos de verduras y ensaladas si el tamaño de la ración se limita a una o dos cucharadas. Cuando se comen como aperitivo, es mejor consumir los frutos secos que contienen menos carbohidratos. Los que aparecen a continuación en la categoría de frutos secos con un bajo contenido en carbohidratos contienen menos de 10 gr por taza. Los que aparecen en la lista de los frutos secos con un alto contenido en carbohidratos contienen 11 gr o más por taza.

FRUTOS SECOS Y SEMILLAS CON UN BAJO CONTENIDO EN CARBOHIDRATOS
Almendra, nuez de nogal negro, nueces de Brasil, coco, nuez de nogal común, avellana (tipo Filbert), nuez pacana.
FRUTOS SECOS Y SEMILLAS CON UN ALTO CONTENIDO EN CARBOHIDRATOS
Anacardos, cacahuetes, piñones, pistachos, semillas de calabaza, semillas de sésamo, nueces de soja, pipas.

Panes y cereales

Los panes y los cereales se encuentran entre las fuentes más ricas de carbohidratos. Por lo general, deberás eliminar todos los panes y cereales. Esto incluye el trigo, la cebada, el maíz, la avena, el arroz, el amaranto, el mijo, la quinoa, la pasta, el cuscús, el almidón de maíz y el salvado. Una sola ración puede contener o incluso superar la cantidad de carbohidratos diaria asignada. Un *pretzel* (galleta retorcida en forma de lazo) contiene 97 gr de carbohidratos; una taza de cereales para el desayuno Froot Loops, 25 gr, y una taza de cereales Raisin Bran, 39 gr. Una taza de crema de trigo con media taza de leche y una cucharada de miel puede llegar a los 48 gr de carbohidratos.

Los panes y cereales integrales son más nutritivos porque contienen más fibra que los refinados. Sin embargo, su contenido en carbohidratos es prácticamente el mismo. Una rebanada de pan de trigo integral contiene alrededor de 11 gr de carbohidratos, mientras que una rebanada de pan blanco contiene 12 gr. No es una gran diferencia.

A veces se utilizan pequeñas cantidades de harina o de almidón de maíz para espesar los aderezos y las salsas. Una cucharada de harina de trigo integral contiene 6 gr de carbohidratos, y una cucharada de fécula de maíz, 7 gr. Debes tenerlo en cuenta para el cálculo de tu asignación diaria total de carbohidratos, por lo que no es muy aconsejable utilizar demasiada cantidad. El almidón de maíz tiene más poder espesante que el trigo u otras harinas, así que usando una cantidad más pequeña se puede conseguir el mismo resultado.

Una opción de espesante que no contenga carbohidratos es usar crema de queso, lo que le dará un sabor a queso al aderezo o salsa. Otro espesante bajo en carbohidratos y con un sabor más suave es la goma de xantana, una fibra vegetal soluble que comúnmente se utiliza como agente espesante en los alimentos procesados. Un producto similar es el espesante ThickenThin sin almidón, que puede utilizarse para espesar las salsas de la misma manera que lo hacen el almidón de maíz o la harina, y como tiene fibra, no contiene carbohidratos netos. Tanto el espesante ThickenThin sin almidón como la goma de xantana están disponibles en las tiendas de dietética y en Internet.

Se puede añadir una pequeña cantidad de harina de coco a la dieta. La harina de coco no es un cereal pero se deriva de la carne de coco. Se puede utilizar para preparar panes sin trigo y productos horneados. No contiene gluten, tiene más fibra que el salvado de trigo y suministra una pequeña cantidad de carbohidratos digeribles, haciendo de esta harina baja en carbohidratos un sustituto excelente de la harina de trigo.

Bebidas

Las bebidas son uno de los principales factores que contribuyen a la diabetes y la obesidad. La mayoría de las bebidas están llenas de azúcares y contienen muy poco o ningún valor nutricional. Los refrescos y las bebidas en polvo no son más que dulces líquidos. Incluso los zumos de frutas y las bebidas isotónicas principalmente contienen agua y azúcar. Un vaso de zumo de naranja contiene 25 gr de carbohidratos. Los zumos de hortalizas no son mucho mejores. Muchas bebidas contienen cafeína, que es adictiva y estimula el consumo excesivo de bebidas azucaradas. Hay personas que pueden beber hasta cinco, seis o incluso diez tazas de café o de latas de cola a diario. Algunas ni siquiera beben agua, confiando solamente en bebidas de un tipo u otro para satisfacer sus necesidades diarias de líquidos. Sería mucho mejor evitar las bebidas con cafeína. La cafeína tiene un efecto parecido al azúcar en los niveles de glucosa en sangre, estimulando la resistencia a la insulina.[1]

La mejor bebida para el organismo sin lugar a dudas es el agua. Cuando el cuerpo está deshidratado y necesita líquidos, lo que requiere es agua, y no una Coca Cola o un capuchino. El agua satisface mucho mejor la sed que cualquier otra bebida sin añadir una carga de azúcar, cafeína o sustancias químicas. Te animo a que hagas de ella tu primera opción.

Puedes añadirle al agua –o al agua con gas, que es básicamente agua carbonatada sin edulcorantes ni saborizantes– una rodaja de limón fresco o zumo de lima para darle sabor. Otra opción es el agua de Vichy sin edulcorantes. Las infusiones sin edulcorantes y los cafés descafeinados básicamente no contienen carbohidratos. Mantente alejado de las bebidas bajas en carbohidratos que contienen edulcorantes artificiales, ya que conllevan riesgos para la salud y mantienen los deseos de azúcar vivos y activos.

La deshidratación aumenta la concentración de azúcar en sangre y exacerba la resistencia a la insulina. La mayoría de las personas están ligeramente deshidratadas la mayor parte del tiempo. La gente a menudo ignora las señales internas de sed de su cuerpo hasta que la deshidratación está muy avanzada. Esta situación se agrava a medida que te haces mayor, porque la sensación de sed disminuye con la edad.

Condimentos

Entre los condimentos están hierbas, especias, ajo, sal, aderezos, sustitutos de la sal, vinagre, mostaza, rábano picante, salsa de pepinillos, salsa de soja, salsa picante, salsa de pescado y similares. La salsa de soja está permitida porque ha sido fermentada. La mayoría de los condimentos también están permitidos porque se suelen consumir en pequeñas cantidades, así que los carbohidratos ingeridos son insignificantes. Sin embargo, hay unas cuantas excepciones. La salsa de tomate (*ketchup*), el pepinillo dulce, la salsa barbacoa y algunos aderezos para ensaladas contienen azúcar. La mayoría de las veces puedes encontrar su versión baja en carbohidratos. Pero deberías leer los ingredientes de la etiqueta con la información nutricional antes de consumir algún alimento preparado.

Gran parte de los aderezos para ensaladas se preparan con aceites vegetales poliinsaturados. La mejor opción es uno a base de aceite de oliva o un aderezo casero. Consulta el capítulo 17 para ideas y recetas de aderezos. El vinagre y el aceite de oliva o el vinagre y el agua son aderezos excelentes. El vinagre es especialmente bueno porque se ha demostrado que mejora la sensibilidad a la insulina y reduce los niveles de azúcar en sangre hasta en un 30% después de una comida rica en carbohidratos.[2] Los efectos del vinagre se han comparado con los efectos positivos de la metmorfina, un fármaco muy común que se usa para controlar el azúcar en sangre.[3] Incorporar una pequeña cantidad de vinagre a tu dieta puede ser muy beneficioso.

La mayonesa es un condimento excelente con un alto contenido en grasas que se prepara a partir de una mezcla de aceite y huevos. Por desgracia, casi todas las marcas comerciales la preparan con aceites vegetales poliinsaturados. Incluso la mayonesa hecha a base de aceite de oliva se compone principalmente de aceite de soja o canola. Pero puedes preparar tu propia mayonesa saludable con aceite de coco. Consulta el capítulo 17 para las recetas.

Azúcares y dulces

Lo mejor es evitar todos los edulcorantes y alimentos que los contienen. Un signo de adicción a los carbohidratos es el antojo de dulces. Los llamados edulcorantes «naturales», como la miel, la melaza, el sucanat (zumo de caña de azúcar deshidratada), la fructosa, el jarabe de agave y otros no son mucho mejores que el azúcar blanco.

Todos los alimentos que contienen edulcorantes artificiales y sustitutos del azúcar, como aspartamo, Splenda, xilitol y sorbitol, también deberían evitarse. Aunque la stevia se considera una alternativa saludable a la mayoría de los edulcorantes, puede mantener los deseos de dulce despiertos si se consume con demasiada frecuencia. Si necesitas añadir un poco de edulcorante a algo, es preferible que sea stevia. Una de las cosas buenas de la stevia es que con demasiada cantidad, queda un regusto amargo. Por esta razón, puedes usar un poco para endulzar frutas y bebidas. Debes emplearla con moderación y, definitivamente, no a diario.

Todos los edulcorantes, incluso los naturales, aumentan la adicción al azúcar. Cuando la lengua siente el dulzor, no diferencia entre si es azúcar granulado o Splenda; se siguen manteniendo los deseos de dulce. Cuando sientas la tentación, tu fuerza de voluntad se pondrá a prueba. Si no aguantas más y terminas comiendo un dulce prohibido, la próxima vez que vuelvas a sentir un antojo te será mucho más fácil caer en la tentación y, antes de que te des cuenta, estarás atrapado sin remedio en las garras de la adicción a los carbohidratos.

Una vez que rompes con la adicción al azúcar, los dulces pierden el control sobre ti. Se vuelven menos atractivos. Puedes tomarlos o dejarlos. Ellos ya no te controlan; eres tú quien los controla a ellos. Tú decides cuándo y dónde. Tú estás al mando.

En los alimentos envasados, el azúcar puede aparecer bajo una gran variedad de nombres. En el listado siguiente aparecen algunas de las denominaciones de los distintos tipos de azúcar:

- Agave
- Azúcar de arce
- Dextrina
- Dulce de dátiles
- Dulcitol
- Fructosa
- Glucosa
- Jarabe de maíz
- Jarabe de maíz de alta fructosa
- Lactosa
- Levulosa
- Malta de cebada
- Maltosa
- Manitol
- Melaza
- Melaza)
- Meltodextrina
- Miel
- Sacarosa
- Sacarosa
- Sirope de arce
- Sirope de arroz integral
- Sorbitol
- Sorgo
- Sucanat
- Turbinado
- Xilitol
- Xilosa
- Zumo de frutas

Pequeños tentempiés grasos

Si sientes hambre a media mañana, la razón probablemente no sea el hambre sino la sed. Cuando empieces a sentirte hambriento, piensa primero en beber un vaso de agua; a menudo esto es suficiente para satisfacer esa sensación. Si el agua no te satisface lo suficiente, siempre tienes la opción de comer lo que yo llamo «tentempiés grasos», que son bajos en carbohidratos y ricos en grasas.

Cuando estés en cetosis, tu apetito disminuirá lo suficiente como para que sientas que te puedes saltar una o dos comidas a diario o simplemente reemplazar una comida por un tentempié más pequeño. Como la grasa es una de las fuentes de energía más importantes de tu dieta, debes asegurarte de que ese tentempié contenga muchas grasas. Añadir grasa a tus tentempiés hará que sean más sólidos y nutritivos, permitiendo que te saltes comidas sin sentirte hambriento.

Los tentempiés deben ser ricos en grasas para asegurarte de que consigues todas las grasas que necesitas a diario para mantener tu metabolismo activo, incluso cuando omitas comidas completas. Cada tentempié bajo en carbohidratos debe incluir por lo menos dos o tres cucharadas (28 o 49 gr) de grasa adicional. Por ejemplo, puedes combinar vegetales bajos en carbohidratos como la zanahoria o el apio con una salsa con un alto contenido en grasas. Esto va a crear un tentempié graso que te saciará.

La salsa se puede preparar a base de mantequilla de cacahuete, crema de queso o crema agria. Una cucharada de mantequilla de cacahuete contiene 8 gr de grasa y una de crema de queso, 5 gr. Esto no es suficiente grasa, pero puedes aumentar el contenido combinándolo con aceite de coco. Una cucharada de aceite de coco contiene 14 gr de grasa. Dos cucharadas de mantequilla de cacahuete mezcladas con una cucharada de aceite de coco suministran un total de 30 gr de grasa y solo 4 gr de carbohidratos. Si añades apio, coliflor o pepino a la salsa, esto contribuirá tan solo a aumentar 1 o 2 gr más de carbohidratos. Las cortezas de cerdo saben muy bien mezcladas con salsa y tienen cero carbohidratos.

Otro tentempié crujiente bajo en carbohidratos es el nori –un alga–, popular en la cocina japonesa y que se usa como envoltorio para el *sushi*. Normalmente se vende seco o tostado en hojas de papel muy fino (20 x 20 cm). El nori tiene un ligero sabor a marisco salado. Se puede cortar en cuadraditos del tamaño de un bocado y comer como si fueran patatas fritas. Por lo general, se puede adquirir en paquetes que contienen varias hojas. Una hoja tiene básicamente cero carbohidratos. El nori es bajo en grasas, por lo que debes añadir una fuente de grasa.

Los frutos secos bajos en carbohidratos como las almendras, las nueces de pacana, las nueces de macadamia y el coco son buenas opciones como tentempiés. Un cuarto de taza de estos frutos secos suministra aproximadamente 2 gr de carbohidratos y de 14 a 25 de grasas. Puedes aumentar su contenido en materia grasa tostándolos con mantequilla o aceite de coco.

La carne, el queso y los huevos son otra posibilidad. Un taco de queso (28 gr) tiene alrededor de 9 gr de grasa y 0,5 de carbohidratos. Los huevos, 8 gr de grasa y 0,5 de carbohidratos. La carne no contiene carbohidratos, a menos que sea procesada, y alrededor de 6 gr de grasas por cada 28 gr de carne. Algunos tentempiés sencillos son huevos rellenos, queso de hebra, «barquitos» de pepino rellenos de ensalada de atún, un taco de queso y jamón con un poco de mostaza o crema agria o enrollados con algunos brotes frescos y mayonesa.

Uno de mis tentempiés grasos favoritos es aceite de coco mezclado con la misma cantidad de queso cottage o requesón. Se puede comer natural o bien añadir unas cuantas bayas para que sea un poco más dulce. Para más ideas y recetas de tentempiés grasos, consulta el capítulo 17.

Las barritas de proteína con un bajo contenido en carbohidratos que venden en las tiendas se han vuelto muy populares. No te las recomiendo. No son más que barritas de caramelo dulce endulzadas con edulcorantes artificiales o sustitutos del azúcar. No son más que una forma de comida basura procesada.

Diario de dieta

Consigue una libreta y lleva un diario de la dieta. En tu diario vas a tener que anotar todo lo que comes –todas las comidas y tentempiés–. Anota con detalle todo lo que comes, la hora del día en la que comes y el número de gramos de carbohidratos, grasas y proteínas y calorías totales. No es necesario anotar la sal y las especias, ya que su contenido en nutrientes es mínimo. Aunque el agua no contiene ningún nutriente ni caloría, es posible que quieras anotar el agua que bebes para asegurarte de que estás bebiendo la suficiente cantidad cada día.

Fecha:
8.00 h 235 ml de agua
9.30 h 2 huevos revueltos, 3 tiras de tocino sin nitritos, 3 cucharadas de aceite de coco, 355 ml de agua 1gr de carbohidratos, 65 gr de grasas, 22 gr de proteínas CALORÍAS= 677
12.00 h 355 ml de agua
14.00 h 3 cucharadas de queso cottage, 3 cucharadas de aceite de coco, frambuesas (56 gr), 355ml de agua 4,5 gr de carbohidratos, 42,5 gr de grasas, 6,5 gr de proteínas. CALORÍAS= 426
16.00 h 355 ml de agua
17.30 h 1 chuleta de cerdo (85 gr), 2 tazas de espárragos, 1 taza de ensalada (tomate, pepino, vinagre, hierbas), 1 cucharada de aceite de oliva, 2 cucharadas de mantequilla, 355 ml de agua 13 gr de carbohidratos, 61,5 gr de grasas, 32,5 gr de proteínas. CALORÍAS= 735
19.30 h 355 ml de agua
Total diario 18,5 gr de carbohidratos, 169 gr de grasas, 61 gr de proteínas. CALORÍAS= 1.838 Agua (2 litros 365 ml)

El anterior es un ejemplo de lo que podrías introducir en tu diario de dieta un día normal. También puedes anotar tu peso y las medidas de tu cuerpo.

Asimismo, puedes anotar tus recetas bajas en carbohidratos favoritas, los cambios en las medidas de tu cuerpo, el IMC y el peso, así como pensamientos acerca de cómo te sientes y cualquier mejoría que experimentes en tu salud.

Mantener un registro diario de todo lo que se come es mucho más importante de lo que la mayoría de las personas tienden a pensar. Aunque puede parecer que te va a llevar mucho tiempo, en realidad te estará ahorrando tiempo a largo plazo porque tendrás anotados los valores totales de los nutrientes de los platos que normalmente cocinas (por lo que no tendrás que volver a hacer el cálculo de nuevo cada vez). También te proporcionará un registro valiosísimo de todo lo que comes, manteniéndote al tanto de lo que estás ingiriendo, ayudándote a mantenerte dentro de los límites, dándote las claves para saber cómo puedes mejorar o redefinir tu dieta y cómo evitar problemas. ¡No trates de confiar en tu memoria! A menos que tengas una memoria fotográfica, no vas a recordar todos los datos. A medida que avances con el programa irás cambiando la cantidad de carbohidratos que consumes, así que debes saber lo que has estado comiendo y cómo ajustarte a ello debidamente. ¡Tener un diario de dieta es un requisito!

Llevar un registro te hace ser consciente y responsable de lo que comes. Esta es una gran herramienta de motivación. Los estudios demuestran que si estás siguiendo una dieta cetogénica o algún otro tipo de dieta, llevar un diario de ella es una herramienta que ayuda sobremanera en los esfuerzos que uno hace para perder peso. Un estudio, que duró seis meses y que incluyó a 1.685 hombres y mujeres de mediana edad, halló que aquellos que anotaron en un diario todo lo que comían perdieron el doble de peso (ocho kilos) que los que no llevaban un registro (cuatro kilos).[4]

Si el diario te puede ayudar a perder el doble de peso, ¿acaso no merece la pena? No tienes que conservar el diario para siempre, solo hasta que consigas tu peso ideal y durante el período de transición de la fase de pérdida de peso a la fase de mantenimiento del programa. El diario es aún más importante durante la fase de mantenimiento en la que se te permite personalizar la dieta según tus propias necesidades individuales.

Suplementos dietéticos

A primera vista, como se limita el consumo de muchos alimentos, incluidos algunos sanos, parece que la dieta pueda tener algún déficit de nutrientes. Pero este no es el caso. Esta dieta proporciona todos los nutrientes que una persona necesita para estar sana.

Por alguna razón, la gente tiende a asumir que la carne y la grasa son alimentos nutricionalmente pobres. Nada más lejos de la verdad. La carne proporciona un montón de nutrientes. Es una fuente excelente de vitaminas y minerales; de hecho, suministra algunos nutrientes esenciales que no son fáciles de obtener a partir de fuentes vegetales, tales como las vitaminas A, B_6 y B_{12}, así como también CoQ10 (coenzima Q10), zinc y otros nutrientes. La grasa, tal como se ha mencionado anteriormente, aumenta la absorción de vitaminas y minerales. De hecho, esta dieta te suministrará muchos más nutrientes de los que obtenías cuando tu dieta principalmente consistía en alimentos de calorías vacías, con poca grasa. Esta no es una dieta pesada a base de carne. Incluye una gran variedad de hortalizas naturales y saludables, tanto crudas como cocidas. La cantidad de carne que comerás probablemente seguirá siendo más o menos la misma que comes ahora, a menos que seas un gran carnívoro; en este caso, tu consumo de carne probablemente disminuirá. La mayoría de los nutrientes adicionales procederán de una fuente de carbohidratos nutricional y cualitativamente excelente –las hortalizas frescas.

Probablemente, vas a comer más verduras que en toda tu vida. Se podría decir que esta es una dieta a base de hortalizas complementada con una cantidad importante de grasas y moderada de proteínas.

No necesitas suplementos dietéticos para compensar una posible carencia de nutrientes, ya que no te hacen falta. Si ya estás tomando suplementos y te gustaría seguir tomándolos, puedes hacerlo.

A pesar de todo lo dicho, recomiendo cierta cantidad de suplementos. Esto no es un requisito, pero es recomendable. El motivo de esto es que la mayoría de la gente tiene una carencia de nutrientes esenciales y complementarios. Añadir cierta cantidad de vitaminas y minerales puede ayudar a superar determinadas carencias nutricionales y acelerar el proceso. Los suplementos deben tomarse por lo menos durante los primeros meses del programa. Para entonces, las reservas de nutrientes deberían haberse restablecido y los alimentos de la dieta tendrían que proporcionar una nutrición adecuada, así que los suplementos ya no serían necesarios. Algunos nutrientes, como la vitamina D, el magnesio y posiblemente el yodo deberán continuar suministrándose indefinidamente. La mejor manera de conseguir el aporte de vitamina D que se necesita es exponer el cuerpo a un sol de mediodía durante treinta minutos, tres veces a la semana, o una exposición diaria de cabeza, brazos y piernas de veinte minutos. Durante el invierno, cuando esto no es factible, probablemente necesites un suplemento dietético.

Los suplementos nutricionales pueden ayudar a metabolizar la grasa, mejorar la sensibilidad a la insulina, apoyar a la función tiroidea y ayudar en la pérdida de peso. Por ejemplo, el cromo mineral es esencial para una acción adecuada de la insulina, que afecta a los niveles de azúcar en sangre y a la tasa de acumulación de grasa. No existe ninguna cantidad diaria recomendada (CDR) establecida para el cromo. Sin embargo, la FDA ha indicado que una dosis diaria de 50 a 200 mcg es segura y probablemente adecuada, y esta es la cantidad que generalmente se incluye en los suplementos multivitamínicos y minerales. En realidad, puedes tomar el doble o el triple con seguridad.

Obtener una cantidad adecuada de vitamina C en tu dieta puede ayudarte en tus esfuerzos para perder peso. En un estudio doble ciego controlado con placebo, los sujetos obesos se dividieron en dos grupos. A uno se le suministró 3.000 mg de vitamina C al día y al otro se le dio un placebo. Transcurridas seis semanas, el grupo que había recibido la vitamina C como promedio perdió casi el triple de peso que el grupo del placebo: 2,6 kilos en comparación con 1 kilo.[5] La dosis diaria recomendada de vitamina C es de 60 mg/día; esto es suficiente para prevenir el escorbuto, pero no es la cantidad óptima. Una dosis diaria mejor para la salud generalmente debe contener de 1.000 a 3.000 mg.

Tu nueva dieta debe incluir un suplemento multivitamínico (sin hierro adicional) y un suplemento mineral que contenga vitamina A, B_1 (tiamina), B_2 (riboflavina), B_6 y B_{12}, ácido fólico (folato), niacina, manganeso, zinc y otros nutrientes básicos. Debe proporcionarte la CDR de cada nutriente. Asegúrate de que no contiene hierro. Contrariamente a la creencia popular, mucha gente no tiene una falta de hierro sino, al contrario, un exceso. Se añade a muchos alimentos procesados y a la mayoría de los productos de cereal refinados. El exceso de hierro se ha asociado con un aumento del riesgo de enfermedades cardiovasculares. A menos que se te haya diagnosticado una deficiencia de hierro, deberías evitar añadirlo a tu suplemento. Si no puedes encontrar un suplemento multivitamínico o mineral que no contenga hierro en tu tienda habitual, puedes conseguir uno por Internet. Toma por lo menos la CDR de las principales vitaminas y minerales a diario. Debo decir que recomiendo consumir una gran cantidad de minerales y vitaminas porque, además de todo lo dicho, tienen propiedades antioxidantes y beneficios para el metabolismo.

VITAMINAS Y MINERALES		
Vitamina-Mineral	Cantidad diaria recomendada (Estados Unidos)	Recomendación
Vitamina A	3.000 UI (unidad internacional)	
Vitamina B_1 (tiamina)	1,5 mg	
Vitamina B_2 (riboflavina)	1,7 mg	
Vitamina B_3 (niacina)	20 mg	
Vitamina B_6	2,0 mg	
Vitamina B_{12}	6 mcg	
Vitamina C	60 mg	1.000 mg

VITAMINAS Y MINERALES		
VITAMINA-MINERAL	CANTIDAD DIARIA RECOMENDADA (ESTADOS UNIDOS)	RECOMENDACIÓN
Vitamina D	600 UI	2.000 UI
Vitamina E	30 UI	400 UI
Folato	0,4 mg	
Calcio	1.200 mg	
Magnesio	400 mg	800-1.200 mg
Selenio	70 mcg **	
Ácido pantoténico	10 mg *	
Biotina	30 mcg *	
Cromo	50-200 mcg *	200-500 mcg
Cobre	2,0 mg *	
Manganeso	5,0 mg *	
Molibdeno	250 mcg *	
Zinc	15 mg	
Yodo	150 mcg ***	500-1.000 mcg

* Ingesta que la FDA estima como segura y adecuada.
** Si sospechas que tienes la función tiroidea lenta, podrías considerar el aumento de tu cantidad de selenio a una ingesta de 200 mcg al día.
*** Si alguna vez has padecido una deficiencia de yodo, determinada por una prueba de carga de yodo, deberías tomar hasta 12 mg diarios como dosis de mantenimiento.

AÑADE TRIGLICÉRIDOS DE CADENA MEDIA (TCM) A TU DIETA

Tipos de aceite de coco

Ahora que ya conoces la cantidad de beneficios que tiene el aceite de coco, debería ser obvio reconocer el papel que juega este extraordinario alimento a la hora de combatir la obesidad. Por tanto, es importante que aprendas a incorporarlo en tu vida diaria. La manera más sencilla de hacerlo es preparar todas tus comidas con él.

El aceite de coco es muy termoestable, por lo que resulta excelente para usar en la cocina. Puedes emplearlo para cualquier plato que requiera hornear o freír los alimentos. En las recetas que se preparan con margarina, mantequilla, manteca o aceite vegetal puedes usar aceite de coco en su lugar. Utiliza la misma cantidad o incluso más para asegurarte de que obtienes la cantidad recomendada en tu dieta.

No todos los alimentos se preparan con aceite, pero todavía se puede añadir aceite a la dieta. Por ejemplo, pon una cucharada de aceite de coco en las bebidas calientes, sopas, salsas y guisos, o úsalo como un aderezo en las verduras cocidas e incluso en las carnes.

Aunque recomiendo consumir el aceite de coco con las comidas, no tienes que preparar tus alimentos con él o añadirlo a la comida. Se puede tomar a cucharadas como un suplemento dietético. Muchas personas prefieren obtener su dosis diaria de aceite de coco de esta manera. Si utilizas aceite de coco de buena calidad, su sabor es bueno. A muchos no les gusta la idea de ponerse una cucharada de aceite en la boca. Algunos pueden necesitar un poco de tiempo para acostumbrarse.

Cuando vas a una tienda para adquirir aceite de coco, puedes escoger principalmente entre dos tipos. Uno es el aceite de coco virgen y el otro es un aceite de coco refinado, blanqueado y desodorizado (RBD). El aceite de coco virgen se prepara a partir de cocos frescos con un mínimo proceso de refinado. Procede directamente del coco. Como ha sido sometido a un proceso de refinado poco intenso, conserva el aroma y el sabor tan característicos del coco. Es delicioso.

El aceite de coco RBD se prepara a partir de la copra (la pulpa seca del coco), y ha sido sometido a un proceso de refinado mucho más intenso. Durante este proceso se han eliminado todos los sabores y aromas. A las personas a las que no les gusta el sabor a coco en sus platos, esta es una buena opción. El aceite de coco RBD se procesa usando ciertos mecanismos y altas temperaturas. Generalmente no se utilizan productos químicos. Si vas a comprar a una tienda, puedes ver la diferencia entre el aceite de coco virgen y el RBD por su etiqueta. Todos los aceites de coco virgen indican que son «virgen». En los RBD no aparece nada escrito. No llevan una etiqueta que diga «RBD». A veces se anuncian como «prensado por expulsor», lo que significa que el prensado inicial del aceite a partir de la carne del coco se hizo mecánicamente, sin usar calor. No obstante, se suele utilizar calor en una fase más avanzada del proceso de refinado.

Mucha gente prefiere el aceite de coco virgen porque ha sido sometido a un proceso de refinado menos intenso y por esa razón conserva la mayoría de los nutrientes y ese sabor natural tan característico. Debido a que el proceso de refinado del aceite de coco virgen es mucho más delicado, su precio es bastante más elevado que el del aceite de coco RBD.

La mayoría de los aceites RBD normalmente son insípidos e inodoros, y la diferencia entre unos y otros es mínima. Sin embargo, la calidad de las distintas marcas de aceite de coco virgen puede variar bastante. El aceite de coco se puede procesar siguiendo distintos métodos. Algunos son mejores que otros. Además, el cuidado que se ha tomado también afecta a la calidad. Algunos fabricantes producen un aceite de coco de excelente calidad que sabe tan bien que serías capaz de comértelo a cucharadas. Otras marcas tienen un sabor más intenso que puede ser incluso desagradable. Por lo general, no se aprecia ninguna diferencia en el envase. Has de probarlo. Si el aceite tiene un aroma y un gusto a coco suave y a ti te gusta, esta es la marca que deberías consumir. Si su sabor te desagrada y su aroma te parece demasiado intenso, probablemente quieras probar otras marcas.

El aceite de coco está disponible en todas las tiendas de dietética, en muchos supermercados, así como en Internet. Puedes elegir entre una gran variedad de marcas. En general, las marcas más caras son las de mejor calidad, pero no siempre, mientras que las marcas más baratas casi siempre son las de peor calidad. Sin embargo, todas tienen básicamente los mismos efectos culinarios y terapéuticos, y son útiles.

Si compras el aceite de coco en una tienda, puede que su aspecto sea parecido al de la manteca, compacto y de un color blanco casi como la nieve. Cuando te lo lleves a casa y lo guardes en el armario de la cocina, transcurridos unos días se transformará en un líquido incoloro. No te alarmes. Esto es normal. Una de las características que distinguen al aceite de coco de otros aceites es su elevado punto de fusión. A una temperatura de 24 °C o más, es líquido como cualquier otro aceite vegetal. A temperaturas por debajo de esta, se solidifica. Su aspecto es más parecido a la mantequilla. Si se guarda en la nevera, una pastilla de mantequilla es sólida, pero si se deja en la encimera en un día de calor, se derrite formando un charco. Un tarro de aceite de coco puede ser líquido o sólido en función de la temperatura del lugar donde se almacena. Se puede utilizar en cualquiera de las dos formas. El aceite de coco es muy estable, por lo que no necesita refrigerarse. Puedes guardarlo en un armario de la cocina y puede durar tranquilamente entre uno y tres años. Por suerte, lo vas a consumir mucho antes.

El aceite MCT

Muchos de los beneficios para la salud asociados con el aceite de coco proceden de los triglicéridos de cadena media. Si los TCM son tan buenos, es lógico pensar que si hubiera un producto que contuviera más cantidad que la que contiene el aceite de coco, sería incluso mejor. El aceite de coco es la fuente «natural» más rica en TCM; pero hay otra fuente que contiene aún más: el aceite MCT o aceite de triglicéridos de cadena media, a menudo denominado aceite de coco fracconado. El aceite de coco se compone en un 63% de TCM, mientras que el aceite MCT –que se produce a partir de aceite de coco– contiene un 100%. Los diez ácidos grasos que componen el aceite de coco se separan y dos de los ácidos grasos de cadena media (ácidos caprílico y cáprico) se vuelven a combinar para producir el aceite MCT.

Una de las ventajas del aceite MCT es que suministra más TCM por unidad de volumen que el aceite de coco. Es insípido, líquido a temperatura ambiente y se puede usar para cocinar o como aderezo en ensaladas. Su inconveniente es que es probable que cause más náuseas y diarreas que el aceite de coco. Así que solo se puede utilizar una cantidad determinada para no experimentar estos efectos secundarios.

Los ácidos grasos de cadena media que contiene el aceite MCT se transforman rápidamente en cetonas. El máximo en los niveles de cetona en sangre aparece al cabo de una hora y media de su consumo y desaparece a las tres horas. La conversión de los TCM mezclados con el aceite de coco es un proceso más lento. Cuando se consume aceite de coco, el máximo en los niveles de cetona aparece al cabo de tres horas, pero permanece en la sangre aproximadamente ocho horas. El aceite MCT puede dar un máximo más alto y mucho más rápido, pero su efecto se apaga antes.

La mayor diferencia entre el aceite de coco y el MCT es su punto de fusión. El aceite MCT tiene un punto de fusión mucho más bajo, alrededor de 3 °C, así que permanece en estado líquido incluso cuando se guarda en la nevera. Lo bueno de esto es que se puede utilizar para preparar aderezos de ensaladas o echar un poco en las bebidas frías. Cuando se adereza una ensalada fresca con aceite de coco, este se «congela» y se endurece casi de inmediato. Cuando se echa en una bebida fría, ocurre lo mismo. El aceite MCT, por el contrario, sigue siendo líquido. Esta característica hace que sea una buena opción para aderezos de ensaladas y para preparar mayonesa.

Otro tipo de aceite que probablemente podrás encontrar en el supermercado es un tipo de aceite de coco llamado «líquido» o «para el invierno». Este es un aceite de coco al que se le han extraído los ácidos grasos de cadena más larga. Es muy similar al aceite MCT en su contenido en ácidos grasos, pero con una mezcla ligeramente mayor de diferentes ácidos. Además, tiene un punto de fusión más bajo que el aceite de coco común y puede utilizarse en alimentos fríos sin que se solidifique.

16

El programa de pérdida de peso con coco-cetosis

La dieta cetogénica del coco

La dieta cetogénica del coco se divide en tres fases. La primera es un período de introducción a alimentos con un bajo contenido en carbohidratos que dura de dos a ocho semanas y además permite que te prepares para la segunda fase, o fase cetogénica del programa. Dependiendo del tipo de alimentos que escojas para comer, podrás entrar o no en un estado de cetosis en esta fase inicial. Pero cuando realmente entrarás en cetosis será en la segunda fase, y es cuando perderás la mayor cantidad de peso indeseado, alcanzarás tu peso ideal y experimentarás cambios positivos en tu metabolismo, en la química de tu sangre y en tu estado de salud general. En la tercera y última fase podrás relajarte un poco en cuanto a las restricciones, reduciendo el consumo total de grasas y aumentando los carbohidratos y la ingesta de calorías. Debes continuar comiendo con sensatez, pero puedes incluir más frutas y más alimentos ricos en carbohidratos, si así lo deseas. En esta fase de la dieta es cuando mantienes tu progreso y continúas mejorando tu salud a todos los niveles. Tu dieta en esta etapa incluirá una amplia variedad de carnes, quesos, lácteos, frutos secos y verduras, grasas y salsas sabrosas, así como algunas frutas y cantidades razonables de verduras con un alto contenido en carbohidratos y, posiblemente, incluso algunos cereales. Te deberías mantener en esta etapa indefinidamente. Con la gran variedad de alimentos sabrosos que vas a poder comer, no te va a suponer ninguna dificultad. Es una dieta que puedes mantener y disfrutar de por vida.

Aunque estés ansioso por empezar a perder peso, asegúrate de leer primero este capítulo entero, porque hay varias cosas que deberías hacer antes de comenzar realmente con el programa.

Fase 1: introducción a una dieta baja en carbohidratos

El propósito de la dieta de introducción es preparar al cuerpo tanto física como mentalmente para la fase cetogénica del programa. Debido a los cambios tan importantes que vas a tener que hacer, saltar directamente al programa puede ser difícil. La fase de introducción permite que te tomes tu tiempo para que te sea cómodo entrar en el programa, empezando por acostumbrarte a comer más grasas, a que tu cuerpo se adapte a quemar grasas en lugar de azúcar y a aprender a preparar comidas con un contenido bajo en carbohidratos y disfrutar de ellas.

Una de las principales características de la dieta cetogénica del coco es el consumo de aceite de coco. Se te anima a que tomes por lo menos tres cucharadas (45 ml) en cada comida. Lee esta última frase de nuevo prestando más atención. No son tres cucharadas al día, sino tres en cada comida. Es una gran cantidad de aceite, pero es de lo que se trata con esta dieta. Las tres cucharadas no tienen que ser de aceite de coco, puede ser de cualquier otro aceite, pero el de coco es preferible y debería ser el aceite predominante en la dieta.

Después de visitar a tu médico de cabecera y haber obtenido un buen resultado en los análisis de sangre, puedes comenzar inmediatamente con la adición de aceite de coco a tu dieta. Dirígete a una tienda de alimentos dietéticos o consulta en Internet, y compra varios tarros de aceite de coco. No importa qué marca o tipo de aceite de coco utilices. La mayoría de las marcas llevan una etiqueta que pone «virgen», «virgen extra» o «prensado por expulsor». Cualquiera de ellos te sirve. Comienza a usar el aceite para cocinar los platos que sueles preparar a diario. En las recetas en las que se requiere mantequilla, margarina, aceite vegetal o manteca, utiliza aceite de coco en su lugar. Al principio, trata de consumir por lo menos media cucharada (8 ml) en cada comida. Si haces tres comidas diarias, deberías estar consumiendo por lo menos una cucharada y media (22 ml) de aceite de coco al día. Utiliza el aceite en la preparación de los alimentos y añade un poco más si lo necesitas después de haber preparado el plato.

Algunas personas son más sensibles que otras a la adición de grasa en su dieta. El motivo de esto es que muchas han reducido excesivamente su consumo debido a la histeria de nuestra sociedad contra la grasa. Como la gente ha limitado su consumo de grasa, su sistema digestivo no está preparado para digerir toda la cantidad que se requiere en este programa. La adición de grasa a la dieta puede provocar en algunas personas náuseas o diarrea.

Para evitar esto en la medida de lo posible, recomiendo que empieces cuanto antes a preparar tu sistema digestivo para el aumento de la ingesta de grasa con la adición de aceite de coco en tus comidas. Cuando aumentas tu consumo de grasa, tu cuerpo, de forma natural, intensifica la producción de enzimas que digieren la grasa. A medida que se adapte a la adición de grasa, podrás aumentar su consumo sin experimentar ninguna reacción adversa. Es menos probable que experimentes estas reacciones adversas si sigues una dieta baja en carbohidratos. Ten en cuenta que vaciar los intestinos una o dos veces al día no indica que se tenga diarrea; de hecho, así es como debería funcionar un colon sano. Con esta dieta, tus intestinos estarán trabajando mejor y, posiblemente, con más frecuencia.

La mayoría de las personas pueden añadir dos cucharadas (30 ml) de aceite de coco a su alimentación diaria en cuanto empiezan la dieta sin tener ningún tipo de problema. Sin embargo, cada persona es diferente; algunas experimentan un poco de diarrea con una cucharada al día, mientras que otras pueden tomar cinco o seis al día (entre 75 y 90 ml) desde el principio sin ningún problema. Todo el mundo puede mejorar su tolerancia al aceite, si va paso a paso en su dieta. Deberías empezar de inmediato. El objetivo principal de la fase de introducción es conseguir que el cuerpo se acostumbre a una mayor ingesta de grasa.

Si puedes tolerar media cucharada (8 ml) de aceite de coco por comida (una cucharada y media al día) sin problemas, después de unos días puedes intentar aumentar la dosis a una cucharada (15 ml) y luego a dos por comida. Si esto es demasiado para tu tracto digestivo, si es necesario, vuelve a tomar una cucharada durante unos días o semanas, y de nuevo intenta aumentar la dosis. Poco a poco esfuérzate para consumir tres cucharadas de aceite de coco en cada comida.

Como te estás adaptando a consumir más grasa con el aceite de coco, deberías ingerir comidas con un bajo contenido en carbohidratos. Calcula cuántos carbohidratos contiene cada comida. Crea un archivo con recetas y platos con un bajo contenido en carbohidratos que hayas probado y que disfrutes. Limita tu ingesta total a no más de 30 gr al día. Empieza a llevar un diario de la dieta y anota lo que comes e incluso tus recetas bajas en carbohidratos favoritas. Mantén un registro preciso del contenido en carbohidratos de todo lo que comes. También es posible que desees realizar un seguimiento de la cantidad de grasa, proteína y calorías que consumes. Utiliza las recetas que aparecen en el capítulo 17 para ayudarte a planificar tus comidas.

En esta etapa, no tienes que preocuparte por el número de calorías que estás consumiendo. Come hasta sentirte saciado, sin empacharte. Al principio, puede que aumentes un poco tu ingesta de proteína para compensar la reducción de carbohidratos. Añade tanta cantidad de alimentos ricos en proteína como necesites para satisfacer tu apetito. Al llegar a la fase 2, la fase cetogénica de reducción de peso, empezarás a reducir la ingesta de calorías y, posiblemente, el consumo de proteína.

Después de dos semanas de usar aceite de coco y comer comidas con un bajo contenido en carbohidratos, si eres capaz de tolerar dos cucharadas y media de aceite de coco en cada comida sin ningún tipo de malestar digestivo, puedes aumentar la ingesta de grasa en cada comida con tres cucharadas y saltar rápidamente a la fase 2. Si aún sientes un poco de náuseas con la adición de grasa, deberías permanecer más tiempo en esta etapa de consumo de alimentos con un bajo contenido en carbohidratos hasta que la cantidad de dos cucharadas y media de adición de grasa te siente bien.

A menos que ya hayas probado alguna dieta baja en carbohidratos, puede que tardes entre uno y dos meses en llegar a sentirte lo suficientemente cómodo como para pasar a la siguiente fase. No debes tener prisa, porque incluso en la fase de introducción ya deberías perder algo de peso. Algunas personas necesitan de tres a cuatro meses antes de sentirse preparadas para pasar a la fase cetogénica de reducción de peso, y esto está bien. Avanza a tu propio ritmo.

Si después de cuatro meses aún no puedes tolerar tres cucharadas adicionales de aceite de coco en cada comida, probablemente el problema se deba a una mala digestión, a un sistema digestivo poco activo o al hecho de que no estés produciendo suficientes enzimas digestivas para digerir adecuadamente los alimentos. En este caso, sería útil que tomaras un suplemento de enzimas digestivas con las comidas. Asegúrate de que el suplemento contiene lipasa, que es la enzima que descompone la grasa. También debe incluir proteasas, que son enzimas de digestión de proteínas. Toma el suplemento inmediatamente después de comer. Aunque sigue siendo beneficioso si te lo tomas una o dos horas después de una comida.

Algunas personas añaden aceite de coco a su dieta tomándolo a cucharadas, como un suplemento dietético. No es necesario que lo hagas. El cuerpo está en mejores condiciones para digerir la grasa si se toma junto con las comidas. Al iniciar la dieta, consume el aceite de coco como parte de tus comidas. Con el tiempo, como tu cuerpo se habrá adaptado al aumento de la ingesta de grasa, si lo deseas, puedes tomarlo a cucharadas.

Deberías beber un litro de agua por cada treinta kilos de peso corporal cada día y más cuando hace calor. Esto equivale a alrededor de dos litros y medio para la mayoría de las personas o aproximadamente ocho vasos de agua al día. Debes añadir al menos una cucharada de sal marina a tu dieta por cada dos litros y medio de agua consumidos.

Empieza a tomar un suplemento multivitamínico y mineral, que contenga 400-800 mg de magnesio, 500-1.000 mg de vitamina C y si puede ser un poco de vitamina E y cromo. Ten una exposición regular a un sol de mediodía o toma un suplemento de vitamina D que proporcione el equivalente a 2.000 UI/día. Si crees que tienes una función tiroidea lenta, debes considerar el aumento de la ingesta de yodo a 1.000 mcg o más y de selenio a 200 mcg al día.

Comienza un programa de ejercicio. Deberías hacer algún tipo de ejercicio físico de tres a seis veces por semana. Ir a dar un paseo de treinta minutos puede ser una buena opción. Incrementa la actividad física si te sientes en forma.

En resumen, la fase de introducción a una dieta con un bajo contenido en carbohidratos incluye lo siguiente:

- No consumas más de 30 gr de carbohidratos al día.
- Esfuérzate para aumentar poco a poco tu consumo de aceite a tres cucharadas en cada comida.
- El aceite de coco debería ser la principal fuente de grasa en tu dieta.
- Toma un suplemento multivitamínico y mineral a diario, que incluya magnesio.
- Ten una exposición diaria al sol o toma un suplemento de vitamina D que te proporcione 2.000 UI.
- Bebe aproximadamente ocho vasos de agua o agua filtrada al día. Evita beber agua del grifo.
- Añade por lo menos una cucharadita de sal marina a tus alimentos diarios.
- Comienza un programa de ejercicio físico frecuente.
- Lleva un diario de la dieta.

En esta fase no hay ninguna restricción en la cantidad de carne que puedes comer o en el número de calorías totales que debes ingerir. A medida que aumentas el contenido de grasa en tu dieta (tratando de consumir tres cucharadas por comida), el apetito debería disminuir y, de forma natural, empezar a reducir la cantidad de alimentos que comes (sobre todo carne), lo que también disminuirá tu consumo de calorías.

Aunque realmente no hay ningún alimento que esté prohibido, estaría bien que evitaras todos los cereales, pastas, panes, dulces, postres, patatas, judías secas y otras verduras ricas en carbohidratos, así como la mayoría de las frutas. Puedes comer una cantidad limitada de fruta, tan solo asegúrate de hacer un seguimiento de la cantidad total de carbohidratos que ingieres. Puedes añadir un poco de stevia de vez en cuando, pero ocasionalmente, no todos los días.

Además de todo lo dicho, deberías evitar los edulcorantes artificiales, la cafeína y las bebidas que la incluyan, los aceites vegetales hidrogenados (incluidas la manteca y la margarina), todos los productos de soja (con la excepción de una cantidad limitada de productos de soja fermentada, como el tamari, la salsa de soja, el miso y el tempeh), el fluoruro y los productos que lo contienen (incluida el agua fluorada) y, si puedes, todos los fármacos que puedan interferir en la reducción de peso y en el buen funcionamiento de la tiroides. Si tienes problemas con la tiroides, también debes limitar tu consumo de verduras crucíferas crudas. Siempre que sea posible, que la carne, los lácteos, los huevos y los demás productos que comes sean orgánicos. Reduce el estrés en tu vida. El ejercicio físico puede ayudarte a lograrlo.

Fase 2: cetogénica de reducción de peso

Esta es la fase del programa donde vas a perder la mayoría de tu exceso de peso. Tu principal objetivo es limitar la ingesta total de carbohidratos a 30 gr o menos al día. Deberías calcular cada gramo de carbohidratos que consumes –¡y no se trata de jugar a las adivinanzas!–. Has de calcular los gramos de carbohidratos de todos los alimentos para saber exactamente cuánto estás comiendo. El contador de nutrientes del apéndice te puede servir de guía. Suma todos los gramos de carbohidratos que contienen los alimentos que comes, incluidos huevos, quesos y carnes. Aunque estos alimentos por lo general contienen pocos carbohidratos, si consumes una gran cantidad, dicha cantidad empieza a ser significativa. Los fiambres y los embutidos normalmente contienen sal, así que deberías leer la etiqueta de los ingredientes, incluso en el caso de las carnes envasadas.

Lo ideal sería que la grasa comprendiera por lo menos el 60% de tus calorías diarias, y preferiblemente entre el 70 y el 80%. En el contador de nutrientes también aparece información relativa a las calorías que contienen varios alimentos para que puedas determinar con precisión la cantidad de grasa que estás ingiriendo. Para calcular el porcentaje de calorías de grasa que consumes cada día, emplea la siguiente fórmula:

Total de calorías de grasa consumidas/total de calorías consumidas
= porcentaje de calorías de grasa

Por ejemplo, si consumes un total de 1.800 calorías al día y 1.200 son de grasa, la fórmula sería 1.200/1.800= 0,67 o un 67%. Tu ingesta de grasa correspondería a un 67% del total de calorías diarias. Al hacer este cálculo puedes ajustar el contenido de grasa de tus comidas para alcanzar el porcentaje deseado.

Este procedimiento está muy bien si te gustan las matemáticas y quieres saber exactamente la ingesta diaria de grasa. Sin embargo, la mayoría de la gente no desea perder el tiempo haciendo cálculos matemáticos. Para simplificar el proceso, recomiendo añadir tres cucharadas (45 ml) de aceite de coco en cada comida. De esta manera, puedes obtener generalmente alrededor de un 60 o un 80% de tus calorías de la grasa a diario. Si te saltas una comida completa y, en su lugar, tomas un tentempié ligero, incluye dos o tres cucharadas de aceite de coco a ese tentempié. Las tres cucharadas por comida pueden ser de aceite de coco o de otro tipo de aceite, pero el de coco debería constituir el grueso de la grasa en tu dieta.

Además de la adición de tres cucharadas de aceite, te animo a que consumas grasa adicional. Come la grasa natural que contienen los alimentos. Elige los cortes grasos de carne. No tengas miedo de la grasa. Disfruta de su sabor. Utiliza sin temor grasa y aceite para cocinar, freír, hornear y para todos los alimentos que tengas que preparar. Comer grasa te ayudará a sentirte lleno, a prevenir el hambre, a crear las condiciones necesarias para que tu cuerpo queme la grasa almacenada y a promover la pérdida de peso.

Por ejemplo, si cocinas una chuleta de cerdo, utiliza tres cucharadas de aceite para ello, lo mismo si se trata de una hamburguesa o de un filete de pescado. Si usas aceite de coco, la carne y los condimentos que cocinas le dan al aceite un sabor muy sabroso y puede funcionar como una rica salsa para consumir con la carne o para acompañar algunas verduras. Si no usas el aceite cuando cocinas, lo puedes añadir después a tus comidas. Por ejemplo, si comes pollo al horno con verduras al vapor, añade el aceite al pollo y a las verduras cocidas.

Añade el aceite de coco como si fuera mantequilla a los platos calientes. Incluso puedes mezclar aceites. Mezcla el de coco con mantequilla o aceite de oliva. A la ensalada verde le puedes añadir tres cucharadas de aceite de coco como aderezo para conseguir todas las grasas que necesitas ingerir en tus comidas.

No siempre tienes que mezclar las tres cucharadas de aceite con la carne y las verduras. En su lugar puedes usar una cantidad más pequeña para preparar las comidas y añadir un tentempié graso para compensar el resto. Por ejemplo, si solo usas una cucharada de aceite para cocinar, puedes llegar a las dos cucharadas restantes consumiendo una bebida de crema batida con canela. En este caso, la grasa del tentempié procede de la crema. O en lugar de beber algo, puedes comer un postre como tentempié preparado con requesón, aceite de coco y bayas; yo llamo a este tentempié «requesón de coco con bayas». Otra opción es una ración pequeña de sopa que se puede consumir como aperitivo justo antes de la comida principal. Estos son los mismos tentempiés que tomarías en lugar de las comidas completas. La cantidad de grasa en los tentempiés puede variar de una a tres cucharadas de aceite por tentempié. Tú mismo puedes decidir qué cantidad de grasa deseas consumir. De esta manera puedes asegurarte de que ingieres la dosis mínima diaria de aceite. Vas a encontrar estas y otras recetas de tentempiés grasos en el capítulo 17.

Uno de los principales beneficios de la dieta cetogénica es que deprime el hambre y te permite reducir el consumo de calorías sin sentirte privado o mal. Disminuyes tu consumo de calorías por propia voluntad, y no a la fuerza. Con esta dieta deberías empezar a reducir conscientemente la cantidad de alimentos que comes. No comas sencillamente porque es hora de comer. Come solo cuando tengas hambre de verdad. Puesto que tu apetito va a disminuir, es probable que termines saltándote alguna comida. Si no tienes hambre para el desayuno, sáltatelo. No te fuerces a comer sencillamente porque es la hora habitual de hacerlo. Si te tomas el desayuno, pero cuando llega la hora del almuerzo no tienes hambre, sáltatelo. Si tienes hambre más tarde durante el día, puedes comer un pequeño tentempié en lugar de una comida completa, solo lo suficiente para poder aguantar hasta la hora de la cena.

Los rollitos o el requesón mezclados con aceite de coco son un tentempié excelente (consulta las recetas de tentempiés grasos que aparecen en el capítulo siguiente). A pesar de que no es necesario contar las calorías, es posible que desees calcularlas para saber cuántas estás consumiendo solo para comparar (consulta la tabla que aparece más adelante).

El apéndice proporciona el contenido calórico de la mayoría de los alimentos que se consumen. Trata de limitarte a no más de dos comidas completas al día, y si todavía te sientes hambriento, añade un pequeño tentempié graso. Incluso puede suceder que funciones bien con tan solo una comida completa y con uno o dos tentempiés grasos.

Independientemente del número de comidas y tentempiés que tomes a diario, debes consumir alrededor de seis a nueve cucharadas (entre 98 y 126 gr) de grasa al día para mantener tu metabolismo activo y evitar que tu cuerpo empiece a sentir hambre. Se trata de grasa añadida, no de grasa total. La ingesta de grasa total será mayor. Recuerda que la grasa es el combustible que estimula tu metabolismo. Deberías consumir una cantidad adecuada, incluso con una dieta que restrinja el consumo de calorías, para mantener tus motores internos funcionando a su máximo rendimiento. Esto significa que debes comer un poco de grasa en diferentes momentos del día y no toda de golpe en una sola comida.

Tu dieta debe consistir principalmente en carne, pescado, ave, huevos, mantequilla, crema, vegetales y determinados frutos secos, aceites y frutas. Te animo a que comas una buena cantidad de verduras, crudas o cocinadas. Come bastantes ensaladas verdes. Limita tu consumo de proteína entre 70 y 90 gr diarios. Esto no es una regla estricta, sino una cifra orientativa para evitar que comas demasiada proteína.

La ingesta de proteína varía en función de tu altura y tu peso corporal ideal. Puedes emplear esta fórmula: 1,2 gr de proteína por cada kilo de peso corporal. Utiliza la tabla de pesos que aparece en las páginas 395 y 396 para saber cuál te corresponde según tu altura. Para proceder al cálculo, multiplica tu peso ideal por 1,2. Si tu peso normal o ideal para tu altura es de 57 kilos, deberías limitar tu consumo de proteína a 68 gr (57 x 1,2= 68) al día. Esta es la cantidad máxima que debes consumir, no la mínima. Puedes tomar menos si lo prefieres. Si tu peso normal y saludable es de 68 kilos, debes limitar tu ingesta de proteínas a 98 gr. Ten en cuenta que esto es la ingesta de proteína, no el consumo de carne. Al contrario de lo que cree el público lego, las palabras «proteína» y «carne» no son sinónimos.

Cada 28 gr de carne de res magra o de pollo proporciona aproximadamente 9 gr de proteína; 28 gr de pescado proporciona 7 gr de proteína. Las carnes grasas tienen menos proteína. Las costillas de primera calidad, que contienen una cantidad estupenda de grasa, tienen tan solo un poco más de la mitad de proteína que el solomillo magro, y podría añadir ¡y saben mucho mejor! Una ración típica de carne cocida pesa 85 gr y contiene 27 gr de proteína; aproximadamente es el tamaño de una baraja de cartas.

Basado en el tamaño corporal ideal, la mayoría de las personas que siguen esta dieta deberían limitar su consumo de carne a aproximadamente 170-225 gr o lo que equivale a dos o tres barajas de cartas al día. Si la carne es grasa, la cantidad puede aumentar de 227 a 340 gr, pero cocida, no cruda. Una vez más, esto no es una regla estricta, pero puede ser una ayuda orientativa. Deja que tu apetito sea tu guía.

CALORÍAS DIARIAS NECESARIAS PARA MANTENER EL PESO DESEADO				
SEXO	EDAD	SEDENTARIO*	ACTIVIDAD MODERADA*	ACTIVO
Mujer	19-30	1.800-2.000	2.100-2.300	2.400-2.600
	31-50	1.800-1.900	2.000-2.100	2.200-2.400
	51+	1.600-1.700	1.800-1.900	2.000-2.200
Hombre	19-30	2.400-2.600	2.700-2.900	3.000-3.200
	31-50	2.200-2.400	2.500-2.700	2.800-3.000
	51+	2.000-2.200	2.300-2.400	2.500-2.800

* Nivel de actividad: *Sedentario* incluye la actividad física liviana asociada con una vida diaria típica con poca o ninguna rutina de ejercicio físico. *Actividad moderada* equivale a hacer ejercicio (caminar, nadar, aeróbicos) cuatro o cinco horas a la semana. Una persona *activa* se ejercita el equivalente a seis u ocho horas a la semana.

Esta dieta se basa en una dieta típica de grasas, proteínas y carbohidratos. El número de calorías que necesitas al día depende de tu edad, altura y nivel de actividad. Para simplificar, se ha tomado como referencia una altura promedio (para los hombres de 1,77 metros y para las mujeres de 1,63). Si eres más alto que el promedio, necesitarás un poco más de calorías; si eres más bajo, necesitarás un poco menos. Por lo general, consumir más calorías de las que aparecen en la lista provocaría un aumento de peso y consumir menos, una pérdida de peso.

Si estás siguiendo el programa, consumes la cantidad recomendada de grasa y aún así sientes la necesidad de hacer tres comidas al día, es un signo de que lo más seguro es que estés consumiendo demasiada proteína. Estás consumiendo más proteína de la que tu cuerpo necesita y el exceso termina por convertirse en glucosa; esto puede afectar a tus niveles de glucosa e insulina en sangre, estimulando tu apetito. Reduce tu consumo de proteína. Esto te pondrá más en un estado de cetosis y hará que disminuya tu apetito. Además de todos los puntos clave que se indican en la fase 1 (fase de introducción a una dieta baja en carbohidratos), la fase 2 incluye los siguientes:

- Consume por lo menos tres cucharadas de aceite en cada comida, y dos o tres cucharadas con cada tentempié (básicamente que el 60% de tu consumo diario de calorías proceda de la grasa).
- Toma por lo menos siete cucharadas (78 gr) de grasa al día, que en su mayoría debería ser aceite de coco.
- Come solo cuando sientas hambre y reduce el consumo normal de calorías.
- Limita tu ingesta diaria de carne entre 170 y 225 gr si es magra, y entre 227 y 340 gr si es grasa (cocida).

Algunas personas padecen lo que el doctor Robert Atkins, autor de *La revolución dietética del doctor Atkins*, llama resistencia metabólica a la pérdida de peso. Aquellos con resistencia metabólica tienen dificultad para adelgazar y además engordan con facilidad. Estas son esa clase de personas que pese a reducir su consumo de calorías a 1.000 o menos al día, no consiguen perder peso, e incluso puede que lo aumenten. Quienes sufren resistencia metabólica son muy sensibles a los carbohidratos. Por pequeña que sea la cantidad de carbohidratos que consuman, esta se convierte en grasa y se almacena, aunque su ingesta calórica total sea tan baja que estén literalmente muriéndose de hambre. A menudo son diabéticos o prediabéticos, pero no siempre. Puede que en ayunas tengan unos niveles de glucosa normales; sin embargo, producen una cantidad muy elevada de insulina inmediatamente después de comer, lo que conduce al almacenamiento de grasa. Las dietas bajas en grasas pero ricas en carbohidratos son una pesadilla para estas personas. La dieta cetogénica con un contenido muy bajo en carbohidratos es su única esperanza de perder peso con éxito. La dieta cetogénica rica en grasas es indispensable para habituar a sus cuerpos a quemar grasas en lugar de almacenarlas.

Si con esta dieta no obtienes las mejoras que esperabas, puede que seas una de esas personas que tienen resistencia metabólica a la pérdida de peso. Esto no significa que no puedas adelgazar con esta dieta; significa que será necesario que hagas algunos ajustes. Si no consigues perder peso limitando tu ingesta de carbohidratos a 30 gr al día, probablemente necesites rebajarla a 25 o incluso a 20. Un número muy reducido de personas que padecen una resistencia metabólica grave probablemente tendrán que reducir aún más su ingesta para experimentar una pérdida de peso constante.

Fase 3: mantenimiento de la dieta baja en carbohidratos

Cuando ya hayas perdido los kilos que necesitabas perder para alcanzar tu peso ideal, estarás preparado para pasar a la fase de mantenimiento de la dieta baja en carbohidratos. A diferencia de la mayoría de las dietas que la gente sigue durante un tiempo para perder peso y que luego abandona tan pronto como ha alcanzado su meta o se cansa de ella, esta dieta implica un verdadero cambio en tu estilo de vida.

La gente normalmente sigue una dieta durante un período de tiempo determinado y tan pronto ha logrado lo que deseaba, abandona la dieta y vuelve a comer de la misma manera que hizo que engordara en un primer momento. Seguir una dieta de adelgazamiento es como ir en autobús: te subes a él para ir a tu destino y cuando ya has llegado, te bajas. Este es el motivo por el que las dietas no funcionan. Nunca podrás perder peso permanentemente, si lo único que haces es «subir y bajar» de una dieta a otra. Para mantener el peso bajo control, ya no puedes volver a comer azúcar, cereales ni otros carbohidratos como antes solías hacer.

Para no volver a ganar esos kilos que te sobran, deberías hacer un cambio permanente en tu dieta. Esto realmente no es tan difícil como podrías llegar a imaginar porque podrás comer todos esos alimentos tan deliciosos que son tabús en las dietas bajas en grasas. En la fase 3 (fase de mantenimiento de la dieta baja en carbohidratos) suavizarás las restricciones y serás más permisivo a la hora de incorporar carbohidratos saludables en tu dieta. Podrás comer más frutas y vegetales ricos en carbohidratos, así como algunos cereales y panes integrales, e incluso alguna golosina. Pero nunca deberías volver a comer dulces, azúcar ni carbohidratos refinados como antes solías hacerlo. Desafortunadamente, una vez que empiezas a comer pan blanco, azúcar y dulces, estos pueden reactivar rápidamente viejas adicciones y esclavizarte de nuevo; de ese modo, en poco tiempo, tu peso volverá a ser el de antes.

Aunque el aceite de coco puede ayudarte a perder el exceso de peso y mejorar sobremanera tu salud en general, no puede borrar la tendencia a la adicción a los carbohidratos. Esto solo puede controlarse con la abstinencia. Como el alcohólico, un adicto al azúcar siempre corre el riesgo de volver a recaer y, por ello, tiene que estar atento.

Una de las características principales de la dieta de mantenimiento es que se personaliza para cada individuo. No es un conjunto de reglas que sirven para todos. Más bien es una orientación general que trata de adaptarse a las necesidades y al estado metabólico propio de cada persona.

Una vez que alcances tu meta en cuanto al peso que deberías perder, experimentarás una transición de una dieta cetogénica a una dieta baja en carbohidratos más moderada. En primer lugar, reducirás la cantidad de grasas totales que ingieres: en vez de añadir tres cucharadas de grasa por comida, lo recortarás hasta aproximadamente una cucharada por comida. En segundo lugar, podrás comenzar a consumir un poco más de carbohidratos. Recomiendo más verduras o una cantidad limitada de verduras con un alto contenido en carbohidratos. No debes añadir demasiadas en poco tiempo o, de lo contrario, empezarás a engordar. Casi todos los que tienen, o han tenido, algún problema de sobrepeso, son sensibles a los carbohidratos. Sin embargo, el grado de sensibilidad varía de una persona a otra. Algunas pueden consumir una cantidad moderada de carbohidratos sin que les afecte mucho en su peso, mientras que otras tan solo consumiendo unos cuantos gramos, ya engordan. Deberías hallar la cantidad de carbohidratos que tu cuerpo tolera antes de que empieces a ganar peso.

Comienza por añadir 5 gr de carbohidratos a tu dieta diaria. Si lo que has estado consumiendo hasta ahora han sido 30 gr al día, aumenta esta cantidad a 35 gr. Controla tu peso todos los días. Después de una semana, si todavía pierdes peso o por lo menos no engordas, aumenta el consumo de carbohidratos a 40 gr. Ve elevando la cantidad de carbohidratos totales que consumes en 5 gr por semana hasta que empieces a aumentar de peso. En este punto, reduce 5 gr. Este será tu límite de carbohidratos. Por ejemplo, si empiezas a ganar peso cuando asciendes a 55 gr de carbohidratos por semana, ya sabes que tu cantidad de carbohidratos límite es de 50 gr. Por supuesto, puedes consumir menos de 50 gr, pero esa es la cantidad de carbohidratos que tu cuerpo tolera antes de que empiece a transformarlos en grasa corporal. Esta cantidad será diferente para cada persona. Algunas podrán aumentar su límite hasta 80 o 100 gr al día, mientras que para otras, sobre todo aquellas que tienen una resistencia metabólica grave, puede que su límite sea de 30 o 35 gr y, en algunos casos, 25 o menos. La mayoría de la gente suele estar en una cantidad de entre 40 y 80 gr al día.

En este momento, la dieta ya no es cetogénica, pero sí baja en carbohidratos. Si continúas usando aceite de coco como tu fuente principal de grasa, seguirás beneficiándote en cierto grado de la producción de cetonas gracias a los ácidos grasos de cadena media que contiene el aceite de coco. Tendrás menos apetito, te sentirás con más energía, mantendrás tu metabolismo activo y disfrutarás de todos los otros beneficios asociados con el consumo de aceite de coco.

A medida que te familiarices con el cálculo del contenido de carbohidratos de los alimentos, es probable que dejes de contar cuántos contiene cada comida y dependas cada vez más de tu diario de dieta, e incluso hagas una estimación visual basándote en tu experiencia. Esto está bien. Sin embargo, con el paso del tiempo, tendemos a aumentar el tamaño de las raciones o la cantidad de carbohidratos en los platos. Quizá notes que estás ganando peso. No dejes que se te escape de las manos. Empieza a calcular de nuevo el número exacto de gramos de carbohidratos que estás consumiendo. Probablemente descubras que te has excedido en tu límite, así que necesitarás reducir la cantidad de nuevo. Para perder esos kilos que has engordado, sencillamente vuelve otra vez a los 30 gr de carbohidratos al día. Una vez que hayas perdido esos kilos que te sobran, vuelve a tu límite anterior y sé más cuidadoso con la adición de carbohidratos. De esta manera, vas a poder mantener un peso adecuado indefinidamente.

Antes de comenzar el programa

Hazte un chequeo médico

Independientemente de tu edad o estado de salud, recomiendo que te hagas un chequeo médico antes de iniciar el programa. La razón de esto en parte es para asegurarte de que físicamente eres capaz de hacer un cambio drástico en tu dieta, pero lo más importante, para conocer tu historial médico y tu estado de salud actual.

Ya deberías haberte hecho un examen médico para saber cuáles son tus niveles de yodo, preferiblemente la prueba de carga de yodo (como se recomienda en el capítulo 11) y estar tomando suplementos de yodo, si fuera necesario. Cuando te hagas un chequeo médico, que analice tu presión arterial. Consigue los resultados de las sustancias químicas de tu cuerpo, así tendrás un análisis de tu nivel de glucosa en sangre, proteína c-reactiva (PCR-us), triglicéridos, índice de colesterol total/HDL e índice de triglicéridos/HDL, en ayunas.

Todas estas mediciones son necesarias para tener un punto de referencia a la hora de hacer comparaciones. Después de varias semanas en el programa deberías hacerte otro análisis de sangre para poder comparar los resultados y evaluar tu progreso. ¡Este paso es muy importante! Los resultados son una prueba de que el programa te está ayudando a mejorar tu salud en general y que el aumento de grasa no está causando ningún daño. También te proporciona una prueba documentada para demostrarle a tu médico de cabecera o a alguien escéptico que este programa funciona. Los análisis también te ayudarán a seguir avanzando y mejorando, y harán que te sientas más animado.

Una preocupación común acerca de sustituir los carbohidratos por grasas es cómo va a afectar a los niveles de colesterol. Si has leído los capítulos anteriores, sabrás que no existe problema alguno. Tu colesterol mejorará. Todos tus marcadores sanguíneos mejorarán.

No te preocupes por el colesterol total, o incluso el llamado colesterol «malo» o LDL. Hay dos tipos de colesterol LDL: un LDL «bueno» y un LDL «malo». La mayoría de los análisis médicos no hacen ninguna distinción entre ambos y los agrupan juntos bajo el mismo nombre, por lo que su lectura no sirve de mucho.

Ten en cuenta que el colesterol total puede aumentar un poco o descender; no importa porque de todas maneras el colesterol total no es un buen vaticinador de enfermedades cardiovasculares o problemas de salud. El índice de colesterol –el colesterol total dividido entre el HDL– se ha aceptado universalmente como un indicador mucho más preciso para determinar el riesgo de posibles enfermedades cardiovasculares. Del mismo modo, el índice de triglicéridos/HDL también es un indicador mucho más exacto. Tu HDL, tu índice de colesterol y tu índice de triglicéridos son los indicadores que realmente debes tener en cuenta para saber si tienes que preocuparte porque corres el riesgo de padecer alguna enfermedad cardiovascular.

No esperes una o dos semanas después de haber iniciado el programa para hacerte un análisis de sangre. Deberías hacértelo antes de comenzar. Si esperas hasta después de iniciar el programa, es posible que algunos resultados no te gusten y te quejes de que no está funcionando. Por ejemplo, tu nivel de HDL puede haber dado un resultado bajo, alrededor de 35 mg/dl, e inmediatamente culpes a la dieta por esa lectura tan baja. Sin embargo, puede que antes de comenzar el programa, tu nivel de HDL fuera de 25 mg/dl. Así que aunque sigue siendo bajo, ha mejorado. Pero nunca lo vas a saber si no te haces un análisis antes de comenzar el programa.

Sigue el programa durante dos o tres meses y, luego, vuelve a hacerte un análisis de sangre. Cuanto más tiempo sigas el programa, mejores resultados obtendrás. Es importante que sea el mismo médico quien te haga los análisis y que utilice el mismo laboratorio, ya que los resultados pueden variar ligeramente de un laboratorio a otro.

Consulta la tabla de la página siguiente para conocer tu estado actual y evaluar tu progreso. Te puede servir como punto de referencia para saber qué puedes esperar que suceda. Por ejemplo, si tu presión arterial al inicio del programa es demasiado elevada, se reducirá. Pero si es normal, lo continuará siendo. Tu nivel de azúcar en sangre en ayunas será inferior. Los triglicéridos serán más bajos, el colesterol HLD será más alto, tanto tu índice de colesterol total/HDL como tu índice de triglicéridos/HDL serán más bajos y tu nivel de inflamación (proteína c-reactiva) se reducirá. Todos estos cambios son positivos e indican un mayor control del azúcar en sangre, una mejora de la sensibilidad a la insulina, una reducción del riesgo de padecer enfermedades cardiovasculares, una mejor circulación, un menor estrés oxidante, una reducción de la inflamación y una mejora de la salud en general. Todos estos cambios demuestran que el programa está funcionando. Los indicadores seguirán mejorando.

Hazte un análisis de sangre lo antes posible, incluso antes de que termines de leer este libro. Cuanto antes dispongas de los resultados, antes podrás comenzar el programa. Pero no empieces antes de tener los resultados del análisis de sangre.

La ateroesclerosis (el endurecimiento de las arterias) es un proceso inflamatorio crónico. La diabetes también se asocia con una inflamación crónica. La proteína c-reactiva (PCR) es una proteína que se encuentra en la sangre y que indica la presencia de una inflamación. Normalmente no hay PCR en la sangre. Se estima que un valor de 1,0 mg/dl o menor es lo deseable. Cuando la PCR es superior a 10 mg/l, sugiere una infección activa o una inflamación crónica.

Hay dos tipos de análisis para la PCR. Ambos miden la misma molécula, pero una prueba es más sensible que la otra. La prueba de la PCR ultrasensible o PCR-us es la que necesitas. Mide las cantidades más pequeñas de proteína c-reactiva en la sangre y con frecuencia se utiliza como un medio para evaluar los riesgos potenciales de padecer problemas de corazón o diabetes, que comúnmente se asocian con una inflamación crónica de bajo grado. La PCR ultrasensible generalmente se encuentra en un intervalo de 0,5 a 10 mg/l. La prueba de la PCR normal se utiliza para pacientes con riesgo de infecciones agudas o inflamación crónica y los valores comprenden un intervalo de 10 a 1.000 mg/l.

La escala de valores que aparece a continuación se basa en las recomendaciones de la Asociación Americana del Corazón para evaluar el riesgo de enfermedades cardiovasculares.

VALORES DE REFERENCIA DE UN ANÁLISIS DE SANGRE		
PRESIÓN ARTERIAL (MM HG)		
Sistólica (número superior)	Diastólica (número inferior)	Categoría
<90/	<60	Bajo
90-99	60-65	Normal-bajo
100-130	66-85	Normal
131-140	86-90	Normal-alto
141-159	91-99	Alto
>159	>99	Muy alto
GLUCOSA EN AYUNAS		
Mg/dl	Mmol/l	Categoría
75-90	4,2-5,0	Normal
91-100	5,1-5,5	Limítrofe alto
101-125	5,6-6,9	Alto (diabetes incipiente)
>125	>6,9	Muy alto (diabetes)
PROTEÍNA C-REACTIVA ULTRA SENSIBLE (PCR-US)		
Mg/l	Categoría	
< 1.0	Óptima	
1,0-3,0	Promedio	
3,1-10	Alta	
>10	Muy alta	
LÍPIDOS SANGUÍNEOS		
HDL hombre		
Mg/dl	Mmol/l	Categoría
<40	<1,0	Bajo
40-60	1,0-1,6	Promedio
>60	>1,6	Óptimo
HDL mujer		
Mg/dl	Mmol/l	Categoría
<50	<1,3	Bajo
50-60	1,3-1,6	Promedio
>60	>1,6	Óptimo
Triglicéridos		
Mg/dl	Mmol/l	Categoría
<130	<1,5	Deseable
130-150	1,5-1,7	Normal
151-199	1,8-2,2	Limítrofe-alto
200-499	2,3-5,6	Alto

VALORES DE REFERENCIA DE UN ANÁLISIS DE SANGRE		
>499	>5,6	Muy alto
Ratio total colesterol/ HDL		
Hombre		
Ratio	Categoría	
< 3,4	Óptimo	
4,0	Bajo promedio	
5,0	Promedio	
6,0	Sobre promedio	
>9,5	Alto	
Mujer		
Ratio	Categoría	
< 3,3	Óptimo	
3,8	Bajo promedio	
4,5	Promedio	
5,5	Sobre promedio	
>7,0	Alto	
Ratio triglicéridos/ HDL		
Ratio	Categoría	
<2,1	Óptimo	
2,1-3,9	Promedio	
4,0-5,9	Alto	
>6,0	Muy alto	

En Estados Unidos las lecturas de azúcar en sangre y colesterol generalmente se dan en miligramos por decilitro (mg/dl). En Europa son comúnmente dadas en milimoles por litro (mmol/l).

Medidas corporales

El objetivo principal de la dieta es perder el exceso de grasa corporal. Esto generalmente se determina y se controla con el peso corporal. Este, sin embargo, no es la única forma de medición ni necesariamente la más exacta. El peso del cuerpo cambia constantemente, incluso durante un solo día, dependiendo de la cantidad y del tipo de alimentos y bebidas que consumes, de tu nivel de actividad física, de la temperatura y la humedad y de la presencia de problemas de salud que pueden causar retención de líquidos o estreñimiento. Tu peso probablemente varía unos cuantos kilos cada día y de un día para otro. Aunque sigas una dieta estricta, algún día puede que peses más que el anterior. Esto puede ser desalentador, pero es normal. Por esta razón, no recomiendo que te peses todos los días. Limítate a dos o tres veces por semana. De esta manera, tendrás una mejor visión de conjunto de tu progreso y evitarás desalentarte cuando el número de la balanza no cambie o incluso suba. Para una mayor precisión, pésate siempre a la misma hora del día. Te sugiero que lo hagas por la mañana antes de desayunar, cada pocos días. Para que te hagas una idea de lo que deberías pesar de acuerdo con tu altura, consulta la tabla que aparece más adelante.

Un indicador que se utiliza con frecuencia para medir la grasa corporal de una persona es el índice de masa corporal (IMC). Este número se determina midiendo la relación entre la altura y el peso de una persona. Se considera que un valor de índice de masa corporal entre 18,5 y 24,9 es normal o deseable. Aquellos con índices de masa corporal más bajos se considera que están por debajo de su peso y aquellos con valores más altos se considera que padecen sobrepeso. Puedes calcular tu IMC utilizando la fórmula que aparece a continuación:

$$IMC = peso\ (kg)/altura^2\ (m)$$

IMC	**Categoría**
<18,5	Infrapeso
18,5 -24,9	Normal
25,0 -29,9	Sobrepeso
>30	Obesidad

Aunque el IMC puede ser un buen indicador, no es del todo preciso. No tiene en cuenta la masa muscular, la estructura corporal o la edad.

Otra herramienta que mide con mayor precisión los cambios en la grasa corporal es una sencilla cinta métrica. Tomar las medidas del cuerpo puede ser muy útil para realizar un seguimiento de tu progreso. Muchas veces verás que has reducido unos centímetros, aunque en la balanza de casa no se aprecie ninguna diferencia. La dieta cetogénica del coco puede generar grandes mejoras en las medidas de tu cuerpo. La medida más importante es el ancho de la cintura porque es un indicador bastante preciso del riesgo de padecer diabetes o una enfermedad cardiovascular. Si solo te tomas una medida, esta debe ser en la que debes centrarte. Para medir correctamente la cintura, ponte de pie y coloca una cinta métrica alrededor de tu cintura, justo por encima de las caderas. Anota la medida justo después de exhalar.

Otras medidas que puedes querer tomar son la del busto o pecho y la de las caderas. Para medirte el busto, coloca la cinta a la altura de los pezones y mide alrededor de la parte más ancha del pecho. Asegúrate de mantener la cinta paralela al suelo. Para medirte las caderas, coloca la cinta alrededor de la parte más ancha de las caderas y nalgas, y mide toda la circunferencia mientras mantienes la cinta paralela al suelo.

Anota estas medidas en tu diario de dieta.

PESO DESEABLE PARA LA MUJER (con ropa y zapatos, debe restarse 1,4 kilos)			
MUJER			
Altura (cm)	Tamaño pequeño (kg)	Tamaño normal (kg)	Tamaño grande (kg)
147	46-50	49-55	54-59
150	47-51	50-56	54-61
152	47-52	51-57	55-62
155	48-54	52-59	56-64
157	49-55	54-60	58-65
160	50-56	55-61	59-67
163	52-58	56-63	61-68
165	53-59	58-64	62-70
168	54-60	59-65	64-72
170	56-62	60-67	65-74

PESO DESEABLE PARA LA MUJER (con ropa y zapatos, debe restarse 1,4 kilos)			
MUJER			
173	57-63	62-68	66-76
175	59-64	63-69	68-77
178	60-66	64-71	69-78
180	61-67	66-72	70-80
183	63-68	67-73	72-81

PESO DESEABLE PARA EL HOMBRE (con ropa y zapatos, debe restarse 1,4 kilos)			
HOMBRE			
Altura (cm)	Tamaño pequeño (kg)	Tamaño normal (kg)	Tamaño grande (kg)
157	58-61	59-64	63-68
160	59-62	60-65	64-69
163	60-63	61-66	64-71
165	61-64	62-67	65-73
168	62-65	63-68	66-74
170	63-66	64-70	68-76
173	64-67	66-71	69-78
175	64-68	67-73	70-80
178	65-70	68-74	72-82
180	66-71	70-75	73-83
183	68-73	71-77	74-85
185	70-74	73-79	76-87
188	70-76	74-81	78-89
191	72-78	76-83	80-92
193	73-80	78-85	82-94
Adaptado de las tablas estadísticas de la Metropolitan Life Insurance Company (1983).			

Temperatura corporal

Si tienes o sospechas que tienes una función tiroidea lenta y tu temperatura corporal normal es inferior a 37 °C, empieza por tomarte la temperatura ahora para establecer un punto de partida. Deberías tomártela vía oral tres veces al día y promediar los resultados que obtengas para conseguir un valor preciso. Tómate la temperatura una primera vez tres horas después de haberte despertado por la mañana, la segunda tres horas más tarde y la tercera al cabo de otras tres horas. Para una mayor precisión, toma lecturas durante por lo menos cinco días. En el caso de una mujer, la temperatura corporal varía durante los primeros días del ciclo menstrual y a mitad de ciclo, así que debe evitar tomarse la temperatura durante esos días. Los alimentos pueden afectar a la temperatura de la boca, así que tómatela antes o quince minutos después de comer o beber.

Si las lecturas de la temperatura varían más de dos o tres décimas de grado, lo más probable es que se sufra de algún problema de tiroides. Lecturas que varían mucho indican que el cuerpo tiene dificultades para mantener una temperatura normal.

Cuando estés siguiendo la dieta cetogénica, probablemente desees tomarte la temperatura periódicamente como he descrito hace un momento para ver si cada vez es más estable y normal. Dado que la dieta cetogénica del coco puede mejorar la salud de tu tiroides, es posible que sientas curiosidad por saber qué otros cambios puede producir. Consulta la página 258 y elabora una lista con todos los síntomas de una tiroides lenta que se apliquen en ti. Probablemente te sorprenderás al ver que, al cabo de un tiempo de seguir esta dieta, muchos de los síntomas disminuyen o desaparecen por completo.

Interrumpir la medicación

A veces los medicamentos contribuyen a un aumento de peso porque promueven una resistencia metabólica. Si padeces una resistencia metabólica a la pérdida de peso, los fármacos que estás tomando pueden ser la causa o por lo menos un factor que contribuye a ello. Parece ser que los peores villanos son los fármacos o medicamentos psicotrópicos, como los antidepresivos, los antipsicóticos y los tranquilizantes. Aquellos que se utilizan para los tratamientos de reemplazo hormonal pueden dificultar la pérdida de peso. En menor medida, los antiinflamatorios no esteroideos, los antibióticos, la insulina y los medicamentos para tratar las enfermedades cardiovasculares también pueden afectar. De hecho, cualquier medicamento puede empeorar la resistencia metabólica.

Uno de los beneficios más sensacionales de esta dieta es que corrige muchos trastornos metabólicos, así que vas a poder interrumpir la mayoría de la medicación que ahora tomas. No tengas miedo de dejar los medicamentos que llevas tanto tiempo tomando. Pídele a tu médico de cabecera que controle tu salud y tu progreso a medida que avanzas.

Antes de comenzar el programa, interrumpe toda la medicación que no sea imprescindible. Esto incluye los medicamentos para bajar el colesterol, que no son vitales para tu salud, por lo que puedes interrumpir su consumo de manera abrupta sin sufrir ningún daño. Puede que incluso sientas una mejora inmediata en cuanto los dejes. Esta dieta mejorará tus lecturas de colesterol, mucho más de lo que los medicamentos pueden lograr, y sin los efectos secundarios adversos tan terribles comúnmente asociados a ellos, que incluyen daños en el hígado, pérdida de masa muscular y pérdida de memoria. La dieta también equilibra el azúcar en sangre y la insulina, por lo que, una vez que comiences con la fase cetogénica del programa, los medicamentos para la diabetes y la insulina se convertirán en innecesarios. Incluso los diabéticos de tipo 1, quienes no pueden producir cantidades normales de insulina, podrán reducir y posiblemente interrumpir las inyecciones de insulina. Si tienes la presión arterial alta, bajará de forma natural. Si continúas tomando medicamentos para la presión arterial cuando estás en el programa, puede que tu presión arterial baje demasiado. Consulta con tu médico de cabecera para reducir la medicación según sea necesario.

Una de las quejas que escucho con más frecuencia cuando la gente comienza a añadir aceite de coco en su dieta es que acelera demasiado su metabolismo y que sufre de hipertiroidismo cuando previamente se le había diagnosticado hipotiroidismo. El problema no es que el aceite de coco acelere su tiroides, sino los medicamentos que toma. Ahora la medicación es demasiado fuerte y está causando síntomas de hipertiroidismo. El aceite de coco no provocará que la tiroides se vuelva hiperactiva. De hecho, ayuda al cuerpo a restablecer la función normal de esta glándula. Si después de comenzar la dieta notas síntomas de una tiroides hiperactiva, consulta con tu médico de cabecera y pídele que te reduzca la medicación para la tiroides. Si tu glándula tiroidea todavía funciona (no te la han extirpado quirúrgicamente o por medio de radiación), es probable que puedas reducir bastante tu medicación e incluso interrumpirla del todo. Si tu tiroides no funciona, probablemente solo podrás reducirla un poco, pero tendrás que seguir tomándotela.

Simplemente puedes experimentar un cambio drástico añadiendo aceite de coco a tu dieta. Mable W. cuenta:

> Mi nivel de colesterol ha bajado a 214 [era de 328], lo que es genial, desde que interrumpí la medicación en abril porque me dañaba el hígado. Después de la cirugía [de la tiroides] desarrollé diabetes y fui capaz de controlarlo con una dieta y con aceite de coco... Mi médico no daba crédito a sus ojos cuando me vio, ni tampoco cuando consultó los resultados del examen médico que me había hecho. Me dijo: «Siga con el aceite de coco». Y así lo he hecho. Me encuentro de maravilla, me siento bien tanto física como mentalmente. Antes de usar aceite de coco, tomaba quince prescripciones médicas al día. Ahora solo tomo vitaminas, aceite de coco y mi pastilla Synthroid... Sé que suena a tópico, pero el aceite de coco me ha devuelto la vida. Soy capaz de funcionar bien tanto física como mentalmente. Tengo a toda mi familia tomándolo. Mi marido afirma que le da energía para todo el día. Si te olvidas de tomarlo, se nota.

Si hay algunos medicamentos que sientes que deberías seguir tomando y que no te atreves a dejar, trata de depender cada vez menos de ellos. Pídele a tu médico de cabecera que te controle en tu progreso y que ajuste la dosis según sea necesario.

Es recomendable tomar suplementos dietéticos, así que si estás tomando hierbas, vitaminas o minerales, probablemente puedas seguir tomándolos. Algunos suplementos contienen azúcar y almidón, por lo que asegúrate de leer la etiqueta de los ingredientes e intenta que no contengan ningún carbohidrato excepto fibra. La dextrosa y el jarabe de maíz de alta fructosa son aditivos comunes.

Prepara tu despensa

Algo que puede echar por tierra este programa, por muchas pautas dietéticas que se den, es sucumbir a la tentación de los alimentos restringidos fácilmente accesibles. El hecho de saber que tu dulce favorito está ahí esperando a que te lo comas, puede ser demasiado tentador como para resistirse a ello. Eliminar la tentación es lo más sencillo y la mejor solución.

Si es posible, aléjalos de casa, o por lo menos que no sea fácil acceder a esos alimentos que debes eliminar de tu dieta. Dale todos los alimentos ricos en carbohidratos a un amigo, a un vecino o sencillamente tíralos a la basura. Si hay otra persona que vive en la casa que no tiene restricciones en cuanto a los alimentos que puede comer, ello hará que la dieta sea un poco más difícil. Tal vez los alimentos restringidos se pueden guardar en un lugar donde solo sabe que están allí quien los puede comer.

El siguiente paso es llenar la nevera y los armarios con los alimentos que están permitidos en la dieta. Debes poder disponer de ellos en todo momento para que haya el mínimo de tentaciones de recurrir a algunos de los restringidos. Compra un montón de aceite de coco. Ten tus suplementos dietéticos a mano.

Antes de comenzar el programa, revisa los alimentos aconsejables y planifica varias comidas. Calcula el contenido de carbohidratos de cada comida y organízalo de tal manera que se ajuste a tu requerimiento diario de carbohidratos totales. Adquiere el hábito de planificar tus comidas y tentempiés antes de ir al supermercado para tener todo a mano. Si vas al supermercado una vez por semana, es buena idea que planifiques cada comida de la semana antes de hacer la compra. De lo contrario, quizá te descubras agarrando lo primero que encuentres en la nevera o la despensa, lo que probablemente no se ajuste a tu límite diario de carbohidratos.

Consigue una libreta y empieza a llevar un diario de tu dieta. Además de los alimentos que comes, también puedes incluir tus recetas bajas en carbohidratos favoritas y consejos de cocina, tu peso y otras medidas corporales, los resultados de los análisis de sangre, los ajustes en la dosis de la medicación o los suplementos que estás tomando y los cambios en los síntomas y cómo te sientes. Sigue anotándolo todo. Tu diario de dieta se convertirá en tu libro personal de referencia para saber tu consumo de carbohidratos y será un informe perfecto donde quedará anotado tu progreso.

Evaluar el progreso

Seguramente habrás visto anuncios que exclaman: «He perdido veintitrés kilos en cuatro semanas» o «He pasado de una talla 50 a una talla 38 en tres días». Todo tipo de dietas afirman que puedes perder peso «rápido». Por desgracia, este tipo de anuncios de publicidad suelen ser poco realistas y tienden a dar falsas esperanzas a la gente. Medio kilo de grasa corporal almacena alrededor de 3.500 calorías. Para perder medio kilo con una dieta típica baja en grasas y que restringe el consumo de calorías, debes reducir tu consumo en 3.500 calorías menos. Teóricamente, una reducción de 500 calorías al día (3.500 por semana) provoca una pérdida de peso de medio kilo por semana. Una reducción de 1.000 calorías al día equivale a una pérdida de un kilo de grasa a la semana. Esto significa que perder peso realmente lleva tiempo. No se pueden perder veintitrés kilos de grasa en seis semanas. Entre tres y seis kilos es una cifra más realista para este período de tiempo.

Aunque algunas personas adelgazan de forma rápida con este programa, no está diseñado para una pérdida de peso rápida, sino para la reducción de grasa. Hay una gran diferencia. Este programa se centra en la eliminación del exceso de grasa en el cuerpo, y no sencillamente en reducir peso. La mayoría de los programas para perder peso y con un contenido bajo en grasas lo que hacen es que se pierda agua y masa muscular, además de grasa. Este es el motivo por el que se pierde tanto peso, por lo menos al principio, además de ser perjudicial para la salud. La dieta cetogénica del coco está diseñada para eliminar la grasa y, a su vez, mejorar la salud. La cetosis te ayuda a evitar que pierdas tejido muscular magro. Beber agua evita que pierdas agua corporal. Así que el peso que eliminas con este programa procede en su mayoría de la grasa.

Si padeces sobrepeso, puede que pierdas grasa a un ritmo ligeramente más rápido; es posible que entre dos y tres kilos en una semana. Pero siendo realistas, cuando comiences con la fase cetogénica de la dieta, es probable que pierdas de medio a dos kilos por semana –un kilo es bastante típico–. Esto puede que no suene tan bien como esos anuncios de dietas milagrosas, pero es bastante significativo. Tan solo un kilo por semana son cuatro kilos en un mes, ocho en dos meses y dieciséis en cuatro meses. En seis meses pesarás casi veinticinco kilos menos y en un año casi cincuenta. Lo mejor de esto es que lo puedes conseguir comiendo filetes, huevos, tocino, carne asada, chuletas, queso, guisos y ricas salsas y otras comidas deliciosas, y, encima, tanta cantidad como quieras hasta que te sientas saciado.

No esperes que ocurran milagros de la noche a la mañana –como los que ves en los anuncios–. Dale tiempo a la dieta para que su magia actúe. ¿Acaso puedes eliminar todos los kilos que te sobran en un día? ¿Verdad que no? Esta no es una de esas dietas para perder peso rápido, sino un programa de reducción de grasa que está diseñado para ayudarte a perder el exceso de grasa del cuerpo y mantenerlo alejado para siempre.

Si deseas realizar un seguimiento de la grasa que vas perdiendo, utiliza una cinta métrica. Una vez cada tres o cuatro semanas mide tu cintura, caderas y pecho y compáralo con las medidas iniciales.

Después de haber permanecido en la fase cetogénica de la dieta por lo menos durante dos o tres meses, vuelve a consultar con tu médico de cabecera y hazte de nuevo unos análisis de sangre. Obtén los resultados de la presión arterial, la glucosa en ayunas, la proteína c-reactiva, el HDL, el índice de colesterol y los niveles de triglicéridos. Compara estos resultados con los que recibiste justo antes de comenzar la dieta. Deberían mostrar mejoras notables, indicando así que no solo estás perdiendo peso, sino que también tu estado de salud general ha empezado a mejorar. Esto debería ser muy motivador. Es probable que quieras hacerte un análisis de sangre cada pocos meses tan solo para ver cómo continúas mejorando.

Si estabas acostumbrado a sentir siempre frío, y las manos y los pies helados y una temperatura corporal baja debido a una función tiroidea lenta, deberías notar una mayor sensación de calidez, una temperatura corporal más elevada y más energía. Tómate la temperatura. ¿Cuál es la diferencia? Revisa la lista de síntomas de una tiroides lenta que aparece en el capítulo 12 y observa si notas alguna mejora.

Deberías notar una mejora considerable en todos estos indicadores, lo que muestra que la dieta cetogénica del coco te está ayudando a mejorar tu salud en general de muchas maneras, además de perder peso.

Posibles efectos secundarios

No hay efectos secundarios asociados con la dieta cetogénica, pero se pueden producir algunos cambios temporales que hay que tener en cuenta. Algunas personas se quejan de estreñimiento (un 68%) o diarrea (un 23%), pero esto es de esperar cuando se producen cambios drásticos en la dieta. En el momento en que el sistema digestivo se adapta y se acostumbra a una nueva forma de comer, estos síntomas se atenúan.

Por lo general, cuando el consumo de grasa aumenta drásticamente, los intestinos tienden a aflojarse durante un tiempo hasta que el cuerpo es capaz de adaptarse a la adición de grasa. Algunas personas, sin embargo, experimentan todo lo contrario y sufren de estreñimiento. Hay varias razones que lo explican. A veces lo que la gente cree que es estreñimiento, en realidad es un tracto digestivo vacío. A medida que disminuye el consumo de alimentos, también disminuye de forma natural la eliminación o excreción. No es estreñimiento, sino sencillamente una reducción del volumen de comida que pasa a través del tracto digestivo. El estreñimiento a menudo es un signo de deshidratación. Con frecuencia, cuando la gente comienza a reducir su consumo de calorías, también reduce su consumo de agua, y esto puede provocar una deshidratación leve y, en consecuencia, estreñimiento. Si tratas de beber una cantidad adecuada de agua durante el día, esto te ayudará a prevenirlo. La adición de vitamina C y magnesio también te ayudará.

Otro efecto común es el mal aliento (un 38%). Cuando uno entra en cetosis, el exceso de cetonas se expulsa a través de la orina y la exhalación. Esto se llama respiración cetogénica y desprende un olor afrutado ligeramente dulce parecido al olor de la piña. Este olor no es ofensivo, sino agradable. Sin embargo, la dieta baja en carbohidratos y rica en grasas altera la química corporal, estimulando una mayor limpieza y curación del organismo. Debido a que el cuerpo expulsa toxinas a un ritmo acelerado, la respiración puede adquirir un olor pútrido, que enmascara por completo el olor agradable a fruta que produce la cetosis. Algunas personas culpan a las cetonas de este mal olor, pero son las toxinas las que lo producen. A medida que el cuerpo se limpie y se cure, el mal aliento desaparecerá. Podrás saber cuándo has eliminado la mayor parte de las toxinas almacenadas y estás en proceso de curarte cuando la respiración sea fresca y huela bien o ligeramente a frutas.

Los dolores de cabeza son otro de los efectos secundarios asociados con el proceso de limpieza. Cuando alguien deja de comer azúcar, chocolate y otras sustancias adictivas, a menudo experimenta síntomas de abstinencia. El dolor de cabeza suele acompañar al proceso de limpieza –alrededor de un 60% de la gente lo experimenta por lo menos una vez–. Cuando el cuerpo haya superado la adicción, los dolores de cabeza no serán un problema. La deshidratación también puede causar dolores de cabeza, así que asegúrate de beber cantidades adecuadas de agua.

El efecto secundario más común asociado con la dieta cetogénica es una repentina falta de energía. Este síntoma es más apreciable si llevas un ritmo de vida muy activo. Si eres adicto a la televisión, será menos perceptible. No sentirás somnolencia, pero no tendrás tanta energía como antes y te sentirás fatigado mucho antes cuando realices tus tareas diarias. Esto es especialmente notable si sigues un programa de ejercicio regular o practicas algún deporte. Cuando comiences con la dieta, tus niveles de energía descenderán. No te preocupes, tu energía volverá a la normalidad en una semana o dos. Tu fuerza muscular, sin embargo, será la misma. No se produce una disminución de la fuerza. Probablemente tu cuerpo ha estado funcionando a base de azúcar durante toda la vida. Ahora tiene que adaptarse y dedicarse a quemar grasas y cetonas. Esto requiere un cambio en el tipo de enzimas que produce tu cuerpo. Las enzimas que queman grasa deben reemplazar a las enzimas que queman azúcar. El cuerpo tarda entre una y dos semanas a realizar el ajuste. Una vez que se ha hecho, se vuelve a recuperar la misma energía que tenía cuando quemaba azúcar, y a veces se tiene incluso un poco más. Definitivamente, vas a estar más despierto mentalmente cuando el cerebro funcione mejor porque estará quemando cetonas en lugar de glucosa.

Otro efecto secundario frecuente son los calambres musculares. Los músculos inferiores de la pierna son los que se ven más afectados, pero los calambres pueden ocurrir en cualquier zona del cuerpo –los brazos, el abdomen, la espalda, los dedos de los pies, la mandíbula, etc.–. En cetosis, la demanda de tu cuerpo de electrolitos, principalmente sodio y magnesio, aumenta. La mayoría de las personas ya de por sí tienen una deficiencia de magnesio. Cuando entran en cetosis, esta deficiencia se manifiesta con calambres musculares. Aproximadamente el 35% de las personas que siguen una dieta cetogénica para perder peso experimentan algún calambre muscular. Si añades un suplemento de magnesio a tu dieta diaria, te aseguras de ingerir cantidades adecuadas de sal (cloruro de sodio) y estás correctamente hidratado, todo ello te ayudará a reducir los calambres. Estos se producen a menudo por la noche cuando estás durmiendo. Si tienes un calambre, bebe un vaso de agua junto con un suplemento de magnesio y una pizca de sal marina. Frotar aceite de magnesio sobre los músculos afectados puede ayudar a aliviar el dolor.

Otro de los productos que recomiendo son los electrolitos en polvo –Electrolyte Powder, de la empresa Celtic Sea Salt (www.selinanaturally.com)–. Este polvo contiene todos los electrolitos principales (sodio, cloruro, sulfato, fosfato, magnesio y potasio), así como sesenta oligoelementos minerales. Cada frasco viene con una cuchara para logra la dosificación correcta. Tomar una o dos cucharadas al día mezcladas con un poco de agua puede ayudar a prevenir los calambres.

El de coco es un aceite que promueve la salud y puede tener un efecto muy limpiador y curativo en muchas personas. Los ácidos grasos de cadena media del aceite de coco poseen potentes propiedades antibacterianas, antimicóticas y antivirales. Si bien estos ácidos grasos nutren y alimentan a nuestras células, son mortales para los microorganismos potencialmente dañinos que viven en nuestro cuerpo. Cuando esto se combina con el efecto estimulante del aceite sobre el metabolismo, puede provocar lo que se conoce como una reacción Herxheimer. Esta reacción se produce cuando una pesada carga de microbios muertos y toxinas son expulsados del cuerpo. La eliminación de este material puede dar lugar a una gran variedad de síntomas, los cuales pueden incluir una erupción en la piel, una secreción sinusal, fatiga, dolor de cabeza, trastornos digestivos, diarrea, fiebre y otros. Quizá haya personas que solo experimenten uno o dos de estos síntomas, o puede que ninguno. Sin embargo, no son signos de una infección o enfermedad, sino de una limpieza. No se deben tomar medicamentos. Deja que la limpieza siga su curso; los síntomas son solo temporales y desaparecerán en unos días. Afortunadamente, la mayoría de la gente no experimenta ninguna reacción notoria, pero si te sucede, no te alarmes, no pasa nada malo. Deberías sentirte feliz de que estos microbios potencialmente dañinos y estas toxinas estén siendo expulsados de tu cuerpo.

¿Qué sucede si tienes problemas para perder peso?

Si después de seguir el programa cetogénico del coco de pérdida de peso durante varias semanas ves que no obtienes los resultados que esperabas, ¿qué puedes hacer? Por favor, ten en cuenta que todos somos diferentes y la velocidad a la que se pierde peso varía de una persona a otra. Algunas adelgazan rápidamente; otras no tanto. Las personas más corpulentas tienden a perder peso más rápido que las más menudas. No puedes comparar tu progreso con el de otra persona.

Sin embargo, hay una serie de razones por las que algunos parecen tener más dificultades para perder peso. La razón más común es no seguir el programa correctamente. ¿Estás calculando cada gramo de carbohidratos que ingieres? Este es el primer fallo. A menudo, la gente no se molesta en tomarse un tiempo para calcular la cantidad exacta de carbohidratos que ingiere y acaba haciendo una estimación. ¡Craso error! A menos que tengas mucha experiencia calculando el contenido de carbohidratos en tus comidas, no serás capaz de hacer una estimación exacta. Se tiende a subestimar el volumen de los alimentos que se comen y, por lo tanto, se consumen más carbohidratos de lo que se cree. Tan solo unos cuantos gramos pueden tener un efecto significativo en tu éxito. Cuando comienzas con esta dieta debes calcular cada gramo de carbohidratos que consumes. A medida que vayas adquiriendo experiencia con el contenido de carbohidratos, serás capaz de hacer estimaciones.

Si ya desde un principio te cuesta mucho perder peso y estás contando los gramos de carbohidratos con precisión, probablemente padezcas una resistencia metabólica. En este caso, deberías reducir tu límite de carbohidratos hasta llegar a entre 25 y 20 gr al día. También debes asegurarte de que estás añadiendo por lo menos tres cucharadas de aceite en cada comida. Consumir menos grasa hará que la dieta sea menos eficaz.

Jenny oyó hablar por primera vez acerca del enfoque cetogénico para perder peso en un *podcast* de Jimmy Moore. En la entrevista Moore describió su experiencia de haber perdido casi cincuenta kilos en un año con una dieta cetogénica baja en carbohidratos y rica en grasas, consumiendo aceite de coco y otras grasas saludables. Alentada por su éxito, ella se embarcó en una dieta similar. Pero después de unas semanas se desanimó, porque no solo no había perdido peso, sino que había engordado un kilo. Al analizar su dieta vio que estaba consumiendo entre 25 y 30 gr de carbohidratos y 80 gr de proteínas al día, y que el 70% de las calorías procedía de la grasa. A simple vista, parecía que todo estaba bien, pero Jenny solo medía un poco más de un metro y medio. Su peso ideal tenía que reducirse hasta un intervalo de 52-59 kilos. Por su tamaño, su ingesta de proteína debía limitarse a 62-71 gr al día. Ella estaba consumiendo más de 80.

Como se mencionó anteriormente, el exceso de proteína puede convertirse en glucosa en el cuerpo y actuar igual que los carbohidratos, estimulando la liberación de insulina. El error más común en las dietas bajas en carbohidratos es que la gente tiende a excederse en los alimentos ricos en proteína. Creen erróneamente que sencillamente reemplazar los carbohidratos por carne y huevos les va a traer una reducción de peso instantánea. Aunque este cambio puede significar una mejora, atiborrarse de alimentos ricos en proteína puede dificultar la pérdida de peso.

Si examináramos un poco más de cerca la dieta de Jenny, también descubriríamos que cada día tomaba un par de tazas de café endulzado con stevia –otro gran error–. Aunque el café, el té negro y el té verde pueden considerarse bebidas bajas en carbohidratos, pueden sabotear tus esfuerzos para perder peso. La cafeína y los edulcorantes artificiales estimulan la respuesta de la insulina, lo que activa el almacenamiento de grasa. Independientemente de la mucha o poca cantidad de calorías que consumas, cualquier aumento en tus niveles de insulina promoverá la síntesis y el almacenamiento de grasa. Aunque solo ingieras 800 calorías al día, puedes almacenar grasa y aumentar de peso si los alimentos que comes estimulan la liberación de insulina. Por otra parte, puedes perder peso consumiendo 2.000 calorías o más al día si los alimentos no inducen una respuesta de la insulina. Aunque la grasa suministra más calorías que los carbohidratos y las proteínas, no eleva los niveles de insulina, sin importar la cantidad que se ingiera.

Si tu cuerpo se acostumbra a quemar grasa en lugar de glucosa, tu metabolismo mejorará, con lo que podrás perder el exceso de peso sin una reducción sustancial en tu consumo de calorías. No obstante, si limitas tu consumo de calorías, verás un progreso más rápido. Como la cetosis reduce el hambre, hacerlo es algo relativamente fácil. A menudo, nos empeñamos en mantener el hábito de comer a ciertas horas del día y una cantidad determinada de comida. Deberías romper con estos hábitos; come solo cuando tengas hambre y deja de hacerlo cuando te sientas saciado, incluso si aún queda algo de comida en el plato. No tienes que terminártelo todo simplemente porque no quieres desperdiciar comida. Cuando eras niño aprendiste a no dejarte nada en el plato, pero ahora que eres adulto, no es necesario que ingieras todas esas calorías. Como vas a tener menos hambre, aprovecha y sáltate algunas comidas, y toma un pequeño tentempié en su lugar. Te saciará igual.

Normalmente comemos hasta que nuestro estómago envía una señal a nuestro cerebro que avisa de que es hora de parar. Esta señal es lenta. Tarda unos veinte minutos desde el momento en que empezamos a comer hasta que recibimos la señal de parar. Si comes rápido, puede que llegues a comer el doble que un comedor más lento antes de sentirte lleno.

Por tanto, lo que debes hacer para evitar este problema es comer más lento. ¿Alguna vez has conocido a alguien que come muy lento? Te sientas a comer y cuando todo el mundo ha terminado, esta persona apenas ha comenzado. ¿Qué aspecto tiene esta persona? Me apuesto lo que sea a que está delgada. Los comedores lentos no suelen comer en exceso porque reciben la señal de saciedad antes de que puedan terminar su plato. En contraste, quienes comen rápido suelen padecer sobrepeso. Comen tan deprisa que pueden ingerir 500 calorías extras antes de recibir la señal que les avisa de que deberían parar. Normalmente, cuando nos sentimos saciados dejamos de comer. Pero a veces nos gusta tanto la comida que seguimos comiendo a pesar de que sabemos que estamos llenos y que probablemente nos sentiremos hinchados durante las próximas dos horas.

Otra manera de evitar comer demasiado es esperar por lo menos cinco o diez minutos antes de repetir un plato. Cuando esperas ese rato, le das tiempo a tu estómago para que envíe la señal al cerebro. ¿Alguna vez has interrumpido una comida para atender una llamada de teléfono o abrir la puerta de casa y, al regresar varios minutos después, has notado que ya no tenías hambre? Esto se debe a que tu estómago ya estaba lleno antes de la interrupción. Tomarte un descanso permite que tu cerebro reciba la señal. Si hubieras permanecido sentado a la mesa, probablemente habrías consumido más calorías de las que tu cuerpo necesitaba.

La tentación acompaña a toda dieta, ya sea baja en grasas, baja en carbohidratos o cualquier otra cosa. Cada vez que eliminas ciertos alimentos preciados (y adictivos) de tu dieta, estos alimentos pueden tentarte. Aunque tu apetito con la dieta cetogénica del coco se reducirá y tú tendrás mayor resistencia, no podrás evitar que tu vista y tu olfato se sientan atraídos por tus carbohidratos preferidos cuando te los coloquen enfrente. Aquí es donde la dieta cetogénica tiene una ventaja psicológica sobre otras dietas. Cuando comienzas una dieta cetogénica, puedes tardar entre tres y seis días a conseguir un nivel de cetosis en el que tu apetito se reduce realmente. Este período de tiempo precetosis es la parte más difícil de toda la dieta, ya que te sentirás hambriento, tal como sucede con cualquier otra dieta de pérdida de peso. Una vez que entras en cetosis es mucho más fácil ignorar las tentaciones. Esto puede actuar como estímulo psicológico para soportar la tentación. Con otras dietas es demasiado fácil hacer trampas. Si comes un alimento prohibido cuando nadie mira, nadie se va a enterar y físicamente no sentirás ninguna diferencia. Puedes salirte con la tuya. Sin embargo, con una dieta cetogénica, si haces trampas y, por ejemplo, te comes un trozo de pastel de chocolate, puedes echar a perder el estado de cetosis, lo que significa que recuperarás el apetito y que tendrás que luchar con la sensación de hambre durante varios días hasta volver a entrar en cetosis. La idea de que te puedas sentir hambriento durante varios días después de comer algo que no deberías comer debe ser suficiente como para motivarte a no hacer trampas. Si sientes tentaciones de romper la dieta con una golosina rica en carbohidratos, piensa en lo incómodo que va a ser aguantar durante los siguientes días a causa de ello. ¿Merece la pena?

Continúa con tu progreso

En la dieta vas a perder peso más rápido al principio. A medida que te acerques a tu peso corporal ideal, tu tasa de pérdida de peso se ralentizará. Tu cuerpo se regulará él solo de forma natural. Cuando inicias la transición a la fase de mantenimiento de la dieta baja en carbohidratos todavía puedes perder algo de peso hasta que fijes tu nuevo límite de carbohidratos; a partir de entonces tu peso se mantendrá relativamente constante.

Una vez que entres en la fase de mantenimiento de la dieta y ya no estés en cetosis, podrás empezar a consumir más carbohidratos. Debes tener cuidado. Si vuelves a comer como solías hacerlo, aunque solo sea a medias, reavivarás los antojos de azúcar y carbohidratos, y volverás a engordar enseguida. A medida que aumentas la ingesta de carbohidratos, puede que sientas la tentación de comer algunos de tus antiguos alimentos preferidos puesto que entran dentro de tu nuevo límite. Esto está bien, siempre y cuando controles la ingesta de esos alimentos. Cómelos en pequeñas porciones y solo de vez en cuando. El problema es que la tendencia a la adicción al azúcar y a los carbohidratos nunca desaparece del todo. Una vez que eres adicto al azúcar, lo eres de por vida. Puedes romper la adicción que ahora tienes con una dieta cetogénica, pero siempre puede volver a reactivarse. Si has estado luchando con problemas de peso durante varios años, lo más probable es que seas adicto al azúcar. Comer un poco de dulces o pan puede ser todo lo que necesitas para reactivar esas adicciones. He visto como hay gente que se vuelve adicta al pan e incluso a la fruta en tan solo unos días después de haber estado durante un tiempo a dieta. Una vez que estos antojos vuelven, pierdes tu fuerza de voluntad. Es mejor evitar los problemas con la comida. Sin embargo, si sucumbes y descubres que te has vuelto a hacer adicto, no te rindas, siempre puedes limitar tu ingesta de carbohidratos y volver a la dieta cetogénica rica en grasas.

No tienes que renunciar a los panes y los productos horneados por completo. La mayoría de las harinas, incluso la de frutos secos y la de soja, son ricas en carbohidratos. Una alternativa al trigo y a otras harinas que sea baja en carbohidratos es la de coco. La harina de coco contiene de forma natural mucha fibra y pocos carbohidratos digeribles, y aproximadamente la misma cantidad de proteína que la harina de trigo integral pero sin gluten, así que aquellas personas que son sensibles al gluten (proteína del trigo) pueden comerla sin ningún problema. Con la harina de coco puedes preparar galletas, magdalenas, tortitas y otros productos horneados que realmente contienen pocos carbohidratos.

Debido a que la harina de coco no contiene gluten y es rica en fibra, las propiedades de panificación son muy diferentes a las de la harina de trigo. Por este motivo, no puedes utilizarla como normalmente haces con las recetas ideadas para preparar con harina de trigo. Las propiedades de panificación de la harina de coco son tan diferentes que estas recetas no sirven. Pero he escrito un libro con recetas con harina de coco titulado *Coooking with Coconut Flour: A Delicious Low-Carb, Gluten-Free Alternative to Wheat*. Este libro contiene recetas para preparar con rapidez panes, tortitas, galletas, magdalenas, pasteles y mucho más. Aunque hay muchas recetas para panes «dulces», cada una incluye tanto la versión con contenido normal de azúcar y la versión con un contenido bajo en azúcar o sin azúcar. La stevia se utiliza como edulcorante en algunas de las recetas. Incluso las versiones con un contenido normal de azúcar llevan menos azúcar y el total de carbohidratos es mucho menor que aquellas que utilizan harina de trigo. Por ejemplo, las magdalenas sin azúcar contienen solo 1,3 gr de carbohidratos por unidad. El libro también incluye muchos productos horneados salados como magdalenas de tocino, de queso y de brócoli, pan de carne italiano y pollo frito con coco. Aunque muchas de estas recetas se pueden incorporar a la dieta cetogénica, son más adecuadas para la fase de mantenimiento.

Debido a que seguir una dieta baja en carbohidratos y rica en grasas es algo nuevo para la mayoría de la gente, la preparación de las comidas basadas en la dieta cetogénica del coco puede parecer un desafío. En realidad no lo es. La preparación de la comida puede convertirse en algo sencillo y delicioso. Con la creciente popularidad de las dietas bajas en carbohidratos, ya hay muchos libros de cocina disponibles, así como numerosas recetas bajas en carbohidratos en Internet que pueden orientarte. Recuerda que no todos los alimentos «bajos en carbohidratos» tienen realmente un contenido bajo en carbohidratos, por lo que debes seleccionar las recetas sabiamente y saber la cantidad de gramos de carbohidratos que contienen por ración. Presta atención al tamaño de la ración. Por ejemplo, media taza es una ración típica.

Seguir una dieta cetogénica baja en carbohidratos no es tan difícil si te centras en comer carne, pescado, ave y hortalizas frescas. No lo tienes que hacer más duro de lo que es. A menudo, cuando la gente comienza con una dieta baja en carbohidratos, tan solo se limita a eliminar de la dieta sus alimentos ricos en carbohidratos preferidos, así que lo que hacen es imitar una dieta baja en carbohidratos, como un puré de coliflor (en lugar de un puré de patatas), una pizza sin trigo (usando queso o huevos para la masa), *hash browns* o croquetas de patatas (con coliflor cortada a taquitos) o lasaña de berenjena. Puedes hacer esto si quieres, pero no es necesario que gastes tu tiempo, esfuerzo y dinero en esos mejunjes. Algunos de estos platos requieren una gran cantidad de preparación y realmente no saben como los alimentos que están destinados a reemplazar. Alimentos más sencillos como la carne y las verduras son todo lo que necesitas. El capítulo 17 ofrece muchas ideas para preparar comidas sencillas que te pueden ayudar para empezar.

Seguramente, la parte más difícil de la dieta cetogénica del coco es consumir la cantidad de grasa diaria requerida. La adición de tres cucharadas de grasa en cada comida es mucho. A menudo, solo tienes que combinar la grasa con los alimentos, utilizarla para cocinar o añadirla después. La grasa en realidad mejora el sabor de las carnes y las verduras. En el siguiente capítulo, proporciono una serie de recetas de tentempiés grasos –alimentos y bebidas ricos en grasas que pueden consumirse como un tentempié en lugar de una comida completa, o como acompañamiento o «aperitivo» de una comida normal para aumentar el contenido de grasa total–. Una comida con un contenido moderado o incluso bajo en grasas puede transformarse en una comida rica en grasas sencillamente añadiendo un tentempié graso.

Salir a comer fuera puede ser un reto, pero a medida que pasan los años cada vez es más fácil. Debido a la popularidad de las dietas bajas en carbohidratos, muchos restaurantes ofrecen ahora esta opción. La mayoría de los restaurantes que preparan hamburguesas, incluyendo los más populares de comida rápida, ofrecen hamburguesas sin pan. Estas hamburguesas incluyen todo lo que puedes esperar de una hamburguesa normal, pero se envuelven en lechuga en vez de usar pan. Incluso si esta opción no se encuentra en el menú, la mayoría de los restaurantes estarán encantados de preparártelo si se lo pides. Si planeas salir, lleva un poco de aceite o mayonesa contigo para aumentar el contenido de grasa de tu comida.

Si quieres saber más acerca de los beneficios del aceite de coco y otras grasas saludables, visita mi sitio web:

www.coconutresearchcenter.org.

Para más información sobre la dieta cetogénica del coco, consulta:

www.cocoketodiet.com.

17

Cocina con el método de la cetosis

Al principio, aprender a cocinar todos los platos con un bajo contenido en carbohidratos parece una tarea desalentadora. Sin embargo, no es tan difícil como parece. Aunque algunas recetas bajas en carbohidratos son complicadas y requieren mucho tiempo, gran parte de la cocina es tan fácil como freír una chuleta de cordero y cocinar al vapor unos calabacines. ¿Acaso hay algo más fácil que esto?

Si preparar recetas bajas en carbohidratos es nuevo para ti, te insto a que leas este capítulo. Tanto si usas algunas de las recetas que aparecen como si no, te voy a mostrar cómo hacer que preparar recetas bajas en carbohidratos se convierta en algo fácil y rápido. También te voy a mostrar cómo incorporar el aceite de coco en tu dieta. Las que se enseñan aquí son solo unos ejemplos de recetas con un bajo contenido en carbohidratos. Para más ideas, consulta libros y recetas que estén disponibles en la biblioteca, tu librería habitual e Internet.

Lo ideal sería que la grasa comprendiera por lo menos el 60% de tus calorías totales. Añade todo el aceite necesario a tus alimentos para conseguir este objetivo. La cantidad de grasas, así como también de carbohidratos netos, proteínas y calorías totales por ración, se indica al final de cada receta. Ten en cuenta que se te da el contenido de grasa en gramos. Una cucharada de aceite equivale a 14 gr (15 ml).

Tentempiés grasos

Los tentempiés grasos son pequeñas raciones de alimentos ricos en grasas que se pueden tomar en lugar de una comida normal o como aperitivo antes de una comida completa. Estos tentempiés incluyen la adición de dos a tres cucharadas de aceite, generalmente de coco. En definitiva, son una forma apropiada y apetecible de consumir varias cucharadas de grasa de una sola vez, mientras se consume una cantidad mínima de carbohidratos y calorías totales.

Los tentempiés grasos pueden ser muy sencillos. Las salsas, los patés y los rellenos se pueden añadir a verduras cortadas en rodajas, cortezas de cerdo, o incluso envolver en hojas de lechuga. Echa un vistazo a las siguientes recetas. La sopa es una excelente manera de añadir aceite de coco y otros aceites a tu dieta. Las recetas de sopas como tentempiés grasos que se describen en esta sección equivalen a raciones de tres a cuatro tazas y media. Un tentempié graso puede consistir en una ración de taza y media, y el resto de la sopa se puede guardar en la nevera o congelar, y comer otro día. Por supuesto, puedes preparar el doble de cantidad si te gusta la receta o incluso comer una ración más grande como si fuera una comida normal. Vas a ver que en las recetas de sopas como tentempiés grasos no aparece ninguna grasa añadida. El aceite se añade después de que se haya preparado la sopa. De esta manera, puedes añadir una, una y media o dos cucharadas o la cantidad que sea de aceite de coco que se necesita para ese tentempié o comida en particular. Una ración de sopa es media taza (118 ml), más el aceite añadido.

Pollo al curry

Esta es una manera muy sencilla y sabrosa de cocinar un plato con un contenido bajo en carbohidratos y que te aporta la cantidad de grasa diaria requerida. Puedes escoger entre dos versiones; la primera añade dos cucharadas de aceite de coco y la segunda, tres cucharadas.

Versión 1

30 gr de pollo cocido, 2 cucharadas (30 ml) de aceite de coco, ¼ de cucharadita de curry en polvo, sal al gusto.

Versión 2

60 gr de pollo cocido, 3 cucharadas (45 ml) de aceite de coco, ¼ de cucharadita de curry en polvo, sal al gusto.

Cortar el pollo en taquitos pequeños. Mezclarlo con el aceite de coco, el curry en polvo y la sal en una cacerola y poner al fuego hasta que la mezcla se haya calentado un poco. No estás cocinando la mezcla, solo calentándola. El calor derrite el aceite de coco e intensifica ligeramente el sabor del curry. Consumir caliente.

Cantidad: 1 ración

Versión 1

Por ración: 29 gr de grasa, 0 gr de carbohidrato neto, 9 gr de proteína, 288 calorías.

Versión 2

Por ración: 44 gr de grasa, 0 gr de carbohidrato neto, 17 gr de proteína, 450 calorías.

Requesón de coco

Este es mi tentempié graso preferido. Como tentempié, por lo general duplico o triplico la cantidad de esta receta.

1 cucharada (15 ml) de aceite de coco
1 cucharada (14 ml) de requesón

Verter el aceite de coco en un recipiente o cacerola que se pueda calentar. Yo uso un tazón de vidrio (235 ml). Calentar el aceite del recipiente en el fogón a fuego medio o bajo hasta que se derrita o se haya calentado un poco (alrededor de 65 °C). Añadir al requesón y usar una cuchara para mezclarlo todo hasta que quede una mezcla esponjosa y con grumos. Ya está listo para comer. Para añadir un poco de dulce, espolvorear una o dos cucharadas de coco rallado tostado por encima.

El aceite de coco y el requesón se mezclan en una proporción de 1 a 1, lo cual hace que sea fácil de modificar según se quiera consumir más o menos aceite. Puedes aumentar o reducir la cantidad de grasa de este tentempié añadiendo una o más cucharadas de aceite y requesón.

Cantidad: 1 ración

Por ración: 14 gr de grasa, 0,5 gr de carbohidrato neto, 2 gr de proteína, 136 calorías.

Requesón de coco con bayas

Esto puede ser un excelente tentempié graso o un postre. Su sabor es parecido al del helado o el pudin de bayas. Es realmente sabroso.

2 cucharadas (30 ml) de aceite de coco
12 arándanos o frambuesas o 6 moras
2 cucharadas (30 ml) de requesón
3 o 4 gotas de stevia líquida (opcional)

Verter el aceite en un pequeño recipiente que se pueda calentar. Yo uso un tazón de vidrio (235 ml). Añadir las bayas y calentarlo a fuego medio o bajo hasta que el aceite se derrita o se haya calentado un poco (alrededor de 65 °C). Las bayas calientes intensifican ligeramente su sabor. Añadir al requesón, con un poco de stevia, y usar una cuchara para mezclarlo todo hasta que quede una mezcla esponjosa con grumos y bayas. Ya está listo para comer.

Cantidad: 1 ración

Por ración: 29 gr de grasa, 3 gr de carbohidrato neto, 4,5 gr de proteína, 291 calorías.

Delicia de crema de canela

Esta bebida tiene un sabor similar al ponche de huevo, pero sin huevo.

½ taza (120 ml) de crema de leche
¼ de cucharadita de extracto de almendra
⅛ de cucharadita de canela molida

Mezclar todos los ingredientes juntos. Beber y disfrutar. Si se quiere preparar esta bebida con ponche de huevo, simplemente añadir un huevo crudo.

Cantidad: 1 ración

Por ración: 44 gr de grasa, 3,5 gr de carbohidrato neto, 2,5 gr de proteína, 420 calorías.

Delicia de crema de bayas

Esta es una bebida cremosa con sabor a bayas. Puedes duplicar la cantidad de la receta y congelar la mitad para consumir otro día. Sabe bien tanto del tiempo como fría.

½ taza (120 ml) de crema de leche
⅛ de cucharadita de extracto de almendra
12 arándanos o frambuesas o 6 moras (aproximadamente 22 gr)
1 cucharada (15 ml) de aceite MCT o aceite de coco (opcional*)

Usar un procesador de alimentos o una licuadora, mezclar la crema, el extracto de almendras, las bayas y el aceite MCT durante 15-20 segundos aproximadamente. No mezclar demasiado. La crema debe quedar un poco espesa, con una textura luminosa. Beber y disfrutar.

* Si usas aceite de coco en lugar de aceite MCT, tendrás que añadirlo por separado. Introducir los ingredientes, excepto el aceite de coco, en la licuadora o procesador de alimentos y poner en marcha. Mientras se mezcla todo, verter poco a poco el aceite de coco derretido. Hacerlo lentamente permite que el aceite de coco se mezcle con la bebida sin endurecerse ni formar grumos. Si la bebida tiene grumos, eso significa que se ha vertido el aceite de coco demasiado rápido.

Cantidad: 1 ración

Por ración: (sin aceite de coco o con aceite MCT) 44 gr de grasa, 5,5 gr de carbohidrato neto, 3 gr de proteína, 430 calorías.

Por ración: (con 1 cucharada de aceite de coco) 55 gr de grasa, 5,5 gr de carbohidrato neto, 3 gr de proteína, 556 calorías.

Delicia de crema de calabaza

Esta bebida tiene un sabor similar al relleno del pastel de calabaza.

½ taza (120 ml) de crema de leche
¼ de cucharadita de extracto de vainilla
¼ de cucharadita de especias de pastel de calabaza o pimienta de Jamaica

Mezclar todos los ingredientes juntos. Beber y disfrutar. Si se usa pimienta de Jamaica en lugar de especias de pastel de calabaza, el sabor es un poco distinto, pero igualmente bueno y sabroso.

Cantidad: 1 ración

Por ración: 44 gr de grasa, 3,5 gr de carbohidrato neto, 2,5 gr de proteína, 430 calorías.

Sardinas crujientes

Este es un tentempié muy sabroso y saciante que contiene ácidos grasos omega 3. La receta es una pasta que se puede untar a las cortezas de cerdo crujientes.

1 lata (109 gr) de sardinas en aceite de oliva
¼ de taza (60 gr) de crema agria
2 cucharadas (30 ml) de aceite de oliva virgen extra
¼ de taza (60 gr) de salmuera de eneldo picada
Sal y pimienta al gusto
18 chicharrones o cortezas de cerdo

Añadir a las sardinas la crema agria, el aceite de oliva virgen, la salmuera de eneldo picada, sal y pimienta, y mezclar todo. Untar la mezcla como si fuera una salsa a las cortezas de cerdo crujientes.

Cantidad: 2 raciones

Por ración: 29,5 gr de grasa, 1 gr de carbohidrato neto, 18,5 gr de proteína, 343 calorías.

Salmón crujiente

Esta receta puede servir para untar a las cortezas de cerdo crujientes.

57 gr de salmón cocido
3 cucharadas (42 gr) de mayonesa (ver la página 432)
14 gr de queso cheddar fuerte, troceado o rallado
1 cucharada de salmuera de eneldo picada (opcional)
Pimentón, sal y pimienta al gusto
9 cortezas de cerdo crujientes

Tomar 170 gr de salmón en lata y dividir el contenido en tercios. Poner dos tercios en un recipiente hermético y guardarlo al vacío en el frigorífico para usar otro día. Añadir al salmón restante (57 gr) la mayonesa, el queso, la salmuera de eneldo, el pimentón, la sal y la pimienta, y mezclar todo. Untar la mezcla como si fuera una salsa a las cortezas de cerdo crujientes, junto con unos tallos de apio u otros vegetales.

Cantidad: 1 ración

Por ración: 42,5 gr de grasa, 0 gr de carbohidratos, 21,5 gr de proteína, 468 calorías.

Ensalada de pollo crujiente

Puede servir para untar a las cortezas de cerdo crujientes o envolverlo en una hoja de lechuga.

57 gr de pollo cocido troceado
3 cucharadas (42 gr) de mayonesa (ver la página 432)
2 cucharadas (30 gr) de apio picado
2 cucharadas (30 gr) de pimiento rojo o pimiento morrón picado
⅛ de cucharadita de cebolla en polvo
Sal y pimienta al gusto
9 cortezas de cerdo crujientes

Añadir al pollo la mayonesa, el apio, el pimiento, la cebolla en polvo, la sal y la pimienta, y mezclar todo. Untar como si fuera una salsa a las cortezas de cerdo crujientes.

Cantidad: 1 ración

Por ración: 40 gr de grasa, 1 gr de carbohidrato neto, 23 gr de proteína, 456 calorías.

Bocadillo de ensalada de tocino con aguacate

Se trata de un bocadillo delicioso, fácil de preparar. Es un pequeño almuerzo que puedes llevarte al trabajo. Si no te lo comes inmediatamente, puedes añadir unas gotas de zumo de limón o una pizca de polvo de ácido cítrico (vitamina C) para evitar que el aguacate se ponga marrón.

½ aguacate
2 tiras de tocino desmenuzado
2 o 3 pizcas de chile en polvo
2 o 3 pizcas de cebolla en polvo
Sal al gusto,
Una hoja de lechuga

Para preparar el relleno, triturar ½ aguacate con chile en polvo, cebolla en polvo y sal. Mezclar con el tocino desmenuzado. Untar la mezcla a una hoja de lechuga y comer como un bocadillo abierto o enrollar una hoja de lechuga alrededor del relleno y comer como un burrito. No dudes en añadir cebollines picados, ajo, tomate y otras hierbas y vegetales.

Cantidad: 1 ración

Por ración: 22,5 gr de grasa, 2 gr de carbohidrato neto, 8,5 gr de proteína, 244 calorías.

Tallos de apio con manteca de cacahuete

2 cucharadas (32 gr) de manteca de cacahuete
2 cucharadas (30 ml) de aceite de coco derretido
1 tallo de apio mediano (20 cm)

Mezclar la manteca de cacahuete con el aceite de coco derretido y poner en el frigorífico durante unos cinco minutos. Una vez que la mezcla de manteca se empieza a endurecer, pero no solidificada del todo, retirar de la nevera, remover y untar al apio. Sazonar con sal si se desea.

Cantidad: 1 ración

Por ración: 44 gr de grasa, 5 gr de carbohidrato neto, 8 gr de proteína, 448 calorías.

Tallos de apio con crema de queso

3 cucharadas (45 gr) de crema de queso
2 cucharadas (30 ml) de aceite de coco derretido
1 tallo de apio mediano (20 cm)

Mezclar la crema de queso y el aceite de coco derretido y poner en el frigorífico durante unos cinco minutos. Una vez que la mezcla de crema de queso se empieza a endurecer, pero no solidificada del todo, retirar de la nevera, remover y untar al apio. Sazonar con sal si se desea.

Cantidad: 1 ración

Por ración: 43 gr de grasa, 2,5 gr de carbohidrato neto, 3 gr de proteína, 409 calorías.

Rollitos

Los rollitos se pueden preparar con antelación y servir como un excelente almuerzo para llevar. También sirven como sabrosos tentempiés o rápidos desayunos.

1 loncha de carne (28 gr)
1 loncha de queso (28 gr)
2 cucharadas (28 gr) de mayonesa (ver la página 432)
14 gr de pepinillos en rodajas
14 gr de verduras mixtas (opcional)

Puedes utilizar casi cualquier tipo de carne cortada en lonchas finas (jamón, carne vacuna, carne en conserva, pollo, pavo) y de queso duro cortado en lonchas finas (cheddar, Colby, Edam, Monterey Jack, suizo, mozzarella, Münster). Para preparar un rollito, poner una loncha de queso encima de una loncha de carne seguido de mayonesa, pepinillos y verduras mixtas. Enrollar de tal manera que la carne quede en la parte exterior y las verduras en el interior. Comer y disfrutar.

Cantidad: 1 ración

Por ración: 31,5 gr de grasa, 1,5 gr de carbohidrato neto, 24 gr de proteína, 385 calorías.

Variaciones: se puede preparar una gran variedad de rollitos añadiendo otros ingredientes en el relleno. Puedes utilizar uno o más de los siguientes ingredientes: mostaza, mayonesa, crema de queso, tocino, guacamole, aguacate, pepinillos, huevos picados, pepino, col, pimientos dulces o picantes, cebolletas y salsa vinagreta como aderezo (ver la página 435).

Plato de carne

Las culturas primitivas conocían la importancia de comer carne. Los esquimales que vivían en el Ártico comían la carne sumergiendo cada bocado en aceite de foca para asegurarse de obtener un aporte de grasa adecuado. Los indios americanos comían todas las partes de los animales que mataban y sobrevivían durante meses (especialmente durante el invierno y cuando migraban) a base de *penmican* –una mezcla con aproximadamente la misma cantidad de carne picada y grasa seca.

Esta receta de un plato de carne imita la dieta rica en grasas de estas culturas primitivas. Se puede utilizar cualquier tipo de carne, tales como ternera, cordero, pavo o pollo, incluyendo carne picada, carne molida y salchichas; también pescado, gambas y langosta. El aceite puede ser de coco o cualquier otro aceite o mezcla de aceites. No dudes en ajustar la cantidad de carne y aceite utilizados para satisfacer tus necesidades.

56 gr de carne picada (cruda o cocida)
3 cucharadas (45 ml) de aceite
Sal y pimienta al gusto

Mezclar la carne con el aceite. Si es cruda, freír con el aceite hasta que esté cocida según tus preferencias. Si está precocinada, calentar con el aceite hasta que esté caliente. Sazonar con sal y pimienta al gusto. Comer y disfrutar. Consumir todo el aceite.

Cantidad: 1 ración

Por ración: 54 gr de grasa, 0 gr de carbohidrato neto, 14 gr de proteína, 542 calorías.

Sopa de carne

170 gr de carne picada
¾ de taza (80 gr) de verduras salteadas*
1 ¼ taza de agua (300 ml)
¼ de cucharadita de cebolla en polvo
¼ de cucharadita de pimentón
¼ de cucharadita de mejorana
Sal y pimienta al gusto

* Añadir dos o más de las siguientes verduras: cebolla, zanahoria, champiñones, apio, judías verdes, pimientos, quimbombó, nabos y espárragos.

Poner la carne picada, las verduras y el agua en una cacerola pequeña. Dejar hervir el agua, luego reducir el fuego y cocinar a fuego lento durante unos 14 minutos. Mientras se cocina, desmenuzar la carne en trozos pequeños. Añadir la cebolla en polvo, el pimentón y la mejorana, cocinar durante 1 minuto y luego dejar enfriar. Sazonar con sal y pimienta al gusto. Dejar enfriar un poco más.

Preparar una porción y añadir entre 1 y 3 cucharadas de aceite antes de comer. Poner el resto de la sopa, sin añadir aceite, en un recipiente hermético y guardar al vacío en el frigorífico para comer más tarde. Añadir la cantidad deseada de aceite a cada ración justo antes de comer.

Cantidad: 4 ½ tazas (1 l 8ml), varias raciones

Por ración: 9 gr de grasa, 0 gr de carbohidrato neto, 10,5 gr de proteína, 123 calorías. Debes sumar 14 gr de grasa y 120 calorías por cada cucharada de aceite añadido.

Sopa de salsa de carne

170 gr de carne picada
½ taza (60 gr) de verduras salteadas*
1 ¼ taza de agua (300 ml)
2 cucharadas (30 ml) de salsa
Sal y pimienta al gusto

Poner la carne, las verduras, el agua y la salsa en una cacerola pequeña. Dejar hervir el agua, luego reducir el fuego y cocinar a fuego lento durante unos 15 minutos. Mientras se cocina, desmenuzar la carne en trozos pequeños. Retirar del fuego y sazonar con sal y pimienta al gusto. Dejar que se enfríe un poco. Servir una ración y añadir 1-3 cucharadas de aceite antes de comer. Poner el resto de la sopa, sin añadir aceite, en un recipiente hermético y guardar al vacío en el

* Añadir dos o más de las siguientes verduras: cebolla, zanahoria, champiñones, apio, judías verdes, pimientos, quimbombó, nabos y espárragos.

frigorífico para comer más tarde. Añadir la cantidad deseada de aceite a cada ración justo antes de comer.

Cantidad: 4 ½ tazas (118 ml), varias raciones

Por ración: 9 gr de grasa, 1 gr de carbohidrato neto, 10,5 gr de proteína, 127 calorías. Debes sumar 14 gr de grasa y 120 calorías por cada cucharada de aceite añadido.

Sopa de pollo

1 taza (135 gr) de pollo troceado
½ taza (60 gr) de verduras salteadas*
1 ¼ taza de agua (300 ml)
⅛ de cucharadita de semillas de apio
¼ de cucharadita de salvia molida
Sal y pimienta al gusto

Poner el pollo, las verduras y el agua en una cacerola pequeña. Dejar hervir el agua, luego reducir el fuego y cocinar a fuego lento durante unos 15 minutos. Añadir las semillas de apio y la salvia, dejar que se cueza durante un minuto y retirar del fuego. Sazonar con sal y pimienta al gusto. Dejar que se enfríe un poco. Servir una ración y añadir 1-3 cucharadas de aceite antes de comer. Poner el resto de la sopa, sin añadir aceite, en un recipiente hermético y guardar al vacío en el frigorífico para comer más tarde. Añadir la cantidad deseada de aceite a cada ración justo antes de comer.

Cantidad: 3 ½ tazas (118 ml), varias raciones

Por ración: 2 gr de grasa, 0 gr de carbohidrato neto, 14,5 gr de proteína, 76 calorías. Debes sumar 14 gr de grasa y 120 calorías por cada cucharada de aceite añadido.

---

* Añadir dos o más de las siguientes verduras: cebolla, zanahoria, champiñones, apio, judías verdes, pimientos, quimbombó, nabos y espárragos.

Crema de jamón

Esta es una versión baja en carbohidratos de la crema de patatas y jamón. Se utiliza nabo picado en lugar de patata. Cuando están cocidos, los nabos adquieren un sabor más dulce y una textura muy similar a la patata hervida, convirtiéndose en un buen sustituto bajo en carbohidratos de la patata.

1 taza (135 gr) de jamón picado
½ taza (60 gr) de nabos picados
½ taza de apio picado
1 diente de ajo picado
¾ de taza (180 ml) de caldo de pollo o agua
½ taza (120 ml) de crema de leche
⅛ de cucharadita de cebolla en polvo
⅛ de cucharadita de sal
⅛ de cucharadita de pimienta negra
Mantequilla

Poner el jamón, los nabos, el apio, el ajo y el caldo en una cacerola. Dejar hervir el agua, luego reducir el fuego y cocinar a fuego lento durante unos 15 minutos. Añadir la crema de leche y los condimentos, dejar que se cueza a fuego lento durante 1 o 2 minutos y retirar del fuego. Dejar que se enfríe un poco. Servir una ración y añadir 1-3 cucharadas de aceite antes de comer. Poner el resto de la sopa, sin añadir aceite, en un recipiente hermético y guardar al vacío en el frigorífico para comer más tarde. Añadir la cantidad deseada de aceite y mantequilla a cada ración justo antes de comer.

Cantidad: 4 ½ tazas (118 ml), varias raciones

Por ración: 16 gr de grasa, 3 gr de carbohidrato neto, 7 gr de proteína, 184 calorías. Debes sumar 12 gr de grasa y 108 calorías por cada cucharada de aceite añadido.

Crema de pollo

1 taza (135 gr) de pollo picado
½ taza (60 gr) de verduras salteadas*
¾ de taza (180 ml) de caldo de pollo o agua
½ taza (120 ml) de crema de leche
⅛ de cucharadita de cebolla en polvo
⅛ de cucharadita de semillas de apio
¼ de cucharadita de tomillo
⅛ de cucharadita de sal
⅛ de cucharadita de pimienta negra

Poner el pollo, las verduras y el caldo en una cacerola. Dejar hervir el agua, luego reducir el fuego y cocinar a fuego lento durante unos 15 minutos o hasta que las verduras estén tiernas. Añadir la crema de leche y los condimentos, dejar que se cueza a fuego lento durante 1 o 2 minutos y retirar del fuego. Dejar que se enfríe un poco. Servir una ración y añadir 1-3 cucharadas de aceite antes de comer. Poner el resto de la sopa, sin añadir aceite, en un recipiente hermético y guardar al vacío en el frigorífico para comer más tarde. Añadir la cantidad deseada de aceite a cada ración justo antes de comer.

Cantidad: 3 ½ tazas (118 ml), varias raciones

Por ración: 17 gr de grasa, 1,5 gr de carbohidrato neto, 15 gr de proteína, 219 calorías. Debes sumar 14 gr de grasa y 120 calorías por cada cucharada de aceite añadido.

Sopa de tomate con carne

170 gr de carne molida
1 taza (235 ml) de agua
⅓ de taza (80 ml) de salsa de tomate
⅛ de cucharadita de semillas de apio
¼ de cucharadita de cebolla en polvo

* Añadir dos o más de las siguientes verduras: cebolla, zanahoria, champiñones, apio, judías verdes, pimientos, quimbombó, nabos y espárragos.

⅛ de cucharadita de ajo en polvo
⅛ de cucharadita de pimentón
¼ de cucharadita de sal
⅛ de cucharadita de pimienta negra
1 cucharadita de zumo de limón

Mezclar los primeros nueve ingredientes en una cacerola, dejar hervir el agua, reducir el fuego y cocinar a fuego lento durante unos 10 minutos. Retirar del fuego y añadir el zumo de limón. Dejar que se enfríe un poco. Servir una ración y añadir 1-3 cucharadas de aceite antes de comer. Poner el resto de la sopa, sin añadir aceite, en un recipiente hermético y guardar al vacío en el frigorífico para comer otro día. Añadir la cantidad deseada de aceite a cada ración justo antes de comer.

Cantidad: 4 ½ tazas (118 ml), varias raciones

Por ración: 9 gr de grasa, 1 gr de carbohidrato neto, 11 gr de proteína, 129 calorías. Debes sumar 14 gr de grasa y 120 calorías por cada cucharada de aceite que se le añade.

Crema de brócoli con queso

1 taza (240 ml) de caldo de pollo
¾ de taza (90 gr) de brócoli picado
1 taza (135 gr) de pollo cocido troceado
½ taza (120 ml) de crema de leche
¼ de cucharadita de sal
⅛ de cucharadita de pimienta negra
¼ de taza (25 gr) de queso parmesano rallado
1 cucharadita de cebollines picados

En una cacerola cubierta, cocinar a fuego lento el caldo de pollo y el brócoli durante 20 minutos hasta que el brócoli esté tierno. Retirar del fuego, verter en una licuadora y mezclar hasta que adquiera una textura suave. Añadir de nuevo a la cacerola junto al pollo, la crema de leche, la sal, la pimienta y el queso. Calentar a fuego lento y cocinar

1-2 minutos. Dejar enfriar un poco. Servir una ración y añadir 1-3 cucharadas de aceite de coco u otro aceite antes de comer. Poner el resto, sin añadir ningún tipo de aceite, en un recipiente hermético y guardar al vacío en el frigorífico para comer más tarde. Añadir la cantidad deseada de aceite a cada ración justo antes de comer.

Cantidad: 4 ½ tazas (118 ml), varias raciones

Por ración: 14,5 gr de grasa, 1 gr de carbohidrato neto, 14 gr de proteína, 190 calorías. Debes sumarle 14 gr de grasa y 120 calorías por cada cucharada de aceite que se le añade.

Aderezos para ensaladas bajos en carbohidratos

Las ensaladas de verduras mixtas son un buen complemento para cualquier dieta baja en carbohidratos o dieta cetogénica y, cuando se combinan con un aderezo preparado a base de aceite, pueden suministrar la suficiente cantidad de grasa en una sola comida. Las ensaladas se pueden preparar con muchos ingredientes y aderezos que pueden dar una gran variedad de sabores y aromas. No te limites a la típica ensalada de lechuga tierna –prueba con la lechuga mantecosa, la de hojas rojas, la romana y otras variedades–. Los vegetales que van bien con las ensaladas son pepino, pimientos, pimientos dulces, tomates, aguacate, cebolla, chalotas, cebolletas, rábanos, jícama, perejil, cilantro, berros, coles, apio, nabo, col china, repollo napa, col roja y verde, brócoli, coliflor, espinacas, acelgas, col rizada, zanahorias, alcachofa de Jerusalén, chucrut, achicoria, endivias y guisantes. Las ensaladas no siempre tienen que incluir lechuga. Puedes preparar una gran variedad de ensaladas con otras hortalizas. Las guarniciones les dan un toque especial a las ensaladas. Algunas guarniciones bajas en carbohidratos incluyen huevos duros, jamón, tocino desmenuzado, carne, pollo, pavo, cerdo, pescado (salmón, sardinas, etc.), cangrejos, gambas, algas nori, quesos duros (cheddar, Monterey, Münster, etc.), quesos blandos (feta, requesón, etc.), frutos secos, aceitunas y cortezas de cerdo.

El aderezo es quizá la parte más importante de la ensalada. Es lo que hace que destaque la ensalada y le da sabor a otros ingredientes.

Muchos de los aderezos ya preparados que se comercializan están hechos a base de aceite de soja o de canola y, a menudo, contienen azúcar, jarabe de maíz de alta fructosa, glutamato monosódico y otros aditivos indeseados. Muchos de ellos se anuncian como bajos en calorías o en grasas, pero pocos son bajos en carbohidratos. Una opción mejor es preparar un aderezo casero bajo en carbohidratos usando ingredientes naturales. Las siguientes son algunas de estas recetas.

Mayonesa

La mayoría de los aceites vegetales se pueden utilizar para hacer mayonesa. El aceite de oliva produce una mayonesa que es mucho más saludable que cualquiera de las que se venden en las tiendas hechas a base de aceites poliinsaturados. Sin embargo, el aceite de oliva virgen extra le da un sabor muy fuerte a aceite de oliva que puede predominar por encima de los alimentos con los que se combina. Otro aceite de oliva denominado «extrasuave» tiene un sabor ligero y hace mayonesas excelentes.

2 yemas de huevo
2 cucharadas (30 ml) de vinagre de sidra de manzana
1 cucharadita de mostaza preparada
¼ de cucharadita de pimentón
½ cucharadita de sal
1 taza (240 ml) de aceite de oliva virgen extra

Tener todos los ingredientes a temperatura ambiente antes de comenzar. Mezclar una yema de huevo, mostaza, pimentón, sal y ¼ de taza (60 ml) de aceite de oliva en una licuadora o procesador de alimentos durante aproximadamente 60 segundos. Mientras el aparato está en funcionamiento, verter el aceite restante *muy lentamente*, primero gota a gota y gradualmente transformarlo en un chorrito fino y constante. El secreto para hacer una buena mayonesa es añadir el aceite lentamente. La mayonesa se espesa a medida que se echa el aceite. Probar y sazonar según sea necesario. Conservar en un recipiente hermético en el frigorífico. Guardar en el frigorífico durante varias semanas.

Cantidad: 20 cucharadas (280 gr)

Por cucharada: 11 gr de grasa, 0 gr de carbohidrato neto, 0 gr de proteína, 99 calorías.

Mayonesa de coco

Seguir los pasos de la receta anterior para preparar la mayonesa, pero sustituir la mitad del aceite de oliva virgen extra por aceite de coco. Asegúrate de que el aceite de coco está a temperatura ambiente y líquido antes de usar. Yo prefiero el sabor más suave del aceite de coco prensado por expulsor para la preparación de mayonesa. Puedes preparar la mayonesa usando únicamente aceite de coco, sin ningún otro tipo de aceite, pero se debe consumir inmediatamente. Debido a que el aceite de coco se endurece cuando se refrigera, si la mayonesa se guarda en la nevera se endurecerá y generalmente quedará inservible. La mezcla de los aceites permite que la mayonesa permanezca suave y cremosa al refrigerarse.

Salsa de vinagre y aceite de coco

¼ de taza (60 ml) de aceite de coco derretido*
¼ de taza (60 ml) de aceite de oliva extra suave
2 cucharadas (30 ml) de agua
¼ de taza (60 ml) de vinagre de sidra de manzana
⅛ de cucharadita de sal
⅛ de cucharadita de pimienta blanca

Poner todos los ingredientes en un jarro de Mason o un recipiente similar. Tapar y agitar vigorosamente hasta que esté bien mezclado. Dejar reposar a temperatura ambiente hasta que esté listo para usar.

* Puedes usar aceite MCT en lugar de aceite de coco. Si lo deseas, puedes sustituir el aceite de coco y el de oliva extra suave por una cantidad equivalente de aceite de oliva virgen extra.

Se puede almacenar en la despensa durante varios días sin refrigeración. Si el aderezo se va a almacenar durante más de una semana, guardar en el frigorífico. Cuando se enfría, el aceite tiende a solidificarse. Para que se licue, sacar del frigorífico al menos una hora antes de usar.

Cantidad: 14 cucharadas (210 ml)

Por cucharada: 8 gr de grasa, 0 gr de carbohidrato neto, 0 gr de proteína, 72 calorías.

Salsa de almendra asiática

½ taza (120 ml) de aceite de coco
¼ de taza (25 gr) de almendras fileteadas
1 cucharada (15 ml) de aceite de oliva virgen extra
2 cucharadas (30 ml) de salsa de tamari
1 cucharada (15 ml) de vinagre de sidra de manzana
¼ de cucharadita de jengibre molido
¼ de cucharadita de sal

Verter el aceite en una cacerola pequeña. A fuego medio o bajo, saltear las almendras hasta que estén ligeramente doradas. Retirar del fuego y dejar enfriar a temperatura ambiente. Añadir los ingredientes restantes. A medida que el aderezo se pose, el aceite se separará, quedando en la superficie, y las almendras se hundirán hasta el fondo. Remover antes de usar. Verter el aderezo en la ensalada, asegurándote de incluir las almendras. Se puede almacenar en la despensa durante varios días sin refrigeración. Si se va a almacenar durante más de una semana, guardar en el frigorífico.

Cantidad: 14 cucharadas (210 ml)

Por cucharada: 10 gr de grasa, 0 gr de carbohidrato neto, 0 gr de proteína, 92 calorías.

Vinagreta

¼ de taza (60 ml) de vinagre de vino tinto o blanco
¼ de cucharadita de sal
⅛ de cucharadita de pimienta blanca
¾ de taza (180 ml) de aceite de oliva virgen extra

En un tazón, mezclar el vinagre, la sal y la pimienta con un tenedor. Añadir el aceite y remover vigorosamente hasta que esté bien mezclado.

Cantidad: 16 cucharadas (240 ml)

Por cucharada: 10,5 gr de grasa, 0 gr de carbohidrato neto, 0 gr de proteína, 94 calorías.

Salsa de ajo y finas hierbas

2 dientes de ajo pelados y machacados
1 cucharadita de estragón
1 cucharadita de mejorana
1 cucharadita de mostaza en polvo
½ cucharadita de sal
¼ de cucharadita de pimienta negra
½ taza (120 ml) de aceite de oliva virgen extra
¼ de taza (60 ml) de vinagre de vino tinto o blanco

Poner todos los ingredientes en un jarro de Mason o un recipiente similar. Enroscar la tapa y agitar para mezclar el contenido. Dejar reposar a temperatura ambiente por lo menos una hora. Agitar de nuevo justo antes de usar.

Cantidad: 12 cucharadas (180 ml)

Por cucharada: 9 gr de grasa, 0 gr de carbohidrato neto, 0 gr de proteína, 81 calorías.

Salsa ranchera

Este aderezo se prepara usando crema agria. Su sabor es mejor recién hecho, así que la receta que aparece a continuación utiliza pequeñas cantidades de cada ingrediente.

3 cucharadas (45 gr) de crema agria
1 cucharada (15 ml) de leche de crema
⅛ cucharadita de cebolla en polvo
⅛ cucharadita de eneldo
⅛ cucharadita de sal, una pizca de pimienta negra

Mezclar todos los ingredientes juntos y servir en la ensalada.

Cantidad: 4 cucharadas (60 ml)

Por cucharada: 3 gr de grasa, 0,5 gr de carbohidrato neto, 0 gr de proteína, 29 calorías.

Comidas para el desayuno, el almuerzo y la cena

Para muchas personas, el desayuno es la parte más difícil de la dieta baja en carbohidratos. Tradicionalmente, consiste en alimentos ricos en carbohidratos tanto fríos como calientes, como cereales, tortitas, *gofres*, tostadas francesas, croquetas de patatas, magdalenas, bollos, *donuts*, pastas de panadería, tostadas con mermelada, zumo de naranja, chocolate, y así sucesivamente. Los únicos alimentos tradicionales bajos en carbohidratos para el desayuno son los huevos, el tocino, el jamón y las salchichas. Los huevos los puedes preparar de muchas maneras. Los puedes servir fritos, revueltos, escalfados, duros o un poco cocidos, rellenos, o como tortillas o *soufflés*, y ya tienes una gran variedad. Añadir carnes y verduras le da más variedad al plato. Una de las ventajas de los platos hechos a base de huevo es que es una comida completa a la que se le puede añadir carnes y verduras, y que contiene menos de 5 gr de carbohidratos. Esto permite que se pueda comer una mayor cantidad de carbohidratos en el almuerzo y la cena. A continuación aparecen varios platos hechos a base de huevos.

Aunque los huevos son sabrosos y nutritivos, sigue siendo conveniente tener cierta variedad para el desayuno. Por eso, deberías probar de consumir alimentos que generalmente no se consideran como parte de un desayuno tradicional, como ensaladas, sopas, carne, pollo, pescado y verduras. Las recetas que aparecen a continuación pueden usarse para el desayuno, el almuerzo o la cena.

En la mayoría de las siguientes recetas se especifica usar aceite de coco, pero puedes emplear mantequilla, grasa de tocino, aceite de palma roja o cualquier otro aceite de cocina que desees. También puedes utilizar una mezcla de varios. El aceite de coco se usa en muchas recetas porque es una de las mejores maneras de añadir este aceite a la dieta.

No tienes que ser un cocinero excelente para preparar deliciosos platos con un contenido bajo en carbohidratos. Aparte de las ensaladas mixtas, otros platos bajos en carbohidratos fáciles de preparar consisten sencillamente en un trozo de carne cocida (asada, frita, al horno, a la parrilla, escalfada, al estilo chino) y una o dos verduras. Las verduras pueden ser salteadas, al vapor, asadas, cocidas o crudas. Más fácil aún es mezclar la carne y las verduras en una sartén, olla de barro o fuente para el horno y cocinarlo todo junto. La ventaja de esto es que simplifica la cocina, requiere que se laven menos platos y, lo mejor de todo, la grasa que desprende la carne, sobre todo cuando se sazona con sal u otras especias, le da a las verduras un sabor exquisito. A continuación aparecen varias recetas para preparar en la sartén que muestran lo fáciles y sabrosos que convierte a los platos esta manera de cocinar.

En la mayoría de las siguientes recetas puedes usar más aceite del que se indica. Deberías asegurarte de que consumes tu dosis diaria. Calcula la cantidad de aceite que añades para saber exactamente cuánta cantidad de aceite de coco contiene el plato. Cuando la carne se cocina con aceite de coco, el aceite adquiere un ligero sabor a grasa de carne. Usa esta grasa como salsa y échala por encima de la carne y las verduras. Los cortes de carne grasos y las pieles de pollo son los que proporcionan un jugo más sabroso.

Tortilla

Las tortillas (omelettes) son fáciles de preparar y, con diferentes ingredientes, se pueden cocinar docenas de variedades o más. Las tortillas preparadas al estilo francés tradicional pueden ser un poco complicadas. Esta receta es una versión sencilla pero que tiene un sabor igual de bueno y permite infinidad de variaciones. Las siguientes instrucciones son para una tortilla normal.

2 cucharadas (30 ml) de aceite de coco
4 huevos
¼ de cucharadita de sal
⅛ de cucharadita de pimienta negra

Derretir el aceite de coco en una sartén a fuego medio. Batir los huevos, con sal y pimienta, en un bol. Verter la mezcla en la sartén, tapar y cocinar sin remover hasta que la parte superior de la tortilla esté hecha, alrededor de 5 minutos. Sacar la tortilla de la sartén y servir caliente.

Cantidad: 2 raciones

Por ración: 24 gr de grasa, 1 gr de carbohidrato neto, 12 gr de proteína, 128 calorías.

Tortilla de queso

Seguir las instrucciones para preparar una tortilla normal, pero después de verter los huevos batidos en la sartén caliente, espolvorear ¾ de taza (84 gr) de queso rallado por encima de la tortilla. Tapar y cocinar sin remover hasta que la tortilla esté hecha y el queso derretido.

Cantidad: 2 raciones

Por ración: 37,5 gr de grasa, 1 gr de carbohidrato, 30,5 gr de proteína, 463 calorías.

Tortilla de salchichas, champiñones y tomate

Este es un buen ejemplo de cómo preparar una tortilla con carne y verduras. Consulta otras posibilidades que aparecen más adelante.

2 cucharadas (30 ml) de aceite de coco
120 gr de salchichas
2 champiñones en rodajas
3 huevos
¼ de cucharadita de sal
½ taza (90 gr) de tomate picado

Calentar el aceite de coco en una sartén. Añadir las salchichas y los champiñones, y cocinar hasta que las salchichas se doren. Batir los huevos y la sal en un bol. Verter la mezcla en la sartén caliente por encima de las salchichas y los champiñones, tapar y cocinar sin remover hasta que la parte superior de la tortilla esté hecha, alrededor de 5 minutos. Añadir el tomate, tapar y cocinar durante 1 minuto. Sacar la tortilla de la sartén y servir caliente.

Cantidad: 2 raciones

Por ración: 42,5 gr de grasa, 2 gr de carbohidrato neto, 19 gr de proteína, 466 calorías.

Variaciones: se pueden preparar una gran variedad de tortillas usando diferentes ingredientes como jamón, tocino, pollo, salchichas, carne de ternera picada, carne de cordero picada, gambas, cangrejo, cebollas, berenjena, calabacines, ajo, pimientos dulces o picantes, tomates, aguacate, espárragos, brócoli, coliflor, espinacas y champiñones.

Las carnes y la mayoría de las verduras deben cocinarse antes de mezclar con la tortilla. El tomate, el aguacate y las guarniciones como el cilantro y los cebollinos mejor que sean crudos y añadir después de cocinar. La salsa agria también puede usarse como guarnición. El queso se puede derretir por encima mientras se cocinan los huevos. Se puede combinar uno o más de estos ingredientes. Deberías anotar la cantidad que usas de cada ingrediente para poder calcular el contenido de carbohidratos netos y grasas.

Soufflé

Los soufflés son parecidos a las tortillas. Esta versión empieza en una sartén como la tortilla pero termina en el horno, lo que le da un sabor y una textura únicos. Usa huevos a temperatura ambiente; esto les dará mayor volumen. Es importante utilizar una sartén que sirva tanto para el fogón como para el horno.

4 huevos, con las claras y las yemas separadas
¼ de cucharadita de sal
⅛ de cucharadita de pimienta negra
3 cucharadas (45 ml) de aceite de coco

Precalentar el horno a 180 °C. Batir las yemas de los huevos, con sal y pimienta, ligeramente con un tenedor. En otro bol, batir las claras hasta que estén a punto de nieve. Mezclar con suavidad una cuarta parte de las claras con las yemas. Verter el resto de las claras en la mezcla de las yemas. No mezclar. Calentar el aceite en un recipiente para el horno, en el fogón. Verter la mezcla de huevos en el recipiente caliente y cocinar durante un minuto. Trasladar el recipiente al horno y cocinar sin cubrir durante 15 minutos o hasta que el soufflé se hinche y se dore un poco. Retirar del horno, dividir por la mitad con una espátula y servir.

Como en todas las recetas que aparecen en este capítulo, puedes añadir más aceite para aumentar el contenido de grasa. También puedes aumentar el contenido de grasa añadiendo queso, salchichas y otros ingredientes grasos.

Cantidad: 2 raciones

Por ración: 31 gr de grasa, 0,75 gr de carbohidrato neto, 12 gr de proteína, 329 calorías.

Soufflé de queso

En esta receta primero tienes que preparar una salsa de queso que luego se mezclará con las claras. Usa un recipiente que sirva tanto para el fogón como para el horno.

2 cucharadas (30 ml) de mantequilla
½ taza (120 ml) de crema de leche
¼ de taza (150 gr) de queso cheddar rallado
3 huevos separados
¼ de cucharadita de sal
⅛ de cucharadita de pimienta negra
1 cucharada (15 ml) de aceite de coco

Derretir la mantequilla en una sartén a fuego medio. Añadir la crema y el queso, remover hasta que se derrita el queso. Batir las yemas de los huevos, con sal y pimienta, ligeramente con un tenedor. Mezclar un cuarto de taza (60 ml) de salsa de queso caliente con las yemas. Remover inmediatamente la mezcla de la yema con la salsa de queso. Cocinar la mezcla a fuego lento, removiendo constantemente, durante 1-2 minutos. Retirar del fuego y dejar enfriar a temperatura ambiente. Mientras tanto, precalentar el horno a 180 °C. En un bol aparte, batir las claras de los huevos hasta el punto de nieve. Mezclar con suavidad una cuarta parte de las claras con la salsa. Verter el resto de las claras en la salsa. No mezclar demasiado o el soufflé quedará plano. Calentar el aceite de coco en un recipiente en el fogón. Verter la mezcla de huevos en el recipiente caliente y cocinar durante un minuto. Trasladarlo al horno y cocinar sin cubrir durante 18-20 minutos o hasta que el soufflé se hinche y se dore un poco. Retirar del horno, dividir por la mitad con una espátula y servir.

Cantidad: 2 raciones

Por ración: 74 gr de grasa, 3 gr de carbohidrato neto, 28 gr de proteína, 790 calorías.

Variaciones: preparar el soufflé de queso directamente pero antes de que la salsa de queso se endurezca, mezclar en un cuarto o en media taza (25-50 gr) cualquiera de los siguientes ingredientes: jamón cocido o salchichas, trozos de tocino desmenuzado, sofrito de picadillo de hígado de pollo, jamón endiablado, sofrito de picadillo de champiñones, picadillo de pescado o marisco cocido, picadillo de verduras cocidas (pimiento, espárragos, espinacas, brócoli, coliflor, col rizada, coles de Bruselas o cebollas). Ajustar la cantidad de carbohidrato neto para los ingredientes adicionales.

Tortitas de salchicha

Este es un tipo de plato a base de huevos que se prepara con harina de coco, salchicha y queso. La de coco es una harina con un contenido bajo en carbohidratos que se puede usar para preparar productos horneados bajos en carbohidratos.

170 gr de salchicha de cerdo
4 huevos
¼ de cucharadita de cebolla en polvo
¼ de cucharadita de sal
2 cucharadas (16 gr) de harina de coco
2 cucharaditas de chile jalapeño cortado muy fino
56 gr de queso cheddar rallado
3 cucharadas (45 ml) de aceite de coco

Dorar la salchicha en una sartén, retirar del fuego y dejar enfriar. En un bol, batir los huevos con la cebolla en polvo y la sal. Añadir la harina de coco y batir hasta que quede suave. Añadir el chile jalapeño, el jamón, la salchicha y el queso. Derretir el aceite de coco en una sartén. Verter la mezcla en una sartén caliente, haciendo unas tortitas de 6 cm de diámetro. Cocinar hasta que la parte inferior de la tortita se dore, dar la vuelta y cocinar el otro lado (unos 5 minutos cada lado, dependiendo de la temperatura de la sartén).

Cantidad: 12 tortitas

Cada tortita contiene: 10 gr de grasa, 0,5 gr de carbohidrato neto, 5 gr de proteína, 112 calorías.

Magdalenas de arándanos sin azúcar

¿Una dieta baja en carbohidratos puede incluir magdalenas de arándanos? Sí, siempre y cuando uses harina de coco e ingredientes bajos en carbohidratos. Esta receta te enseña cómo prepararlos. Cada magdalena contiene tan solo 2,2 gr de carbohidrato neto. Tres suministran el equivalente a tres cucharadas de grasa. No esperes que sean tan dulces como las típicas magdalenas ricas en carbohidratos. El dulzor suave se lo dan las bayas y un poco de stevia que se añade. No es recomendable usar otros edulcorantes. El dulzor de estas magdalenas es lo suficientemente soso como para poder darte un premio sin que se reactive tu gusto por el dulce. Esta receta sirve para preparar 6 unidades.

3 huevos
¼ de taza (60 ml) de crema de leche
5 cucharadas (70 gr) de mantequilla derretida
¼ de cucharadita de extracto de almendra
¼ de cucharadita de sal
30 gotas de stevia líquida
¼ de taza (32 gr) de harina de coco
¼ de cucharadita de levadura en polvo
⅓ de taza (50 gr) de arándanos frescos

Precalentar el horno a 200 °C. Usando una batidora, mezclar los huevos, la crema, la mantequilla, el extracto de almendra, la sal y la stevia. Mezclar la harina de coco con la levadura en polvo y removerlo todo hasta que quede una masa sin grumos. La masa queda un poco compacta y aún se endurece más a medida que se deja reposar, así que se debe mezclar inmediatamente con los arándanos. Los arándanos tienen que estar secos. Si se han lavado, se deben secar antes de añadir a la masa. Verter en moldes para magdalenas engrasados. Hornear durante 18-20 minutos. Retirar del horno y dejar enfriar antes de comer.

Encontrarás más recetas con harina de coco y con un contenido bajo en carbohidratos en mi libro *Cooking with Coconut Flour: A Delicious Low-Carb, Gluten-Free Alternative to Wheat*.

Cantidad: 6 magdalenas

Cada una contiene 18,5 gr de grasa, 2,5 gr de carbohidrato neto, 4,5 gr de proteína, 194 calorías.

Salchicha alemana con col

Este delicioso plato a la sartén se puede disfrutar para el desayuno o la cena.

2 cucharadas (30 ml) de aceite de coco
1 salchicha alemana
¼ de taza (40 gr) de cebolla picada
¼ de taza (40 gr) de pimiento picado
1 ½ taza (112 gr) de col picada
Sal y pimienta al gusto

Calentar el aceite de coco en una sartén. Añadir la salchicha alemana, la cebolla y el pimiento. Saltear hasta que las verduras estén crujientes y tiernas y la salchicha ligeramente dorada. Añadir la col, tapar y cocinar hasta que esté tierna. Sazonar con sal y pimienta al gusto y servir. Verter grasa de carne por encima de las verduras.

Cantidad: 1 ración

Por ración: 48 gr de grasa, 7,5 gr de carbohidrato neto, 11,5 gr de proteína, 504 calorías.

Chuletas de cerdo con judías verdes

2 cucharadas (30 ml) de aceite de coco o mantequilla
2 chuletas de cerdo
½ taza (80 gr) de cebolla picada
3 tazas (300 gr) de judías verdes
4 champiñones en rodajas
Sal y pimienta negra al gusto

PARA PREPARAR EN LA SARTÉN: calentar el aceite de coco en la sartén. Añadir las chuletas de cerdo y cocinar hasta que se doren de un lado. Dar la vuelta a las chuletas de cerdo y añadir la cebolla y las judías verdes. Tapar y cocinar hasta que las chuletas se doren por el otro lado y las verduras estén tiernas. Añadir los champiñones y cocinar hasta que estén tiernos, aproximadamente 2 minutos. Retirar del fuego. Sazonar con sal y pimienta, y servir. Verter grasa de carne por encima de las verduras.

PARA PREPARAR AL HORNO: precalentar el honro a 180 °C. Colocar las chuletas de cerdo, la cebolla, las judías verdes y los champiñones en una fuente de horno, cubrir y cocinar durante 60 minutos. Retirar del horno. Añadir la mantequilla o el aceite de coco y sazonar con sal y pimienta antes de servir.

Cantidad: 2 raciones

Por ración: 33 gr de grasa, 12 gr de carbohidrato neto, 27,5 gr de proteína, 455 calorías.

Hamburguesa de solomillo, champiñones y cebollas

La carne picada se cocina como un filete junto con los champiñones y las cebollas. Esta comida de un plato único se puede cocinar en una sartén o en el horno.

3 cucharadas (45 ml) de aceite de coco o mantequilla
230 gr de carne picada

230 gr de champiñones*
60 gr de queso
½ cebolla de tamaño mediano cortada en aros
Sal y pimienta negra al gusto

Para preparar en la sartén: calentar el aceite en la sartén. Dividir la carne picada en dos hamburguesas y colocar en la sartén caliente. Añadir las cebollas. Cocinar la carne hasta que se dore por un lado y luego dar la vuelta. Añadir los champiñones y seguir cocinando hasta que el otro lado de la hamburguesa esté hecho y los champiñones estén tiernos. Dividir el queso en dos partes iguales y poner cada mitad por encima de cada hamburguesa. Cocinar hasta que el queso se empiece a derretir. Sazonar con sal y pimienta al gusto. Verter grasa de carne por encima de las hamburguesas y las verduras.

Para preparar al horno: precalentar el horno a 180 °C. Colocar las hamburguesas, los champiñones y la cebolla en una fuente de horno, cubrir y cocinar durante 45-50 minutos. Poner el queso en la parte superior de cada hamburguesa y continuar con la cocción durante unos 5 minutos o hasta que el queso se empiece a derretir. Retirar del horno. Añadir mantequilla y sazonar con sal y pimienta antes de servir.

Cantidad: 2 raciones

Por ración: 54 gr de grasa, 7 gr de carbohidrato neto, 39 gr de proteína, 670 calorías.

Pollo con brócoli

¼ de taza (60 ml) de aceite de coco o mantequilla
230 gr de piezas de pollo (pechuga, muslo o contramuslo)
230 gr de brócoli cortado a tallos
½ cebolla de tamaño mediano cortada en aros
Sal y pimienta negra al gusto

* Además de champiñones también puedes añadir brócoli, coliflor, judías verdes u otros vegetales según tu elección.

Para preparar en la sartén: calentar el aceite de coco en una sartén a fuego medio. Colocar el pollo, con la piel hacia abajo, en una sartén caliente, tapar y cocinar durante 20-25 minutos. Dar la vuelta al pollo, tapar y continuar con la cocción durante otros 15 minutos. Añadir el brócoli y la cebolla, tapar y cocinar durante otros 10 minutos o hasta que las verduras estén tiernas y el pollo completamente cocido. Sazonar con sal y pimienta al gusto. Verter grasa de carne por encima del brócoli.

Para preparar al horno: precalentar el horno a 180 °C. Colocar el pollo, el brócoli y la cebolla en una fuente de horno, cubrir y cocinar durante 60 minutos. Añadir mantequilla y sazonar con sal y pimienta justo antes de comer.

Cantidad: 2 raciones

Por ración: 33 gr de grasa, 5 gr de carbohidrato neto, 36 gr de proteína, 473 calorías.

Chuletas de cordero y espárragos

3 cucharadas (45 ml) de aceite de coco o mantequilla
2 chuletas de cordero* (230 gr)
450 gr de espárragos
Sal y pimienta negra al gusto

Para preparar en la sartén: calentar el aceite en la sartén, añadir las chuletas, tapar y cocinar hasta que se doren de un lado. Voltear las chuletas y añadir los espárragos, tapar y cocinar hasta que los espárragos estén tiernos y las chuletas hechas del todo. Retirar del fuego y sazonar con sal y pimienta al gusto. Verter la grasa de la carne por encima de los espárragos.

Para preparar al horno: precalentar el horno a 180 °C. Colocar las chuletas y los espárragos en una fuente de horno, cubrir y cocinar durante 60 minutos. Añadir mantequilla y sazonar con sal y pimienta antes de servir.

* También puedes utilizar chuletas de cerdo o filete.

Cantidad: 2 raciones

Por ración: 41 gr de grasa, 7,5 gr de carbohidrato neto, 32,5 gr de proteína, 529 calorías.

Salteado de pollo

¼ de taza (60 ml) de aceite de coco
225 gr de pollo (cortar en piezas pequeñas)
½ taza (80 gr) de cebolla picada
½ taza (80 gr) de guisantes de nieve (partir por la mitad)
½ taza (80 gr) de col china picada
½ taza (80 gr) de pimiento verde picado
4 champiñones en rodajas
½ taza (80 gr) de brotes de bambú
1-3 cucharaditas (5-15 ml) de vinagre de arroz (opcional)
Sal al gusto

Calentar el aceite de coco en una sartén. Saltear el pollo y las verduras hasta que las verduras estén tiernas y el pollo hecho. Apagar el fuego, añadir vinagre de arroz y sazonar con sal al gusto.

Cantidad: 2 raciones

Por ración: 33 gr de grasa, 6 gr de carbohidrato neto, 37 gr de proteína, 469 calorías.

Filete de lenguado con leche de coco

2 cucharadas (30 ml) de aceite de coco
½ cebolla de tamaño mediano picada
½ taza de pimiento verde picado
2 tazas (200 gr) de coliflor picada
2 dientes de ajo picados
2 filetes de lenguado*

* Para esta receta puedes utilizar cualquier tipo de pescado.

1 cucharadita de *garam masala**
¾ de taza (180 ml) de leche de coco
Sal y pimienta negra al gusto

Calentar el aceite de coco en una sartén y saltear la cebolla, el pimiento, la coliflor y el ajo hasta que estén tiernos. Apartar las verduras a un lado de la sartén y añadir el lenguado. Espolvorear un poco de *garam masala* en la leche de coco y añadir a la sartén. Tapar y cocinar durante 8 minutos. Sazonar con sal y pimienta.

Cantidad: 2 raciones

Por ración: 33 gr de grasa, 9 gr de carbohidrato neto, 14 gr de proteína, 349 calorías.

* *Garam masala* es una mezcla de especias de uso común en la cocina india y similar al curry. Está disponible en la sección de especias de la mayoría de los supermercados. Si no tienes *garam masala*, puedes utilizar curry en su lugar.

Apéndice

Contador de nutrientes

Esta tabla enumera la cantidad de gramos de nutrientes productores de energía –carbohidrato neto, grasa y proteína–, así como el contenido calórico de una gran variedad de alimentos básicos. El carbohidrato neto es el carbohidrato de los alimentos que suministra calorías y afecta al azúcar en sangre. Se obtiene restando el contenido de fibra del contenido total de carbohidratos de cada alimento.

La información de esta tabla se deriva principalmente de las bases de datos de los valores nutricionales de los alimentos publicadas por el Departamento de Agricultura de Estados Unidos (USDA, según sus siglas en inglés). Existen muchos factores que pueden influir en la cantidad de nutrientes que contienen los alimentos, tales como el clima y las condiciones de crecimiento, el método de procesamiento, la genética, la alimentación de los animales, el tipo de fertilizantes que se utilizan en los cultivos, la estación del año, los métodos de análisis, los métodos de almacenamiento y los métodos de cocción.

Los valores indicados en la base de datos del USDA se presentan a menudo con un solo número, cuando en realidad los números son un promedio de una gama de valores basado en las muestras analizadas.

Por consiguiente, los valores nutricionales publicados en varias fuentes fiables pueden ser ligeramente diferentes. Este es el motivo por el que es posible que veas distintos valores para un mismo tipo de alimentos dependiendo de la fuente.

En algunas tablas de nutrientes los valores aparecen en decigramos (décimas de gramo). Esto da la apariencia de una medición altamente precisa, pero en realidad proporciona una falsa impresión de exactitud. Todos los valores de nutrientes son un promedio y pueden diferir de una fuente a otra incluso varios gramos. Por lo tanto, las tablas de nutrientes que dan los valores en décimas de gramo pueden ser engañosas y hacer que el cálculo de la ingesta total de nutrientes se convierta en una tarea engorrosa, y sin añadir precisión.

Todos los valores nutricionales que aparecen en esta tabla se dan para medir hasta el medio gramo, como se publica en las bases de datos del USDA. Los valores de muchos alimentos que no aparecen en esta tabla, incluyendo los envasados y preparados y comidas típicas de restaurantes, se pueden encontrar en www.calorieking.com.

CONTADOR DE NUTRIENTES

Alimento	Cantidad	Carbohidrato neto (gr)	Grasa (gr)	Proteína (gr)	Calorías (kcal)
* La cantidad indicada es para la parte comestible, menos la piel, el corazón, el hueso y las semillas					
VERDURAS					
Acelga					
hervida	1 taza/175 gr	3,5	0	3	26
cruda	1 taza/ 36 gr	1,5	0	0,5	7
Aguacate (Hass)	1 unidad/ 173 gr*	3,5	28	4	282
Ajo, crudo	1 diente	1	0	0	4
Alcachofa					
de Jerusalén, cruda	1 taza/150 gr	24	0	3	104
hervida	120 gr*	6,5	5,5	0,5	86
Apio					
crudo, entero	40 gr	1	0	0	6
crudo, cortado	1 taza/120 gr	2	0	0,5	10
Berenjena, cruda	1 taza/82 gr	2	0	1	12

Alimento	Cantidad	Carbohidrato neto (gr)	Grasa (gr)	Proteína (gr)	Calorías (kcal)
Berros, crudos, picados	½ taza/17 gr	0	0	0	2
Berzas					
hervidas, escurridas	1 taza/190 gr	4	0,5	4	36
crudas	1 taza/37 gr	0,5	0	1	6
Boniato, horneado	1 mediano/ 114 gr	25	0	2,5	110
Brócoli, crudo, picado	1 taza/88 gr	2	6	3	20
Brotes de alfalfa	1 taza/33 gr	0,5	1	0	11
Brotes de bambú, enlatados	1 taza/131 gr	2,5	0,5	2	23
Brotes de soja (mungo)					
cocidos	1 taza/124 gr	2	0	3	20
crudos	1 taza/104 gr	3	0	3	24
Calabaza, variedades de invierno					
cuello curvo, cruda, cortada	1 taza/180 gr	5	1	2	36
escalopada, cruda, cortada	1 taza/113 gr	3	0	1	18
zucchini (calabacín), cruda cortada	1 taza/180 gr	3	0	1	16
Calabaza, variedades de verano					
de bellota, horneada, puré	1 taza/245 gr	29	0	3	128
mantecosa, horneada, puré	1 taza/245 gr	19	0	2	84
Hubbard, horneada, puré	1 taza/240 gr	20	1	6	113
espagueti	1 taza/155 gr	6	0	1	28
castaña de agua, en rodajas	½ taza/70 gr	7	0	0,5	30
Cebolla					
cruda, cortada	1 taza/115 gr	8	0	1	36
cruda, picada	1 taza/160 gr	11	0	2	52
cruda, una mitad	6,5 cm diámetro	10	0	1	46
Cebolleta					
cruda, cortada	½ taza/50 gr	3	0	1	16
cruda, entera	10 cm de largo	1	0	0	5
Cebollino, picado	1 cucharada/ 6 gr	0	0	0	1

ALIMENTO	CANTIDAD	CARBOHIDRATO NETO (GR)	GRASA (GR)	PROTEÍNA (GR)	CALORÍAS (KCAL)
Chirivía, cruda, picada	1 taza/110 gr	17,5	0,5	1,5	80
Chucrut, enlatado, con líquido	1 taza/236 gr	6	0	2	32
Col china					
cocida	1 taza/170 gr	1	0	2,5	14
cruda	1 taza/170 gr	1	0	1	8
Col rizada, picada, hervida	1 taza/130 gr	3	1	3	33
Col verde, rallada					
cocida	1 taza/150 gr	3	0,5	1	20
cruda	1 taza/70 gr	2	0	0,5	10
Coles de Bruselas, hervidas	1 taza/156 gr	8	1		65
Coliflor					
hervida	1 taza/124 gr	1,5	0,5	2	19
cruda, rallada	1 taza/100 gr	2,5	0	2	18
Colinabo, picado, cocido	1 taza/170 gr	12	0	2	58
Colirrábano					
cocido, en rodajas	1 taza/140 gr	7	0	2	36
crudo, cortado	1 taza/165 gr	9	0	3	48
Escaloña, cruda, molida	1 cucharada, 10 gr	1	0	0	7
Escarola, cruda	1 taza/50 gr	0,5	0	1	6
Espárragos, crudos	4 tallos/1 taza/ 60 gr	2	0	2	15
Espinacas					
cocidas, escurridas	1 taza/180 gr	3	0	5	32
crudas, cortadas	1 taza/56 gr	1	0	2	13
Guisantes					
vainas, cocidas	1 taza/160 gr	7	0,5	5,5	54
verdes, hervidos	1 taza/160 gr	7	0	4	44
partidos, hervidos	1 taza/196 gr	31	1	16	197
Hojas de mostaza					
crudas	1 taza/60 gr	1	0	1,5	10
hervidas	1 taza/140 gr	0,5	0	3	14
Hojas de remolacha, hervidas	1 taza/144 gr	5	0	4	36
Jícama, cruda	1 taza/130 gr	5	0	1	24
Legumbres, hervidas, escurridas					
judías negras	1 taza/172 gr	26	1	15	173
guisantes de ojo negro	1 taza/172 gr	15	1	13	121

Alimento	Cantidad	Carbohidrato neto (gr)	Grasa (gr)	Proteína (gr)	Calorías (kcal)
garbanzos	1 taza/164 gr	34	1	13	232
alubias Great Northern	1 taza/177 gr	26	4	15	173
judías verdes, frescas	1 taza/100 gr	7	0	2	40
judías riñón	1 taza/170 gr	27	1	14	173
lentejas	1 taza/198 gr	30	1	18	201
judías lima	1 taza/172 gr	24	1	14	161
judías blancas	1 taza/182 gr	32	1	16	201
judías pintas	1 taza/898 gr	24	1	14	161
soja	1 taza/172 gr	12	15	29	298
Lechuga					
mantecosa	2 hojas/15 gr	0	0	0	1
iceberg	1 cogollo/ 135 gr	1	0	1	8
iceberg, cortada	1 taza/56 gr	0,5	0	0,5	4
hojas sueltas, picadas	1 taza/56 gr	0,5	0	0,5	4
romana, picada	1 taza/56 gr	0,5	0	0,5	4
Nabos					
crudos	1 mediano	6	0	1	28
hojas, crudas	1 taza/55 gr	1,5	0	0,5	12
Ñame, horneado	1 taza/150 gr	36	0	2	152
Patatas					
al horno, con piel	1 mediana/ 202 gr	46	0	5	204
cocidas, con piel	1 mediana/ 156 gr	32	0	3	140
puré, con leche	1 taza/210 gr	34	1	4	162
en croqueta, frito con aceite	1 taza/156 gr	41	18	5	344
Pepino, en rodajas					
crudo con piel	1 taza/119 gr	3	0	0	14
daikon, crudo	10 cm de largo	6	0	2	33
Perejil, crudo, picado	1 cucharada/ 4 gr	0	0	0	1
Pimientos					
chile rojo picante	½ taza/68 gr	3	0	1	17
jalapeños, enlatados	½ taza/68 gr	1	0	1	8
dulce (campana), crudo	1 taza/50 gr	2	0	1	10
dulce (campana), crudo	1 mediano	4	0	1	20
Puerros, crudos	1 taza/104 gr	13	0	2	60

Alimento	Cantidad	Carbohidrato neto (gr)	Grasa (gr)	Proteína (gr)	Calorías (kcal)
Quelpo, crudo	28 gr	2	0	1	12
Quimbombó, crudo, cortado	1 taza/184 gr	12	0	4	64
Rábano, crudo	10 rábanos/ 45 gr	1	0	0	7
Remolacha (en rodajas) cruda	1 taza/170 gr	8	0	1	36
Repollo, rojo, rallado					
cocido	1 taza/150 gr	3	0	1	16
crudo	1 taza/70 gr	2	0	1	12
Rúcula	1 taza/20 gr	0,5	0	0	5
Ruibarbo, crudo, picado	1 taza/120 gr	3,5	0	1	18
Setas (champiñones)					
hervidas	1 taza/156 gr	4	0	3,5	34
crudas, cortadas	1 taza/70 gr	2,5	0	2,5	20
crudas	3 setas	1	0	1	9
Taro					
raíz, cocida, cortada	1 taza/104 gr	24	0	2	104
hojas, crudas, picadas	1 taza/28 gr	1	0	1	9
Tofu	½ taza/126 gr	1	5	10	88
Tomate					
cocido, guisado	1 taza/240 gr	10	1	3	61
crudo, picado	1 taza/180 gr	5	0	2	28
crudo, cortado	0,6 cm grosor	1	0	0	4
crudo, entero	1 mediano/ 123 gr	4	0	1	22
crudo	1 unidad/ 181 gr	5	0	2	28
cherry	2 medianos/ 34 gr	1	0	0	6
italiano	1 mediano/ 62 gr	2	0	1	11
zumo	1 taza/244 gr	8	0	2	42
pasta	½ taza/131 gr	19	0	5	105
salsa	½ taza/122 gr	7	1	3	40
Zanahoria					
hervida, picada	1 taza/156 gr	10	0	1,5	46
cruda, entera	1 mediana/ 72 gr	5	0	0,5	22
cruda, rallada	1 taza/110 gr	8	0	2	40
zumo	1 taza/246 gr	18	1	2	89
Zapallo, enlatado	1 taza/245 gr	15	0	2,5	75

Alimento	Cantidad	Carbohidrato neto (gr)	Grasa (gr)	Proteína (gr)	Calorías (kcal)
		FRUTAS			
Aceitunas					
negras	10 unidades	2	4	0	44
verdes	10 unidades	1	5	0	49
Albaricoques					
crudos	1 unidad	3	0	0,5	16
en lata, en almíbar	1 taza/258 gr	51	0	1,5	213
Arándanos rojos					
crudos	1 taza/95 gr	7	0	0	44
salsa (toda la baya), enlatados	1 taza/277 gr	102	0	1	410
Arándanos, frescos	1 taza/145 gr	17	1	1	83
Bayas de saúco, crudas	1 taza/145 gr	16,5	1,5	1	75
Caqui, crudo	1 unidad	8,5	0	0	34
Cerezas, dulces, crudas	10 unidades/ 68 gr	9,5	0	0,5	40
Ciruelas pasas					
secas	10 unidades/ 84 gr	45	0	2	188
zumo	1 taza/236 ml	42	0	2	176
Ciruelas, crudas	1 unidad/ 66 gr*	7,4	0	1,5	34
Dátiles, crudos					
enteros sin hueso	10 unidades/ 83 gr	54	0	2	228
cortados	1 taza/178 gr	116	1	4	489
Frambuesas					
congeladas	1 taza/147 gr	11	0,5	2	57
crudas	1 taza/123 gr	6	0,5	1	33
Fresas					
crudas, enteras	1 unidad	1	0	0	3
crudas, mitades	1 taza/153 gr	8	0	1	36
crudas, cortadas	1 taza/167 gr	9	0	1	41
Grosella espinosa	1 taza/150 gr	9	1	1	49
Higos	10 unidades/ 187 gr	101	2	6	446
Kiwi	1 unidad/ 76 gr*	8	0,5	1	38
Lima					
cruda	1 unidad	3	0	0	12
zumo	1 cucharada/ 15 ml	1	0	0	4

Alimento	Cantidad	Carbohidrato neto (gr)	Grasa (gr)	Proteína (gr)	Calorías (kcal)
Limón					
crudo	1 unidad	4	0	0,5	18
zumo	1 cucharada/ 15 ml	1	0	0	4
Mandarina					
en lata, en zumo	1 taza/250 gr	22	0	1,5	94
en lata, en almíbar	1 taza/250 gr	39	0	1	160
Mandarina, fresca	1 unidad/ 84 gr*	7,5	0	0,5	32
Mango, crudo	1 unidad/ 207 gr*	28	1	1	125
Manzanas					
cruda	1 unidad/ 138 gr *	18	0	0,5	76
zumo	1 taza/248 gr	29	0	0	116
puré, sin azúcar	1 taza/244 gr	24	0	0	98
Melocotón					
crudo, entero	1 pieza/87 gr*	8	0	1	37
crudo, cortado	1 taza/153 gr	14	0,5	1,5	66
enlatado, en almíbar	1 taza/256 gr	48	0	1	196
zumo envasado	1 taza/248 gr	26	0	2	112
Melón	½ unidad/ 267 gr	19	1	2	94
Melón galia	1 taza/170 gr*	14	0	1	60
Moras					
crudas	1 taza/238 gr	11	0,5	2	57
frescas	1 taza/144 gr	8	1	1	45
rojas, congeladas	1 taza/132 gr	9	0	1	40
Naranjas					
crudas	1 unidad/ 248 gr*	12	0	1	52
zumo, natural	1 taza/236 ml	25	0,5	1,5	110
zumo concentrado congelado	1 taza/236ml	27	0	12	115
Nectarinas, crudas	1 unidad/ 136 gr*	13	0,5	1,5	63
Papayas,crudas, en rodajas	1 taza/140 gr*	12	0	1	52
Pasas	1 taza/145 gr	106	1	5	431
Pera					
cruda	1 pieza/ 166 gr*	20	0,5	1	89
enlatada, en almíbar	1 taza/255 gr	45	0	1	189

ALIMENTO	CANTIDAD	CARBOHIDRATO NETO (GR)	GRASA (GR)	PROTEÍNA (GR)	CALORÍAS (KCAL)
zumo envasado	1 taza/248 gr	28	0	1	116
Piña					
natural, cortada en daditos	1 taza/155 gr	17	1	1	81
triturada, rodajas, enlatada, en almíbar	1 taza/255 gr	50	0	1	204
zumo envasado	1 taza/250gr	37	0	1	152
Plátano					
macho	1 unidad/ 114 gr*	25	0,5	1	109
cocido, en rodajas	1 taza/154 gr*	41	0	1	168
Pomelo, crudo	1 mitad/91 gr	7	0	1	34
Sandía					
en rodajas	2,5 cm	33	0,5	3	149
bolas	1 taza/160 gr	11	0	1	47
Uvas					
thompson sin pepitas	10 unidades/ 50 gr	8	0	0	35
americanas (sin piel)	10 unidades/ 50 gr	4	0	0	18
zumo envasado	1 taza/236 ml	37	0	0	150
zumo, concentrado congelado	1 taza/236 ml	31	0	0	126
FRUTOS SECOS Y SEMILLAS					
Almendras					
troceadas o fileteadas	1 taza/95 gr	9	47	20	539
enteras	28 gr	3	15	6	171
mantequilla de almendras	1 cucharada/ 16 gr	2	9	2	97
Anacardos					
mitades y enteros	1 taza/137 gr	37	63	21	799
enteros	28 gr	6	14	5	170
mantequilla de anacardos	1 cucharada/ 16 gr	3	8	3	94
Avellanas					
enteras	28 gr	2	18	4	186
enteras	1 taza/118 gr	11	22	15	752
Cacahuetes					
tostados con aceite	1 taza/144 gr	14	71	38	846
tostados con aceite	28 gr	3	14	7	164
mantequilla de cacahuete	1 cucharada/ 16 gr	2	8	4	94

Alimento	Cantidad	Carbohidrato neto (gr)	Grasa (gr)	Proteína (gr)	Calorías (kcal)
Coco					
fresco	5 x 5 cm	2	15	2	153
fresco, rallado	1 taza/80 gr	3	27	3	267
seco, sin endulzar	1 taza/78 gr	7	50	5	498
seco, endulzado	1 taza/93 gr	35	33	3	449
Macadamia					
entera	28 gr	1,5	22	2	212
entera o mitades	1 taza/134 gr	7	102	10,5	988
Nueces					
negras	28 gr	1	16	7	176
negras, picadas	1 taza/125 gr	4	71	30	775
inglesas	28 gr	3	18	4	190
inglesas, picadas	1 taza/120 gr	8	74	17	766
del Brasil	28 gr	1,5	19	4	193
Pacanas					
mitades, crudas	1 taza/108 gr	5	73	8	709
mitades, crudas	28 gr	3	19	2	191
Piñones, enteros	28 gr	3	17	3	177
Pistacho					
entero, tostado	28 gr	6	14	6	174
entero, tostado	1 taza/128 gr	21	68	19	772
Semillas de calabaza					
enteras	28 gr	3	12	9	154
enteras	1 taza/227 gr	11	50	39	650
Semillas de girasol, enteras, con cáscara	1 cucharada/ 8,5 gr	1	4	2	47
Semillas de sésamo					
enteras	1 cucharada/ 9,5 gr	1	4,5	1,5	51
mantequilla de sésamo (tahini)	1 cucharada/ 15 gr	2	8	3	92
Soja, tostada	28 gr	5	5	9	101
CEREALES Y HARINA					
Alforfón					
grano entero	1 taza/175 gr	112	4	23	576
harina	1 taza/98 gr	73	4	15	388
Amaranto, grano entero	1 taza/192 gr	100	13	28	629
Arroz					
integral, cocido	1 taza/195 gr	42	2	5	206
blanco, cocido	1 taza/205 gr	56	1	6	257
instantáneo, cocido	1 taza/165 gr	34	1	3	157
salvaje, cocido	1 taza/164 gr	32	1	4	153

ALIMENTO	CANTIDAD	CARBOHIDRATO NETO (GR)	GRASA (GR)	PROTEÍNA (GR)	CALORÍAS (KCAL)
harina de arroz integral	1 taza/159 gr	114	4	1	536
harina de arroz blanco	1 taza/159 gr	123	2	9	546
Avena					
harina de avena, cocida	1 taza/234 gr	21	2	6	126
harina de avena, sin cocer	1 taza/100 gr	46	5	11	269
salvado de avena, cocido	¼ taza/25 gr	13	2	4	86
Bulgur					
grano entero, cocido	1 taza/182 gr	23	0	6	116
harina	1 taza/140 gr	75	2	17	386
Cebada					
perlada, sin cocer	1 taza/200 gr	127	2	16	590
perlada, cocida	1 taza/157 gr	40	1	4	183
harina	1 taza/124 gr	95	2	15	458
Harina					
de centeno	1 taza/102 gr	64	2	10	314
de sémola, enriquecida	1 taza/167 gr	115	2	21	562
de soja	1 taza/88 gr	24	6	41	314
de arrurruz	1 cucharada/ 8,5 gr	7	0	0	27
de coco	1 taza/114 gr	24	16	24	336
Maíz					
grano entero	1 taza/210 gr	38	1	5	181
mazorca, pequeña	15 cm de largo	12	1	3	69
mazorca, mediana	18 cm de largo	15	1	3	81
mazorca, grande	22 cm de largo	23	2	5	90
sémola, sin cocer	1 taza/156 gr	122	2	14	562
sémola, cocida con agua	1 taza/240 gr	30	1	3	140
harina, seca	1 taza/122 gr	81	4	10	400
almidón	1 cucharada/ 8,5 gr	7	0	0	28
palomitas	1 taza/8,5 gr	5	0	1	24
pelado	1 taza/260 gr	20	2	2	106
Mijo					
crudo	1 taza/200 gr	129	7	22	667
cocido	1 taza/240 gr	54	2	8	266

Alimento	Cantidad	Carbohidrato neto (gr)	Grasa (gr)	Proteína (gr)	Calorías (kcal)
Quinoa					
cruda	1 taza/170 gr	98	10	24	578
cocida	1 taza/184 gr	34	4	8	204
Tapioca					
perla seca	1 taza/152 gr	133	0	3	544
harina	1 cucharada/ 8 gr	7	0	0	26
Trigo					
blanco, harina	1 taza/128 gr	92	1	13	429
blanco, harina	1 cucharada/ 8 gr	6	0	1	28
integral, harina	1 taza/120 gr	72	2	16	370
integral, harina	1 cucharada/ 7,5 gr	5	0	1	24
salvado	½ taza/30 gr	11	1	5	73
PAN Y PRODUCTOS DE PANADERÍA					
Bagel (bollo)					
blanco enriquecido	1 unidad/ 105 gr	57	2	12	294
grano integral	1 unidad/ 128 gr	64	3	14	339
Galletas (crackers)					
saladas	1 unidad	2	0	0	9
de trigo	1 unidad	1	0	0	5
de queso	1 unidad	1	0	0	5
Magdalenas	1 unidad	24	1	4	121
Pan					
centeno	1 rebanada	13	1	3	73
trigo integral	1 rebanada	11	1	4	69
blanco	1 rebanada	12	1	2	65
de pasas	1 rebanada	13	1	2	69
bollo de hamburguesa	1 bollo	20	2	4	114
pan de perrito caliente	1 bollo	20	2	4	114
panecillo redondo	1 panecillo	29	2	6	158
pita					
blanco	1 unidad	32	1	5	157
trigo integral	1 unidad	31	2	6	166
Tortita					
de maíz	1 unidad (15 cm)	11	1	2	61
de harina	1 unidad (20 cm)	22	4	4	140

Alimento	Cantidad	Carbohidrato neto (gr)	Grasa (gr)	Proteína (gr)	Calorías (kcal)
de harina	1 unidad (27 cm)	34	5	6	205
wonton chino	1 unidad (9 cm)	5	0	1	23
panqueque	1 unidad (10 cm diámetro)	13	5	3	108
		PASTA			
Espaguetis, cocidos					
blancos, enriquecidos	1 taza/140 gr	38	1	7	189
trigo integral	1 taza/140 gr	32	1	7	165
maíz	1 taza/140 gr	32	1	4	153
Fideos, cocidos					
celofán (judía mungo)	1 taza/190 gr	39	0	1	160
huevos	1 taza/160 gr	36	2	8	194
soba	1 taza/113 gr	19	0	6	100
arroz	1 taza/175 gr	42	0	2	176
Macarrones					
blancos, enriquecidos	1 taza/140 gr	38	1	8	193
trigo integral	1 taza/140 gr	35	1	4	153
maíz	1 taza/140 gr	32	1		
		LÁCTEOS			
Crema					
leche batida	1 taza/236 ml	6,5	89	5	847
semidesnatada	1 taza/236 ml	10,5	28	7	322
agria	1 cucharada/ 28 gr	0,5	2,5	0,5	26
Kéfir	1 taza/236 ml	9	5	9	117
Leche					
descremada, sin grasa	1 taza/236 ml	12	0,5	8,5	86
1% de grasa	1 taza/236 ml	12	2,5	8,5	104
2% de grasa	1 taza/236 ml	11,5	4,5	8	119
entera (3% de grasa)	1 taza/236 ml	11	8	8	148
de almendras	1 taza/236 ml	7	3	1	59
de cabra	1 taza/236 ml	11	10	9	170
de coco, bebida (cartón)	1 taza/236 ml	7	5	1	77
de coco, enlatada	1 taza/236 ml	7	50	5	498
de soja	1 taza/236 ml	7	4	6	88

ALIMENTO	CANTIDAD	CARBOHIDRATO NETO (GR)	GRASA (GR)	PROTEÍNA (GR)	CALORÍAS (KCAL)
Leche de arroz					
natural	1 taza/236 ml	23	3	1	123
de vainilla	1 taza/236 ml	26	3	1	135
Mantequilla	1 cucharada/ 14 gr	0	12	0,5	110
Queso (duro)					
americano, en lonchas	28 gr	0,5	9	6	107
cheddar, en lonchas	28 gr	0,5	9	7	111
cheddar, rallado	1 taza/113 gr	1,5	37	28	451
Colby, en rodajas	28 gr	0,5	9	7	111
Colby, rallado	1 taza/113 gr	3	36	27	444
Edam, en lonchas	28 gr	0,5	8	7	101
Edam, rallado	1 taza/113 gr	1,5	29	26	371
gruyere, en lonchas	28 gr	0	9	8	113
gruyere, rallado	1 taza/113 gr	0,5	35	32	445
Monterey, en lonchas	28 gr	0	9	7	108
Monterey, rallado	1 taza/113 gr	1	34	28	421
mozzarella, en lonchas	28 gr	0,5	6	6	80
mozzarella, rallada	1 taza/113 gr	2,5	25	25	335
Münster, en lonchas	28 gr	0	8	7	100
Münster, rallado	1 taza/113 gr	1	33	26	405
parmesano, en lonchas	28 gr	1	7	10	107
parmesano, rallado	1 cucharada/ 5 gr	0,5	2	2	25
suizo, en lonchas	28 gr	1,5	8	8	110
suizo, rallado	1 taza/113 gr	6	30	29	305
Queso (suave)					
brie	28 gr	1	8	6	100
camembert	28 gr	0	7	6	87
cottage, bajo en grasa	1 taza/226 gr	9,5	0,5	15	102
cotagge, 2% grasa	1 taza/226 gr	8	4	31	192
crema de queso, natural	1 cucharada/ 14 gr	0,5	5	1	51
crema de queso, baja en grasa	1 cucharada/ 14 gr	1	3	1,5	37
feta, desmenuzado	28 gr	1	6	4	75
ricotta, leche entera	28 gr	1	3,5	3	44

ALIMENTO	CANTIDAD	CARBOHIDRATO NETO (GR)	GRASA (GR)	PROTEÍNA (GR)	CALORÍAS (KCAL)
ricotta, leche entera	1 taza/246 gr	7,5	31,5	27,5	424
ricotta, semidescremado	28 gr	1,5	2	3	36
ricotta, semidescremado	1 taza/246 gr	12,5	19	27,5	331
Suero de leche	1 taza/236 ml	12	8	8	152
Yogur					
natural, sin grasa	1 taza/227 gr	19	0,5	14	136
natural, bajo en grasa	1 taza/227 gr	16	3	12	139
natural, leche entera	1 taza/227 gr	12	8,5	9	160
vainilla, bajo en grasa	1 taza/227 gr	31	3	11	195
frutas añadidas, bajo en grasa	1 taza/227 gr	43	2,5	10	234
CARNE Y HUEVOS					
Aves de corral					
pollo, carne oscura	1 taza/140 gr	0	14	38	278
pollo, carne oscura	85 gr	0	8	23	164
pollo, carne blanca	1 taza/140 gr	0	6	43	226
pollo, carne blanca	85 gr	0	4	26	140
pato	½ pato/221 gr	0	108	73	1.264
pavo, carne oscura	85 gr	0	6	24	150
pavo, carne blanca	85 gr	0	3	25	127
pavo, picado	85 gr	0	12	21	192
Carne de vacuno	85 gr	0	18	21	246
Carne de venado	85 gr	0	3	26	131
Cerdo					
tocino, curado	3 piezas	0,5	13	10	159
tocino al estilo canadiense	2 piezas	1	4	11	84
lonchas	85 gr	0	19	24	267
carne fresca (sin curar)	85 gr	0	13	10	157
jamón	85 gr	1	14	18	202
Chuleta de cordero	85 gr	0	20	25	280
Huevos	1 grande	0,5	5	6	71
yema	1 grande	0,5	5	3	59
clara	1 grande	0	0	4	17
Marisco					
almejas, enlatadas	85 gr	4	2	22	122
cangrejo, cocido	1 taza/135 gr	0	2	27	126
langosta, cocida	1 taza/145 gr	2	1	30	137

Alimento	Cantidad	carbohidrato neto (gr)	grasa (gr)	proteína (gr)	calorías (kcal)
mejillones, cocidos	28 gr	2	1	7	45
ostras, crudas	1 taza/248 gr	10	6	18	166
vieiras	85 gr	1	1	20	93
gambas, cocidas	85 gr	0	1	18	81
Pescado					
lubina	85 gr	0	3	21	111
bacalao	85 gr	0	1	19	87
platija	85 gr	0	1	21	93
merluza	85 gr	0	1	19	87
abadejo	85 gr	0	1	20	89
salmón	85 gr	0	5	17	113
sardinas, enlatadas, escurridas	85 gr	0	11	21	183
trucha	85 gr	0	4	22	124
atún, enlatado, envasado en agua	85 gr	0	1	25	109
Salchicha					
de Frankfurt, vacuno/cerdo	1 unidad/57 gr	1	17	6	181
de Frankfurt, pollo	1 unidad/45 gr	3	9	6	117
de Frankfurt, pavo	1 unidad/45 gr	1	8	6	100
alemana	1 unidad/70 gr	2	20	10	228
kielbasa	1 unidad/26 gr	1	7	3	79
polaca	1 unidad/28 gr	0	8	4	88
cerdo, paletilla grande	1 unidad/68 gr	1	21	9	229
cerdo, paletilla pequeña	1 unidad/ 13 gr	0	4	3	48
salami, vacuno/ cerdo	2 lonchas/ 57 gr	1	11	8	135
		VARIOS			
Azúcar					
blanco, granulado	1 cucharada/ 11 gr	12	0	0	48
moreno	1 cucharada/ 8 gr	9	0	0	35
en polvo	1 cucharada/ 8 gr	8	0	0	32
Bicarbonato	1 cucharadita/ 9 gr	0	0	0	0
Encurtidos					
pepinillo, medio	1 pepinillo/ 65 gr	3	0	1	12
pepinillo, rodaja	1 (6 gr)	1	0	0	5

ALIMENTO	CANTIDAD	CARBOHIDRATO NETO (GR)	GRASA (GR)	PROTEÍNA (GR)	CALORÍAS (KCAL)
dulce, medio	1 pepinillo/ 35 gr	11	0	0	44
escabechado, dulce	1 cucharada/ 15 gr	5	0	0	20
Gelatina, seca	1 tarrina/7 gr	0	0	6	23
Grasas y aceites	1 cucharada/ 14 gr	0	14	0	122
Hierbas y especias	1 cucharada/ 5 gr	2	0	0	9
Mayonesa	1 cucharada/ 14 gr	0	10	0	90
Melaza	1 cucharada/ 20 gr	15	0	0	58
de caña	1 cucharada/ 20 gr	12	0	0	47
Miel	1 cucharada/ 21 gr	17	0	0	68
Mostaza					
amarilla	1 cucharada/ 15 gr	0	1	1	12
Dijon	1 cucharada/ 15 gr	0	0	0	5
Rábano picante, preparado	1 cucharada/ 15 gr	1,5	0	0	5
Salsas	1 cucharada/ 15 gr	1	0	0	5
de pescado	1 cucharada/ 15 ml	0,5	0	1	11
de soja	1 cucharada/ 15 ml	1	0	1	8
inglesa	1 cucharada/ 15 ml	3	0	0	12
tártara	1 cucharada/ 15 gr	2	8,5	0	85
Salsa de tomate					
normal	1 cucharada/ 15 gr	4	0	0	15
baja en carbohidrato	1 cucharada/ 15 gr	1	0	0	5
Sirope					
de arce	1 cucharada/ 15 ml	13,5	0	0	54
de tortita	1 cucharada/ 15 gr	15	0	0	58
Vinagre					
sidra de manzana	1 cucharada/ 15 ml	0	0	0	3

Alimento	Cantidad	carbohidrato neto (gr)	grasa (gr)	proteína (gr)	calorías (kcal)
balsámico	1 cucharada/ 15 ml	2	0	0	8
vino tinto	1 cucharada/ 15 ml	0	0	0	3
de arroz	1 cucharada/ 15 ml	0	0	0	3

Referencias

Capítulo 1. La dieta *No-dieta*

1. McGee, C. T. 2001. *Heart Frauds: Uncovering the Biggest Health Scam in History*. Piccadilly Books, Ltd: Colorado Springs, CO.
2. Prior, I. A., et al. 1981. «Cholesterol, coconuts, and diet on Polynesian atolls: a natural experiment: the Pukapuka and Tokelau Island studies», *The American Journal of Clinical Nutrition* 34: 1552.

Capítulo 2. Mentiras muy gordas

1. Vigilante, K. y Flynn, M. 1999. *Low-Fat Lies: High-Fat Frauds and the Healthiest Diet in the World*. Life Line Press: Washington, DC.

Capítulo 3. ¿Necesitas un cambio de aceite?

1. Cleave, T. L. 1973. *The Saccharine Disease*. Keats Publishing: New Canaan, CT.
2. Raloff, J. 1996. «Unusual fats lose heart-friendly image», *Science News* 150 (6): 87.
3. Kummerow, F. A. 1975. *Federation Proceedings* 33: 235.
4. Mensink, R. P. y Katan, M. B. 1990. «Effect of dietary trans fatty acids on high density and low density lipoprotein cholesterol levels in healthy subjects», *The New England Journal of Medicine* 323 (7): 439.
5. *Science News*. 1990. «Trans fats: worse than saturated?», 138 (8): 126.
6. Willett, W. C., et al. 1993. «Intake of trans fatty acids and risk of coronary heart disease among women», *Lancet* 341 (8845): 581.

7. Thampan, P. K. 1994. *Facts and Fallacies About Coconut Oil*. Asian and Pacific Coconut Community: Jakarta.
8. Booyens, J. y Louwrens, C. C. 1986. «The Eskimo diet. Prophylactic effects ascribed to the balanced presence of natural cis unsaturated fatty acids and to the absence of unnatural trans and cis isomers of unsaturated fatty acids», *Medical Hypotheses* 21: 387.
9. Kritchevsky, D., et al. 1997. *Journal of Atherosclerosis Research* 7: 643.
10. Gutteridge, J. M. C. y Halliwell, B. 1994. *Antioxidants in Nutrition, Health, and Disease*. Oxford University Press: Oxford.
11. Addis, P. B. y Warner, G. J. 1991. *Free Radicals and Food Additives*. Aruoma, O. I. y Halliwell, B. eds. Taylor and Francis: Londres.
12. Loliger, J. 1991. *Free Radicals and Food Additives*. Aruoma, O. I. y Halliwell, B. eds. Taylor and Francis: Londres.

Capítulo 4. Colesterol y grasa saturada

1. White, Dr. 1971. *Prog. Cardiovascular Dis* 14: 249.
2. *Statistical Abstracts of the United States*. Departamento de Comercio de los Estados Unidos. Citado en McGee, C. T. 2001. *Heart Frauds: Uncovering the Biggest Health Scam in History*. Piccadilly Books, Ltd: Colorado Springs, CO.
3. McCully, K. S. 1997. *The Homocysteine Revolution*. Keats Publishing: New Canaan, C. T.
4. McGee, C. T. 2001. *Heart Frauds: Uncovering the Biggest Health Scam in History*. Piccadilly Books, Ltd: Colorado Springs, CO.
5. Liebman, B. 1999. «Solving the diet-and-disease puzzle», *Nutrition Action Health Letter* 26 (4): 6.
6. Rosenberg, H. 1974. *The Doctor's Book of Vitamin Therapy*. G. P. Putnam's Sons: Nueva York.
7. Krumholz, H. M. 1994. «Lack of association between cholesterol and coronary heart disease and morbidity and all-cause mortality in persons older than 70 years», *JAMA* 272: 1335.
8. Addis, P. B. y Warner, G. J. 1991. *Free Radicals and Food Additives*. Aruoma, O. I. y Halliwell, B. eds. Taylor and Francis: Londres.
9. Gutteridge, J. M. C. y Halliwell, B. 1994. *Antioxidants in Nutrition, Health, and Disease*. Oxford University Press: Oxford.
10. Napier, K. 1995. «Partial absolution», *Harvard Health Letter* 20 (10): 1.
11. Siri-Tarino, P. W., et al. 2010. «Meta-analysis of prospective cohort studies evaluating the association of saturated fat with cardiovascular disease», *The American Journal of Clinical Nutrition* 91: 535-546.
12. Ramsden, CE., et al. «Use of dietary linoleic acid for secondary prevention of coronary heart disease and death: evaluation of recovered data for the Sydney Diet Heart Study and updated meta-analysis», *BMJ*, 4 de febrero de 2013, 346: e8707. doi:10.1136/bmj.e8707.
13. Calder, P. C. «Old study sheds new light on the fatty acids and cardiovascular health debate», *BMJ*, 4 de febrero de 2013, 346: f493. doi:10.1136/bmj.f493.

14. Chowdhury, R., et al. 2014. «Association of dietary, circulating, and supplement fatty acids with coronary risk: a systematic review and meta-analysis», *Annals of Internal Medicine* 160: 398-406.
15. Watkins, B. A. y Seifert, M. F. 1996. «Food lipids and bone health», *Food Lipids and Health*, R. E. McDonald y D. B. Min (eds). Marcel Dekker, Inc.: Nueva York, NY.
16. Corliss, R. «Should you be a vegetarian?», *Time Magazine*, 15 de julio de 2002.
17. Kabara, J. J. 1978. *The Pharmacological Effects of Lipids*. The American Oil Chemist's Society: Champaign, IL.
18. Cohen, L. A., et al. 1986. «Dietary fat and mammary cancer. II. Modulation of serum and tumor lipid composition and tumor prostaglandins by different dietary fats: association with tumor incidence patterns», *Journal of the National Cancer Institute* 77: 43.
19. Nanji, A. A., et al. «Dietary saturated fatty acids: a novel treatment for alcoholic liver disease», *Gastroenterology* 109 (2): 547-54.
20. Cha, Y. S. y Sachan, D. S. 1994. «Opposite effects of dietary saturated and unsaturated fatty acids on ethanol-pharmacokinetics, triglycerides and carnitines», *The Journal of the American College Nutrition* 13 (4): 338-343.
21. Carroll, K. K. y Khor, H. T. 1971. «Effects of level and type of dietary fat on incidence of mammary tumors induced in female sprague-dawley rats by 7, 12-dimethylbenzanthracene», *Lipids* 6: 415.
22. Fife, B. 2011. *Stop Alzheimer's Now! How to Prevent and Reverse Dementia, Parkinson's, ALS, Multiple Sclerosis, and Other Neurodegenerative Disorders*. Piccadilly Books, Ltd.: Colorado Springs, CO.
23. Yamori, Y. et al. 1987. «Pathogenesis and dietary prevention of cerebrovascular diseases in animal models and epidemiological evidence for the applicability in man», En Yamori Y., Lenfant, C. (eds.) *Prevention of Cardiovascular Diseases: An Approach to Active Long Life*. Elsevier Science Publishers: Ámsterdam, Holanda.
24. Ikeda, K. et al. 1987. «Effect of milk protein and fat intake on blood pressure and incidence of cerebrovascular disease in stroke-prone spontaneously hypertensive rats (SHRSP)», *Journal of Nutritional Science and Vitaminology* 33: 31.
25. Kimura, N. 1985. «Changing patterns of coronary heart disease, stroke, and nutrient intake in Japan», *Preventive Medicine* 12: 222.
26. Omura, T. et al. 1987. «Geographical distribution of cerebrovascular disease mortality and food intakes in Japan», *Social Science and Medicine* 24: 40.
27. McGee, D. et al. 1985. «The relationship of dietary fat and cholesterol to mortality in 10 years», *International Journal of Epidemiology* 14: 97.
28. Gillman, M. W. et al. 1997. «Inverse association of dietary fat with development of ischemic stroke in men», *JAMA* 278 (24): 2145.

Capítulo 5. Carbohidratos buenos, carbohidratos malos

1. Applel, L. J., et al. 2005. «Effects of protein, monounsaturated fat, and carbohydrate intake on blood pressure and serum lipids: results of the OmniHeart randomized trial», *JAMA* 294: 2455-2464.
2. Hu, F. B. y Malik, V. S. 2010. «Sugar-sweetened beverages and risk of obesity and type 2 diabetes: epidemiologic evidence», *Physiology and Behavior* 100: 47-54.
3. Stranahan, A. M., et al. 2008. «Diet-induced insulin resistance impairs hippocampal synoptic plasticity and cognition in middle-aged rats», *Hippocampus* 18: 1085-1088.
4. Cao, D., et al. 2007. «Intake of sucrose-sweetened water induces insulin resistance and exacerbates memory deficits and amyloidosis in a transgenic mouse model of Alzheimer disease», *The Journal of Biological Chemistry* 282: 36275-36282.
5. Sánchez, A., et al. 1973. «Role of sugars in human neutrophilic phagocytosis», *The American Journal of Clinical Nutrition* 26: 1180-1184.
6. Higginbotham, S., et al. 2004. «Dietary glycemic load and risk of colorectal cancer in the Women's Health Study», *Journal of the National Cancer Institute* 96: 229-233.
7. Reiser, S., et al. 1985. «Indices of copper status in humans consuming a typical American diet containing either fructose or starch», *The American Journal of Clinical Nutrition* 42 (2): 242-251.
8. Forristal, L. J. 2001. «The murky world of high fructose corn syrup», *Wise Traditions* 2 (3): 60-61.
9. Ouyang, X., et al. 2008. «Fructose consumption as a risk factor for nonalcoholic fatty liver disease», *Journal of Hepatology* 48: 993-999.
10. Abdelmalek, M. F., et al 2010. «Increased fructose consumption is associated with fibrosis severity in patients with nonalcoholic fatty liver disease», *Journal of Hepatology* 51: 1961-1971.
11. Bocarsly, M. E., et al. 2010. «High-fructose corn syrup causes characteristics of obesity in rats: increased body weight, body fat and triglyceride levels», *Pharmacology Biochemical and Behavior* 97: 101-106.
12. Stoddard, M. N. *The Deadly Deception*. Aspartame Consumer Safety Network, http://www.aspartamesafety.com.
13. Qin, X. 2011. «What made Canada become a country with the highest incidence of inflammatory bowel disease: Could sucralose be a culprit?», *Canadian Journal of Gastroenterology* 25: 511.
14. Roberts, J. J. *Aspartame (NutraSweet), Is it Safe?* Aspartame Consumer Safety Network, http://www.aspartamesafety.com/.

Capítulo 6. Los carbohidratos te hacen engordar

1. Swithers, S. E. y Davidson, T. L. 2008. «A role for sweet taste: calorie predictive relations in energy regulation by rats», *Behavioral Neuroscience* 122: 161-173.

2. Davidson, T. L., et al. 2011. «Intake of high-intensity sweeteners alters the ability of sweet taste to signal caloric consequences: implications for the learned control of energy and body weight regulation», *Quarterly Journal of Experimental Psychology (Hove)* 64: 1430-1441.
3. Swithers, S. E., et al. 2010. «High-intensity sweeteners and energy balance», *Physiology and Behavior* 100: 55-62.
4. Magalle, L., et al. 2007. «Intense sweetness surpasses cocaine reward», *PLoS One, Public Library of Science* 8: e698.
5. Gearhardt, A. N., et al. 2011. «Neural correlates of food addiction», *Archives of General Psychiatry* 68: 808-816.
6. Magalle, L., et al. 2007. «Intense sweetness surpasses cocaine reward», *PLoS One, Public Library of Science* 8: e698.

Capítulo 7: No todas las calorías son iguales

1. Allee, G. I., et al. 1972. «Metabolic consequences of dietary medium chain triglycerides in the pig», *Proceedings of the Society of Experimental Biology Medicine* 139: 422-427.
2. Takase, S., et al. 1977. «Long-term effect of medium-chain triglyceride in hepatic enzymes catalyzing lipogenesis and cholesterogenesis in rats», *Journal of Nutritional Science and Vitaminology* 23: 43-51.
3. Bocarsly, M. E., et al. 2010. «High-fructose corn syrup causes characteristics of obesity in rats: increased body weight, body fat and triglyceride levels», *Pharmacology Biochemistry and Behavior* 97:101-106.
4. Alzamendi A., et al. 2009. «Fructose-rich diet-induced abdominal adipose tissue endocrine dysfunction in normal male rats», *Endocrine* 35:227-232.
5. Melanson K. J., et al. 2008. «High-fructose corn syrup, energy intake, and appetite regulation», *The American Journal of Clinical Nutrition* 88: 1738S-1744S.
6. Shapiro A., et al. 2008. «Fructose-induced leptin resistance exacerbates weight gain in response to subsequent high-fat feeding», *The American Journal of Physiology. Regulatory, Integrative and Comparative* Physiology 295: R1370-1375.
7. http://en.wikipedia.org/wiki/Walter_Hudson_(1944%E2%80%931991).

Capítulo 8. Consume grasas y pierde peso

1. Pennington, A. W. 1952. «Obesity», *Times* 80: 389-398.
2. Kekwick, A. y Pawan, G. L. S. 1956. «Calorie intake in relation to body weight changes in the obese», *Lancet* 2: 155.
3. Kekwick, A. y Pawan, G. L. S. 1957. «Metabolic study in human obesity with isocaloric diets high in fat, protein or carbohydrate», *Metabolism* 6: 447- 460.
4. Benoit, F., et al. 1965. «Changes in body composition during weight reduction in obesity», *Archives of Internal Medicine* 63: 604-612.

5. Vigilante, K. y Flynn, M. 1999. *Low-Fat Lies: High-Fat Frauds and the Healthiest Diet in the World*. Life Line Press: Washington, DC.
6. Eyton, A. 1983. *The F-Plan Diet*. Crown Publishers, Inc.: Nueva York, NY.
7. Rolls, B. J. y Miller, D. L. 1997. «Is the low-fat message giving people a license to eat more?», *Journal of the American College of Nutrition* 16: 535.
8. Furuse, M., et al. 1992. «Feeding behavior in rats fed diets containing medium chain triglyceride» *Physiology and Behavior* 52: 815.
9. Rolls, B. J., et al. 1988. «Food intake in dieters and nondieters after a liquid meal containing medium-chain triglycerides», *The American Journal of Clinical Nutrition* 48: 66-71.
10. Stubbs, R. J. y Harbron, C. G. 1996. «Covert manipulation of the ration of medium- to long-chain triglycerides in isoenergetically dense diets: effect on food intake in ad libitum feeding men», *International Journal of Obesity* 20: 435-444.
11. Van Wymelbeke, V., et al. 1998. «Influence of medium –chain and long–chain triacylglycerols on the control of food intake in men», *The American Journal of Clinical Nutrition* 68: 226-234.
12. St-Onge, M. P. y Jones, P. J. 2002. «Physiological effects of mediumchain triglycerides: potential agents in the prevention of obesity», *Journal of Nutrition* 132: 329-332.
13. McManus, K., et al. 2001. «A randomized controlled trial of a moderate-fat, low-energy diet compared with a low-fat, low-energy diet for weight loss in overweight adults», *International Journal of Obesity and Related Metabolic Disorder* 25 (10): 1503-1511.
14. Gardner, C. D., et al. 2007. «Comparison of the Atkins, Zone, Ornish, and LEARN diets for change in weight and related risk factors among overweight premenopausal women: the A to Z weight loss study: A randomized trial», *JAMA*, 297: 969-977.
15. Yancy, W. S. Jr., et al. 2004. «A low-carbohydrate, ketogenic diet versus a low-fat diet to treat obesity and hyperlipidemia: a randomized, controlled trial», *Annals of Internal Medicine* 140: 769-777.
16. Westman, E. C., et al. 2007. «Low-carbohydrate nutrition and metabolism», *The American Journal of Clinical Nutrition* 86: 276-284.
17. Sharman, M. J., et al. 2004. «Very low-carbohydrate and low-fat diets affect fasting lipids and postprandial lipemia differently in overweight men», *Journal of Nutrition* 134: 880-885.

Capítulo 9. Cetosis dietética

1. Leiter, L. A. y Marliss, E. B. 1982. «Survival during fasting may depend on fat as well as protein stores», *JAMA* 248: 2306-2307.
2. Reger, M. A., et al. 2004. «Effects of beta-hydroxybutyrate on cognition in memory-impaired adults», *Neurobiology of Aging* 25: 311-314.
3. Van Itallie, T. B., et al. 2005. «Treatment of Parkinson disease with diet-induced hyperketonemia: a feasibility study», *Neurology* 64: 728-730.

4. Duan, W., et al. 2003. «Dietary restriction normalizes glucose metabolism and BDNF levels, slows disease progression, and increases survival in huntingtin mutant mice», *Proceedings of National Academy of Science*, Estados Unidos, 100: 2911-2916.
5. Zhao, Z., et al. 2006. «A ketogenic diet as a potential novel therapeutic intervention in amyotrophic lateral sclerosis», *BMC Neuroscience* 7: 29.
6. Veech, R. L. 2004. «The therapeutic implications of ketone bodies: the effects of ketone bodies in pathological conditions: ketosis, ketogenic diet, redox states, insulin resistance, and mitochondrial metabolism», *Prostaglandins, Leukotrienes and Essential Fatty Acids* 70: 309-319.
7. Kashiwaya, Y., et al. 1997. «Substrate signaling by insulin: a ketone bodies ratio mimics insulin action in heart», *The American Journal of Cardiology* 80: 50A-60A.
8. Yancy, W. S., et al. 2004. «A low-carbohydrate, ketogenic diet versus a low-fat diet to treat obesity and hyperlipidemia: a randomized, controlled trial», *Annals of Internal Medicine* 140: 769-777.
9. Cahill, G. F. Jr. y Veech, R. L. 2003. «Ketoacids? Good Medicine?», *Transactions of the American Clinical and Climatological Association* 114:149-163.
10. Heinbecker, P. 1930. «Studies on the metabolism of Eskimos», *Journal of Biological Chemistry* 80:461-475.
11. McClellan, W.S. y DuBois, E.F. 1930. «Clinical calorimetry. XLV. Prolonged meat diets with a study of kidney function and ketosis», *Journal of Biological Chemistry* 87: 651-667.
12. Stefansson, V. 1960. *Human Nutrition Historic and Scientific, Monograph III.* International Universities Press: NY.
13. Westman, E. C., et al. 2007. «Low-carbohydrate nutrition and metabolism», *The American Journal of Clinical Nutrition* 86: 276-284.
14. Maki, K. C., et al. 2007. «Effects of a reduced-glycemic-load diet on body weight, body composition, and cardiovascular disease risk markers in overweight and obese adults», *The American Journal of Clinical Nutrition* 85: 724-734.
15. Boden, G., et al. 2005. «Effect of a low-carbohydrate diet on appetite, blood glucose levels, and insulin resistance in obese patients with type 2 diabetes», *Annals of Internal Medicine* 142: 403-411.
16. Nickols-Richardson, S. M., et al. 2005. «Perceived hunger is lower and weight loss is greater in overweight premenopausal women consuming a lowcarbohydrate/high-protein vs high-carbohydrate/low-fat diet», *Journal of the American Dietetic Association* 105: 1433-1437.
17. Velasquez-Mieyer, P. A., et al. 2003. «Suppression of insulin secretion is associated with weight loss and altered macronutrient intake and preference in a subset of obese adults», *International Journal of Obesity and Related Metabolic Disorder* 27: 219-226.
18. Patel, A., et al. 2010. «Long-term outcomes of children treated with the ketogenic diet in the past», *Epilepsia* 51:1277-1282.

19. Sharman, M. J., et al. 2004. «Very low-carbohydrate and low-fat diets affect fasting lipids and postprandial lipemia differently in overweight men», *Journal of Nutrition* 134: 880-885.
20. Yancy, W. S., Jr., et al. 2004. «A low-carbohydrate, ketogenic diet versus a low-fat diet to treat obesity and hyperlipidemia: a randomized, controlled trial», *Annals of Internal Medicine* 140: 769-777.
21. Westman, E. C., et al. 2007. «Low-carbohydrate nutrition and metabolism», *The American Journal of Clinical Nutrition* 86: 276-284.
22. Westman, E. C., et al. 2003. «A review of low-carbohydrate ketogenic diets», *Current Atherosclerosis Reports* 5: 476-483.
23. Westman, E. C., et al. 2008. «The effect of a low-carbohydrate, ketogenic diet versus a low-glycemic index diet on glycemic control in type 2 diabetes mellitus», *Nutrition and Metabolism* (Londres) 5: 36.
24. Sharman, M. J., et al. 2004. «Very low-carbohydrate and low-fat diets affect fasting lipids and postprandial lipemia differently in overweight men», *Journal of Nutrition* 134: 880-885.
25. Gardner, C. D., et al. 2009. «Comparison of the Atkins, Zone, Ornish, and LEARN diets for change in weight and related risk factors among overweight premenopausal women: The A to Z Weight Loss Study: A randomized trial», *JAMA* 297: 969-977.
26. Volek, J. S. y Sharman, M. J. 2004. «Cardiovascular and hormonal aspects of very-low-carbohydrate ketogenic diets», *Obesity Resorts* 12 supl. 2: 115S-123S.
27. Foster, G. D., et al. 2010. «Weight and metabolic outcomes after 2 years on a low-carbohydrate versus low-fat diet: A randomized trial», *Annals of Internal Medicine* 153: 147-157.
28. Schwartzkroin, P.A. 1999. «Mechanisms underlying the anti-epileptic efficacy of the ketogenic diet», *Epilepsy Resorts* 37: 171-180.
29. Fife, B. 2012. *Stop Autism Now! A Parent's Guide to Preventing and Reversing Autism Spectrum Disorders*. Piccadilly Books, Ltd: Colorado Springs, CO.
30. Husain, A. M., et al. 2004. «Diet therapy for narcolepsy», *Neurology* 62: 2300- 2302.
31. Reger, M. A., et al. 2004. «Effects of beta-hydroxybutyrate on cognition in memory-impaired adults», *Neurobiology of Aging* 25: 311-314.
32. VanItallie, T. B., et al. 2005. «Treatment of Parkinson disease with diet-induced hyperketonemia: a feasibility study», *Neurology* 64: 728-730.
33. Duan, W., et al. 2003. «Dietary restriction normalizes glucose metabolism and BDNF levels, slows disease progression, and increases survival in huntingtin mutant mice», *Proceedings of the National Academy of Science,* Estados Unidos 100: 2911-2916.
34. Zhao, Z., et al. 2006. «A ketogenic diet as a potential novel therapeutic intervention in amyotrophic lateral sclerosis», *BMC Neuroscience* 7: 29.
35. Prins, M. L., et al. 2004. «Increased cerebral uptake and oxidation of exogenous BHP improves ATP following traumatic brain injury in adult rats», *Journal of Neurochemistry* 90: 666-672.

36. Suzuki, M., et al. 2002. «Beta-hydroxybutyrate, a cerebral function improving agent, protects rat brain against ischemic damage caused by permanent and transient focal cerebral ischemia», *Japanese Journal of Pharmacology* 89:36-43.
37. Yeh, Y. Y. y Zee, P. 1976. «Relation of ketosis to metabolic changes induced by acute medium-chain triglyceride feeding in rats», *Journal of Nutrition* 106: 58-67.
38. Tantibhedhyangkul, P., et al. 1967. «Effects of ingestion of long-chain and medium-chain triglycerides on glucose tolerance in man», *Diabetes* 16: 796-799.
39. Kashiwaya, Y., et al. 1997. «Substrate signaling by insulin: a ketone bodies ratio mimics insulin action in heart», *American Journal of Cardiology* 80: 50A-60A.
40. Fife, B. 2005. *Coconut Cures: Preventing and Treating Common Health Problems with Coconut*. Piccadilly Books, Ltd: Colorado Springs, CO (2014. *El coco cura: cómo prevenir y curar numerosos problemas de salud con esta maravilla fruta*. Editorial Sirio, Málaga).
41. Poplawaki, M. M., et al. 2011. «Reversal of diabetic nephropathy by a ketogenic diet. *PLoS ONE, Public Library of Science* 6: e18604.
42. Lardy, H. A. y Phillips, P. H. 1945. «Studies of fat and carbohydrate oxidation in mammalian spermatozoa», *Archives of Biochemistry* 6: 53-61.
43. Mavropoulos, J. C., et al. 2005. «The effects of a low-carbohydrate, ketogenic diet on the polycystic ovary syndrome: a pilot study», *Nutrition and Metabolism* (Londres) 2:35.
44. Seyfried, T. N., et al. 2003. «Role of glucose and ketone bodies in the metabolic control of experimental brain cancer», *British Journal of Cancer* 89: 1375-1382.
45. Nebeling, L. C., et al. 1995. «Effects of a ketogenic diet on tumor metabolism and nutritional status in pediatric oncology patients: two case reports», *Journal of the American College of Nutrition* 86: 202-208.
46. Kashiwaya, Y., et al. 1997. «Substrate signaling by insulin: a ketone bodies ratio mimics insulin action in heart», *American Journal of Cardiology* 80: 50A-60A.
47. Fontana, L. 2009. «Neuroendocrine factors in the regulation of inflammation: excessive adiposity and calorie restriction», *Experimental Gerontology* 44: 41-45.
48. Veech, R. L., et al. 2001. «Ketone bodies, potential therapeutic uses», *IUBMB Life* 51: 241-247.
49. Chance, B., et al. 1979. «Hydroperoxide metabolism in mammalian organs», *Physiology Reviews* 59: 527-605.

Capítulo 10. ¿Tu tiroides te está haciendo engordar?

1. Derry, D. M. 2001. *Breast Cancer and Iodine*. Trafford Publishing: Victoria, BC.

2. Wolfe. W. S. y Campbell, C. C. 1993. «Food pattern, diet quality, and related characteristics of school children in New York State», *Journal of the American Dietetic Association* 93:1280-1284.
3. FernÁndez-Real, J. M., et al. 2006. «Thyroid function is intrinsically linked to insulin sensitivity and endothelium-dependent vasodilation in healthy euthyroid subjects», *Journal of Clinical Endocrinology and Metabolism* 91: 3337-3343.
4. Roos, A., et al. 2007. «Thyroid function is associated with components of the metabolic syndrome in euthyroid subjects», *Journal of Clinical Endocrinology and Metabolism* 92: 491-496.
5. Gobatto, C. A, et al. 2001. «The monosodium glutamate (MSG) obese rat as a model for the study of exercise in obesity», *Research Communications in Molecular Pathology and Pharmacology* 111: 89-101.
6. Peat, R. 1997. *Ray Peat's Newsletter,* 1997: 2-3.
7. Sarandol, E., et al. 2005. «Oxidative stress and serum paraoxonase activity in experimental hypothyroidism: effect of vitamin E supplementation», *Cell Biochemical and Functions* 23: 1-8.
8. Karatas, F., et al. 2002. «Determination of free malondialdehyde in human serum by high-performance liquid chromatography», *Analytical Biochemistry* 311: 76-79.
9. Arthur, J. R., et al. 1993. «Selenium deficiency, thyroid hormone metabolism, and thyroid hormone deiodinases», *The American Journal of Clinical Nutrition* 57 supl: 236S-239S.
10. Ullrich, I. H., et al. 1985. «Effect of low-carbohydrate diets high in either fat or protein on thyroid function, plasma insulin, glucose, and triglycerides in healthy young adults», *Journal of the American College of Nutrition* 4: 451-459.
11. Deshpande, U. R., et al. 2002. «Effect of antioxidants (vitamin C, E and turmeric extract) on methimazole induced hypothyroidism in rats», *Indian Journal of Experimental Biology* 40: 735-738.
12. Inouse, A., et al. 1989. «Unesterified long–chain fatty acids inhibit thyroid hormone binding to the nuclear receptor. Solubilized receptor and the receptor in cultured cells», *European Journal of Biochemistry* 183: 565-572.
13. Duntas, L. H. y Orgazzi, J. 2003. «Vitamin E and thyroid disease: a potential link that kindles hope», *Biofactors* 19: 131-135.
14. Sondergaard, D. y Olsen, P. 1982. «The effect of butylated hydroxytoluene (BHT) on the rat thyroid», *Toxicology Letters* 10: 239-244.

Capítulo 11. El yodo y tu salud

1. Anderson, M., et al. 2005. «Current global iodine status and progress over the last decade towards the elimination of iodine deficiency», *Bulletin of the World Health Organization* 83: 518-525.
2. Stadel, B. V. 1976. «Dietary iodine and risk of breast, endometrial and ovarian cancer», *Lancet* 1: 890-891.

3. Venturi, S., et al. 2000. «Role of iodine in evolution and carcinogenesis of thyroid, breast, and stomach», *Advances in Clinical Pathology* 4: 11-17.
4. Foster, H. D. 1993. «The iodine-selenium connection: Its possible roles in intelligence, cretinism, sudden infant death syndrome, breast cancer and multiple sclerosis», *Medical Hypothesis* 40: 61-65.
5. Bretthauer, E. 1972. «Milk transfer comparisons of different chemical forms of radioiodine», *Health Physics* 22: 257.
6. Derry, D. M. 2001. *Breast Cancer and Iodine*. Trafford Publishing, Victoria, BC.
7. Eskin, B. A. 1977. «Iodine and mammary cancer», *Advances in Experimental Medicine and Biology* 91: 293-304.
8. http://www.thyroid.org/.
9. Hollowell, J. E., et al. I1998. «Iodine nutrition in the United States. Trends and public health implications: Iodine excretion data from National Health and Nutrition Examination Surveys I and III (1971-74 and 1988-94)», *Journal of Clinical Endocrinology and Metabolism* 83: 3401-3408.
10. Pavelka, S. 2004. «Metabolism of bromide and its interference with the metabolism of iodine», *Physiology Resorts* 53 supl. 1: S81-S90.
11. Hattersley, J. G. 1999. «Flouridation's defining moments», *Journal of Orthomolology Medicine* 14: 1-20.
12. Lu,Y. et al. 2000. «Effect of high fluoride water on intelligence in children». *Fluoride* 33: 74-78.
13. Kimura, S., et al. 1976. «Development of malignant goiter by defatted soybean with iodine-free diet in rats», *The Gann Studies* 67: 763-765.
14. Chorazy, P. A., et al. 1995. «Persistent hypothyroidism in an infant receiving a soy formula: case report and review of the literature», *Pediatrics* 96: 148-150.
15. Pinchers, A., et al. 1965. «Thyroid refractoriness in an athyreotic cretin fed soybean formula», *New England Journal of Medicine* 265: 83-87.
16. Ishizuki, Y., et al. 1991. «The effects on the thyroid gland of soybeans administered experimentally to healthy subjects», *Nippon Naibunpi Gakkai Zasshi* 67: 622-629.
17. Divi, R. L., et al. 1997. «Identification, characterization and mechanisms of anti-thyroid activity of isoflavones from soybean», *Biochemical Pharmacology* 54: 1087-1096.
18. Fort, P., et al. 1990. «Breast and soy-formula feedings in early infancy and the prevalence of autoimmune thyroid disease in children», *The American Journal of Clinical Nutrition* 9: 164-167.
19. Nagata, C., et al. 1998. «Decreased serum total cholesterol concentration is associated with high intake of soy products in Japanese men and women», *Journal of Nutrition* 128: 209-213.
20. Samuels, M. H., et al. 2003. «Variable effects of nonsteroidal anti-inflammatory agents on thyroid test results», *Journal of Clinical Endocrinology and Metabolism* 88: 5710-5716.

21. Aceves, C. 2005. «Is iodine a gatekeeper of the integrity of the mammary gland?», *Journal of Mammary Gland Biology and Neoplasia* 10: 189-196.
22. Berson, S. A., et al. 1954. «Quantitative aspects of iodine metabolism. The exchangeable organic iodine pool and the rates of thyroidal secretion, peripheral degradation and fecal excretion of endogenously synthesized organically bound iodine», *Journal of Clinical Investigation* 33: 1533-1552.
23. Abraham, G. E., at al. 2002. «Orthoiodosupplementation: Iodine sufficiency of the whole human body», *The Original Internist* 9: 30-41.
24. Sang, Z., et al. 2012. «Exploration of the safe upper level of iodine intake in euthyroid Chinese adults: a randomized double-blind trial», *The American Journal of Clinical Nutrition* 143: 2038-2043.
25. http://www.nutridesk.com.au/iodine-and-breast-health.phtml.
26. Brownstein, D. 2006. *Iodine: Why You Need It, Why You Can't Live Without It,* 2.ª edición, Medical Alternatives Press: West Bloomfield, MI.
27. Abraham, G. E. 2001. «Iodine supplementation markedly increases urinary excretion of fluoride and bromide», *Townsend Letter* 238: 108-109.
28. Abraham, G. E. 2005. «The historical background of the iodine project», *The Original Internist* 12: 57-66.

Capítulo 12. Disfunción del sistema tiroideo

1. Samuels, M. H. y McDaniel, P. A. 1997. «Thyrotropin levels during hydrocortisone infusions that mimic fasting-induced cortisol elevations: a clinical research center study», *Journal of Clinical Endocrinology and Metabolism* 82: 3700-3704.
2. Opstad, K. 1994. «Circadian rhythm of hormones is extinguished during prolonged physical stress, sleep and energy deficiency in young men», *European Journal of Endocrinology* 131: 56-66.

Capítulo 13. estimula tu metabolismo

1. Fushiki, T. y Matsumoto, K. 1996. «Swimming endurance capacity of mice is increased by chronic consumption of medium-chain triglycerides», *Journal of Nutrition* 125: 531.
2. Applegate, L. 1996. «Nutrition», *Runner's World* 31: 26.
3. Ogawa A., et al. 2007. «Dietary medium-and long-chain triacylglycerols accelerate diet-induced thermogenesis in humans», *Journal of Oleo Science* 6: 283-287.
4. Baba, N. 1982. «Enhanced thermogenesis and diminished deposition of fat in response to overfeeding with diet containing medium chain triglyceride», *The American Journal of Clinical Nutrition* 35: 678-682.
5. Papamandjaris, A. A., et al. 2000. «Endogenous fat oxidation during medium chain versus long chain triglyceride feeding in healthy women», *International Journal of Obesity and Related Metabolic Disorder* 24: 1158-1166.
6. Murry, M. T. 1996. *American Journal of Natural Medicine* 3 (3): 7.
7. Hill, J. O., et al. 1989. «Thermogenesis in man during overfeeding with medium chain triglycerides», *Metabolism* 38: 641-648.

8. Seaton, T. B., et al. 1986. «Thermic effect of medium-chain and long-chain triglycerides in man», *The American Journal of Clinical Nutrition* 44: 630-634.
9. Scalfi, L.,et al. 1991. «Postprandial thermogenesis in lean and obese subjects after meals supplemented with medium-chain and long-chain triglycerides», *The American Journal of Clinical Nutrition* 53: 1130-1133.
10. Dulloo, A. G., et al. 1996. «Twenty-four-hour energy expenditure and urinary catecholamines of humans consuming low-to-moderate amounts of mediumchain triglycerides: a dose-response study in human respiratory chamber», *European Journal of Clinical Nutrition* 50: 152-158.
11. St-Onge, M. P., et al. 2003. «Medium-chain triglycerides increase energy expenditure and decrease adiposity in overweight men», *Obesity Resorts* 11: 395-402.
12. Tsuji, H., et al. 2001. «Dietary medium-chain triacylglycerols suppress accumulation of body fat in a double-blind, controlled trial in healthy men and women», *Journal of Nutrition* 131: 2853-2859.
13. St-Onge, M. P. y Bosarge, A. 2008. «Weight-loss diet that includes consumption of medium-chain triacylglycerol oil leads to a greater rate of weight and fat mass loss than does olive oil», *The American Journal of Clinical Nutrition* 87: 621-626.
14. St-Onge, M. P., et al. 2003. «Medium-versus long-chain triglycerides for 27 days increases fat oxidation and energy expenditure without resulting in changes in body composition in overweight women», *International Journal of Obesity and Related Metabolic Disorder* 27: 95-102.
15. Crozier, G., et al. 1987. «Metabolic effects induced by long-term feeding of medium-chain triglycerides in the rat», *Metabolism* 36: 807-814.
16. Geliebter, A., et al. 1983. «Overfeeding with medium-chain triglyceride diet results in diminished deposition of at», *The American Journal of Clinical Nutrition* 37: 1-4.
17. Lavau, M. M. y Hashim, S. A. 1978. «Effect of medium chain triglycende on lipogenesis and body fat in the rat», *Journal of Nutrition* 108: 613-620.
18. Baba, N., et al. 1982. «Enhanced thermogenesis and diminished deposition of fat in response to overfeeding with diet containing medium chain triglyceride», *The American Journal of Clinical Nutrition* 35: 678-682.
19. St-Onge, M. P. y Jones, P. J. 2002. «Physiological effects of mediumchain triglycerides: potential agents in the prevention of obesity», *Journal of Nutrition* 132: 329-332.
20. Seaton, T. B., et al. 1986. «Thermic effect of medium-chain and long-chain triglycerides in man», *The American Journal of Clinical Nutrition* 44: 630-634.
21. Papamandjaris, A. A., et al. 1998. «Medium chain fatty acid metabolism and energy expenditure: obesity treatment implications», *Life Science* 62: 1203-1215.

22. Han, J. R., et al. 2007. «Effects of dietary medium-chain triglyceride on weight loss and insulin sensitivity in a group of moderately overweight free-living type 2 diabetic Chinese subjects», *Metabolism* 56: 985-991.
23. Kasai, M., et al. 2003. «Effect of dietary medium - and long ± chain triacylglycerols (MLCT) on accumulation of body fat in healthy humans», *Asia Pacific Journal of Clinical Nutrition* 12 (2): 151-160.
24. St-Onge M. P., et al. 2003. «Medium-chain triglycerides increase energy expenditure and decrease adiposity in overweight men», *Obesity Research* 11: 395-402.
25. Beermann, C., et al. 2003. «Short term effects of dietary medium-chain fatty acids and n-3 long-chain polyunsaturated fatty acids on the fat metabolism of healthy volunteers», *Lipids in Health and Dissease* 2: 10.
26. St-Onge M. P. y Jones, P. J. H. 2003. «Greater rise in fat oxidation with medium-chain triglyceride consumption relative to long-chain triglyceride is associated with lower initial body weight and greater loss of subcutaneous adipose tissue», *International Journal of Obesity* 27: 1565-1571.
27. St-Onge M. P. y Bosarge, A. 2008. «Weight-loss diet that includes consumption of medium-chain triacylglycerol oil leads to a greater rate of weight and fat mass loss than does olive oil», *The American Journal of Clinical Nutrition* 87: 621-626.
28. Xue, C., et al. 2009. «Consumption of medium- and long-chain triacylglycerols decreases body fat and blood triglyceride in Chinese hypertriglyceridemic subjects», *European Journal of Clinical Nutrition* 63: 879-886.
29. Rollisco, C. C. y Carlos-Raboca, J. 2008. «The effect of virgin coconut oil on weight and lipid profile among overweight, healthy individuals», *Philippine Journal of Internal Medicine* 46: 45-44.
30. Assuncao, M. L., et al. 2009. «Effects of dietary coconut oil on the biochemical and anthropometric profiles of women presenting abdominal obesity», *Lipids* 44: 593-601.
31. Nagao, K. y Yanagita, T. 2010. «Medium-chain fatty acids: functional lipids for the prevention and treatment of the metabolic syndrome», *Pharmacological Resorts* 61: 208-212.
32. Turner, N., et al. 2009. «Enhancement of muscle mitochondrial oxidative capacity and alterations in insulin action are lipid species-dependent: Potent tissue-specific effects of medium chain fatty acids», *Diabetes* 58: 2547-2554.
33. St-Onge, M. P. y Jones P. J. H. 2002. «Psysiological effects of mediumchain triglycerides: potential agents in the prevention of obesity», *Journal of Nutrition* 132: 329-332.
34. Álvarez, J. A. y Ashraf, A. 2010. «Role of vitamin D in insulin secretion and insulin sensitivity for glucose homeostasis», *International Journal of Endocrinology* 2010: 351-385.
35. Roos, P. A.1991. «Light and electromagnetic waves: the health implications», *Journal of the Bio-Electro-Magnetics Institute* 3 (2): 7-12.

36. Garland, F. C., et al. 1990. «Occupational sunlight exposure and melanoma in the U.S. Navy», *Archives of Environmental Health* 45: 261-267.
37. AA.VV. 1991. «Excessive sunlight exposure, skin melanoma, linked to vitamin D», *International Journal of Biosocial and Medical Research* 13 (1): 13- 14.
38. Ahuja, K. D. K., et al. 2006. «Effects of chili consumption on postprandial glucose, insulin, and energy metabolism», *The American Journal of Clinical Nutrition* 84: 63-69.
39. Chaiyasit, K., et al. 2009. «Pharmacokinetic and the effect of capsaicin in Capsicum frutesscens on decreasing plasma glucose level», *Journal of the Medical Association of Thailand* 92: 108-113.
40. Yoshioka, M., et al. 1999. «Effects of red pepper on appetite and energy intake», *British Journal of Nutrition* 82: 115-123.

Capítulo 14. Bebe más, pesa menos

1. Kleiner, S. M. 1999. «Water: an essential but overlooked nutrient», *American Dietetic Association Journal* 99 (2): 200-206.
2. Dauterman, K. W., et al. 1995. «Plasma specific gravity for identifying hypovolemia», *Journal of Diarrhoeal Disease Resorts* 13: 33-38.
3. Ershow, A. G., et al. 1991. «Intake of tapwater and total water by pregnant and lactating women», *The American Journal of Public Health* 81: 328-334.
4. Dauterman, K.W., et al. 1995. «Plasma specific gravity for identifying hypovolemia», *Journal of Diarrhoeal Disease Resorts* 13: 33-38.
5. Torranin, C., et al. 1979. «The effects of acute thermal dehydration and rapid rehydration on isometric and isotonic endurance», *Journal of Sports Medicine Physical Fitness* 19: 1-9.
6. Armstrong, L. E., et al. 1985. «Influence of diuretic-induced dehydration on competitive running performance. *Medical Science and Sports Exercise* 17: 456-461.
7. Sawka, M. N. y Pandolf, K. R. 1990. «Effects of body water loss on physiological function and exercise performance», *Fluid Homeostasis During Exercise*. Benchmark Press: Carmel, Ind.
8. Sansevero, A. C. 1997. «Dehydration in the elderly: strategies for prevention and management. *The Nurse Practitioner* 22 (4): 41-42, 51-57, 63-66.
9. Sagawa, S., et al. 1992. «Effect of dehydration on thirst and drinking during immersion in men», *Journal of Applied Physiology* 72: 128-134.
10. Gopinathan, P. M., et al. 1988. «Role of dehydration in heat stress-induced variations in mental performance», *Archives of Environmental Health* 43: 15-17.
11. Torranin, C., et al. 1979. «The effects of acute thermal dehydration and rapid rehydration on isometric and isotonic endurance», *Journal of Sports and Medicine Physics Fitness* 19: 1-9.
12. Armstrong, L. E., et al. 1985. «Influence of diuretic-induced dehydration on competitive running performance. *Medical Science and Sports Exercise* 17: 456-461.

13. Sagawa, S., et al. 1992. «Effect of dehydration on thirst and drinking during immersion in men», *Journal of Applied Physiology* 72: 128-134.
14. Curhan, G. C. y Curhan, S. G. 1994. «Dietary factors and kidney stone formation», *Comprehensive Therapy* 20: 485-489.
15. Goldfarb, S. 1990. «The role of diet in the pathogenesis and therapy of nephrolithiasis», *Endocrinology Metabolism Clinics of North America* 19: 805-820.
16. Stamford, B. 1993. «Muscle cramps: untying the knots», *The Physician and Sportsmedicine* 21: 115-116.
17. Boschmann, M., et al. 2003. «Water-induced thermogenesis», *JCEM* 88: 6015.
18. Miller, W. D. 2006. «Extrathyroidal benefits of iodine», *Journal of American Physicians Surgeons* 11: 106-110.
19. Stolarz-Skrzypek, K., et al. 2011. «Fatal and nonfatal outcomes, incidence of hypertension, and blood pressure changes in relation to urinary sodium excretion», *JAMA* 4: 1777-1785.
20. Garg, R., et al. 2011. «Low-salt diet increases insulin resistance in healthy subjects», *Metabolism Clinical and Experimental* 60: 965-968.
21. O'Donnell, M. J., et al. 2011. «Urinary sodium and potassium excretion and risk of cardiovascular events», *JAMA* 306: 2229-2238.
22. Stolarz-Skrzypek, K., et al. 2011. «Fatal and nonfatal outcomes, incidence of hypertension, and blood pressure changes in relation to urinary sodium excretion», *JAMA* 305: 1777-1785.
23. Elliott, P. 2005. «Commentary: role of salt intake in the development of high blood pressure», *International Journal of Epidemiology* 34: 975-978.
24. Rauws, A. G. 1983. «Pharmacokinetics of bromine ion—an overview», *Food and Chemical Toxicology* 21: 379-382.
25. Sensenbach, W. J. 1944. «Bromide intoxication», *AMA Journal* 125: 769-772.

Capítulo 15. Una dieta baja en carbohidratos y rica en grasas

1. Gordon, N. y Newton, R. W. 2003. «Glucose transporter type 1 (GLUT) deficiency», *Grains Research and Development Corporation* 25: 477-480.
2. Brighenti, F., et al. 1995. «Effect of neutralized and native vinegar on blood glucose and acetate responses to a mixed meal in healthy subjects», *European Journal of Clinical Nutrition* 49: 242-247.
3. Johnston, C. S., et al. 2004. «Vinegar improves insulin sensitivity to a high-carbohydrate meal in subjects with insulin resistance or type 2 diabetes», *Diabetes Care* 27: 281-282.
4. Hollis, J. F., et al. 2008. «Weight loss during the intensive intervention phase of the weight-loss maintenance trial», *American Journal of Preventive Medicine* 35: 118-126.
5. Naylor, G. J., et al. 1985. «A double blind placebo controlled trial of ascorbic acid in obesity», *Nutrition and Health* 4: 25-28.

Índice temático

F

G

H

P

R

S

T

U

V

W

X

Y

Z

Índice